非遗

INTANGIBLE CULTURAL HERITAGE

新时代·新学科·新使命

非物质文化遗产学
国际学术论坛论文集

冯骥才 | 主编

天津大学出版社
TIANJIN UNIVERSITY PRESS

新使命
New Era / New Discipline / New Mission
遗产学国际学术论
NAL ACADEMIC FORUM ON
CULTURAL HERITAGE
学术年会(2023)文化传承发展专场

共同建设非遗学

——在“新时代·新学科·新使命”非物质文化遗产国际学术论坛开幕式上的致辞

冯骥才（天津大学冯骥才文学艺术研究院院长）

欢迎和感谢大家出席今天的论坛。这么多著名的学者出席，表明今天论坛的重要性；这么多海外学者远道而来，表明这个论坛的主题受到国际非遗学界的关注与关心。

今天的论坛是我国非遗领域中第一个“非遗学”的论坛。论坛的核心命题是非遗学建设或建设非遗学。这是一个大家共同致力的工作，是非遗事业最根本的要求，也是“非遗学”本身学术之必需。

非遗学是21世纪诞生的新学科。严格地说，20世纪——直到20世纪最后一天也没有“非遗”这个概念，更没有“非遗学”的概念。非遗是联合国教科文组织2003年《保护非物质文化遗产公约》确立时才确定的概念，一个人类文化崭新的概念，一个伟大的概念。它体现了人类的一种文化的自觉，一种文明的坚守与进步。

非遗是从民间文化选取出来的精华，是为未来选取的历史经典，是被各个国家、民族和全人类确认为自己必须永远传续的遗产。“遗产”的属性使它拥有了深刻的意义和珍贵的价值。

当人们把非遗的保存与传承的使命交给自己时，非遗工作就是新时代人类重大的文化事业了。

巨大缤纷的非遗需要我们去认知、甄别、整理、保护、传承与发展，就需要我们拿出思想、标准、理论和方法。从应用理论、专业理论、系统理论到本体论和元理论。于是，非遗学应运而生。

我们谁也没想到仅仅 20 年，非遗学已经成为世界人文领域的一个新学科。在我国，这与国家对非遗的高度重视，与非遗事业的蓬勃发展，与公民的文化自觉、保护意识的加强密切相关。还有，就是我们的学术界对非遗理论——特别是元理论（非遗学）的敏感。早在世界非遗保护公约确立之日（2003 年）非遗学方面的著作在我国就初露端倪。20 年来，经过学者们的探索与努力，这个新崛起的学科充满学术的活力，非遗著作日见其多，非遗刊物层出不穷，愈来愈多的学者和年轻学人投入其中。前年，非遗学教育已经名正言顺地进入我国的高等学府。天津大学有幸成为非遗学高等教育最早的承担者。

然而，从事非遗学研究和工作的人都看到，新生的非遗学还不是一个成熟的学科，还不具有完备而成熟的知识体系与理论体系。从一个个基本概念的定义到抽象的学术原则，还都需要更确凿的确立。新学科是一个全新的学术世界。它已经由无到有，却没有自我完成。构建起一个新学科，不可能一蹴而就，甚至不是一两代人就能干成的事。需要长期和持久的科研，需要学术力量的大量投入，需要各种真知灼见和立言立说，需要积极的思辨、讨论与交流，需要相关的机制建设。

然而，存在于生活中的海量的人类宝贵的遗产的保护与传承，亟须理论的支撑和科学的保证。没有严谨的、坚实的非遗学的知识体系和理论体系，就难以完成对非遗系统性的保护。尤其是非遗的活态性，使它具有向负面变异的可能。这是非遗工作的难点，也是非遗学的难点和压力。

我向来认为，非遗学是要对现实负责的。非遗学者必须具有高度的责任感。这个责任不只是我们个人，更需要我们学界，特别是需要我们一代人共同承担。所以，我们在今天论坛的主题板上写了三个词：“新时代、新学科、新使命”。

为此，我们邀请了非遗学、民俗学、民艺学等领域富于建树的学者们，邀请了一些来自其他国家的、在非遗工作上卓有成就的专家们，研讨非遗学的思想内涵，探求学理，阐发精要。一边各抒己见，一边相互启迪，共同为非遗学的建设做出努力与贡献。

我将洗耳聆听各位精辟的思考，我期待从各位精彩的论说中豁然开朗，期待着在各国学者不同的经验中得到启迪和点拨，我更期待着非遗学的美丽的轮廓在我们的论坛中渐渐呈现。

一次论坛是远远不够的，这次只是开始。我们要把这个非遗学国际论坛一届届办下去。我们要把一个个非遗学至关重要的问题放在接下去的论坛里研讨。还要把刚刚开启的非遗学网，作为常设的线上的论坛，作为大家包括国际相互联系和交流的平台，以推动我们的非遗学的建设。我们愿为大家做好学术服务。

我们每一个国家在非遗工作上的努力，都将有益于全人类的文明与进步，愿我们积极交流，密切合作。

面对着这个新生的学科我想说：

非遗学充满挑战，

非遗学充满诱惑，

我们对攀登非遗学这个高峰充满信心。

愿大家共同努力。

最后，让我以美好的心情祝大家一切顺利，论坛成功！

目　录

第一编
研讨会论文

第二编

非遗学子声音

第三编

文献与图说

第一编

研讨会论文

非遗学原理

冯骥才（天津大学冯骥才文学艺术研究院院长、教授）

非遗学是一个新学科，一个独立的学科。本文试图阐述它无可辩驳的独立性和学术本质，从元理论角度勾勒出非遗学卓尔不群的学科样貌。

一个新学科在刚刚确立时，常常会被怀疑它的独立性。新学科的倡导者们必然要遭遇挑战。不时会被诘问：非遗不就是民间文化吗？有必要另设一个学科吗？它本身能否成为一个学科？它具备足够的材料盖一座高楼大厦吗？

要想做出有力的回答还要靠新学科自己。

一、非遗的缘起

首先要说，非遗学的怀疑者毫无疑问是被历史误导了。

这个历史是在“非遗”诞生的过程中发生的。

20 世纪后半期，人类开始认识到前人留下的历史创造中，除去物质性的文化遗址、建筑、器物、艺术品之外，还有大量精神性的遗产保持在代代相传的口头、活态、无形的行为与技艺中。它们和物质

冯骥才

遗存一样，同样是必须永远保存的历史财富。然而人类任何一个伟大的自我认识，最初都是知音寥寥，非常孤寂。这些具有先觉意义的认知，最先只存在于日本与韩国等一些国家的学者中，直到21世纪初才渐渐得到国际的共识。2003年联合国教科文组织将这类文化遗产确定为“非物质文化遗产”，通过了《保护非物质文化遗产公约》。我国是公约最早的缔约国之一。“非物质文化遗产”在我国被简称为“非遗”。

历史地说，非遗是一个伟大的概念。它的诞生，表明人类对历史遗产认识的一个新高度，一个新突破，一个新发现；它发现了人类在原有的遗产（物质文化遗产）之外，还有一宗极其巨大、绚丽多姿、活态的历史遗产，这便使它得到抢救和保护，免于在时代的更迭中泯灭。这是人类一次伟大的文化自觉，是文明史上一个伟大的进步。

早在非遗概念出现之前，人们称这一类型和范畴的文化为“民间文化”，并建立起相应的科学而完整的知识体系与理论体系，譬如民俗学、民艺学、民间文化学等等。

在漫长的农耕社会中，民间文化的生长非常缓慢。它不是发展的模式，而是一种积淀的模式。它一直保持着相当稳定甚至是一种恒定的状态。然而，工业革命以来就不同了，社会骤然转型，固有的民间文化开始瓦解。这一变化在我国来得晚一些，到了 20 世纪后期，受到工业化和城市化的迅猛冲击，民间文化才变得濒危并快速消散，致使一些敏感而先觉的人士与学者急切地呼吁抢救和保护。此时，对民间文化的称呼也出现了一些前所未有的改变，比如在“民间文化”后加上“遗产”二字，称为“民间文化遗产”；再比如 21 世纪初进行的大规模的“中国民间文化遗产抢救工程”。

于是，这一时期（21 世纪初）同时出现两个概念：民间文化遗产和非遗。这两个概念本质相同。不同的是，民间文化遗产的概念来自学界，非遗的概念来自政府，因为非遗是由各国政府共同确定的。政府作为遗产的第一责任人，为了便于对遗产进行管理，必须将遗产分类。于是文化遗产被分为两大类：一种是物质性的文化遗产，一种是非物质性的文化遗产，即非遗。可是，非遗是个新概念，需要知识支撑，由于非遗与民间文化在客观上是同一事物，同一范畴，故而，非遗最初使用的知识都是从现成的民俗学、艺术学去拿。连国家制定非遗名录的分类也参考了民俗学与艺术学的分类法，甄选和评定国家非遗的标准也大多来自资深的民俗学者和艺术学者的修养与经验。这样，人们自然以为非遗只是一种政府称呼或官方概念。进而认为，所谓的非遗学不过是政府遗产保护不成体系的工具论而已；非遗学没有完整的知识，最多是民俗学的一种分支或延伸，一称“后民俗学”。

在被各种歧义与悖论充分发挥之后，该是非遗学站出来说明自己了。

二、非遗学的立场

如上所说，由于民俗学与新崛起的非遗学面对的是同一对象——民间文化；由于最初参与非遗抢救、整理和研究工作的学者基本来自民俗学界；这便顺理成章地认为，非遗只是民俗学遇到了一项时代性和社会性的工作，自然还在民俗学的范畴之内。

可是一些敏锐的学者发现，这项史无前例的工作，较之以往的民俗学则大不相同。不仅所做的事情不同，其性质、方法、目的也完全不同。值得注意的是 2004 年向云驹《人类口头和非物质遗产》的出版，这是最早的对于非遗知识体系进行建构和描述的著作，今天看来，已具非遗学的基本形态。可是这一年无论是国际还是中国非遗事业都才刚刚起步。它表明了我国学界的学术敏感性，视野的开阔性和极强的开创性。

这部书不仅展示了一个崭新而辽阔的学术空间，还显现了一个学术立场——非遗学立场。这是一个有别于民间文化学和民俗学的立场。这个立场就是遗产。可惜我们当时并没有认识到这部书潜在的意义。

学术的立场是学术的出发点，也是学术的原点。它决定着学术的性质、内容、方法与目的。从不同立场出发，我们看到的事物的特征、要素、规律、功能、意义就会完全不同。就像对于一个人，周围不同的人从各自的立场（不同的身份、地位、利益、观念等）出发，看到的人物就会全然不同。

站在遗产这个立场来看，我们所做的非遗的认定、抢救和保护，绝不是对民间文化做一轮新的调查和整理，而是要对自己民族的历史文化财富“摸清家底”，这个家底就是遗产。这个工作过去从来没做过。

这是一个全新的工作，全新的立场，全新的视角，全新的有待探索与构建的学术。这个学术就是非遗学。

回过头来，还要再讨论一下遗产的概念与人类的遗产观。这有助于加强我们对非遗学的认识。

在人类传统的概念中，遗产是指先人留下的私人化的财富。主要是物质性财富。但是在 20 世纪后半期这个传统的遗产观渐渐发生了变化。法国历史学家皮埃尔·诺拉在《法国对遗产的认识过程》中写道："在过去的20年，遗产的概念已经扩大，发生了变化。旧的概念把遗产认定为父母留给子女的财物，新的概念被认为是社会整体的继承物。"

父母留给子女的是私人遗产或家庭遗产；社会整体继承的是公共遗产，即文化遗产。文化遗产必须由社会保护和传承下去。

正是出于这个遗产观，联合国制定了第一个《保护世界文化和自然遗产公约》（1972年）。人类在文化遗产保护上迈出了第一步。然而，这第一步所保护的文化遗产只是物质性的，主要是历史建筑、考古遗址、文物。那时人们还没有"非物质文化遗产"的概念。

后来，人们渐渐发现了"非遗"。这使人类的历史文化遗产变成物质的和非物质的两部分。物质文化遗产是前一个历史时期遗留下来的珍贵的历史见证物，非物质文化遗产是历史传承至今并依然活着的文化生命。这便构成了人类当代的遗产观。

非遗学，正是从遗产的立场出发来认识民间文化的。但不是所有的民间文化都是非遗。非遗是其中历史文化的代表作，是当代遴选与认定的必须传承的文化经典。

是不是遗产是不同的。当一个事物有了遗产的属性，便多了一种性质、意义、价值，多了一种社会功能。这些都不是民俗学所能解释的。一件事物可以同时身在不同的知识范畴，从属于不同的学术范畴。比如佛罗伦萨花之圣母大教堂，既属于建筑学的经典，也属于遗产学的瑰宝。它们既有共同的文化内涵，也有各自的学术关切。建筑学关注建筑的构造、设计、美学特征与创造性；遗产学更关注它自身的历史特征、档案、等级、保护重点与方法以及如何传承得更加久远。

非遗学更关注它的存在与生命，是保护和延续它生命的科学，是一个此前没有的学科。

决定非遗学独立性的根本是——遗产。

三、学科的使命与特征

学术是具有使命的。对于非遗学，“使命”二字尤为重要。它不仅在学者身上，还在学术本身。这也是遗产的本质决定的。遗产是前人留给我们的，也是我们留给后人的，我们要好好享用它，还要把它完好地交给后人，中间不能损坏。特别是非遗，作为一种活态的文化，很容易变异和丢失，要分外呵护好和传承好，这个使命理所当然就落在非遗学中了。民俗学没有这个使命。民俗学的使命是记录民众生活和建构民间文化的科学，再往深处是探寻和呈现一个民族的民族性。

民俗学注重民俗事象的过去，非遗学注重非遗活生生的现在。民俗学把民间文化作为一种历史的积淀；在民俗学者眼中，民间文化是相对静止的、稳定的、很少变化的。非遗学者把非遗作为一种文化生命；在非遗学者眼中，非遗是活态的、动态的、应用的，在时代转型中充满不确定性。民俗学的工作是总结历史与描述现在，而非遗学则要通过对现存的非遗的研究来探索它们通往明天的合理的道路。

就像医学是为了人的生命和健康一样，非遗学是为了非遗生命的存续，文化命脉的延续。学科的使命决定了学科的特征。于是，非遗学的使命首先决定了它的工具性。非遗学具有很强的工具性。它既是一种纯学术，追求精准、清晰、完整、谨严、高深；又是一种工具理论，为非遗构建知识，为非遗排难解纷，与当下的非遗的保护实践息息相通和紧密相关。非遗学毫不隐讳要直接为非遗服务，甚至为非遗应用。

为此，非遗学是一门田野科学。在田野中认知，在田野中发现，在田野中探索，在田野中生效，从始至终都在田野。如果田野只是采风和搜集材料，就不是非遗学了。

非遗学的教育也必须在田野中进行。田野就是民间，就是活生生的民间文化。只有问道于田野，才能得到切实的答案，才能感悟到非遗的精髓与神韵，彻悟到非遗的需要，以及非遗学的学术使命。

不肩负学术使命的是伪非遗学。因此说，非遗教育中一定包含责任教育。

非遗教育的目标，是培养两种人才。一是非遗的研究人才，二是非遗的管理人才。然而，对于21世纪初刚刚进入人类保护视野的非遗，既缺乏研究乃至认知，更缺少科学的管理和管理的人才。非遗学的学术使命具有现实的紧迫性。

四、核心工作

面对非遗，非遗学有三项工作是核心，是重中之重：其一，立档；其二，保护；其三，传承。立档主要是对非遗的历史而言；保护是永远首要的主题；传承是为了遗产的延续与永在。在非遗学中这三项工作既是工作实际，更是核心的学术内容。

（一）立档

立档是指建立档案。民间文化是大众为自己创造的文化。自然流传，不传辄亡，自生自灭，没有记载，各种应用的器物也很少存续。一种民俗或民艺一旦消泯，便了无痕迹。如果没有21世纪的前十年大规模非遗抢救和“保护名录”的建立，恐怕大量非遗早已消散得无影无踪。没有历史文献和档案是非遗的一个重大问题。故而非遗学首要的工作是为每一项非遗制作档案。

这里说的档案，不是政府部门的管理档案，是非遗学的学术资料性的存录。立档本身也是学术工作，是最根本最基础的工作。

档案存录历史，也为明天存录今天。

怎样的档案才是理想的档案？非遗学起步晚，没有太好的实例。

民俗学中，著名的芬兰文学学会的口传文学资料档案库是一个极好的范例，但口头文学是一个例外，因为口头文学有搜集文本，又有书面文学做参考。其他非遗就复杂多了，构成不同，各有特点，立档时调查记录的方法必须与非遗各自不同的特点相结合，因此每种非遗档案都是个案。同时，资料的整理和档案的编制必须专业化。由于我国非遗的形式太过纷繁，立档的规范是要首先研究和确定的。

现今我国已知非遗超过 10 万项，但保护力量十分有限。大多数非遗没有建立起系统的科学保护。如果不做存录，不做收集、调查、整理，没有立档，一旦传承受阻，瓦解失散，了无存证，才是真正的消亡。比如一些 50 年前还“活着”的民间戏曲，如今消亡后没有档案，其面貌已无从得知。

非遗是活态存在，各种原因都可致其消亡，这就给海量的非遗的存录和立档增加了时间的压力。

（二）保护

非遗保护是非遗学核心的核心。

非遗学要为非遗的保护进行探索和研究，提供科学的理念、标准与方法。

自从我国建立了国家非遗保护名录（2006 年），保护已成为社会文化生活中的一个关键词。全民的现代文明的遗产观开始形成，文化自觉已经显现。遗产保护的终极目标是：物质文化遗产的原真性和非物质文化遗产的原生态。保护原真性是指物质遗产的保存完整和附着在遗产上的历史文化信息不丢失。保护原生态是指保留住非遗的原本的文化形态与生命状态。原生态的判定是关键，但很多非遗没有做过这方面的研判，保护标准没有确定。如果保护没有凭借，是很容易得而复失的。保护标准的确定必须有学术支撑。

关于保护方式，多年来已做过不少探索与建设。其中最重要的是

2011年我国颁布了《中华人民共和国非物质文化遗产法》(简称《非遗法》)，为非遗保护提供了法律保证。此外还有名录保护、制度保护、传承人保护、博物馆保护、教育保护等等，渐成体系。这些保护都发挥了作用，同时都没有能够抵制住现代市场社会和旅游经济带来的强势的冲击。这些都是非遗学直接面对的重要课题。非遗保护需要非遗学提供的主要是科学的理念，以及相关的标准、规则和专业的方法。但还有一个问题需要解决，即非遗学通过什么途径作用于保护实践?

（三）传承

民俗学和遗产学对待传承这个概念的态度不同。民俗学认为传承是顺其自然的，是一个个民俗或民艺事象流传下来的民间方式。民俗学不人为地介入民间文化传承。非遗学则不然。为了非遗能存在下去，一定要促其传承。

可是，这个“促”是人为的，如何“促”才不是负面干预?如何做才是科学而非反科学的?这需要非遗学自己来回答，来解决。

非遗的传承在当代碰到一个令人挠头的问题，也是一个时代的难题：非遗原本来自民间的一种精神和文化的需要，或者说非遗是百姓的一种精神文化生活。但是到了市场经济时代，这种富于魅力的地方文化难免被转化为旅游工具和旅游商品。这种转化，会使非遗不知不觉地与原本的精神需求脱钩，最后留给游人的便只是一种观赏性的原形态而没有精神性的原生态了。在当代，世界各地旅游地区的民俗与民艺所碰到的是同一个问题，这是非遗面临的无法绕开的困扰。如果非遗的内涵与功能发生了质变，会不会名存实亡?那么，非遗到底要传承什么?哪些必须恪守不变?应该用怎样的方式存在与传承?面对这类时代性的挑战，非遗学必须在思想和理论上做出切实和有效的应对。

这三项工作，都是非遗学核心的工作，是核心的学术问题，也是其学科价值之所在。

五、关注点

非遗学有几个关注点，这是非遗学独有的，它们共同构成了非遗学的学科编码。

（一）地域性

人类保护文化遗产的目的之一，是保护文化的多样性。这个文化的多样性是由各种不同的文化个性共同体现的。也就是说，保护文化的多样性，就是保护好每一种文化的个性。

文化的个性往往来自它的地域性。特别是民间文化。

民间文化比精英文化更具地域性。因为精英文化是个人创造，民间文化是集体创造，集体认同。非遗具有集体性。历史上，各个地域相对封闭，各种文化都是在一己的天地里，渐渐形成和加深了自己独有的文化气质与特征。所谓“五里不同风，十里不同俗”。这是民间文化的特点与本质，更是非遗的特点与本质。

所以，能作为绍兴的地域文化代表的不是鲁迅，不是阿 Q，而是莲花落、乌篷船和梁祝传说。

非遗的地域性是非遗最重要的文化特征。特别是现代社会，愈具有地域特色的非遗，愈具有这个地方文化的标志性。

我国幅员辽阔，民族众多，历史错综，地域多样，风情各异，致使各地的文化内涵深厚，特色鲜明。但绝大多数非遗的地域特征未被阐释过，对它们的探究与阐明是非遗学不能绕过的课题。

（二）审美个性

非遗学重视非遗的审美。

因为所有非遗，都是一种美的呈现，不管这种非遗是不是艺术类。在民间，一切文化都用美来表达。不论是色彩的、声音的、姿态的、形象的，还是一种节庆，一种习俗，一种仪式，必含有一种独自的美。这是非遗的神髓。

民间美来自大众的审美心理与需求，因民族和地域的不同而不同。不同的美体现和彰显不同地域的个性。

民间美还有一个特性。它既是个性的，又是共性的。它不同于精英创造的美，精英美纯属个人的创造，民间美则是一个地方的人集体的创造和集体的认同。所以，这种地域共性的美就是它个性的美。

精英美是自觉的，民间美是自发的；精英美追求不断出新，民间美则是世代积累和世代相传；精英美追求自己，民间美认同本地的传统。因此，它为那一方土地所独有，是那里的文化最耀眼、最富魅力的地方。这种美鲜明地表现在当地特有的风俗、礼仪、游艺、舞乐中，突出地体现在当地别样的建筑、服装、工艺、手艺及其造型、色彩、线条、图案上。这种美具有不可替代的价值。

所以，对非遗的审美贯穿着整个非遗学。从审美的角度去感受非遗，认知非遗，研判非遗，保护和传承非遗。为此，我们必须具有审美修养和文化修养。

可以相信，民间美学是非遗学研究的范畴之一，也是未来美学的范畴之一。

（三）传承人

传承人在人类学中常常涉及，在民俗学中不是主要关注的对象。民俗学更关注民俗事象。然而在非遗学中传承人极其重要，因为非遗承载在传承人身上。传承人是非遗的主人。没有传承人，非遗便不复存在。

因此在政府管理遗产中，传承人是政府管理非遗主要的“把手”，名为“代表性传承人”。但在历史上，传承人没有“代表性”一说，都是一种自然存在，都是“自然传人”。

“代表性传承人”不属于民俗学，只属于非遗学。

“代表性传承人”是为了管理好非遗，从各项非遗中遴选和认定的历史上传承有序、技艺高超、在当地影响较大的传人（日韩都有认证传承人制度）。一项非遗一般确定一两个“代表性传承人”。他们无疑应是非遗保护关注的对象与重点。然而，作为非遗学者，不能仅仅关注“代表性传承人”，而应该广泛地观照所有的自然传人，从而全面了解和整体把握该项非遗，因为大量历史信息和技艺细节不只保留在极少数的“代表性传承人”那里，而是散布在民间自然传人的群体中。应该强调，非遗学者与政府管理者的工作有所不同，他们各司其职，共同合作。非遗学者要从文化规律出发，要有前瞻性。

我们现在已经开始用口述史的方式记录传承人身上保留的无形遗产。这是活态的非遗最重要的“遗产内容”，包括两部分：一是传承人头脑中的记忆，二是传承人手上或身上的技艺。

传承人口述是非遗第一手珍贵的研究材料。

非遗学十分看重传承人口述史。只有口述史可以将传承人身上无形的、动态的、不确定的“遗产内容”变为确定的文字。然而，现在所做的传承人口述多是较平浅的“调查记录”，多是行业经历的调查，没有把传承人作为一个“人”进行生命性的挖掘，更没有深度的文化追寻。文本与写作的方式也缺少探索。所以，这样的传承人口述史做完之后，大多作为调查材料放在一边，不再深入研究。如果没有对传承人口述做延伸研究，实际上仍然没有真正地拥有这项非遗。

（四）技艺

非遗的传承关键是技艺的传承。一个传人，无论是舞者、绣娘、艺匠，还是武人，他们身怀独门绝技，技艺炉火纯青，这是他那一方古老土地独特的人文创造，代代传承并极其珍贵地保留在他们身上。技艺是非遗的精华，也是传承人价值的体现。因此，非遗传承的关键是他们身上的技艺。如果对这些相传已久的、关键性的、精粹的技艺自我认识不足，在使用和流传过程中丢失了，这项非遗的含金量便打折扣了，这是非遗学的新课题。对非遗技艺的科学总结、重点技艺全信息的记录，以及新出现的传承路径与方式，都是非遗学者的关注点。

民俗学不以技艺为关注点，非遗学以它为重中之重。因为技艺是非遗的生命。

（五）活态

在非遗学者眼中，非遗是活态的。

非遗学关注非遗的活态主要包括：一是它的生态，二是它的变化。在进入现代社会后，非遗受到经济生活与时代审美的影响，被动和主动的变化都在日渐增多。我们对非遗的关注主要是三方面：①是否保持传统技艺，是否坚持使用传统工具，是否遵循传统（工艺、表演或民俗）程序；②是否保留了该非遗的历史经典；③是否传承有序，是否真正做到完整的衣钵相传。

对活态变化的关注是非遗保护至关重要的。比如在当今的旅游市场上，如何区别是时代性的自我主动的改变，还是在旅游压力下被动的改变，这些都要进行文化思辨。文化思辨和文化比较是非遗学最积极的学术思维。

当我们自觉或不自觉具备了这些关注点，我们就身在非遗学中了。

六、学科交叉与交叉学科

非遗学是独立的。由于它涉及面广，与一些既有的学科必然会重叠或关联，必然会交叉、融合、合作。一方面，在研究上跨学科；另一方面，在学科构建上，必然要采用已有的不同系统的知识，进行超学科的整合，以健全非遗学。这里，从非遗学学科的构建出发，列出需要交叉的主要学科如下：

民俗学；

艺术学；

民族学；

管理学；

法学；

档案学；

视觉人类学；

口述史；

博物馆学；

文物学。

（一）民俗学、艺术学

早在建立国家非遗名录，对浩如烟海、缤纷多样的非遗进行分类时，就采用了民俗学和艺术学的一些分类法。人类在对世界的认知上，先成熟的一定会影响尚未成熟的，非遗学是后发学科，由于研究对象与民俗学、艺术学相同或相近，在知识体系构建上，必然会融合民俗学和艺术学。这种“为我所用”的思想方法，还会长期使用。但同时也要进行学科的区别。学科的混淆会模糊各自的独立性，限制学科的自身发展；区别是为了明确自己学科独特的性质、使命、特征、价值、标准与方向。

（二）民族学

我国是多民族国家，少数民族异彩纷呈的非遗是中华民族宝贵的历史文化财富。少数民族大多没有精英文化，甚至没有文字，其民族的历史及文化特征主要表现在非遗上。少数民族非遗的保护离不开与民族学的合作。

（三）管理学

在当代社会的非遗保护实践中，最前沿和直接的保护体现在管理上。可以说，保护在管理中。关键是管理的原则、要求、标准必须是科学的。它取决于专业研究的水准。所以，非遗保护一定要融合管理学的学理、知识与方法。非遗学在这方面要建立“非遗管理学”。非遗教育要为非遗保护——特别是一线保护培养管理人才。

（四）法学

非遗保护有一大套国际法规和国际标准，我国是人类非物质文化遗产最多的国家，也是列入国家非遗名录最多的国家。将非遗管理法规化是保护工作的必由之路，推进这一工作的学术背景是与法学的合作。

（五）档案学、视觉人类学

民间文化从无档案。非遗确立后，首要的工作是为非遗存录与立档，立档规范必须融入档案学。然而，非遗的特点是活态和动态的，活态和动态的存录是一项崭新的工作。这也同时是与视觉人类学交叉之必需。

（六）口述史

非遗学需要交叉的学科还有口述史。

我们已开创了传承人口述史，这是非遗学特有的调查与研究方式，用以挖掘和记录承载在传承人身上的无形遗产。传承人口述史要具有资料性和档案性；在口述史写作与文本上，有别于其他种类的口述史。我们已经看到传承人口述史广阔的前景，但现在对于传承人口述史的研究尚未进入学术层面。

（七）博物馆学

博物馆是非遗保护的重要方式之一。博物馆是保存、收藏、展示与弘扬非遗的场所，功能很多，这些都需要相关学科的支撑。以往博物馆的收藏与展示基本是物质的，没有非物质的。非遗的展示与收藏则需要契合其特点，比如非遗活态的形象、声音、技艺和表演等等的采集与展示，这对博物馆来说需要创造性的理念和对高新技术创造性的使用。现在的非遗博物馆的展陈还很表浅，远不能及。国际上也是如此，需要学术上的探索和与相关学科的合作。

（八）文物学

再有，非遗学还要关注非遗的物质性的一面。

有些非遗的载体是非物质的，比如民歌。有些非遗的载体是物质的，比如剪纸、石雕、明式家具制作技艺等等。这些非遗，要靠物质性的作品体现非物质制作技艺的非凡和高超。此外，还有大量丰富多彩的物质性民俗用品、生活器物、生产工具承载并见证着其地域独特的文化。这种民间的生活文化过去不被重视，现在渐渐被认识到价值，称其为“民间文物（或民俗文物）”，开始受到学界和博物馆的关注。现在的问题是，对“民间文物”的甄别、鉴定、分类与断代的知识系统尚未形成，再有是研究有限，没有开拓为一个学术空间。但是可以预见，随着非遗保护事业的发展，“民间文物”研究将成为非遗学与文物学、博物馆学交叉融合的学术热点，并有望成为非遗学一个研究与学术的方向。

阅读本文时，一定可以看出，本文一边着力阐述非遗学原理，一边阐明非遗学与民俗学在立场、本质、性质、构成、特点、功能、意义上的不同。其缘故在于，在非遗事业肇始之时，自己没有学科，应急地动用了民俗学的知识，造成了非遗学从属于民俗学的误会。当非遗学的自我意识与学科立场觉醒之后，便发觉到民俗学不能阐释与探究非遗的世界，也不能解决非遗的问题。比如非遗的保护理论在民俗学那里很难深入，其中一个最根本的原因是民俗学不研究民间文化（非遗）的保护和传承。这不是民俗学的缺欠，而是不同学科不同的学术功能和使命所致。为此，非遗必须构建自己的知识体系，也有足够的原材料建立自己的学科大厦。那么，非遗学首先就要在元理论上与民俗学剥离；也就是说非遗学迈出的第一步，就是与民俗学彼此说清：分手，分手之后再合作。

21 世纪以来，非遗是一个全新的概念，在社会上是一个全新的事业，在学术上是一个全新的学科，它需要我们认识的高度与自觉，需要学术的创新。我国人文学界素来感知敏锐，富于学术热情。近 20 年来，已有很多热衷及有志于非遗学的学者涌现出来，出版了众多非遗学方面的著作，探索之广、触及之深，在国际上应列前茅。

非遗学的迅速崛起缘于我们的非遗——根扎田野大地，生命之源雄劲沛然。它体量宏大，斑斓多彩，内涵深厚，特色鲜明，富于无可估量的文化、艺术以及学术的价值。然而，如此超巨大、历史上从没有整理过、活态的遗产，在当代社会转型和各种冲击下，怎样做才能完美地传承？从思想和科学的层面上说，非遗学当担此重任。

这是学术使命、历史使命，也是时代责任。

目前非遗学虽属初创阶段，但向前展望，它一定是一个前途无量、具有宏大和深远发展空间的学科，一个具有强大生命力的学科。由于它凭借于我国的非遗，因此它必定还是一个具有中国和东方特色的学科。

任何一门学术的最高目标，一是构建它的知识体系与理论体系，二是实实在在服务于相关的社会事业。面对中华大地上数十万项彼此千差万别的非遗的保护与传承，非遗学任重道远。

“非遗”保护与交叉学科之“非遗学”
——在天津大学冯研院“新时代·新学科·新使命”非物质文化遗产国际学术论坛的发言

陶立璠（中央民族大学教授）

摘要 21 世纪以降，非物质文化遗产保护成为中国政府推动传统文化保护的策略，经过将近 20 年的努力，中国非遗保护进入新的历史时期。和 20 多年前不同的是，经过一代人的努力，此时的中国已建立了国家级、省级、市级和县级四级非遗保护体系，先后公布了国家级非遗代表作名录，认定了各类非遗项目代表性传承人名录，同时确立了国家文化遗产日，颁布了《中华人民共和国非物质文化遗产法》。凡此种种，不仅体现着非遗概念的深入人心，而且使非遗保护有了可操作性并可持续传承。这一切迫切需要非遗保护的理论研究和人才培养，交叉学科之非遗学建设，显得非常及时和必要。本文从非遗、非遗保护、非遗学三个层面，对交叉学科之“非遗学”建设做初步探讨。

关键词 非遗，非遗保护，非遗学

21 世纪以降，非物质文化遗产（以下简称“非遗”）保护成为中国政府推动传统文化保护的策略，经过将近 20 年的努力，中国非遗保护进入新的历史时期，即学界所谓的“后非遗”时代。和 20 多年前不同的是，经过一代人的努力，此时的中国已建立了国家级、省

陶立璠

级、市级和县级四级非遗保护体系，先后公布了国家级非遗代表作名录，认定了各类非遗代表性传承人名录，同时确立了国家文化遗产日，颁布了《中华人民共和国非物质文化遗产法》。凡此种种，不仅体现着非遗概念的深入人心，而且使非遗保护有了可操作性并可持续传承。这一切迫切需要非遗保护的理论研究和人才培养，交叉学科之非遗学的建设，显得非常及时和必要。

一、关于非物质文化遗产

非物质文化遗产保护是21世纪初出现的新生事物。2003年10月联合国教科文组织第32届大会通过《保护非物质文化遗产公约》（以下简称《非遗公约》）。2004年8月中国人大常委会审议批准加入该公约，2006年6月该公约在中国生效。就在这一年，中国公布了国家级的第一批非遗名录，共计518项。自此《非遗公约》成为中国非物质文化遗产保护的重要政策依据文件。

关于非遗，联合国教科文组织《非遗公约》第二条作了定义，非物质文化遗产（intangible cultural heritage）指的是，“被各群体、团体，有时为个人视为其文化遗产的各种实践、表演、表现形式、知识和技能及其相关的工具、实物、工艺品和文化场所。各个群体和团体随着其所处与自然界的相互关系和历史条件的变化，不断使这种代代相传的非物质文化遗产得到创新，同时使他们自己具有一种认同感和历史感，从而促进了文化多样性和人类的创造力”[1]。按照上述定义，非遗包括以下方面内容：①口头传说和表述，包括作为非物质文化遗产媒介的语言；②表演艺术；③社会风俗、礼仪、节庆；④有关自然界和宇宙相关的知识和实践；⑤传统手工艺技能[2]。按照这一定义，结合中国的国情和实践，在非遗保护中中国将非遗项目分为10类：①民间文学；②传统音乐；③传统舞蹈；④传统戏剧；⑤曲艺；⑥杂技与竞技；⑦传统美术；⑧传统手工技艺；⑨传统医药；⑩民俗。很明显，联合国教科文组织的分类是宏观的，其重在说明非遗的特征，而中国的分类是结合中国国情，将分类细化，使其在保护工作中更具可操作性。

联合国教科文组织对非遗的定义，是综合世界各国非遗文化特点提出的，并规定了非遗所涵盖的基本内容、特点和非遗传承的特点：即“被各群体、团体，有时为个人视为其文化遗产的各种实践”，“各个群体和团体随着其所处与自然界的相互关系和历史条件的变化，不断使这种代代相传的非物质文化遗产得到创新，同时使他们自己具有一种认同感和历史感”，请注意：这里的关键词是群体、团体、个人，认同感和历史感。这正是非遗产生的历史认同和传承的生态环境。因此非遗保护是以其传承的个人、群体、团体的认同感和历史感为基础的。认识这一点，就明确了非遗文化的创造和传承，它的创造本体是

1 文化部非物质文化遗产司：《非物质文化遗产保护法律文件汇编》，2009，第396页。

2 同上。

群体、团体或个人，而且它的形成不仅具有历史感而且得到了群体的认同。

二、关于非物质文化遗产保护

《非遗公约》对非遗保护也做了明确的解释。指出非遗保护是指采取措施，确保非物质文化遗产生命力，包括这种遗产各个方面的确认、立档、研究、保存、保护、宣传、弘扬、传承（主要通过正规和非正规教育）和振兴[1]。为了贯彻《非遗公约》精神，联合国教科文组织还专门设立了“人类非物质文化遗产代表作名录”“急需保护的非物质文化遗产名录”和“优秀实践名册”三项人类非物质文化遗产名录和名册，其专门的委员会每年都会审议各国申报的遗产项目，然后决定是否将其列入名录或名册。

中国是《非遗公约》的缔约国，自然承诺对中国的非遗进行保护。2005年国务院发出《国务院关于加强文化遗产保护的通知》，2006年公布第一批国家级非物质文化遗产名录，并建立国家四级非遗名录保护体系。2011年2月颁布《中华人民共和国非物质文化遗产法》。从此，中国的非遗保护有了法律依据。

非遗保护工作在中国已经开展了将近20个春秋。其间，国务院先后公布了5批国家级非遗名录，计1600多项，加之省、市、县（区）三级非遗名录，基本实现了非遗地毯式的普查和认定。因为这些名录都是经过各级政府文化部门发动专家学者考察认定的，具有很强的权威性。非遗名录的认定，为非遗保护工作打下了坚实基础。非遗保护工作取得不小的成绩。此外，中国非遗还走向了世界。2022年，“中国传统制茶技艺及其相关习俗”被列入联合国教科文组织人

1 文化部非物质文化遗产司:《非物质文化遗产保护法律文件汇编》，2009，第396页。

类非物质文化遗产代表作名录。至此，中国共有43个项目列入联合国教科文组织人类非物质文化遗产代表作名录、名册，数量居世界第一。这些成绩的获得和历代非遗人的不懈努力和卓越贡献是分不开的。

谈到非遗保护，又回到了老问题：什么是非遗？保护什么？如何保护？“什么是非遗”这一问题，已经取得了全民共识。“保护什么，如何保护”仍然是需要探讨的问题。这不仅涉及对传承个人和群体的认知，还涉及政府、专家学者在保护工作中的作用。即在非遗保护中如何避免政府、学者包办代替，使其保护回归民间，发挥非遗传承个人和传承群体、团体在传承中的作用，使保护工作促进非遗传承的可持续发展。

非遗保护应该是全方位的，包括非遗文化的创造、传承和消费。非遗传承人包括个人、群体和团体，他们既是非遗文化的创造者、持有者，又是这一文化的享受者和传承者。而非遗文化的消费，也是传承的重要组成部分。以往我们对非遗的传承有一种曲解。具体到非遗项目的传承，两眼紧盯着该项目的代表性传承人，而忽视了群体和团体传承。有时还忽视了非代表性传承人群体和非遗文化的消费者群体。因为没有非遗消费，就没有非遗的创造和传承。非遗消费是非遗可持续传承不可或缺的环节。我们看到许多非遗项目的消歇和失传，都和缺少非遗文化的消费有关。比如中国传统的年画，曾深受民众的喜爱，有着千年以上的消费传统，是中国年节不可或缺的节物。不知何时，这一消费传统随着时代的变迁渐渐消失了。消费的断裂，使传统年画失去了它的生命力。如今传统的年画已走出民众的生活，变成收藏品和博物馆的展品。代之而起的是义乌小商品市场的年节用品（包括年画）。消费群体是非遗传承不可缺少的因素。每个非遗项目都有它特定的传承对象和特定的消费对象。每个非遗项目的代表性传承人，是传承者，同时也是这一项目众多的受传者（受众），他们同时还是非遗文化的消费者。这些受传者有时被认为是非代表性传承人。他们既参与非遗的传承，又参与非遗的消费。正是这些参与者构成了传承的群体。也许下一代的非遗代表性传承人就是在这一群体中产生的。他们有可能成为某项非遗项目未来传承的后备军。

三、交叉学科与“非遗学”建设

明确了非遗和非遗保护的准确定义，在非遗研究中，能够更好地进行理论梳理。而交叉学科方法论，为非遗研究提供了方便的门径。

交叉学科，顾名思义是指学科交叉融合逐渐形成的新型学科。在社会学科中往往将这种研究称为“应用研究”。比如民俗学研究，需要多学科理论和知识支撑。研究民俗文化的学者，除了研究对象是人们日常生活中靠语言和行为传承的各类民俗事象外，在具体的研究中往往需要借助多学科的理论和知识，这种理论和知识涉及历史学、文学（民间文学）、语言学（古代汉语）、文化人类学、社会学、法学（民间的不成文法及习惯法）、民族学、传播学等。没有上述学科的知识和理论支撑，民俗学研究不可能取得优异成绩。民俗学之所以成为一门独立的社会学科，正是在交叉应用研究中取得的。交叉学科研究，不仅丰富了本学科研究的内容和方法，也打开了研究者的视野，它和比较研究有同工异曲之妙。交叉研究体现了科学向综合性发展的趋势。

关于非遗学概念，在非遗保护工作伊始就有学者提出。不过当时概念十分模糊，存在不同的理解。2006 年 10 月，学苑出版社曾出版过一本《非物质文化遗产学论集》，由我和日本学者樱井龙彦主编，当时也没有十分追究非遗学这一概念的提出准确与否。认为只要是涉及非遗的论文，就属于非遗学范畴。直到成为国家非遗保护工作专家委员会委员，参与了非遗代表作名录和代表性传承人的认定后，许多学者质疑非遗研究是否能成为一个新的学科——非遗学。当时正是非遗保护如火如荼的时候，有的学者提出非遗是一个学术概念，有的学者认为不是，指出它只是为适应保护工作的需要而提出的概念。这的确是值得认真思考的问题。有鉴于此，在我的再版的《民俗学》导论一章，曾开辟专节，讨论民俗学与非物质文化遗产。结论当然是否定非遗学作为单独学科的地位[1]。

此次参加天津大学冯骥才文学艺术研究院召开的“新时代·新学科·新使命——非物质文化遗产国际学术论坛”，给了我重新学习的机会，即如何认识新时代非遗保护所承担的历史重任和使命，我开始再思考，是否应该修正我的观点。

天津大学于2022年10月获批设立全国首个非物质文化遗产学交叉学科硕士授权点，并开始招生。交叉学科是国务院学位委员会根据新时代自然学科和社会学科发展的新形势新设立的学科。非遗学被作为这一交叉学科一级学科获得硕士学位授予权，说明中国非遗保护事业进入新的阶段，即人才的培养进入国家模式，意义非常重大。中国是一个非遗大国，非遗文化不仅历史悠久，而且以独特的传承延续至今，是一笔丰厚的文化遗产。经过多年的努力，已经确立为国家级的非遗项目有近1600项，而对它的“确认、立档、研究、保存、保护、宣传、弘扬、传承（主要通过正规和非正规教育）和振兴”，是摆在非遗研究者面前的艰巨任务。面对如此繁重的保护和研究工作，国家确立交叉学科，并将非遗研究的非遗学作为一级学科列入其中，这对非遗保护者和研究者是莫大的鼓舞，也使中国非遗保护事业迈上一个新台阶。交叉学科专门设立非遗学，顺应了目前中国非遗保护和研究工作的新形势。

回顾中国非遗保护事业走过的路，非遗理论的研究和探讨实际上

1　陶立璠:《民俗学（修订本）》，学苑出版社，2018，第21–26页。

遇到的也是交叉学科的问题。国务院公布了几批非遗名录，它的确认，就是由众多人文学科的专家参与的。涉及民间文学、民俗学、音乐学、舞蹈学、戏剧曲艺学、美术学、工艺学、医药学等等。其实考察各类非遗项目，它们本身就具有明显的文化交叉特性。比如音乐、舞蹈、戏剧与曲艺就是一种综合性的非遗项目，对它的研究需要音乐学、舞蹈学、戏剧曲艺学的理论和知识。民俗类的庙会，是多维度的文化空间，不仅需要宗教学（民俗宗教）的理论和知识，还会涉及其他人文学科的理论和知识；传统医药是实践经验的结晶，需要中国医药学的理论和知识。随着非遗保护工作的不断深入，作为交叉学科的非遗学应运而生。由此看来，非遗学无疑具有交叉学科的性质。

非遗学的诞生，不仅关系到非遗研究的进展，而且关系到研究人才的培养。中国非遗保护工作已经进行了 20 多年，积累了大量的非遗资源和保护经验，同时也培养了一支卓越的研究团队，这为非遗学的研究奠定了坚实的基础。未来它所养育的人才应该是多学科相融互补的全科型或复合型人才。

回顾非遗传承和保护的历史，中国非遗学的建设任重而道远，有待于在实践中形成自己独特的学科体系，建立非遗学的理论框架，形成独特的方法论。未来在非遗学门下也许会形成不同的应用学科（子学科），如“非遗民俗学”或“民俗非遗学”，“音乐非遗学”或“非遗音乐学”等等。也可能还会形成许多专题研究。人才的培养目的在于造福学科和这一学科统领下的非遗保护事业。交叉学科之非遗学，承担着历史的使命。

最后提一点建议。既然非遗学被设为交叉学科一级学科，为利于非遗人才的培养，建议天津大学一鼓作气，在该校设立非遗学的本科专业，因为本科专业在非遗学课程设置上更具科学性、灵活性。众多的与非遗学交叉的学科走进课堂，为非遗学高端人才研究生（硕士、博士）的培养，输送高质量的后备人才。

非物质文化遗产学与人才培养定位

潘鲁生（中国文学艺术界联合会副主席，中国民间文艺家协会主席，山东工艺美术学院名誉院长，山东大学讲席教授）

摘要 从文化遗产保护的国际视角看，中国非物质文化遗产无论数量还是质量都具有十分丰厚的基础。非物质文化遗产学科筹建以来，关于学科建设和人才培养的问题一直在不断讨论和深化中。非物质文化遗产学的学科定位，应在遗产学研究的主体结构上，面向多学科交叉属性与发展优势，明确学理基础、学科范畴、学术方向；厘清学士、硕士、博士培养目标，总结学科建设内涵，建立完整的人才培养体系。非物质文化遗产学的人才培养要面向当前社会需求，以产出为导向，不断提升非物质文化遗产的理论高度、实践成效、国际传播和社会服务能力。

关键词 非物质文化遗产学，交叉学科，学科建设，人才培养

中华文明历史悠久，非物质文化遗产资源丰富多元，几千年来不断传承，生生不息。21 世纪，工业化、城市化、全球化的进程进一步加快，关于“文化遗产保护与发展”的学术研究和实践探索也全面展开。理论研究和保护实践，进一步凸显出学科建设和人才培养的深层需求，非物质文化遗产学科建设被提上日程。从单一学科向多学科交叉融合，成为当前学科发展、知识创新和人才培养改革的基本趋

潘鲁生

势。交叉学科建设，既是对社会生产生活发展的学术回应，也是知识体系、学术范式发展的规律使然。在交叉学科基础上，“非物质文化遗产学”的概念和学理，包括本体、价值、方法等内容及其关联的人才培养体系构成，都将更加清晰和明确。

一、文化遗产学、非物质文化遗产学与大学教育基础

学科建设和人才培养是推动文化遗产保护事业的一个重要基础。国内外大学对文化遗产学的学科定位、专业建设、人才培养已经进行了许多探索。2003 年，联合国教科文组织《保护非物质文化遗产公约》第十四条中就提到“保护非物质文化遗产，尤其是管理和科研方面的能力培养活动”。日本将文化遗产保护与教育传承相结合，将“文化财”的认知、传承、传播工作纳入国民教育体系，自幼培养儿童良好的保护和传承意识。意大利则将文化资源与城市社区相结合，通过社群探索教育传承之路。美国文化遗产保护多源自民间自觉意识的觉醒以及民间社团的推动。

随着国家文化复兴战略的实施和文化产业的发展，文化遗产学逐渐引起学界的广泛关注。我国出台了一系列促进非物质文化遗产教育、宣传与能力培养的文件。2011 年,《中华人民共和国非物质文化遗产法》以法律形式规定“非遗”教育的正规性与必要性; 2021 年，文化和旅游部印发的《“十四五”非物质文化遗产保护规划》中指出:“推动将非遗融入国民教育体系。鼓励地方根据实际情况组织编写非遗教材。鼓励中小学开设非遗特色课程，支持传承人参与教学，加强非遗师资培养。”与之相匹配,《中华人民共和国国民经济和社会发展第十四个五年规划和 2035 年远景目标纲要》提出:“建成文化强国、教育强国、人才强国、体育强国、健康中国，国民素质和社会文明程度达到新高度，国家文化软实力显著增强。”

在学科建设上，2015 年，教育部普通高等学校本科专业目录在“历史学类”下增设“文化遗产”专业; 2020 年，在“艺术学理论类”下增设“非物质文化遗产保护”专业。2021 年 4 月，国务院学位委员会下发《关于推动部分学位授予单位开展非物质文化遗产方向人才培养试点工作的通知》，明确要求具备条件的高教科研机构聚焦“非遗”人才需求，结合自身学科专业优势，在相关一级学科或专业学位类别下设置“非物质文化遗产”方向，有条件的单位也可设置“非物质文化遗产”二级学科，同时，规定了非物质文化遗产方向研究生指导性培养方案。这为非物质文化遗产专业人才培养提供了契机。2021 年 11 月，国务院学位委员会批准天津大学学位授权自主审核增列“非物质文化遗产学”硕士交叉学科，标志着我国非物质文化遗产学交叉学科的学术研究与人才培养迈出了关键的一步。

(一) 普遍共识

遗产学，涉及自然遗产、文化遗产和非物质文化遗产。自然遗产是自然创造，文化遗产是人类的物质创造，非物质文化遗产是人类的经验创造。因此，非物质文化遗产具有经验的广泛性和传承性，在学科关联上具有交叉性。

从全球视野看，文化遗产是维护文化多样性的共同财富，是推动文明交流互鉴的重要载体，是构建人类命运共同体的人文基础，是实现可持续发展目标的关键因素。从国外关于文化遗产的研究经验看，英、美、日等国文化遗产关联学科的建设工作起步较早，学科体系比较成熟，对"文化遗产学"有不同的内涵和外延界定，学科体系各具特色。一致性在于，通过学科交叉，实现"文化遗产学"的学科建设。

中国文化遗产学的建立与发展要立足国际视野，充分利用国际上文化遗产保护、利用以及学科建设发展取得的经验，立足中国丰富且具有自身文化特色的文化遗产资源优势，瞄准交叉学科研究取向，在已有学术与学科成绩基础上，完善文化遗产学学科体系、构建中国特色学术体系、拓展中国特色文化遗产学话语与应用体系。

表1　非物质文化遗产学科体系和专业建设相关文件

时间	部门	政策	主要内容
2021年4月20日	国务院学位委员会办公室	《关于推动部分学位授予单位开展非物质文化遗产方向人才培养试点工作的通知》	具备条件的高教科研机构聚焦非物质文化遗产人才需求，结合自身学科专业优势，在相关一级学科或专业学位类别下设置"非物质文化遗产方向"，有条件的单位也可设置"非物质文化遗产"二级学科，同时，随通知还下发了《非物质文化遗产方向研究生指导性培养方案》
2021年5月25日	文化和旅游部	《"十四五"非物质文化遗产保护规划》	推动将非遗融入国民教育体系。加强高等院校非遗学科体系和专业建设，支持有条件的高校自主增设硕士点和博士点

续表

时间	部门	政策	主要内容
2021年8月12日	中共中央办公厅国务院办公厅	《关于进一步加强非物质文化遗产保护工作的意见》	将非物质文化遗产内容贯穿国民教育始终，构建非物质文化遗产课程体系和教材体系，出版非物质文化遗产通识教育读本。加强高校非物质文化遗产学科体系和专业建设，支持有条件的高校自主增设硕士点和博士点

（二）文化传统

非物质文化遗产的存在方式包括口头形态、表演形态、物质形态、民俗形态、手工艺形态等，各种形态之间存在必然联系。目前，非物质文化遗产学与民间文艺学、民俗学、社会学、人类学等学科交叉，是人文科学、社会科学以及自然科学交叉的学科，这已成为共识。基于田野调查的实践和分析是该学科的基本方法。

非物质文化遗产是中华优秀传统文化的代表。教育部关于“双一流”的建设方案提出，要“扎根中国大地，遵循教育规律，创造性地传承中华优秀传统文化，积极探索中国特色的世界一流大学和一流学科建设之路”。《国家“十四五”时期哲学社会科学发展规划》也提出：“坚持以中国传统、中国实践、中国问题作为学术话语建构的出发点和落脚点。”一流大学建设应立足于我国独特的历史、独特的文化、独特的国情，文化遗产的优秀基因是塑造中国特色一流大学的精神支柱。中国特色哲学社会科学立足中国、挖掘历史，体现继承性和民族性特点，加强文化遗产学研究是强化中国特色哲学社会科学建设的重要抓手。

非物质文化遗产学科建设，植根中华优秀传统文化，包括从历史层面，探根索源、观流识变，对我国丰富的非物质文化遗产做出阐释，做好传承和传播；从空间层面，对各地、各类非物质文化遗产的事项、符号、技艺等进行分析，把握其历史性、地方性、传承性和变异性；从本质和规律层面，探索非物质文化遗产发展规律性的动因，这是一个逐步建设的过程。

（三）社会需求

经济发展、科技进步，城镇化发展、时代不断进步，社会向现代化、科技化、数字化方向转型，非物质文化遗产日渐夯实为一种智慧的传统。认识、面对和利用传统是一种态度，如何创新转化是一个时代命题。

非物质文化遗产是人类优秀文明成果。今天的学科建构，既包括对遗产实物的挖掘、搜集和整理，又包括对文化遗产话语、历史和空间生活的整体研究。因此，在人才培养过程中，强调非物质文化遗产学的理论和实践立场，尤其是以田野调查为基点的实践立场十分重要。

非物质文化遗产涉及的门类众多，在联合国教科文组织非物质文化遗产名录（名册）中被分为五类，在我国国家级非物质文化遗产代表性项目名录中被分为十类。过去我们虽然将其分列在不同的学科门类下进行研究，但学科之间存在必然的联系。非物质文化遗产学的建构，面对的不是单一对象，而是一个开放、综合、动态的文化生态系统和学科体系。需要从文化传承保护、文化多样性以及社会发展中呈现的人才需求的角度，从学科发展的全局出发，科学、理性地重新建构知识体系。

二、非物质文化遗产学学科建设的基本问题

（一）学理基础

从 20 世纪八九十年代开始，特别是 2005 年以来，国内高校依托历史学、考古学、文物学、民俗学等学科招收文化遗产相关方向的本

科生及硕博研究生，拓宽了学科发展基础。据不完全统计，全国有近600所高校开设文化遗产相关课程，30余所高校及科研院所招收文化遗产二级学科硕士生和博士生[1]。各高校依托传统学科优势，延展传统优势学科外沿，在文化遗产跨学科人才培养上开展了积极探索。

学科独立建设的核心任务是范式建构，要明确3个基本问题。①是什么？涉及非物质文化遗产的本体，包括非物质文化遗产的内涵和外延构成。②为什么？涉及非物质文化遗产的意义和价值，是价值判断，也是相关研究和实践展开的重要依据。③怎么做？涉及非物质文化遗产研究与保护传承实践的方法。（见图1）

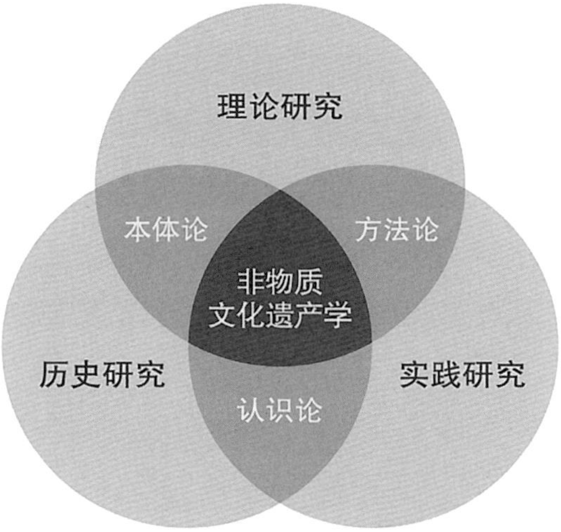

图1 非物质文化遗产学科建设基本任务

（二）学科范畴

国际社会及我国法律法规已经明确非物质文化遗产的概念与范畴。联合国教科文组织关于“非物质文化遗产”的分类包括：被各社区、群体或个人，视为其文化遗产组成部分的各种社会实践、观念表述、表现形式、知识、技能以及相关的工具、实物、手工艺品和文化

1 潘鲁生、王佳:《文化遗产与文化遗产学学科建设》,《民俗研究》2023年第1期，第18–25页。

场所[1]。《中华人民共和国非物质文化遗产法》规定：非物质文化遗产是指各族人民世代相传并视为其文化遗产组成部分的各种传统文化表现形式，以及与传统文化表现形式相关的实物和场所[2]。截至2023年底，我国共有国家级非物质文化遗产代表性项目1557项，国家级非物质文化遗产代表性项目代表性传承人3057名。列入联合国教科文组织人类非物质文化遗产代表作名录（名册）项目43项，位居世界第一。目前，全国共有非物质文化遗产保护机构2425个，从业人员达17716人。中国非物质文化遗产保护工作走在世界前列，累积了独具中国特色的保护与实践经验，为我们开展学科建设奠定了基础。

学科的职能包括科学研究、人才培养、社会服务、文化传承、国际交流。过去关于文化遗产的研究主要致力于以搜集、整理、存档为路径的实物和文献梳理工作，今天进一步拓展到生活整体的研究，从以“物”为主体转变为“以人为本”“以经验为动因”的系统研究。

（三）学术方向

非物质文化遗产学是文化遗产研究的分支，因此从学科建设角度，遗产学相关的学科框架、结构和经验都可为非物质文化遗产学提供重要参考。在现代学科建设中，要明确非物质文化遗产学学科定位，突出学科交叉属性，聚焦人才培养。这是一个系统工程。文化遗产学的学科本体和交叉学科属性，决定了其学科体系建设必须打破学科壁垒和地域局限，系统性地建构非物质文化遗产学本体论、认识论、方法论基础，建立非物质文化遗产历史研究、理论研究和实践研究体系框架，以跨学科、超学科的前瞻理念，根据本体研究、保护、

---

1 潘鲁生、王佳:《文化遗产与文化遗产学学科建设》,《民俗研究》2023年第1期，第18–25页。

2 同上。

管理、推广的实际需要，从学理层面和实践应用两种路径开展学科体系的建构工作。

三、非物质文化遗产学作为交叉学科的定位

（一）学科调整背景

改革开放以来，我国共进行了4次大规模的学科目录和专业设置调整工作。早在1985年，便召开了全国首届交叉科学学术研讨会，提出“迎接交叉科学的新时代”。近年来，随着科技进步和创新型国家建设的发展需求，交叉学科的重要性日益凸显。“双一流”建设的相关文件更强调突出学科交叉融合和协同创新，鼓励交叉学科发展。2020年，国务院学位委员会、教育部发布《关于设置“交叉学科”门类、“集成电路科学与工程”和“国家安全学”一级学科的通知》，新设置“交叉学科”门类。非物质文化遗产学具有鲜明的交叉学科属性。

非物质文化遗产学要走好人才自主培养之路。作为遗产学的组成部分，学科建设应在自身特色和本学科规律的基础上进行整体规划。

（二）多学科交叉属性

非物质文化遗产门类的多样性，决定了非物质文化遗产学是交叉、综合的学科，既是基础性学科，更是应用性学科，其研究具有与社会科学及人文科学多学科交叉的特点。

非物质文化遗产学的研究对象包括：历时性的物证、共时性的空间、仪式活动中人类文化集体无意识和文化传统，是理论与生活的整体建构关系。应吸收借鉴新文科和新工科建设的理念，开展“跨学科”学术研究，构建文化遗产学交叉学科研究方法。进一步将文化遗产作为一个整体研究对象，按照文物考古、民间文艺、非物质文化遗

产、兼有物质与非物质属性的文化空间与景观等分类，从理论、技术、传播三个层面进行整体研究。

（三）交叉学科的优势

文化遗产学作为涵盖民族学、神话学、社会学、博物馆学、教育学、心理学、传播学、管理学、规划学、建筑学、生物学、化学等多学科的新兴学科，其属性理应归属于交叉学科。交叉学科门类的提出，亦为文化遗产学这一新兴交叉学科的设立提供了良好的机遇。目前，与“文化遗产学”学科相关的研究广泛分布于哲学、法学、文学、历史学、工学、医学、管理学、艺术学等 8 个学科门类下的 22 个一级学科（见图 2）。

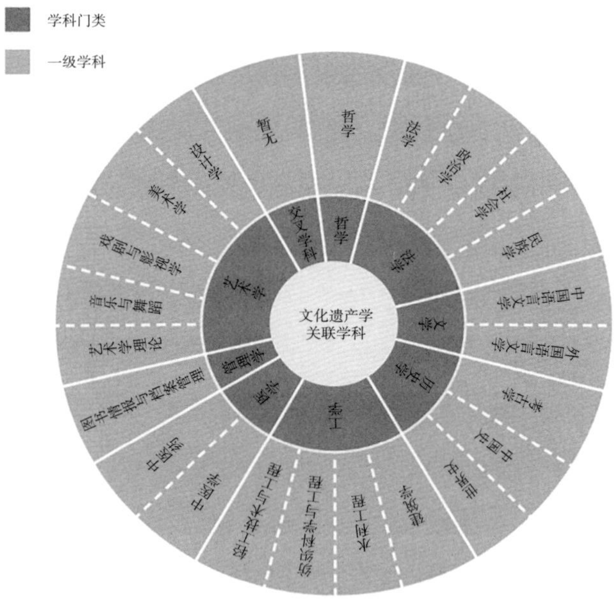

图 2　文化遗产学关联学科

交叉学科的意义不仅是“实用”，而且是在深层次上激发学术“原创力”。相对于传统学科类型，多学科交叉有利于整合人才知识结构，深刻认识当前文化遗产所面临的问题，解决重大理论和现实问题。从人才培养的角度，科技创新与文化传承越来越依赖于多学科的交叉、融合，也为掌握两门甚至更多的学科知识的复合型人才提供更好的机会和更宽阔的施展空间。

四、非物质文化遗产学的人才培养定位

（一）本科层面

非物质文化遗产学本科层面的人才培养应着重“三个基本”：强调基本理论、基本知识、基本技能等通识教育，培养服务基层保护与传承工作的应用型人才、复合型人才。

目前，我国已建立起具有中国特色的国家、省、市、县四级名录体系，共认定非物质文化遗产代表性项目 10 万余项，但相关人才远远不足，特别是文化遗产保护和管理领域人才缺口很大。而基层非遗保护人才缺乏、专业性不强，也在一定程度上影响了非物质文化遗产保护工作的整体推进。2020 年，本科专业目录在“艺术学理论类”下增设“非物质文化遗产保护”（130103T）专业。据教育部数据统计，截至 2023 年 4 月，开设“非物质文化遗产保护”专业的本科院校已有 18 所（见表 2）。目前，各类型院校仍在积极申报设立非物质文化遗产本科专业。非物质文化遗产本科人才培养的局面已经打开，但同时也存在培养目标不明确、教材师资缺位、课程东拼西凑等问题。

1. 分类培养

各类院校应找准特色优势，增强问题意识，凝练学科方向，避免同质化发展。综合类院校侧重文化遗产学科、学理层面的人才培养任务，理工与技术类院校侧重文化遗产发掘与保护技术层面的人才培养任务，艺术与设计类院校侧重文化遗产创意转化与设计应用层面的人才培养任务。鼓励各高校充分整合自身所拥有的相关师资、教育资源

等，单独设立文化遗产学的二级学院（系）。构建以学科带头人为领军、以杰出人才为骨干、以优秀青年人才为支撑、结构合理的文化遗产师资梯队。综合文化遗产学所涉及知识领域、社会应用以及当前各高校教学现状，规划建设文化遗产学学理系列教材、研究方法论系列教材以及个案与应用系列教材。

2. 贯通培养

本硕博贯通培养，有助于贯通非物质文化遗产学的研究层次，实现多层次、有重点的专业人才培养，有利于学生充分利用专业交叉的学术优势和比较优势，促进非物质文化遗产学科引领社会的创造性转化与创新性发展机能。系统性培养体系，有助于贯通非物质文化遗产学的研究层次，实现多层次、有重点的专业人才培养，推动学科的科学性、系统性发展。

3. 社教协同

培养面向当前社会需求的“一专多能”复合型人才。高校可积极吸纳社会或行业中创作实践、管理应用的优秀人才加入师资队伍，推进实践育人。促进专业教育与创新创业教育有机融合，校内校外联合培养文化遗产领域的复合型、创新型人才。坚持面向社会需求，将教学内容转化为文化产业振兴发展的动能。

表 2　开设“非物质文化遗产保护”本科专业的普通高等学校
（截至 2023 年 12 月）

序号	院校名称	专业名称	学位授予门类	修业年限	增设年度
1	西安音乐学院	非物质文化遗产保护	艺术学	四年	2020 年
2	河北美术学院	非物质文化遗产保护	艺术学	四年	2021 年
3	南京艺术学院	非物质文化遗产保护	艺术学	四年	2021 年
4	安徽艺术学院	非物质文化遗产保护	艺术学	四年	2021 年
5	郑州工程技术学院	非物质文化遗产保护	艺术学	四年	2021 年

续表

序号	院校名称	专业名称	学位授予门类	修业年限	增设年度
6	广西民族大学	非物质文化遗产保护	艺术学	四年	2021 年
7	四川音乐学院	非物质文化遗产保护	艺术学	四年	2021 年
8	凯里学院	非物质文化遗产保护	艺术学	四年	2021 年
9	贵州人文科技学院	非物质文化遗产保护	艺术学	四年	2021 年
10	云南艺术学院	非物质文化遗产保护	艺术学	四年	2021 年
11	兰州文理学院	非物质文化遗产保护	艺术学	四年	2021 年
12	晋中学院	非物质文化遗产保护	艺术学	四年	2022 年
13	山西传媒学院	非物质文化遗产保护	艺术学	四年	2022 年
14	大连工业大学	非物质文化遗产保护	艺术学	四年	2022 年
15	浙江师范大学	非物质文化遗产保护	艺术学	四年	2022 年
16	山东艺术学院	非物质文化遗产保护	艺术学	四年	2022 年
17	山东工艺美术学院	非物质文化遗产保护	艺术学	四年	2022 年
18	西安美术学院	非物质文化遗产保护	艺术学	四年	2022 年

（二）硕士层面

非物质文化遗产学硕士研究生层面的人才培养应着重于“三个掌握”：掌握专题研究、掌握文化管理、掌握创新实践能力，培养服务文化遗产保护与传承事业的管理型、研究型人才。

构建健全的人才培养体系是学科发展的保障。非物质文化遗产人才培养应注重非物质文化遗产类型的多样性，以及各交叉学科的专长和广博性，探索科学的人才培养方法。依托于交叉学科的发展理念，积极从文化传承发展、文化多样性以及社会发展中呈现的人才需求出发，构建学科发展的多元体系，理性构建学科知识体系。

非物质文化遗产学的硕士研究生培养应注重学生的研究能力和创新思维，掌握本学科学术体系和文化发展规律，掌握本学科研究的特殊方法，强调理论研究与田野作业相结合，文化资源与文化产业相结合，文化内容与数字技术相结合，面向本学科研究的关键问题，培养具备创新与实践能力的专业人才。

（三）博士层面

非物质文化遗产学博士研究生层面的人才培养突出“三种能力”：培养具备学术研究能力、服务国家政策实施能力、参与国际交流协作能力的学术型管理人才。

非物质文化遗产学作为新兴的交叉学科，亟须加强学术研究，挖掘和拓展学科领域，围绕学科体系建构展开学术思考，厘清“非物质文化遗产学”与其他遗产概念以及多学科之间的关系。学科交叉与融合的基础是以非物质文化遗产学为核心体系，因此，遗产学是“本体”，要在本学科理论体系、框架和学术视野的基础上，协同民俗学、人类学、艺术学等各个领域进行交叉研究。否则，学术本体“离心化”会导致研究深度不够、学科体系不健全、专业应用不强等问题。

非物质文化遗产学的博士研究生培养，要兼顾国际视野与国内学科建设实践需要，明确研究目标、研究内容，优化学科体系，构建本学科特色的方法论，培养服务国家政策和国际交流的高端学术研究人才。一方面，要加强人才培养的理论研究能力，不断提升博士培养的学术基础，努力在理论研究中探索非物质文化遗产学科的理论边界；另一方面，要在实践中培养人才的学术视野，不断在实践中创新学术能力，弥补非物质文化遗产学科实践管理中的学术空白点。因此，博士培养要具备学术创新能力，发现本学科的关键问题，具备分析问题、解决问题的能力。能够发现学术前沿问题，对国内外相关领域的学术问题具有敏感性和卓越的视角。具备管理能力，能够为有效服务国家政策和国际交流提出建设性意见。

（四）学科建设内涵

非物质文化遗产学的概念、内涵和外延的确定是学科、专业定位和人才培养的基础，建立从学士到硕士再到博士的完整体系，推动非物质文化遗产学的学科系统化、体系化建设，有利于为我国非物质文化遗产的传承保护与传播发展提供有力的学术保障和理论基础。

非物质文化遗产学的学科内涵规范了学科研究的内容、方法和路径，口头传统、生活过程、实物依托、空间形态是体系化的完整构成，决定了文学、艺术学、社会学、民俗学、考古学等面向不同问题导向的学科交叉特色。这也是纳入大学教育的非物质文化遗产学的学科内涵所在。

（五）人才培养体系

任何学科的发展都是以人才培养为起点和中心的，任何研究都不能脱离所处的时代。在科技飞速进步和经济高速发展的当下，非物质文化遗产学科的建设、管理和研究亟须优质的专业人才。基于社会发展需求，加强对非物质文化遗产专业人才的培养至关重要。

如果把学科体系比作房子（图 3），在非物质文化遗产学的构建过程中，本科是地基。要筑牢“三个基本”，人才培养面向行业需求定位，培养宽口径，多能型人才。培养面向基层一线需求的，从事保护、传承、服务、推广等具体工作的人才。

硕士是支柱。应把住“三个掌握”，即掌握专题研究、掌握文化管理、掌握创新实践能力。硕士应具备服务遗产保护与传承工作的能力，具有使用本学科理论研究方法从事学术研究并创造性解决问题的能力。人才培养面向主管部门、研究机构、基层一线等，培养具有较高的专业水平和研究能力的非物质文化遗产管理型、研究型人才。

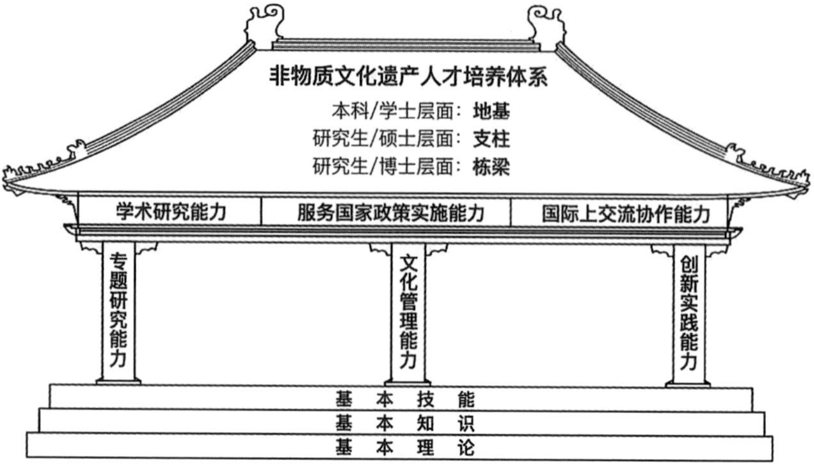

图 3　非物质文化遗产人才培养体系

博士是栋梁。当具备“三种能力”：学术研究能力、服务国家政策实施能力、参与国际交流协作能力。在培养定位方面，主要面向政府决策部门、研究机构、高等院校等，从事管理、研究和教学工作，培养具有深厚学术素养，服务于学科建设、国家政策实施与国际交流协作的具有创新建设能力的学术型人才。

十年树木，百年树人。教育非一日之功，需要群策群力，为非物质文化遗产学的学科建构、人才培养出谋献策。立足交叉学科属性，构建出具有中国特色的非物质文化遗产学学科、专业、课程、教材体系，探索中国非物质文化遗产学学术思想、理论观点，并寻找内在的学理关系与结构，重塑中国非物质文化遗产学的学术术语、概念符号、表达方式，从而建立非物质文化遗产学的话语体系。学科建设与人才培养相互依存，人才培养的成效是检验学科建设水平的根本标准。非物质文化遗产学以国家战略为导向，以社会需求为根本，建立从本科到硕士研究生、博士研究生的多层次、多元化的人才培养体系，面向新时代、融合新技术、研究新问题，培养担当文化复兴、民族复兴大任的时代新人。

论非物质文化遗产知识学

向云驹（中国文艺评论家协会副主席，天津大学特聘教授）

非物质文化遗产就其整体性而言，是一个庞大的文化体系和文化对象。非物质文化遗产集合和整合了人类文化的众多形式、门类、样式、范畴，也集合和整合了人类文化科学的众多知识门类，这两者构成了非物质文化遗产知识体系的特殊性和综合性。保护和传承非物质文化遗产是一项急迫而又艰巨的任务，没有充分的非物质文化遗产知识体系的建构和运用，就不能实现保护和传承的自觉性、科学性、有效性。非物质文化遗产知识学是非物质文化遗产学学术成果、理论成果、知识成果的普及化的桥梁和媒介，是非物质文化遗产学通向大众非遗实践的常识化途径。对于方兴未艾的非遗保护实践而言，建构非遗知识学是一项具有重要意义的学术使命。

一、非物质文化遗产知识学的重要性

非物质文化遗产既包括国家传统礼仪和庆典、民族节日，也包括婚丧嫁娶等人生仪式和民间崇信祭祀；既包括传统音乐、舞蹈、美术、戏剧戏曲、曲艺杂技等文艺形式，也包括传统玩具、器具、农

向云驹

具、工具、工艺、技艺、发明、技术、医药、宇宙知识等，可以说是一项具有高度包容性、丰富性、覆盖性的遗产样式。它们过去都被自己所在的学科统领，构成了自己独有的知识系统，如今汇聚在非物质文化遗产的知识平台上，又构架成一门新型的学科，形成一个新型的知识体系。没有新型的知识体系的整合、构建和重述，就没有非物质文化遗产保护和传承的可持续性，也不可能形成牢固的对非物质文化遗产的共识和认识。

非物质文化遗产的保护和传承涉及众多文化形式、文艺样式、传统知识，因而也就需要了解和掌握各种具体的、不同的学科知识，而在统一的非物质文化遗产平台上又有特定的学科意识和知识建构。所以，非物质文化遗产的知识构成是一种广阔的知识体系，也是一个学科交叉、知识整合、门类集成的知识体系。具体知识或门类知识与遗产知识是相辅相成的，是缺一不可的，也是彼此交叉、互渗、交融的。只不过是我们过去长于具体的和门类的知识，或者仅仅是拥有具体的和门类的知识，缺少和不善于利用遗产学或非物质文化遗产学的知识而已。实践证明，没有非物质文化遗产知识体系的建构、完善和普及，非物质文化遗产的保护和传承就将面临巨大的挑战和危机。

二、非物质文化遗产知识的知识体系

非物质文化遗产概念进入世界遗产体系的同时也进入中国，在非物质文化遗产概念的统领下，中国非物质文化遗产整合口头文学遗产、传统表演艺术、手工技艺遗产、传统民俗文化和传统知识技术等的保护、传承、发展，取得了举国推进、举世瞩目的成就。历史悠久、传承有序、体量庞大、种类繁复、文化精湛、特色鲜明，是中国非物质文化遗产的总体性价值和特征。原来属于传统文学、文艺、文化、民俗、技术、知识的各种文化样式，一旦被非物质文化遗产界定，进入非遗语境，就成为非遗的保护对象，这是保护与被保护的关系。而它一旦进入非物质文化遗产学，就是进入了学术、知识、学科的范畴和语境。建构非物质文化遗产学的学科体系、学术体系、话语体系是一个庞大而系统的学术知识工程，不仅要整合众多的相关学科的专业知识，也要完成自身体系化的建构。

"人类非物质文化遗产"中的"人类性"，更加突出地使其与人类学有更具深度的互嵌；"非物质性"则使其与口头文学以及民间文艺学、音乐、表演及其艺术学互嵌；"文化性"则使其与民俗学、历史学、社会学等互嵌。所以，打通各相关学科，汇集、整合各学科知识和研究方法，是非物质文化遗产知识体系建构的必然路径。

三、非物质文化遗产知识的建构与普及

知识性是一门科学成熟的表现，也是一门科学的研究的结果。知识的形成既包括概念的出现、发展和完善，也包括理论的创建、共识

的形成和对实践的指导。知识生产是学术学科的重要过程和社会功能，知识的普及和提高也有特别的社会性意义。非物质文化遗产知识的生产、普及、提高、深化是非物质文化遗产保护和传承的学理支撑，是不可缺少的一环。

非物质文化遗产保护是联合国教科文组织总结、吸纳、借鉴、采纳一些国家对本国口头文化遗产、民间文化遗产、传统文化形式、传统艺术表演的保护经验，将这些有益的、有效的保护经验在国际平台、国际范围推广而成型的。这种保护理念从分散的、自发的各个国家的行为，发展到有共识的共同行动、相互联合的国际事务、国际理念、国际合作，其最大的不同就是实现了从“从一国看世界”向“从世界看一国”的转折。在这个转折中，此遗产概念和名称的出现和统一是一个必要的过程，也是一个标志性的产生。

“非物质文化遗产”概念的出现和成型，在其新出的意义上，最核心的关键词又在于“遗产”。“遗产”在这里有两层意义：一是将其纳入已有或前在的世界遗产保护体系中，非物质文化遗产属于世界各种遗产中的一类；二是将原来不用或少用“遗产”概念定义的民间文化、传统文化等这些文化形式，集合起来统一使用“遗产”概念，以便强调它们的传统性、传承性和遗产价值。在此之前，这些文化形式都是通过“民间”“传统”“历史”“口传”“传承”等来表述它们渊源有自。在此之前，由联合国教科文组织搭建的世界遗产平台里，“遗产”概念遵循社会传统，一般都仅限于指物质的、遗址的、文物的、自然物理的对象，非物质文化遗产引入活态遗产、口头遗产、生命遗产、身体遗产，也极大丰富、改变、提升了世界遗产观。这是非物质文化遗产出现的双重意义。遗产的意义，首先在其价值，是价值的高度；其次在其时间性，即来自历史的时间深处，是历史性的而非仅仅是当下性的；再次在其传承性，是在历史中诞生又在历史长河里传承下来的，在历史上的许许多多事物都消失不见以后，历史的遗存就是弥足珍贵的。所以“遗产性”是非物质文化遗产最具创新性、最具独特性、最具价值性的关键所在。“保护”的概念和意义正是由此诞生、产生、引申、延伸而出的。没有遗产的前置，就没有保护的后续。非物质文化遗产知识的建构正是基于非物质文化遗产概念的产生而产生的。这个建构也有两个重点：一是建构统一的学理基础，整合一套完整的非物质文化遗产理论，使之适应和适用于此遗产的全部对象，无论这些对象如何千差万别；二是从此遗产的各种形式和其所在的学科中，注入或提取共同的遗产精神和遗产原则，使之具有更广阔的遗产整体性和总体性。

知识是连接学术学科与大众社会实践的桥梁，非物质文化遗产知识是连接非物质文化遗产学与社会性非物质文化遗产保护和传承实践的桥梁。非物质文化遗产知识的普及倒逼着非物质文化遗产知识的深化和提高，并呼唤着不断螺旋式上升的普及与提高的互动循环。

四、非物质文化遗产知识的通识性

非物质文化遗产的知识，是一个既具有狭义性又具有广义性的知识范畴和体系。狭义的非物质文化遗产知识是指某一种特定的非物质文化遗产技艺、形式的专业知识，广义的非物质文化遗产知识则有两个基本范畴：一是指众多的非物质文化遗产门类知识集合起来汇聚成知识的集群和大系统；二是指非物质文化遗产整体性知识得到普及后成为社会知识和常识。非物质文化遗产知识自从 21 世纪初进入中国和世界以来，在中国已经从一个外来词转化为社会普及度极高的概念，是最为引人注目的一个文化现象。它的社会基础在于非物质文化遗产的传承主体在相当程度上具有全民性，也就是说通过一些全民性传承和人人皆知的非物质文化遗产项目，如全民性节日类项目中国的二十四节气、中国珠算等的保护实施、理念推广、社会实践，非物质文化遗产概念和知识都得到了切实有效的推广和普及。非物质文化遗产知识的通识性的核心理念在于它的遗产性知识的共识共建和常识达成。

非物质文化遗产成为世界遗产家族中的一员是顺理成章、水到渠成的，是文化遗产保护进程的一个必然结果。由世界文化遗产保护和世界文化遗产名录施行形成的世界文化遗产观，是一种新型的普适的共识的文化遗产观。这种文化遗产观包括如下原则。

一是超越地域、民族、国家的狭隘性，将一种有人类价值和世界意义的文化遗产定性为世界级遗产，使之成为人类文化的代表作、世界文明的经典。使一地区、一民族、一国家存留的文化遗产成为世界文化遗产，不仅不是对一国文化主权的不尊重，相反是给予其极大的尊重和世界性荣誉，是一种权威的国际性认定和推崇。这是全球化时代促进国际交往、文化交流最具正向意义的文化制度设计，受到世界各国普遍的欢迎和支持。

二是确立对文化遗产的珍贵意识、保护意识、存续意识。文化遗产是一种财产意识的延展、移用、加强，把某类文化对象和文化形式视为文化遗产就必须想方设法维护它的现状、原状、原型，必须防止它被破坏、被毁坏、被败坏，应该动员、调动、利用一切可行的手段、合作、技术、法律、条规、资金等维护、维修、维持文化遗产的完整性与存续性。

三是科学而全面的价值观。自然遗产从地质价值、生态价值、生物多样性价值、动植物学价值、景观价值、自然美学价值等各个方面肯定它的价值体系。文化遗产从历史价值、社会价值、宗教价值、文明价值、艺术价值、美学价值等方面标示它的精神高度。非物质文化遗产从人种学价值、人类学价值、历史价值、民俗学价值、艺术价值、美学价值、社会价值、宗教价值、文明价值、技术价值、科学价值等方面显现它的文化多样性和精神丰富性。任何一种世界遗产的价值都不是单一的、单向的，而是多样而多元的。多维度的文化遗产观，使文化遗产对象受到保护和呵护具有合理性和更重要的社会必要性。

四是遗产存续的可持续性。首先，不是认定为世界遗产后就可以任其自生自灭，而是要人为干预它的自然风化等侵蚀现象；其次，不是在自然和人为的损坏面前无能为力、无所作为，而是要团结和联合起来，想方设法阻止、挽救、抢救文化遗产于损坏和面临濒危的境地。再次，不是因为地区、民族、国家的不同和差异，以及民族、种族的不同就对不同的文化遗产产生歧视和不平等的观念，而是一视同仁、不分彼此，以遗产的人类共有的价值归属消解人类的不平等和种族歧视。世界遗产的共有性、共识性、非歧视性，是克服人类不平等和种族歧视的价值导向。当集群的文化遗产样式构建起遗产观的通识性，美美与共的世界文化遗产观就可以成为构建人类命运共同体的文化先导。

非物质文化遗产保护依赖于非物质文化遗产的一般性知识的普及与成为广泛的非物质文化遗产常识。常识的泛化、固化、深化又有赖于非物质文化遗产知识的学术性、体系性、理论性的建构、成型、完善。作为一种新型的文化遗产保护实践和实践中的知识建构，非物质文化遗产知识是在非物质文化遗产知识学的形成过程中建构和普及的。较之常识，知识更加理性；较之知识，知识学更加深刻。非物质文化遗产学是非物质文化遗产的原理学、理论学、结构学，是初始之学即“元理论学”；非物质文化遗产知识学是基于非物质文化遗产学的体系之学、媒介之学、解释之学。从知识学的角度来释读、观察、认识、理解、把握非物质文化遗产，既是非物质文化遗产学深化的必然选择，也是非物质文化遗产保护实践的现实需求。非物质文化遗产知识学是非物质文化遗产知识的系统化、学理化、整体化，是非物质文化遗产学和非物质文化遗产保护实践之间的桥梁、纽带与媒介，也是非物质文化遗产保护运动中常识与知识、普及与提高之间的桥梁、纽带与媒介。

日本非物质文化遗产和民族认同保护措施的变化

石村智（东京文化财产研究所无形文化遗产部部长）

日本是世界上第一个制定非物质文化遗产法律保护措施的国家。这始于1950年颁布的《文化财产保护法》(《文化財保護法》)。日本保护非物质文化遗产的历史跨越了70多年。然而，与此同时，《文化财产保护法》已经多次修订，受保护的非物质文化遗产的范围也发生了变化。这种变化与二战后日本的民族认同有着深刻的联系。

一、《文化财产保护法》的颁布和非物质文化财产保护的开始

1950年，《文化财产保护法》颁布时，距离第二次世界大战失败仅5年，当时日本正处于联合国驻日盟军总司令部（GHQ/SCAP）的占领之下，已经从战前以天皇为中心的国家转变为战后的民主国家。在这种情况下，人们产生了一种真正的危机感，即日本将失去传统文化，于是在《文化财产保护法》中创立起非物质文化财产类别（無形文化財）。当时，被认为特别难以生存的表演艺术和工艺技术被选为非物质文化财产。此时，可以为选定的非物质文化遗产的记录和文件制作支付补贴，然而，补贴不能提供给相关财产的持有者或持有团

体。在这个阶段，可以说这一措施的目的是记录和保存消失的文化。

随着1954年《旧金山和约》的缔结，联合国驻日盟军总司令部的占领结束，日本重返国际社会。同年，日本对《文化财产保护法》进行了修订。关于非物质文化财产，可以将那些在历史上或艺术上特别重要的财产指定为重要非物质文化财产（重要無形文化財），并为保护他们提供补贴。该补贴每年支付给相关文化财产的持有人或持有群体。从那时起，代表日本文化的表演艺术和工艺技术开始被指定为重要的非物质文化遗产。其背景是日本希望加强其作为一个独立国家的民族身份。

也是在这个时候，创建了一个新的民间材料类别（民俗資料），其中包括作为无形民间材料的当地社区的风俗习惯（如年度活动和节日）和作为有形民间材料的民族志材料（如传统农具和渔具）。此时，可以为选定的无形民间材料的记录和文件制作支付补贴，但不能向相关无形民间材料持有人或持有团体提供补贴。

图1　日本能乐（重要非物质文化遗产，1957年指定）

图 2　石州半纸造纸（重要非物质文化遗产，1968 年指定）

二、经济高增长时期《文化财产保护法》的修订

20 世纪 60 年代，日本进入经济高增长时期，人口外流和老龄化成为农村地区的社会问题。与此同时，当地风俗习惯的从业者数量减少，许多无形的民间材料面临消失的风险。针对这种情况，1975 年修订了《文化财产保护法》，创造出民俗文化财产类别（民俗文化財）以代替民间材料。过去被视为非物质文化财产的地方社区表演艺术和以前被视为民间材料的风俗习惯，现在被列入非物质民间文化财产的子类别，特别重要的可以被指定为重要的非物质民间文化财产（重要無形民俗文化財），并且可以为他们的保护支付补贴。然而，这项补贴并非每年支付，而是应相关文化财产从业者的申请提供。

此时，已创建一个名为精选保护技术（選定保存技術）的新类别。这使得选择保护文化财产所需的特别重要的技术作为精选保护技术成为可能。这包括修复历史建筑和美术作品的技术，以及制造

图 3　秋保的插秧舞表演艺术（重要的民间非物质文化遗产，1976 年指定）

图 4　Mibu no Hanataue 节日活动（重要的非物质民间文化遗产，1976 年指定）

图 5　香春瓦屋面（本瓦葺）(精选保护技术，1994 年）

图 6　Entsuke 金叶的生产（精选保护技术，2014 年）

传统表演艺术中使用的乐器和传统工艺中使用的工具的技术。对被认定为“精选保护技术”的技术保护提供补贴。该补贴每年支付给相关技术的持有者或持有团体。建立这一新体系的背景是，快速的经济增长和现代化导致了保护文化财产所需的工程师、工具和原材料的短缺。

三、联合国教科文组织《保护非物质文化遗产公约》的影响

联合国教科文组织在2003年制定《保护非物质文化遗产公约》（以下简称《非遗公约》）时，提到了日本《文化财产保护法》规定的非物质文化财产保护制度。日本从一开始就批准了2003年的《非遗公约》，并继续在促进《非遗公约》方面发挥主导作用。到目前为止，来自日本的22个元素已被列入《非遗公约》的代表性名录，并根据《文化财产保护法》被指定或选定为重要的非物质文化财产、重要的民间非物质文化遗产或精选保护技术，唯一的一个例外是“和食，日本人的传统饮食文化”（赤川，2019）。根据《文化财产保护法》，该元素未被指定为重要非物质文化财产或重要民间非物质文化遗产。在那之前，“和食”在日本还没有被视为非物质文化遗产。然而，2010年，法国提名的“法国人的美食”被列入联合国教科文组织非物质文化遗产代表作名录，烹饪文化被国际公认为非物质文化遗产。据说，法国之所以提名法国菜为联合国教科文组织非物质文化遗产的一个元素，是为了在国际上推广法国菜。同样，不可否认的是，“和食”的提名背景是为了在国际上推广日本美食。

2003年《非遗公约》涵盖的非物质文化遗产范围包括日本《文化财产保护法》未涵盖的元素，如饮食文化。为此，2021年修订了《文化财产保护法》，设立了注册非物质文化财产类别（登録無形文化財）和注册民间非物质文化遗产（登録無形民俗文化財）。这使得注

图 7　和食，日本传统饮食文化（2013 年被列入人类非物质文化遗产代表作名录）

册日常生活文化相关的元素成为可能，如食物、书法和酿酒。与重要非物质文化遗产和重要民间非物质文化财产相比，注册非物质文化资产和注册非物质民间文化财产的登记程序更简单，但补贴相对较少，其用途仅限于培训从业者和推广等活动。这种注册制度的主要目的是品牌化和推广相关文化财产，以及在将来也有可能将这些元素提名到联合国教科文组织非物质文化遗产的名单中。

结论

总之，日本的《文化财产保护法》，即《文化财产法》，通过反复修订，顺应了时代的变化。这些变化与日本民族认同的变化相对应。

1950 年，当建立非物质文化财产制度时，日本正面临着传统文化消失的危机。因此，保护措施的主要重点是通过记录和文献来保护非物质文化遗产。

图 8　日本传统清酒酿造（注册非物质文化遗产，2021 年注册）

图 9　三木地区烧酒酱油的生产（注册非物质民间文化财产，2021 年注册）

1954 年，当日本重新加入国际社会时，它需要增强其民族认同感。因此，保护措施的重点是保护代表日本文化的非物质文化遗产。

1975 年，由于经济快速增长和现代化加剧，负责当地文化和传统技术的人数减少，建立了重要的民间非物质文化遗产和精选保护技术系统。

随着 2003 年《非遗公约》扩大了非物质文化遗产的概念，以及在全球化的国际社会中推广日本文化的必要性增加，“和食”于 2013 年被提名为联合国教科文组织非物质文化遗产的一个组成部分。

此外，由于越来越需要在国内外推广日本传统文化，2021 年建立了注册制度。

与日本根据时代变化反复修订法律的做法不同，韩国采取了不同的做法。直到 2016 年，韩国通过类似于日本《文化财产保护法》的法律保护非物质文化遗产。然而，2016 年，韩国进行了全面的法律改革，并开始实施符合联合国教科文组织 2003 年《非遗公约》的新法律。面对 2003 年《非遗公约》这一新的国际标准，日本和韩国之间形成了对比，前者通过修订现有法律作出回应，后者通过制定新的法律作出回应。

日本是世界上非物质文化遗产法律保护历史最悠久的国家。由于历史悠久，这一法律制度极其复杂。然而，在这种复杂性的背后，隐藏着二战结束至今日本社会状况和民族认同的变化。

国际公约 中国实践 世界榜样

彭兆荣（四川美术学院中国艺术遗产研究中心首席专家，厦门大学一级教授）

摘要 自联合国《保护世界文化和自然遗产公约》(1972年)，特别是2003年的《保护非物质文化遗产公约》颁布以来，“遗产事业”成为全球重要的事项。我国政府将其作为国家战略，自上而下推动了全面的社会实践，取得了举世瞩目的伟大成就，特别在创建非物质文化遗产的“中国范式”、建立具有中国特色的遗产体系，提升民众主体意识以及扶贫中都取得了明显的成绩，许多经验堪为世界榜样。

关键词 中国智慧，传家宝，遗产体系，中国范式，家园遗产

一、中国智慧:“参”在“叁”中

中国非物质文化遗产完整地体现了中华民族传统的核心价值“天时地利人和”。天、地、人构成宇宙“三材（才）”。中国的非物质文化遗产相袭于“天文－地文－人文”的完整体性；表现为“主体－客体－介体”三合一互动态势。以中华文明的体性法则，即所谓

彭兆荣

“参”（叁），是“天地人”三位一体之形制[1]。

参，金文为、（意指三颗星，即参宿），指星相师，表示用仪器观测天象参宿。本义指长者仰观天星，以辨识方位。《说文解字》中解释：参，曑和商，都是星名。我国古代天文学及民间将猎户座 ζ 、ε、δ 三颗星称“三星”。“三星”有“天作之合”的意思。民间也称之为“福、禄、寿”三星。中华文明为何以“观天法地”？根本原因在于遵循自然规则，所谓“人法地，地法天，道法自然”（《道德经》），“仰则观象于天，俯则观法于地”（《易 · 系辞下》），这也是中国非物质文化遗产借此为凭照的原因。

“参 – 叁”之所以重要，一方面体现了中华文明“致中和”，顺天时，承运气的宇宙认知价值；另一方面表现出“和为贵”，忌偏颇、求平衡的社会伦理和生活态度。相比较而言，西方的文化遗产所贯彻的是“主体 – 客体”“主位 – 客位”“主观 – 客观”的二元分类。“二元对峙”的分类法则表现为“非此即彼”“非友即敌”之排中律的思

1　彭兆荣：《体性民族志：基于中国传统文化语法的探索》，《民族研究》2014 年第 4 期。

维模型。中华文明中“参－叁”之致中和、保和平、求和谐的认知法则之于当今的“世界病”是一帖良药。人类是“命运共同体”，不是“你死我活”的对立与对峙关系。从这个意义上说，中华文明遗产中的“中国智慧”可以诊治当世乱象。

二、中式形制：传家之宝

中国的非物质文化遗产形成了独特的形制，其中最具特色的一种表现形态是遗产的传承制度，即“传家宝”。在遗产学范畴，所谓“遗产”指的是祖先留下的“财产”（property）。中国自古以来并没有形成“公民社会”（civil society）、“公共社会”（public society），而是以“家”为本位，上通达“国”，至极为“天”的形制，即“家国天下”的体现——从整体上说是以“家”为纽带的社会。这不是简单的“公私”可以分清的。

“天下体系”形成三位一体的结构[1]。由于“家－国”一体，所以，自古就没有西方历史上“私产”与“公产”的概念，更没有从“私产”到“公产”的演化轨迹。只是到了近代“西学东渐”，引入西式国家体性后，中国开始实行共和制（共和国），才有了真正意义上公民社会中的“公产”（遗产）概念。而这段历史仅仅只有110多年。

虽然中国古代也有“大家－小家”“官家－民家”之分，却与西方的公民社会完全不一样。“家国”的终极所有皆归帝王，甚至包括性命。“天”为父，“祖”为父，“君”为父。传统有“三纲”，皆以君臣父子为基线。

从传承方式来看，“传家宝”已经包含“家传”的遗产意味。因此，传家宝的传承方式属于我国独特的“财产继承法则”。虽然“传

1　赵汀阳:《天下体系：世界制度哲学导论》，中国人民大学出版社，2011，第43–44页。

家宝”的含义到后来出现了不少衍义，但基本精神并不相悖。传家宝的传统继承法则涉及大量的非物质文化遗产类型。因此，中国的非物质文化遗产的传承机制要尽力关照“两翼”：一方面在今天的公民社会中，增强非物质文化遗产为人民所创造、所参与、所分享、所获益的“公共意识”；另一方面，在“传家宝”遗产范式中寻找属于中国自己的非特质文化遗产类型。

三、中华遗产：自成一体

中华民族有自己的非物质文化遗产体系。笔者于 2011 年主持国家“中国非物质文化遗产体系探索研究”的重大课题，总结出“中国特色非物质文化遗产体系”的六个系统[1]。

1. 遗产的概念系统

中国的遗产体系首先要有自己的概念系统。它要体现出两方面的内容：一方面，与联合国教科文组织以及其他权威性国际组织所颁布、公布、公认的公约、条款中的概念、定义和名目相配合；另一方面，确立中国自己的特色。

2. 遗产的分类系统

人类认识事物从分类开始。在事物的分类上，人类有着共性，比如“图腾”现象。另一方面，不同的民族和人群创造了独特的文明形态，认知分类必然会以文明为背景。比如我国有着严格的宗法传统，亲属制度中的亲属关系非常复杂、细密，形成了完整的社会规范、社会伦理和社会实践。

---

1 彭兆荣：《生生遗续 代代相承——中国非物质文化遗产体系研究》，北京大学出版社，2018，第 50–52 页。

3. 遗产的命名系统

“命名”就是给某一个特定的对象以名称。任何有特色的文化遗产体系都需要通过命名来体现，仿佛每一个人都有自己的名字一样。我国当下非物质文化遗产内容、名称多数取自联合国教科文组织，或借用其他外国文化遗产体系中的“名录”和名称。从现在我国使用的非物质文化遗产名称来看，体现了我国非物质文化遗产在命名上符合我国语言表达习惯。

4. 遗产的知识系统

概念、分类、命名的独特性，都来自知识体系的独特性。中华文化的知识体系具有非常鲜明的独特性，这种独特性不仅反映在表达上，也反映在认知上。比如汉字是象形文字，词的构造来自事物的形体，认知依据是具象的。西方语言系统为字母体系，认知依据是抽象的。两种体系完全不同，这种不同与知识体系相符。我国的文字、书法、绘画、建筑、园林、工艺、文物等都是知识体系的产物。

5. 遗产的实践系统

世界上大多数非物质文化遗产都来自人民的生产、生活方式，被称为“活态文化遗产”。比如汉族的昆曲、闽南的南音、侗族的大歌、新疆的木卡姆等，都入选了联合国教科文组织非物质文化遗产，其实它们都是老百姓生活的组成部分。重要的是，它们都还活在民间。还在现实生活中实践着。实践包含着对历史的认同、记忆与传承。

6. 遗产的保护系统

中国传统文化遗产与对自然的理解、实践融合为一体，其中包含了“自然保护”的理念和实践。农业遗产中更有土地养育的保护经验和技艺，都表达了保护和合理利用自然资源，与自然和谐相处的经验和理念。至于民间信仰体系中的神木、风水林、神山、圣境等，在今天已经成为保护自然生态所支持的保护方式。

四、中国范式：道相技法

建立中国非物质文化遗产体系需要遵循传统的文明价值和文化因素，借以创建非物质文化遗产体系的“中国范式”，包括三个关键内核。

（1）为保护人类文化多样性和可持续发展提供独特的中华文明的“文化基因”。

（2）为人类文化的存续和发展提供独特、有效的中国智慧、中国知识、中国经验、中国技术等及相关的方法和理论。

（3）立足本土积极推进自己的遗产体系建设。“中国范式”的提出，将走出一条具有国际示范效应的新道路。

以上三者相辅相成，共同构成遗产体系的“中国范式”，包括道、相、技、法四个层次。

五、中式遗产：以农为本

20世纪70年代初，以联合国教科文组织颁布的《保护世界文化和自然遗产公约》（1972年）为标志，“已深刻地影响到我们周围世界的形构和内容”[1]。虽然在该遗产公约中，文化与自然遗产被认定为“全人类的共有财产”，保护行动却毫无例外地由每个相关国家自行采取[2]。毕竟不同的国家有着不同的文明和历史，不同的文明和历史造就不同的文化遗产。事实上，中国最大宗、最有代表性的文化遗产是农业遗产。道理很简单，中华文明以农耕文明为代表。这与欧洲的文明，特别是拉丁系演化和延伸出来的海洋文明不同。联合国世界粮食计

---

1 Lowenthal D and Binney M, *Our Past Before Us: Why Do We Save It*?（London: Temple Smith,1981）,p9.

2 《保护世界文化和自然遗产公约》，载北京大学世界遗产研究中心编《世界遗产相关文件选编》，北京大学出版社，2004，第3页。

划署代表曾经称我国的农业遗产为“世界一大奇迹”“中国第二长城”。

如上所述，“天时地利人和”是中华文明的核心价值，尤其是“利－和”。“利”“和”皆从“禾”，甚至“天时”也契合于“禾”。在此，“禾”无疑为关键词。甲骨文像垂穗的庄稼，“木”形代表植物，植物末梢上是下垂的穗子。有的甲骨文将下垂的穗子形象简化成一曲笔。造字本义：结穗的谷类作物的总称。《甲骨文字典》释之：“象禾苗之形，上象禾穗与叶，下象茎与根。”[1]《说文》言：“禾，嘉谷也，二月始生，八月而孰，得时之中，故谓之禾。”[2]把“禾”说成嘉谷，来自《生民》：“天降嘉谷。”古代农书皆袭此义，贾思勰在《齐民要术》中续之[3]。“禾”不仅仅是农作物的表征，还与“天时”交汇相隔。

“和”在古代有两种写法：“和”与“龢”，无论是左禾右口，还是左口右禾，皆从“禾”从“口”，说明“禾”为“和”之滥觞。“禾”生长于土地；农耕之本在乎土，“和土”故为关键。由此推之，我们今天所说的“和”（和谐、和平等）都是建立在“和土－嘉禾”之原象上，其逻辑是：没有“和土”，便无“嘉禾”；没有“嘉禾”，便无“中和”；没有“中和”，便无“人和”；没有“人和”，便无“和谐”。是为中式遗产的根本道理。笔者建议，在我国的非物质文化遗产体系中大幅增加农业遗产类型。

六、中华本色：家园遗产

中华民族有悠久的农耕文明历史传统，是“以农为本”的社稷国家，有盘根错节的农业遗产“经络”，更有以“家”为“国”的社

1　徐中舒：《甲骨文字典》，四川辞书出版社，2014，第 777 页。

2　许慎：《说文解字》，中华书局，1963，第 144 页。

3　贾思勰：《齐民要术译注》，缪启愉、缪桂龙译注，上海古籍出版社，2009，第 71 页。

会历史结构，“家国天下”涉及我国传统乡土村落“以家为脉”的社会形制，产生了丰厚的“家园遗产”。无论今日之“遗产运动”还是“遗产事业”，五花八门的遗产“名录”和分类，似乎都忘却了人世间最根本的“遗产”——土地与家园。自然遗产有山有水，文化遗产有文物有遗址，非物质文化遗产有民俗有手工，偏偏缺失了土地与家园。

人生在世，土地是终极依靠。这样的道理人人皆知。所有遗产都在土地上，无论是本体、实体还是载体。因为“土地”是我们的命根。农耕文明主要表现为“土地文明”，无论古代称国家为“社稷”，还是现代称之为“乡土中国”（费孝通），都表明中国人以土地为神祇，以“土”为“社”，其本义正是对土地的崇拜。从遗产学的角度看，其中最为关键的要素为：财产与继承关系。虽然世界上不同的文明体系，不同的国家对“遗产”认知和表述存在着一些差异，但两个基本原则都贯彻其中。比如英文“遗产”（heritage）与继承、继续（inheritance）的概念同源。从语义上看，“遗产”一词具有两个层面的意义和解释：①那些已经存在或可以继承和传续的事物；②由前辈传给后代的环境和利用价值[1]。

对于我国传统的文化遗产，无论包含着什么，其最后的根据地都是“土地”。依照传统的“乡土社会”的结构，最基层的地方单位是“村落”，最基本的社会组织是“宗族”，最基业的生产活动是“农业”，最基体的文化归属是“土地家园”。中国最大宗的遗产就是“土地－家园遗产”。简言之，“乡土社会”就是以土地为根基的社会。

我国的乡土家园遗产主要有以下几个重要的价值：①由人与土地关系延伸出的“土地财产”线索；②“土地捆绑”延伸出了以土地为家园的人群共同体的居落形态；③在中国的传统村落里，宗族制度为最具代表性的社会关系脉络；④中国的宗法制度以男性为传承纽带，

1 Howard P, *Heritage Management, Interpretation, Identity*（London and New York: Continuum,2006）,p6.

同时拥有了对“遗产”的控制权和继承权；⑤“族产”“公产”（所属村落的共有财产）不仅被特定的人群共同体视为祖先的遗产，也被他们作为集体认同的纽带和体现忠诚的对象，而且具有明确的经济利益关系。这样，以土地为核心的“家园遗产”也就历史性地铸就。

概而言之，人类的生存以土地为根本，土地也是人类“家－家园”的最终归属。人类主要的传统“财产”“遗产”都凭附、依附于土地家园。我国的非物质文化遗产的基本成色也都与此有关。因此，“家园遗产”无论是抽象的理念抑或是实用的工具，都反映出了文化遗产的根本与基本。

七、中华非遗：分类过程

众所周知，分类既是人类认知世界的开始，又是将事物具体化的法则。近代博物学家林奈将植物分为 24 纲、116 目、1000 多个属和 1 万多个种。任何一种文明，一个国家的文化遗产是否得以凸显，某种意义上说，可以看其分类体系是否成型。比如法国的文化遗产体系，美国的国家公园的自然遗产体系都有自己的分类系统，以及我们邻国日本的文化遗产分类体系的六大分类：有形文化财、无形文化财、民俗文化财、纪念物、文化景观、传统建筑群[1]。

非物质文化遗产的分类体系包含以下几个原则：①参照联合国的遗产分类体系；②非物质文化遗产原本是从文化遗产延伸出来的交叉类型，须与文化遗产的分类相配合；③每一种文明和文化都会衍生出独特的文化遗产类型，中国的非物质文化遗产需要与中华文明相契合；④我国现在非物质文化遗产的分类大体上是根据类型现象进行的，这在学术上是认可的，但在操作中会陷入过度“表象性功利”的

1　彭兆荣等:《联合国及相关国家的遗产体系》，北京大学出版社，2018，第 84–93 页。

陷阱；⑤非物质文化遗产是“活态”的，时代发展还会催生出新的类型，需保持与时俱进态势；⑥单一的学科分类可能会导致“学科分类的倾向化”，因此需要相关学科协同。

我国在非物质文化遗产的分类体系方面尚处于摸索阶段，出现了几种分类并置现象。联合国《保护非物质文化遗产公约》将非遗分为五类，具体如下：

> （一）口头传统和表现形式，包括作为非物质文化遗产媒介的语言；（二）表演艺术；（三）社会实践、仪式、节庆活动；（四）有关自然界和宇宙的知识和实践；（五）传统手工艺。

《中华人民共和国非物质文化遗产法》将非遗分为六类：

> （一）传统口头文学以及作为其载体的语言；（二）传统美术、书法、音乐、舞蹈、戏剧、曲艺和杂技；（三）传统技艺、医药和历法；（四）传统礼仪、节庆等民俗；（五）传统体育和游艺；（六）其他非物质文化遗产。

我国现代的非物质文化遗产的分类为十类：

> （一）民间文学；（二）传统体育、游艺与杂技；（三）传统音乐；（四）传统美术；（五）传统舞蹈；（六）传统技艺；（七）传统戏剧；（八）传统医药；（九）曲艺；（十）民俗。

王文章教授提出十三种分类：

> （一）语言；（二）民间文学；（三）传统音乐；（四）传统舞蹈；（五）传统戏剧；（六）曲艺；（七）杂技；（八）传统武术、体育与竞技；（九）民间美术、工艺美术；（十）传统手工技艺及其他工艺技术；（十一）传统的医学和药学；（十二）民俗；（十三）文化空间[1]。

学术界还有其他分类，在此不赘述。以笔者之见，以我国当前的

1　王文章主编《非物质文化遗产概论》，文化艺术出版社，2006，第 319-320 页。

形势，不是从各种角度仓促提出更多“中国非物质文化遗产分类”的时候，毕竟非物质文化遗产事业在我国才开展20年，完善分类体系是一个过程，既要满足特定语境的需求，也需要接受历史的检验。法国的遗产体系，比如“名录”的分类是经过剧烈的政治、社会动荡（法国大革命）才逐步定型的。日本也经过了很长的历史时期才逐渐形成了分类方法。另一方面，我们需要回到我国传统的博物学中去寻找、辨析自己的分类传统。值得一提的是，法国当代学者福柯的《词与物：人文科学考古学》正是受到中国“某一部百科全书”(《博物志》）分类启发而完成的[1]。

“知己知彼”的工作是必要的。分类不是搞运动，不是行政指令，它属于思维认知。我们相信，只要是具有悠久历史、鲜明特色，民众体认、生活实践的类型，都尽力加以保护。事实上，我国还有不少遗产类型暂时未列入非物质文化遗产的分类名录，比如中国的“书院”是文化教育遗产，从孔子到程朱理学的传承，属于中华民族特色性的非物质文化遗产，却不在上述所有分类中。虽然这是一个缺失，但是暂时的，我相信。

既然非物质文化遗产分类体系的完整和完善是一个历史过程，我们当下需要做的是建立一个中国非物质文化遗产的分类框架，即先梳理哪些属于中国的非物质文化遗产范畴、类别、名目。不是个体学者的意见，不是某一个学科的意见，也不是行政指令，而是需要经过不断深入的讨论、多学科的协作、民间的示范、民众的认可。如果我们搭建起具有中国特色的非物质文化遗产分类体系的框架，过去、现在和未来的类型就可能和可以逐步加入。

1　米歇尔·福柯:《词与物——人文科学考古学》，莫伟民译，上海三联书店，2001，前言第1页。

八、中国特色：世界榜样

2003 年联合国通过《保护非物质文化遗产公约》。依照公约的定义，所谓非物质文化遗产“来自某一文化社区的全部创作，这些创作以传统为根据，由某一群体或一些个体所表达，并被认为是符合社区期望的作为其文化和社会特性的表达形式，其准则和价值通过模仿或其他方式口头相传”。

联合国《保护非物质文化遗产公约》的公布值得大书。从遗产的分类角度，非物质文化遗产补充了 1972 年世界第一个遗产公约——《保护世界文化和自然遗产公约》过于宽泛、粗放的弊病，比如公约对“文化遗产”的规定：

> 古迹：从历史、艺术或科学角度看具有突出的普遍价值的建筑物、碑雕和碑画、具有考古性质的成分或构造物、铭文、窟洞以及景观的联合体；
>
> 建筑群：从历史、艺术或科学角度看在建筑式样、分布均匀或与环境景色结合方面具有突出的普遍价值的单立或连接的建筑群；
>
> 遗址：从历史、审美、人种学或人类学角度看具有突出的普遍价值的人类工程或自然与人的联合工程以及包括有考古地址的区域。

显然，这样的规定过于窄化，以致在后来的几十年中，许多文化遗产类型，特别是非物质文化遗产大多不在公约的限定范畴和保护范围内。所以，2003 年的《保护非物质文化遗产公约》对其进行了扩大、补充。

从遗产规章角度，联合国教科文组织既要制定法规（宜粗），又要制定操作方案（宜细），二者时常确有矛盾：一方面要推动全球“遗产事业”，保护文化与自然遗产；另一方面又要将保护对象具体化。既要有“大话”，还要讲“细化”，顾此失彼亦可体谅。但《保护非物质文化遗产公约》却很好地将上述矛盾化解。公约既讲“大话”：“意识到保护人类非物质文化遗产是普遍的意愿和共同关心的事项。”也注意“细化”：“注意到教科文组织在制定保护文化遗产的准则性文件，尤其是1972年的《保护世界文化和自然遗产公约》方面所做的具有深远意义的工作。”这“工作”是什么？就是《保护非物质文化遗产公约》的“与时俱进”。

从遗产话语角度，20世纪联合国所推动的遗产事业是以西方“遗产话语”为原型建构起来的，所谓“话语”，按我的理解，简捷地表述为：依照“我”之所有，根据“我”之所需，建立为“我”所用的规则。迄今为止，世界文化遗产最集中、最大宗、最有代表性的都集中在欧洲。所以，遗产政治学应该写在遗产学的“开篇”。从这个意义上说，《保护非物质文化遗产公约》的颁布，是东方“他者”的一次胜利。据悉，美国、英国、加拿大、澳大利亚等西方国家并未加入公约。

从遗产类型角度，非物质文化遗产中有许多类型具有直接与产业、经济挂钩的特点，即使没有这些特点，由于其囊括面宽，而且多数具有实用功能，因此很容易通过引导而“活化”。又由于非物质文化遗产与人民生活关系密切，很容易进入“社区”，让民众直接参与。这也是《保护非物质文化遗产公约》比起《保护世界文化和自然遗产公约》更具活力，更体现民众创造、传承、保护的主体性的原因。

从遗产特色角度，公约的五大分类虽然仍有推展的余地，但避免了像“文化遗产”仅限于三类具体对象的问题（后来文化遗产类型也有“增容”）。重要的是，《保护非物质文化遗产公约》照顾到了不同的文明类型、文化传统、区域特色等。比如中国非物质文化遗产具有特色鲜明的农耕文明背景，2016年我国的二十四节气被正式列入联合国教科文组织人类非物质文化遗产名录。二十四节气是中国古代先民以物候特征为主要时间顺序来安排农业生产以及其他生活的“物候历法”。

值得浓墨重彩宣扬的是，自从我国将非物质文化遗产作为国家一个重要的文化战略推行以来，我国的非物质文化遗产事业取得了重大的成果，主要包括以下几项。

（1）政府制定非物质文化遗产的国家战略。（战略）

（2）中国非物质文化遗产数量在“世界名录”中排名第一。（名录）

（3）致力于建立中国非物质文化遗产体系。（体系）

（4）根据国情进行专项综合评估。（国情）

（5）制定《中华人民共和国非物质文化遗产法》（2011 年）。（法制）

（6）体现了中华民族的鲜明特色。（农耕）

（7）广泛地动员人民群众和社区参与。（主体性）

（8）各级政府根据《国家级非物质文化遗产代表性传承人认定与管理办法》实行传承人奖励办法。（传承人）

（9）突出非物质文化遗产的区域性、地方性特点。（多样性）

（10）不同民族、族群的非物质文化得到尊重和保护。（族群）

（11）非物质文化遗产对扶贫工作起到了重要的作用。（扶贫）

（12）我国一些非物质文化遗产加速产业化进程。（产业）

（13）非物质文化遗产进入教育体系。（教育）

（14）非物质文化遗产学进入专业研究领域。（科研）

不讳言，我国非物质文化遗产战略在推进过程中也遇到了一些困难和问题，值得总结，比如民众在非物质文化遗产活化和产业化过程中过于依赖政府的资助和扶持；对非物质文化遗产知识的普及工作相对滞后，影响了民众的主体性发挥等。

概而言之，我国在非物质文化遗产领域所取得的成绩，堪为世界榜样。

香港非遗的特色

郑培凯（香港非物质文化遗产咨询委员会主席）

自从2000年以来，我就一直参与非遗传承，特别是昆曲传承与推广的活动，后来在香港非物质文化遗产咨询委员会工作多年，连续担任过两届委员会主席，对香港非遗的概况有个大致的了解，也推动一些相关的项目。我发现，在香港热心参与非遗的人，以新界原居民与关怀乡土的文化人为主。新界原居民的生活习惯与历代传承的风俗，本来就是非遗设法保护的项目，他们参与非遗活动，即是延续生于斯长于斯的文化生活。许多文化人关心非遗的保护与发展，则是出自他们对文化传统的关怀，在经济全球化瞬息万变的环境下，希望保留自己文化认同的基础，以免在全球化过程中泯灭了自己的文化传统。这里牵涉到一个最重要的问题：香港人该如何对自己的本土文化作出定位？如何认识非物质文化传承的重要？当联合国教科文组织推展非遗保护计划之后，特区政府的参与还是相当积极的，从最初文化博物馆组成项目小组，到非遗办公室的成立，更把三栋屋古迹作为香港非遗推广的基地，成绩是有迹可循的。然而，社会一般人似乎并不清楚非遗的重要性，也不觉得与自己相关，完全漠视非遗与香港文化发展的关联。英国殖民式统治香港一百五十年的后遗症是，本地社会精

郑培凯

英长期以来强调国际化，忽视中国传统文化，也就连带漠视了本地的非遗传统。

香港是一个华洋杂处的国际都会，有其国际性，但是，百分之九十以上都是华人，最根本的文化底蕴还是中国文化传统。像任何国际都会一样，香港文化有其国际性格，但也有其独特的文化底蕴，有她文化的“根”。伦敦是国际都市，也有英国文化传统的“根”；巴黎是国际都市，也有法国文化传统的“根”；甚至连新兴的国际都会如纽约，如旧金山，也以欧洲文化传统为“根”。这种对文化传统的认受，作为本地人安身立命的精神倚靠，是非遗传统的日常展现，也是非遗工作为维护传统，而一直加以宣传的。香港在过去因为英国殖民式统治的影响，精英阶层以英国文化马首是瞻，对本地的文化底蕴采取不闻不问的漠视态度，只要不触及反抗殖民式统治这条红线，也就任其自生自灭。

前几年我听到有一位华裔港大教授在法庭作证，大言不惭，说香港不是中国的城市，是世界的城市，属于国际，是“above 中国”的。若是这种论调只在纯粹学术论辩上提出，完全不顾及政治现实与文化传统的实情，或许可以自圆其说，就好像说雅典不是希腊的城市，是世界的城市，属于国际，是“above 希腊”的。或说，伦敦不是英国的城市，是世界的城市，属于国际，是“above 英国”的。或者更进一步，说纽约不是美国的城市，是世界的城市，属于国际，是“above 美国”的。在香港回归之后，这种言论固然属于政治挑衅，带有说话者个人的政治态度与向往，但毕竟反映了某些知识精英偷换概念，混淆视听，以自身的文化向往与取向，否认中国文化传统是香港文化的“根”。在抽象范畴进行学术探讨，有严格界定的思辨范围，讨论香港人的生存，究竟是生活在有血有肉的具体时空，还是生活在无穷无尽的想象空间，是历史文化实存的香港，还是未来以西方文化一统万邦的全球化世界，只是冥想的思维锻炼，无所谓对错，算是论辩者的个人倾向与选择。我们可以幻想生活在乌托邦，生活在伊甸园，生活在桃花源，生活在奥林匹亚山的众神之间，每日吃羊腿饮美酒，生活在昆仑山巅，在王母娘娘身边品尝三千年一熟的美味蟠桃，那都是美妙的玄想，也没有人能够制止你胡思乱想。有时候我也幻想，自己像孙悟空一样，一个筋斗云翻个十万八千里，不属于任何一个地方，是一个“above 中国”的人，是一个世界人，甚至是一个“above 外太空”的多重宇宙人。可是胡思乱想不能解决问题，无助于地方文化的发展，特别是涉及现实，针对文化传统的具体发展。对香港非物质文化传承采取蔑视的态度，只说些空泛的“国际化”“全球化”“普世化”的口号，有其实际的危害性，因为产生的后果，在长期以来英国殖民式统治心态影响之下，就是抹杀中国文化传统是香港文化的“根”，否认香港非遗是文化根源的具体展现。

有些香港非遗传统是深入社会人心的，只是大家习而不察，没想到这些日常接触的风俗习惯属于非遗范畴，如粤剧、港式奶茶（丝袜奶茶）、食盆（盆菜）、太平清醮、天后诞等等。这些风俗习惯，与世界各地的非遗传统一样，长久以来都与人们的生活息息相关，因此有着可持续发展的社会基础。但是，由于资本主义的扩张，全球化经济对文化生活的侵蚀，逐渐也就剥夺了非遗传承的可持续性，使得人类文明累积的传统与情怀濒于危亡。有鉴于此，在二十世纪末期，参与联合国教科文组织的有识之士就提出保护非遗的呼吁，并在2001年公布了十九项第一批人类口述和非物质遗产代表作名录（Masterpieces of the Oral and Intangible Heritage of Humanity），其中包括了中国的昆曲、日本的能剧与印度的梵剧。教科文组织接着于2003年10月17日的大会上通过《保护非物质文化遗产公约》(以下简称《非遗公约》)，提出从五个方面，作为指导方针来保护非遗：①口头传统和表现形式，包括作为非遗媒介的语言；②表演艺术；③社会实践、仪式、节庆活动；④有关自然界和宇宙的知识和实践；⑤传统手工艺。到了2006年，由于有足够的国家参与缔约，《非遗公约》于2006年4月20日正式生效，香港也随着中国参与缔约，而正式开始编制非遗清单。

目前，经过香港非遗咨询委员会的调查，已申报的香港非遗项目共有480项。第一批列入国家非遗名录的有10项：粤剧、凉茶、长洲太平清醮、大澳端午龙舟游涌、香港潮人盂兰胜会、大坑舞火龙、古琴艺术、全真道堂科仪音乐、西贡坑口客家舞麒麟和黄大仙信俗。其中，粤剧是粤港澳三地联合申报的，已于2009年成为世界级非物质文化遗产。2016年非遗委员会又推荐了10项进入香港非遗名录：南音、宗族春秋二祭、香港天后诞、中秋节—薄扶林舞火龙、正一道士传统、食盆、港式奶茶制作技艺、扎作技艺、香港中式长衫和裙褂制作技艺、戏棚搭建技艺。因此，香港非遗名录现在已经正式公布了20项，而香港天后诞及香港中式长衫制作技艺，也已于2021年被列入国家级非遗代表性项目名录。

我曾在多处指出，这20个项目是香港非物质文化遗产的杰出代表，仅仅是香港非遗文化的一个缩影。通过我们长期的非遗普查，明确列出的非物质文化遗产清单包含480个项目，涵盖了所有非遗种类。

还有一些比较边缘的非遗传统，或许属于比较封闭的文化族群与团体，鲜为人知，有待我们继续发掘。香港特殊的政治经济环境和地理位置，吸引了广东福建各地区的移民，还有中原地区的文化艺术传统，延续了来自四面八方的传统习俗和文化。比如各种地方戏、各种武术家门、各种口传的民间故事与技艺等，在不同历史阶段从内地传入，在香港得到继承与发展，形成传承体系。通过非遗普查，得到具体印证，可以发现香港的确荟萃了丰富的中国文化传统。

在推行非遗保护方面，香港特区政府一直以不同方式努力运作，包括确认、立档、研究、保存、推广及传承。然而，限于政府的资源，民间参与非遗保护是刻不容缓的，因为许多传统风俗习惯与技艺正在消失，再不培养传承的人才，将来会悔之莫及。社会上有种声音，说文化发展有其自身规律，优胜劣败，适者生存，老东西终将消亡，新生事物才能蓬勃发展，认为非遗文化传承应该自生自灭，不必花纳税人的钱去费力扶持，也不必为其消逝而伤感。这种想法是极端社会达尔文主义的余孽，是弱肉强食的丛林法则应用到文化传承的歪理，完全不顾文明是人们历代聪明智慧的累积，优良的传统就应该尽量保护，将其作为文明继续发展的资源。文明的进程是继承精华，抛弃糟粕，不能让优良的风俗习惯与文化艺术在金钱大潮中消灭，而非遗传承正是经过有识之士的研究论证，经过公布咨询刊发，被社会公认的文化传统，怎么可以任其自生自灭？

自从 2006 年，联合国教科文组织《非遗公约》在香港正式生效后，香港特区政府非常重视，开展了保护非遗工作，不仅专门成立了非遗工作组，还委任本地学者、专家和社区人士为委员，就普查、保护等方面向政府提供意见，2008 年正式成立了非遗咨询委员会。咨询委员会成立以后，通过委托香港科技大学进行非遗普查，才有了包含 480 个项目的非物质文化遗产初步清单。在香港推行非遗保护，与内地推行的地方政府主导的政策稍有不同，是从三个方面推动的：一是特区政府扶持推广，二是民间团体回应，三是学术与文化机构支持。在相当程度上，是民间力量作为主要的推动力，政府作为辅助，不是主导的动力。这就反映出香港非遗的具体项目，偏重宗族风俗与宗教信仰，与内地非遗的情况稍有不同。

首先是香港宗族的风俗习惯，在新界地区保留得相当好，也维系着新界各宗族人际关系的和谐稳定。过去百年来，中国在推翻皇权与传统社会权力结构的革命进程中，打破了宗族限制个人发展的规条，把宗族视为现代化的绊脚石，阻碍个人的主体性，使个人不能自由发挥在社会发展中的流动性，也无法与国家权力结构建立直接联系。因此，打倒宗族结构与相关的文化传统，成为五四运动以来的主流风气，目的是建立新型的现代化个人主体的社会，让每个人的发展不再受到宗族的家长式控制。然而，宗族文化的发展有其历史进程，有些是现代化的包袱，有些脱离时代的变化，束缚个人的发展，但有些规矩却经过历史的淘洗，留下了醇厚的道德家风，不见得都是坏事。宗族最讲究的是血缘关系、亲属关系、人际关系，这些人际相处的关系，在任何时代任何文化中都一定存在，在中国文化中尤其重要，也就是我们念兹在兹的人文伦理。香港新界宗族对族人的影响比较深刻，有些族群的人离开了香港，但每逢宗族重大祭祀的日子，都会从全球各地赶回来祭拜。祭祀之外，还有各种仪式与表演，展示一整套相关的传统习俗，表达了“敬天法祖”的文化心理。在华人心目中，认祖归宗，不放弃自己文化的“根”，可以维系族群纽带，祭祀就是很重要的仪式，也成了香港非遗的主要项目。从宏观的历史角度来看，香港新界的宗族能够和平持续、别具特色，作为香港非遗的项目，背后都牵涉到对于中国文化的重新认识，而且对于血缘纽带的联系、社会发展的和谐有重要的意义。

其次是与传统宗教有关的非遗项目，在香港也比较突出。香港佛教、道教和各种民间信仰保存得相当丰富，如黄大仙信仰、车公庙信仰，甚至一些名不见经传的小神佛都有信众。我记得小时候在台湾读《孙中山传》，讲到孙中山年轻时受到西方科学思想的影响，认为佛寺里烧香拜佛求医治病是迷信，到庙里去砸烂佛像，也没遭受什么神佛的惩罚报应，以示盲目的宗教崇拜完全违背现实理性。孙中山受近代科学思想洗礼，不信神佛，实事求是，是现代科学精神，可是这种进步的反宗教做法，跟普罗大众的文化心理基础有所抵触。许多二十世纪初的现代中国精英，认为宗教是麻痹群众的鸦片，所以在推进革命运动期间，以激烈手段打击民间宗教，以"科学"为名扫除"迷信"，不知破坏了多少宗教文物。

在一部分人眼中，宗教信仰是非理性的盲目崇拜，是应当彻底消除的迷信。但是，宗教能够扮演特殊的社会角色，弥补心灵空虚所带来的痛苦，提供心灵慰藉，减少人们内心的焦虑与惶恐，劝人向善并积极面对人生的波折与坎坷，有其正面的社会作用。从长远历史文化的角度来看，宗教应该是一种个人保持心理平衡的选择，信什么教，只要不是害人的邪教，不危害社会秩序，不诱使人作奸犯科，应该允许个人做适合自己的选择。不能武断地说传统民间宗教都是迷信。

我记得三十年前去意大利，用一个多月的时间，开车到每个小城去仔细考察史迹，有很多地方保留着圣迹、圣物，深得当地人民群众的崇信。我随着意大利人朝拜了Assisi的圣方济各教堂，还到附近的Montefalco，参拜了Chiara da Montefalco（不是圣方济各度化的Chiara d'Assisi）的纪念教堂。当地传说Chiara da Montefalco临死，说自己心痛，为耶稣分担了他上十字架的痛苦，剖开心脏，其中有耶稣受难十字架与鞭笞的残留。现在教堂中还供奉着铁钩形状的圣物，朝圣者都围观跪拜祷告，毫不怀疑神迹的真实性，以之证实他们的信仰，也肯定他们生命存在的精神意义。这是不是迷信呢？在欧洲乡间的考察，让我体会到民众对宗教信仰的尊崇，举世皆然，是民众精神世界的非遗传承，并不只是中国文化所独有，更不是传统遗留的痼疾，必须尽除之而后快。

我相信，人有一个信仰是好的，只要不危害道德，不危害别人。香港在信仰方面的繁复多样，反映了香港社会的多元包容性，除了佛教、道教、基督教、伊斯兰教，传统民间信仰的繁衍持续，更是内地少见的现象，与台湾省的民间宗教传统倒是类似，都属于中华民间文化脉络的非遗传承。宗教宗派繁多，或许存在信仰意识的冲突，但在香港基本上能够和平共处，你信你的基督教，我拜我的佛祖与关公，河水不犯井水，倒是香港文化信仰共处共荣的好现象。内地研究民俗学的团体则采取比较务实的态度，从非遗的角度尽量保护一些没有争议的宗教科仪。

相对于个人短暂的生命，历史有很强的反讽性，经常让我们自己打脸。当人们以为什么是真理的时候，其实并不知道自己认识的片面性。历史是一面持久不衰的镜子，会照出我们面貌与嘴脸衰老的历程，显示我们百年之身坚持的观念，在时间的变化中时常自相矛盾。历史经验告诉我们，不要轻易否定历史经验，更不要任性去打倒传统。有些变革与颠覆或许只是暂时的，激情时代一过，文化传统还会回头，更加反讽的是，我们还得费尽一切努力去寻回复兴文化的非遗传统。历史性的文化传统能给人力量，强调一个地方的“根”，不是抱残守缺，而是发现它有一种精神力量，让人感到生于斯长于斯的充实，而这种精神力量在香港很多非遗中得到特殊的展现，可以提供文化自信，为香港人奠定文化认同的基础。

经过十多年来的努力，香港非遗工作多少也取得了一点成绩，近年来因为社会环境的动荡，运作起来比较缓慢。我一直认为，推广文化的、教育的、艺术的人，需要有耐性，一直坚持，时间久了总会有人参与进来。参与进来的人都会觉得在做好事，就像鸟巢禅师对白居易说的，“诸恶莫作，众善奉行”，推展非遗是行善除恶，不会危害任何人，而且弥补了极端社会动荡的弊害。个人印象最深的是，大澳端午龙舟游涌于 2011 年成为国家级非物质文化遗产，在地方上产生了令人欣慰的社会影响。十多年前只有老年人参与游涌，当地年轻人不屑一顾，觉得是无聊而且落伍的迷信活动。后来大澳端午龙舟游涌被列为香港非遗，又纳入国家级非遗，当地年轻人便觉得是本地的光荣，先是感到好奇，再来就觉得这是乡邦的荣耀，都参与进来，捧着地方神祇游涌巡行。年轻人感到游涌给他们一种文化自豪感，其实就是一种精神力量，是中环白领无法企及的。人们都希望被人尊重，大澳端午龙舟游涌评为国家非遗，让大澳居民感受到了文化的“根”，感到自己因非遗传承而受到世人的尊敬。

在进行筛选非遗项目与推动非遗保护的过程中，也遇到一些争议与困境。在审核香港非遗项目时，咨询委员之间也有不同意见，好在都能理性讨论。有两项与民俗信仰相关的议题，出现比较大的争议：一个是鹅颈桥打小人，委员会就此项目多次讨论，有人认为这是风俗习惯，而且传承已久，没有什么问题，有的人就提出其中有道德问题。联合国教科文组织规章里列明，非遗习俗不能违背善良道德风俗，要引人向善，从而提升人们的素养。打小人行为继承了古代厌胜巫蛊的传统，变相仪式化了粗口詈骂与诅咒，是伤害他人的邪恶行为，所以不能列入香港非遗。另一个有争议的项目是观音借库，在实际运作当中，牵涉的问题比较复杂，有些许提倡高利贷的意味。如果只是精神上的活动，好像观音送子，问题就相对简单一点儿。保护非遗碰到许多类似的争议，其实是社会的问题，社会道德问题就需要比较理性地讨论。

非遗保护在实际运作上，有时也并不顺利。香港社会中存在利益与金钱导向的问题，即使有心从事善举，也往往会考虑时间的投入，无法长期无偿为非遗传承奉献个人的心力。之前特区政府拨款 3 亿港元支持非遗项目，申请的人数与团体却不多。其中有一些很好的项目，像粤剧承传的“一桌二椅”“工尺谱练习”“潮剧传承研习”等，申请者觉得申请手续太繁琐，要填写非常繁复的表格，情愿放弃资助，自己去想办法。这个问题是政府存在官僚化作风导致的，按照民主方式运作，使用公帑，有其复杂的法定程序，无可避免，有时候让人望而却步。非遗咨询委员会的工作也要面对这些问题，花很多精神和时间去审核、讨论、立章程等。这里有些矛盾，是文明社会发展到后来难以解决的程序问题，推行非遗也受到波及。

还有一个经济效益的问题，也阻碍香港非遗保护工作的推动。在一个经济开放的社会里，参与工作的非遗传承人觉得，非遗相关的工作报酬太少。虽然传承是很重要，大家都尊重，但是全身全情投入的人，也要有固定的收入与相当的报酬，否则让传承人喝着西北风推动非遗，岂不是笑话！有一部电影纪录片《戏棚》，拍摄得很用心，拍片的人也是一批有使命感的文化人，不计报酬，道出老一辈搭建粤剧神功戏戏棚的辛酸。搭戏棚的人都已经六十开外，他们很焦虑，感慨后继无人，因为工作太辛苦，报酬又微薄，而且工作相对不稳定，难以靠搭戏棚为生。没有年轻人接班，这一项香港非遗传承是否就会在我们这一代成为绝响？

据悉，内地政府对于非遗传承人，还是有特殊经济照顾的，一开始每年给他们八千元，后来给一万元，并且承担推动非遗活动的花费。以内地的情况来看，这笔钱足够维持一些人的基本生活花销，也能吸引外出打工者回到家乡恢复祖传的技艺。整体而言，这个办法在内地部分地区是有效的，可是对于香港的经济环境，生活指数极高，同样的金额不具有吸引力。内地地方政府推广非遗，有两方面的因素，一是宣扬地方文化传统，弘扬中华文化。二是跟旅游结合，发展地方经济，也就是“文化搭台，经济唱戏”政策的实践。内地对非遗的鼓励和推动，与其政治经济的政策结合，好处是许多非遗项目得以保存，避免消失，另一方面则出现“向钱看”的弊病，把非遗当作赚钱的手段，掏空了原来非遗传承的文化意义，逐渐改变了非遗传承的性质，甚至变成旅游赚钱的工具。我个人不建议过度把非遗跟旅游相结合，因为发现有的地区，特别是少数民族节庆的非遗歌舞项目，地方领导安排歌舞团的专业人员，来教少数民族怎么跳舞比较美观，怎么歌唱比较动听，可以吸引更多观光客。这样就篡改了原来非遗传承的意义，因为人家跳舞唱歌，是跟宗教祭祀、民间庆典、民族传承的生命意义有关，一旦变成了观光客喜闻乐见的娱乐节目，就变质了。但也不是说非遗不可以和旅游挂钩，只是要有分寸，尽量含纳原有的文化传承意义，让外来的观众也从中学习地方的文化传统。以此类推，香港非遗项目也可以发展成旅游资源，例如，一些宗族的祭祀活动都是很重要的非遗项目，像祭祀完结的食盆，是群众自发性的活动，也可以成为旅游资源。酬神的神功戏，晚上搭起戏棚，像嘉年华一样热闹，长幼咸集，很能吸引年轻人认识本土的表演艺术传承，给一代又一代香港人带来乡土感情，缅怀童年的快乐记忆。对观光客而言，也是极为精彩有趣的文化展示，为他们的旅游历程带来亮点。但是我们永远要记得，开展非遗工作的目的，不是为了搞旅游赚钱，而是要保护与发展美好的文化艺术传承。

我希望有更多的学者与文化人参与非遗的工作，因为其中有许多复杂的研究环节，不是非遗传承人有时间和精力去做的。目前香港学术界的发展趋势，是以理工科技为主，而人文社会科学一般也是按照理工科的方式写学术论文，让他们去研究非遗就很辛苦，因为要做实地的田野调查，需要懂得地方的方言、小调、习俗等等，有点儿像人类学，可是跟传统人类学讨论的范畴又不同，费时费力，在学术评鉴上很吃亏，在当前急功近利的学术界使人感到得不偿失，造成目前对非遗的研究不足，许多年轻学者裹足不前。我认为，除了文化使命感之外，研究非遗是学术发展的新领域，值得学者投身其中，发掘文化传承的深层意义。非物质文化传承的“口传心授”有一套深刻的道理，经常能确保传承经历虽经过时光磨蚀，而大体模样不失。这类研究需要去对比实际存在的东西，比如懂音乐、懂身段的人就能够追源溯本，而且应该提升到心理学与脑神经记忆研究的层次，需要许多不同领域的人通力合作。对于文化传统与人文精神的认识，在心理认知与价值传承的研究领域，非遗是很重要而且缺失很大的一环。诚然，做文史研究的人，最简单的晋身之道，就是发表论文，而写学术论文的最有效方式就是按照文献来写，因为理据清楚。研究非遗要费事得多，可是非遗传承了一些还活着的、重要的文化资源，若不好好研究，就会慢慢消失掉。我们若是关心人类文明发展，就不能放任它自生自灭，以至于消失在天壤之间。人类文明从来就不是一个顺其自然的东西，非遗保护跟文明的传承有关，所以格外宝贵。

当前世界非遗传承保护与发展，比较成功的国家是日本、韩国和一些欧洲国家，都是有文化传统的地方，美国政府最差劲，经常克扣应当缴纳的联合国经费，更不情愿支持教科文组织的非遗计划。支持非遗的国家，许多项目保护得很好，民众也愿意参与，因为他们有很强的历史感与文化认同感，对自己的非遗传统感到自豪。中国历史悠久，文化传承也很丰富，过去因为国势衰微，无暇顾及自身文化的价值，甚至为了救亡图存、富国强兵，喊出“打倒孔家店”“全盘西化”的口号，好在目前发展比较稳定，有了一定的经济基础，维稳治国，逐渐认识到文化传统的认同，与国家的长远发展息息相关，也就重视非遗保护，但是提倡的方式比较公式化，内心强烈感到保护非遗必要性的人相对比较少。经济起飞之后，开始有人对于文化传统中精致高雅的传承，如书法、昆曲、茶道、香道、园林建筑、传统服饰等有所追求，而对潜藏在民间的文化传承，关怀的不够。普罗大众因为忙于赚钱糊口，对民俗传承缺乏弘扬的能力，这才使得商业赚钱成了民间推动非遗的动力，其实也暗含文化传承的隐忧。香港很多基层的文化传承，因为是跟宗教、宗族有关，有着深层文化意识的持续，保护工作做得比内地好。内地乡间最近好一点，有些关怀地方传统的人士，有了经济基础之后，很多人回家乡去推广地方特色，搞文化旅游、建传统民宿，以此保护有特殊地方风格的建筑，也同时得以延续地方文化的特色。

现在香港人对中国传统文化的认同感，相对于内地是比较弱的，要推广非遗似乎也很困难，这就涉及香港家庭与学校教育有没有传递非遗传承的重要，有没有告诉青年人日常身边的风俗习惯与文化生活都与非遗有关。在学校教育中，老师可以多指导学生探讨一系列的问题，例如：非遗是什么？跟自己有什么关系？这里就牵涉到自身的文化认同是怎么一回事。如果缺乏文化认同，是否会有游离无根的疏离感？如果不认同自身的文化传统，只向往遥不可及的异域文化，是否活起来很痛苦？人活着，在精神上是否需要有相当的文化认同？通过对非遗意义的探讨，学生可以从中得到思想的启发，认识自己的生命意义。

非物质文化遗产强调世代相传，是传统与当代的一种联系，为社区和群体提供文化认同和凝聚力。我一向主张，邀请传艺人亲临校园，以手把手的方式传授基本技艺，可以让学生通过躬行实践，体验知易行难，事情并非一蹴即就的道理，从而培养他们对人尊重，对物敬惜，对文化珍视的情操。如此，大家可以真切感觉到非遗对社会的影响力，以及文化传承的长远意义。有了大家一起的努力和坚持，认识非遗的意义，推动文化教育，循次渐进，过程或许漫长，其间也会有抱怨和挫折，但中华文化一定会有灿烂的未来。

事实与价值·非遗通向教育的路
——复杂性时代的文化遗产教育

乔晓光（中央美术学院教授）

摘要 非遗学研究的对象是生活事实，是多民族活态文化的整体生态。当下大学文化遗产新学科建设仍处于学科分科时代的结构框架中。21 世纪世界进入复杂性时代，中国处于前所未有的文明转型期，如何发展适应时代需求的文化遗产学科建设，首先要解决非遗在教育领域中事实与价值关系不对等的问题，探索复杂性实践的理念与方法。回顾近百来非遗的史前史，从 20 世纪初“新文化运动”提倡的“到民间去”和北大的“民间歌谣采集运动”，到左翼木刻运动和延安鲁艺时期木刻艺术“民族化”，以及改革开放初期的“中国民族民间文艺集成志书”工程，这些都可视为人民生活传统中文化事实的发现史。走向多民族生活形态，以系统性的田野研究推进非遗从生活事实向价值事实的知识生成，推进本土自主知识体系的构建和非遗新学科建设。

关键词 复杂性时代，事实与价值，活态文化，民间剪纸，多维实践

非遗通向教育的路是遥远而又艰难的，但历史总是在边缘处闪烁着希望之光。今天，文明转型期的非遗传续实践不再是一个单向度的问题，而是已经进入复杂性实践阶段。前所未有的文明转型，让昔日

乔晓光

的乡土社会发生着前所未有的变化，农民与土地开始疏远与分离，许多乡村转向新兴的城镇化社区。村社传统与文旅的结合，乡村振兴带来的国家发展理念与地方实践的互融互动，这些都呈现出中华活态文明整体性转型与发展的时代特征。

只用传统与现代的二元思维来应对复杂性时代的问题是不够的，自上而下的单向度非遗实践模式有其不可避免的局限性，自下而上的非遗自发性实践，在寻找着新的功利寄托。教育部在普通高等学校本科专业目录中增设了“非物质文化遗产保护”专业，这是相关文化遗产新学科建设的重要开端。长久以来，学院对乡土文化体系及民族民间艺术传统的理解有许多盲区，对非遗相关的生活实践经验和活态文化事实缺乏系统深入的了解。在学院的知识体系中，非遗作为知识和文化体系的认知与传播，许多基础的田野研究需要补充完善。非遗学的研究要走出项目化的思维模式，走出碎片化的孤立研究视角，深化和拓展多样性的研究实践框架，开展更加有针对性和系统性的复杂性研究实践，以此推动学院与社区、城市与乡村在文化可持续及文明创新实践中的融合发展。

一、学院与村庄：百年非遗史前史

回顾近百年来乡村文化建设的历程，学院与村庄构成了知识分子和艺术家关注民间文化和乡土社会的实践现象。从20世纪初“新文化运动”提倡的“到民间去”和北大的“民间歌谣采集运动”，到左翼文化运动“文艺大众化”思潮影响下的新兴木刻运动以及延安鲁艺时期解放区木刻艺术的“民族化”创作，改革开放初期的“中国民族民间文艺集成志书”工程，这些都可视为民族民间生活传统中文化事实的发现史。

中央美术学院与乡村民间美术的缘分，是历史赋予的机遇和使命，这个不具普遍性的学科发展个案，从微观史学的角度来看，也是具体的革命艺术家与史实事件的成因。民间美术作为学科生成的思想渊源，应该始于延安鲁艺时期革命文艺思想的艺术实践。到“大鲁艺”去向民间学习，是毛泽东《在延安文艺座谈会上的讲话》倡导的文艺精神，延安木刻的“民族化”即是以农民审美习惯为叙事语言参照，进行的创新实践。延安鲁艺的采风模式和向民间艺术学习的艺术价值观，后来也成为中央美术学院民间美术系的教学理念。

21世纪初，从民间美术到非物质文化遗产新学科的转型发展，中央美术学院新创建的非物质文化遗产研究中心，继续坚持乡村民间美术田野发掘和中国民间剪纸的申遗保护、抢救记录、教育传承、艺术创新等一系列社会文化实践，探索开放的文化遗产社会实践观和多维的文化遗产教学观。从村庄开始，中央美术学院民间美术学科发展分为三个阶段：20世纪40年代延安鲁艺时期，20世纪80年代初改革开放时期，新世纪非物质文化遗产保护时期。

70多年的学科发展历程，在乡村与学院的道路上我们坚持了对民间艺术的信念，以不断的多维实践推动了民间美术学科的发展，推进了学院与乡村社区的文化关联，这是一条不易的路，主要的阻力是来自学院和教育体制内部对民间艺术价值认同的艰难。持续的乡村田野研究，促进了教学与课程的完善和深化，锻炼培养了人才，产生了许多有社会影响力的艺术创作，这是20世纪80年代改革开放初期，民间美术系教育教学发展最活跃最有成效的时期。

为应对国家文化遗产现实发展的社会需要，文化和旅游部、教育部、人力资源社会保障部联合实施的“中国非物质文化遗产传承人群研修研习培训计划”，初期的试点工作由中央美术学院承担，我们连续举办了4期“非遗保护与现代生活——中青年非遗传承人交流实践活动”，通过传承人与学院的双向互动，探讨传统技艺在当代生活中的传承和发展，为高校大范围开展研培提供了经验模式。针对社区传承困境，我们提出了“知情、知艺、知辩”的“三知”理念，以及“常态化、互动化、职业化”的“三化”实践模式[1]。文明转型期，高校的文化遗产职责不仅是推进学科建设，开设常规专业课程培养人才，还应将文化遗产保护理念应纳入国民教育体系，让非遗成为惠及社会的文化与教育资源。

二、事实与价值：非遗的知识生成

非遗的知识体系不是文字和书写传统构成的书本知识，非遗的知识性存活于生活的常识和口头语言传统中。非遗学是一门研究日常生活生存之道的学问。以休谟事实与价值的关系来讨论非遗知识的生成问题，有助于我们思考民族民间美术在事实与价值关系上的文化处境。休谟提出了“事实与价值的二分法”，也为其设定了一个无法逾越的“鸿沟”。“所谓‘休谟法则’，即事实和价值分属两个完全不同、

---

1 乔晓光、董永俊：《实践的精神——中国民间美术与非物质文化遗产课程模式研究》，江西美术出版社，2018，第127–129页。

图 1　杨先让带队“黄河十四走”，在青海平安考察皮影戏，在皮影艺人刘文泰（后排左四）家合影，后排左五为杨先让，前排右一为杨阳，前排中间坐者为乔晓光（摄于 1988 年）

图 2　2004 年，在中央美术学院召开的“中国非物质文化遗产 · 民间剪纸国际学术研讨会”的开幕式上

互不相关的领域，价值判断绝不能从事实判断推导出来。近代以来，这种事实与价值的二分对立观普遍流行、影响深远，对价值论、伦理学提出了学理上的挑战，也给诸如科学探索、伦理评价、行为选择以及决策活动带来深刻影响。”[1]

民族民间美术作为活态文化的“事实知识”，是一个历史悠久的文化存在，但其作为“价值知识”的认同在历史的时间过程中是不确定的，因时代不同，其文化的境遇变化起伏很大。回顾五四时期的历史，民间文学和民俗学开始了最初的社会调查实践，那时也认识到了民间美术的民俗图证价值，但总体讲其文化处境是边缘化的。中华人民共和国成立后民族民间美术传统开始融入社会主义文化建设，艺术的民族化和大众化都在借鉴民族民间美术的艺术元素。“文革”时期许多具有民间文化遗产价值的传统艺术遭到了破坏。1978 年党的十一届三中全会后，拨乱反正，开始倡导民族文化的复兴和实现四个现代化，民族民间美术传统也随之恢复活跃起来。20 世纪 80 年代的寻根文学和“民间美术热”现象，即是对民族民间文化价值再认同的体现。

回顾近百年中国美术教育的发展线索，其主流趋势是以艺术的西学东渐为主体内容，美术教育的现代化在深刻影响和改变着传统，许多沉积在生活中的民族民间艺术传统，其价值取向的状态仍然是复杂不统一的，一方面在社会意识形态中其价值取向被积极肯定，但在学院教育和主流艺术形态中，其价值取向仍然是处在边缘和缺位的，这是一个值得我们认真反思的现象。纵观历史，不同时代的人既生活在自己生存的“事实世界”，又生活于时代的“价值世界”取向中，但时代的价值体系中并不见得包含着恰切的生活事实，价值是一种被选择，而非事实的结果，这也是休谟给我们带来的启示与思索，今天对

1　孙伟平:《事实与价值——休谟问题及其解决尝试》，社会科学文献出版社，2016，第Ⅶ页。

非遗学的倡导，即是对学院知识体系中生活“事实知识”欠缺的补充。时代思想的变化与发展会对生活带来新的价值判断。

（一）事实研究与学科方法探索

从生活事实到价值事实，田野研究是重要的基础方法，相关非遗与民族民间美术的田野项目研究，成为推进学科发展和学术前沿性问题研究的主要方式，项目不是最重要的，但项目可以做最重要的事情。在非遗的田野上我们注重问题研究的框架思维，注重对生活事实认识的“元认知”，注重对事实现象研究的整体“生境”和系统性。

1. 系统性田野研究的实践框架

新世纪以来，中央美术学院非物质文化遗产与民间美术学科建设，是从中国剪纸向联合国教科文组织申报“人类非物质文化遗产代表作名录”项目实践开始的（教育部项目 2002—2005 年），申遗工作非常复杂的文化遗产事项要求，极大地促进了非遗新学科建设与经验积累，中央美术学院新创建的非物质文化遗产研究中心（2002 年），开辟以非物质文化遗产与中国民间美术研究为主旨的新专业领域，较早将非物质文化遗产纳入高等美术教育，探索以“产、官、学、民”为主旨的科研理念，实现社会参与和新型专业人才培养，建立具有开放性并适合社会发展的教育实践模式。

2003 年中央美术学院接受了教育部“文化遗产学”新的试点专业工作，随后新创建的非遗中心又接连完成了文化和旅游部的社科基金艺术学项目，“中国少数民族剪纸艺术传统调查与研究”（国家重点项目 2009—2012 年）、“中国剪纸艺术研究”（一般项目 2017—2021 年）。两个项目实践的跨度时间有 10 多年，其间相关中国多民族剪纸的乡村田野实践一直在持续。田野项目的实践推动了新学科建设，完善了研究方法，拓展了文化遗产专业教学内容，增强了社会服务的专业能力，为中国剪纸的整体性研究积累了比较系统的基础田野信息。

2. 活态文化概念及其研究方法

“活态文化”的概念是新世纪初非遗项目刚开始推广时提出来的（2002年），这个概念的含义首先是针对联合国教科文组织新启动的非遗概念本土化语境的阐释，同时其深层的含义也是对中国民族民间文化价值和活态性特征的认定。关于中华文明持久性核心因素内涵的认识，以往中外学界公认的核心因素是汉字及其书写传统，活态文化概念的提出，我们认为核心因素还应该包括多民族乡村口传身授方式代代传承的活态文化传统，我们也可以将其理解为活的文明。

活态文化的概念是指一定自然生态中具有民族性和地域信仰传统内涵的社会生活形态和区域生存实体。在这里“活态”的概念包含两层意义，一是从某个民族外部看，这是目前存活的文化形态；二是从这个民族内部看，这是一个文化内在核心精神信仰价值体系仍然存活着的文化传统[1]。活态文化概念不仅阐释了非遗的遗产属性，也是对本土民族民间文化注重口头传统，不依赖汉字和书写传统而存续的文化特征的表述。

3. 村社活态文化研究方法

在多民族乡村剪纸传统田野调查中，我们使用了村社活态文化调查方法。选择“村社”作为一个系统的文化生态单元来调查，这是因为村社在地域和民族文化传承上独有的文化承载意义。村社的含义有两个，一是指传统意义的自然村落；二是指中国现代社会管理体制内的最基层的行政村。村社是活态文化传承最具普遍意义的社会最小单元，也是最基本的有文化模式意义的文化承载实体。村社文化形态即是乡村农民日常的生存生活形态，其呈现出比较强的文化自发性和稳定性。在漫长的农耕文明历史发展中，村社文化持久顽强地承载了不

1 乔晓光:《活态文化·冰雹与祭祀——后张范“立夏祭冰神”个案的村社文化调查》，载冯骥才主编，《田野的经验——中日韩非物质文化遗产保护方法论坛论文集》，中华书局，2010，第98页。

图 3　2008 年，乔晓光带领中央美术学院人文学院文化遗产学系学生在陕北调查村落文化

同民族的活态文化传统，今天是不同民族村社文化在守护着中华民族文化多样性现实，不同民族的农民群体即是文化传承的主体。

人类文明中，城市与村落是两种最具普遍性的聚落文化，其都是文化与文明的基本承载实体，城市与村落互相关联依存，但各自的功能不同。城市与乡村在历史发展中保留着各自的文化方式，以村落形成的村社文化，在农耕时代具有其合理的存在意义和必然性。村社文化传承延续着族群的文化信仰和生存方式，体现了本民族文化的初始特征和本原文化基因。村社遗存着族群古老的文化记忆，积淀着不同历史时期遗存的文化印记，村社通过日常生活实践呈现一定的历史感和民族性。村社文化是中华民族文化发展史中重要的组成部分，也是当代民族文化传承发展不可忽视的社会实践单元。

村社活态文化研究强调从实践出发，把剪纸还给村社生活，在口头语言传统的常识和习俗实践中发现文化事实。我们倡导村社田野调查要研究水中的鱼，而不是网中之鱼。要在调查实践中发现文化事实

图 4　青海互助县姚马村龙王庙“梆梆会”仪式上的剪纸（何梁拍摄于 2010 年）

图 5　汉调桄桄（邹丰阳拍摄于 2016 年 12 月）

的具体性、关联性和整体性，确认村社文化研究的微观史价值及作为“事实知识”的价值。村社事实研究的过程，也包含着价值判断的因素。活态文化的研究方法，也是以多民族剪纸研究为个案的民间美术研究方法的探索，是中国剪纸基础田野事实和基础理论的建构过程。

中央美术学院非遗中心相关中国剪纸田野研究的系统性，是三代人几十年持续的积累过程。从 20 世纪 40 年代延安鲁艺青年艺术家赴三边地区进行民间剪纸采风，到 20 世纪 80 年代延安地区剪纸的乡村大普查和民间美术系的“黄河十四走”，以及新世纪以来非遗中心从事的中国剪纸申遗、多民族剪纸调查及教育传承等一系列文化遗产实践，三代人不同历史时期的民间剪纸与民艺实践，都构成了有社会影响力的民间美术事件，也深刻影响了高校民间美术学科的创建与普及，推进了学院与乡村在本土文化知识体系构建实践中的互动与共融。这个活态文化多维实践的探索过程，为学科基础理论的建设带来了有效可行的发展路径。

（二）以中国剪纸研究为个案的学科基础理论建设

中国剪纸的系统性研究，首先是全国范围整体性的多民族村社剪纸传统基础田野调查，这个工作开展了 10 多年，发现了 30 多个民族的剪纸传统。随后是丝绸之路东段区域，陕西陇县至新疆吐鲁番地区沿途多民族村社传统剪纸调查，其目的是摸清丝路东段区域多民族剪纸传统活态文化的分布及传承现状，这是一个至今尚未进行过的区域性调查。同时，这个区域具有其重要的文化遗产价值，其是 20 世纪古代早期剪纸实物的考古发现地，其中包括新疆吐鲁番地区阿斯塔那墓葬群发现的南北朝时期的剪纸实物[1]，敦煌藏经洞和北窟瘗窟两次唐

1　江玉祥:《吐鲁番出土剪纸研究》,《民俗研究》2000 年第 1 期，第 84 页。

至五代剪纸实物的发现[1]，以及陕西宝鸡地区陇县原子头遗址唐代墓葬群唐代剪纸遗迹的发现[2]。

丝绸之路东段区域早期剪纸的形制研究非常重要，这也是中国传统剪纸文化生成研究的基础问题之一。丝路早期剪纸形制的研究，使我们看到一个地缘性文明背景中剪纸形制的生成状态，也看到这个生成过程中不同文明与文化影响的作用。外来的佛教文化、本土道教及民间文化信仰都对剪纸有很大的影响。民间文化信仰的实践是一个不断被现实社会所影响塑造的过程，历史与现实的交融并存是早期剪纸形成的基础，也是今天丝路区域乡村活形态剪纸的文化特征。

丝路区域早期古代剪纸呈现出成熟的剪纸形制，这些剪纸形制反映了原初的文化使用功能。我们尝试用古今剪纸形制比较的方法，对古今剪纸已有的纹饰谱系进行比较整体、系统的统计归纳，提炼出了代表性的纹饰形制类型，我们在纹饰形制的结构特征、形制的功能使用、形制的制作技艺、形制的文化相似性与稳定性、形制的生成及传播等因素方面，进行了比较研究。

丝路区域古代早期剪纸的形制包括：①团花类纹样（其中包括圆形、菱形、椭圆形；花形有金银花、菊花、梅花）；②菩萨纹样（单独纹样）；③塔形纹样（对称纹样）；④动物纹样（鹿、马、猴，单独纹样、团花纹样）；⑤垂帐形纹样；⑥丧俗纸钱纹样；⑦联珠纹样；⑧纸花（多层剪贴式彩花，圆形、方形、组合形）；⑨人形纹样（多折式横列纹样）；⑩鞋样（鞋形纸样、纸鞋）；⑪ 云纹；⑫ 几何形纹样（菱形、束腰形）；⑬ 纸棺（纸扎类纸棺）；⑭ 纸衣。

在丝路区域东段沿途剪纸传统调查中，我们调查了多民族村社剪纸传统，整体来说，丝路东段区域不同民族村社的剪纸活态文化

---

1 谢生保：《敦煌莫高窟发现的剪纸艺术品——兼论中国民间剪纸的渊源和发展》，载郑炳林主编《敦煌佛教艺术文化国际学术研讨会论文集》，兰州大学出版社，2002，第 589 页。

2 宝鸡市考古工作队、陕西省考古研究所：《陇县原子头》，文物出版社，2005。

图 6　乔晓光带领团队考察肃北蒙古族剪纸（石军良拍摄于 2019 年 5 月）

图 7　陕北安塞剪花娘子潘常旺生前在教孙女们剪花（乔晓光拍摄于 2003 年）

状态，已经处于衰退期，河西走廊地区的村社剪纸传统 30 年前已经开始衰退，日常生活中剪纸的使用在不断减少，河东地区乡村的剪纸使用 20 年前开始衰退，窗花、绣花开始退出日常生活。但在丧俗

图 8　剪花娘子库淑兰（乔晓光拍摄于 1988 年）

和祭祀习俗的仪式中，丝路区域的村社文化仍在沿袭着使用剪纸的传统。

我们把村社文化的衰退分为三个阶段，先是沉睡期，这个时期文化传统不再使用，但文化记忆者和持有者仍健在，可以通过口述调查的“文化复原方法”挖掘刚衰退下来的文化；其次是文化失忆期，即最后的自发传承期的人群不在了，这些文化持有者的记忆随之而去，留下来的只是文化的片段和碎片，完整的文化记忆消失了；最后是文化衰亡期，因为长久的文化衰退与失忆，昔日的活态传统逐渐从后代人的记忆中彻底消失，如果没有文化的发掘整理和记录，文化的历史也会随之消去。

在丝路区域村社剪纸传统调查中，我们赶上了文化的沉睡期，幸运的是新世纪初国家开展的非遗保护事业，对乡村剪纸传统文化记忆的延续起到了重要作用，非遗保护为传承人群的文化传习实践带来了新的社会需求，昔日的传统纹样不断出现在社区的传承活动及非遗相关的展览中。四年的丝路东段区域田野调查中，我们从多民族村社发现的剪纸形制包括：①单折对称纹样（窗花、顶棚花、刺绣花样、鞋样、针扎样、帽形底样、帽花等）；②团花类纹样（民俗节日及仪式用，其中包括圆形、菱形、椭圆形）；③动物及花草纹样（单独纹样、刺绣花样、窗花、墙花、鞋底样）；④幡形纹样（各类丧俗纸幡、祭祀仪式类）；⑤人形纹样（多折式横列纹样，燎疳、丧俗剪纸）；⑥挂笺；⑦几何形（扇形、三角形等）。

通过以上古今剪纸形制的比较分析来看，丝路区域千年以前的剪纸形制已经比较成熟，呈现出今天剪纸的主要类型和民俗功能形态。基本可以确定丝路古今剪纸千年文化传承的历史事实。今天丝路区域乡村民间剪纸的折剪方式和纹样谱系的基本形状与内容，均延续了古代早期剪纸的形制传统。所以，中国作为剪纸的原乡是名副其实的，丝绸之路区域考古发现的这些早期剪纸实物即是最好的佐证。两千年前中国造纸术被发明出来并进行传播，丝路上发现了一千多年前古代人生活中使用的剪纸，以及丝路区域大量古代纸质经文、典籍和书画作品的发现，应该说中国在纸文明的领域为世界做出了开拓性的贡献。

中国古代的造纸术与剪纸影响了世界，至今古代丝绸之路沿线还遗存着传承了千年的活态剪纸传统。在东亚地区的日本与韩国也遗存着民俗意义的活形态剪纸传统，这和中国古代造纸术及剪纸的影响是分不开的。在丝绸之路区域的乡村田野调查中，我们看到考古发现的古代剪纸类型今天仍然在乡村日常生活中被使用着，民间道士仍在熟练地运用着折剪的方式来布置仪式道场。在乡村田野的事实中我们清晰地看到了剪纸的历史身影，看到了剪纸古今对应关联的文化形态，也感受中国剪纸真正的文明价值。

我们以纸文明的视野，对中国剪纸的历史渊源、学术研究史、艺术形态、文化谱系、文化叙事、文化思维、日常生活实践、乡村女性传承群体等方面，进行了田野与基础理论问题的梳理研究。在中国剪纸研究的系统性实践中，我们在语言与图像关系方面，又补充了中国剪纸方言术语研究的内容。剪纸术语研究主要以活态文化田野调查为主，借鉴相关学科“术语学”研究的方法，通过术语的分类研究和文化诠释，呈现术语所涉及的文化事实。我们强调术语研究要尊重日常口头语言的叙事特点，保持方言及民族语言的词性内涵和事物属性，保持词语的文化词根信息。

方言术语作为一种集体经验，有其不可替代的文化意义。方言术语的诠释要避免过度的书面语言化和概念化，尽量体现出多民族剪纸术语的文化多样性。比较系统完整的中国剪纸术语的发掘整理，也是当代民族文化创新发展的灵感源泉。以生活事实与口传文化方式为主的中国剪纸术语传统，也是学院文化遗产新学科建设的本土文化资源[1]。

表1　古代早期剪纸形制列表

序号	考古发现地	文化功能	形制图例
1	新疆吐鲁番阿斯塔那墓	丧俗剪纸	
2	陕西陇县原子头遗址	陶罐装饰	
3	陕西陇县原子头遗址	陶罐装饰	

1　乔晓光:《日常实践与方言术语》,《中国社会科学报》2023 年 10 月 19 日，第 A05 版。

续表

序号	考古发现地	文化功能	形制图例
4	敦煌莫高窟	佛事剪纸	
5	敦煌莫高窟	佛事剪纸	
6	敦煌莫高窟	佛事剪纸	
7	敦煌莫高窟	佛事剪纸	
8	敦煌莫高窟	丧俗剪纸	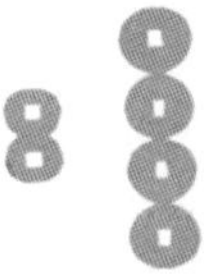
9	敦煌莫高窟	丧俗剪纸	

续表

序号	考古发现地	文化功能	形制图例
10	敦煌莫高窟	佛事剪纸	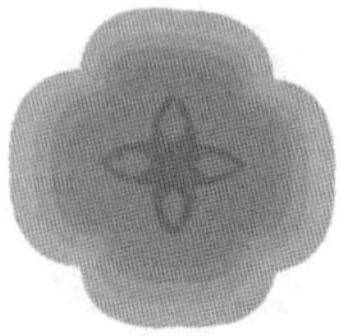
11	新疆阿斯塔那墓	丧俗剪纸	
12	新疆吐鲁番阿斯塔那－哈拉和卓墓地	丧俗剪纸	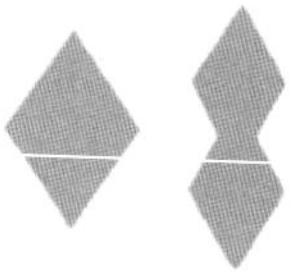
13	新疆吐鲁番阿斯塔那－哈拉和卓墓地	丧俗剪纸	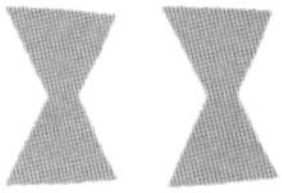
14	新疆吐鲁番阿斯塔那－哈拉和卓墓地	丧俗剪纸	
15	新疆吐鲁番阿斯塔那－哈拉和卓墓地	丧俗剪纸	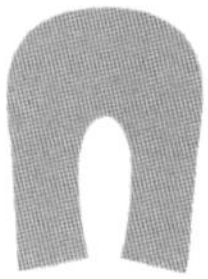

表 2　新疆东疆地区剪纸形制列表

序号	流传区域	民俗使用	形制图例
1	哈密	刺绣底样	
2	哈密	刺绣底样	
3	吐鲁番	刺绣底样	
4	哈密	刺绣底样	
5	哈密	刺绣底样	
6	吐鲁番	花帽帽形底样	
7	哈密	刺绣底样	

表3　甘肃河西地区剪纸形制列表

序号	流传区域	民俗使用	形制图例
1	敦煌	鞋垫底样	
2	敦煌	丧俗剪纸	
3	敦煌	刺绣底样	
4	敦煌	窗花	
5	张掖	丧俗剪纸	
6	张掖	丧俗剪纸	
7	张掖	丧俗剪纸	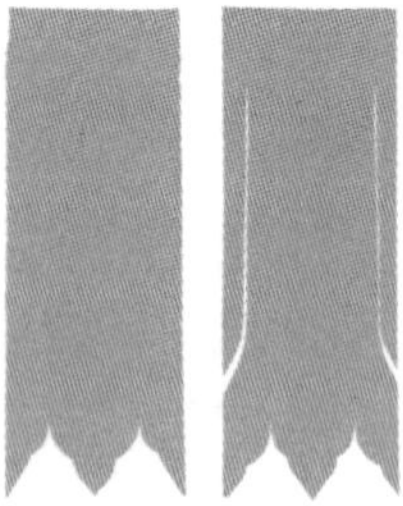

续表

序号	流传区域	民俗使用	形制图例
8	肃北蒙古族自治县	刺绣底样	
9	肃北蒙古族自治县	帽子底样	
10	肃南裕固族自治县	针扎子纸样	
11	肃南裕固族自治县	刺绣底样	
12	武威地区	刺绣底样	

表 4　甘肃河东地区剪纸形制列表

序号	流传区域	民俗使用	形制图例
1	平凉	窗花刺绣底样	

续表

序号	流传区域	民俗使用	形制图例
2	天水	窗花刺绣底样	
3	平凉	窗花	
4	天水	窗花刺绣底样	
5	平凉	针扎子纸样	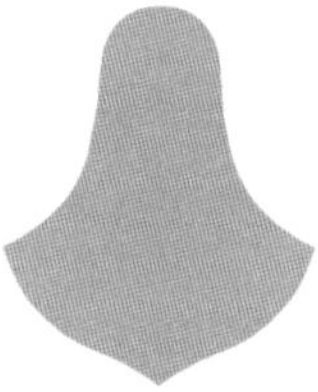
6	白银	窗花	
7	平凉	鞋底纸样	

续表

序号	流传区域	民俗使用	形制图例
8	平凉	鞋样	
9	定西	窗花	
10	平凉	蛙枕样	
11	平凉	刺绣底样	
12	定西	窗花	
13	定西	丧俗剪纸	

续表

序号	流传区域	民俗使用	形制图例
14	甘南藏族 自治州	金属饰品模板	
15	甘南藏族自治州	箭板模板	

表 5　陕西关中地区（陇县）剪纸形制列表

序号	流传区域	民俗使用	形制图例
1	陇县地区	窗花	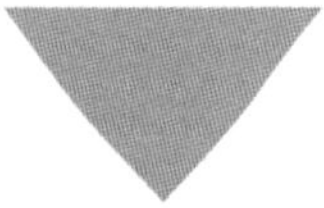
2	陇县地区	窗花顶棚花	
3	陇县地区	窗花	
4	陇县地区	窗花	

续表

序号	流传区域	民俗使用	形制图例
5	陇县地区	窗花	
6	陇县地区	窗花	
7	陇县地区	丧俗剪纸	
8	陇县地区	佛事剪纸	

三、复杂性时代：非遗的多维实践

文明转型期的社会变化，改变了农业时代劳动生产与乡土社会的关系，给乡村传统文化带来了强烈的冲击，乡村由原来的土地依赖转向城市化发展中的务工劳动。乡村中青年农民群体的社会流动，影响了村社传统的文化赓续和生存价值观，村社的文化功能也在发生变化，许多非遗类型正在脱离原有的习俗生活功能，开始和乡村振兴的文旅开发项目发生关联。非遗原有的文化系统开始被打破，从原有的乡土语境进入一个城乡流动开放的新状态。

（一）复杂性科学与复杂性方法

非遗的系统性保护，用传统与现代的二元思维，面对当下复杂性的社会文化问题是不够的。自上而下、自下而上的互动融创实践模式，正在成为遗产保护的基本模式。大规模、常态化的非遗培训，用学院知识的现代性改变和重塑乡土性，但这些措施还不能完全应对文明转型带来的问题复杂性。学院对乡土文化体系及民族民间艺术传统的理解仍有许多盲区，对非遗相关的生活实践经验缺乏系统深入具体的感性了解。学院及教育领域构建本土自主知识体系和新人文学科建设，不能回避这些缺欠带来的挑战。

从非遗作为活态文化的整体生态现状来看，我们如何突破项目化短效应的瓶颈，突破单向度的思维方式，拓展多元化的实践框架，开展更加有针对性和系统性的复杂性实践，推动学院与社区、政府与民众、城市与乡村在文化可持续及文明创新实践中的融合发展，由此我们开始关注 21 世纪不断成为前沿话题的复杂性理论，以跨学科的视野来寻找应对现实复杂性的实践途径。英国著名物理学家霍金称“21 世纪将是复杂性科学的世纪”，法国当代著名思想家埃德加・莫兰提出了以“复杂思维范式”的方法思考世界与社会。21 世纪也是中国古老的农耕文明转型发展，进入现代化工业社会复杂性实践的阶段，我们已经进入一个思维深刻变革和社会快速变迁的时代，现实生活的复杂性已完全呈现出来。

复杂性科学兴起于 20 世纪 80 年代，是当代科学发展的前沿领域之一。复杂性科学的发展，带来了一场方法论和思维方式的变革。复杂性科学不仅引发了自然科学界的变革，也代表着系统科学发展的新阶段。在欧美国家，复杂性科学也影响到了哲学和人文社会科学领域，学界开始以复杂性理论重新审视哲学与人文，审视教育与学科学术的价值取向。目前国内自然科学领域已经开始关注复杂性科学，并以复杂性理论为方法开展了一系列相关研究。

复杂性科学研究的代表人物是法国的埃德加·莫兰，他是当代思想史上最早把“复杂性研究”作为课题提出来的人，1973 年出版的《迷失的范式：人性研究》一书中，莫兰正式提出了“复杂性方法”。比莫兰稍晚一些的是普里高津的布鲁塞尔学派，普里高津与斯唐热 1979 年出版的法文版《新的联盟》一书中提出了“复杂性科学”的概念。位于新墨西哥州圣塔菲市的“美国圣塔菲研究所”，是世界知名的复杂性科学研究中心，这个非营利性的研究机构 1984 年 5 月成立，由各学科领域的资深学者、一流专家和优秀的年轻科学家参与。这个研究所被视为世界复杂性问题研究的中枢，圣塔菲研究所的复杂性观念与莫兰和普里高津的复杂性观念有比较大的区别。

混沌思想带来的革命。……混沌的发现使得科学的许多核心原则被重新加以思考。这里我总结一下这些新思想，19 世纪的科学家几乎没人会相信这些[1]。复杂科学与复杂性研究正在成为当今探索的前沿领域。

今天人类面对的问题越来越复杂，已经很难从单一学科去解决，这也为复杂科学这类交叉研究提供了大展拳脚的契机。当然，这种交叉一定是围绕关键科学问题来展开的，而不是简单地为交叉而交叉[2]。非遗学研究的核心是文化传承主体的人，复杂性科学对生命的理解带来新的启示，“生命起源的基本问题是‘自我复制’（或自复制）怎样产生。因为自我复制被公认为是生命的主要特征之一，包括我在内的

1　梅拉妮·米歇尔：《复杂》，唐璐译，湖南科学技术出版社，2018，第 47 页。

2　刘培源、梁金，《跨学科研究中的复杂科学——专访四位复杂系统研究者》，《信睿周报》第 83 期，2022 年 10 月 25 日，第 3 版。

部分学者甚至认为，自我复制是生命最主要的特征”。能够演化出复杂性的系统具有什么特征？如果一个系统具备两个特征——能够“成核”、能够“复制”，这个系统就一定能实现从简单到复杂的演化[1]。农耕时代非遗作为活态文化的代代传承，同样依赖于文化传承人群对文化传统的“自我复制”，而“成核”的概念对于口传身授的民间文化来说，有文化承载意义的最小单元就是村落，村落即是承载活态文化基因的“成核”。多年的田野实践中，我们正是以村社活态文化的研究方法，寻找到中国剪纸整体性与系统性研究的路径。

生态系统的复杂性研究与文化生态息息相关，“生态系统与一般复杂系统的相同点是它们的变量和单体数量都很庞大，不同的物种既和其他物种有相互作用，也和环境有很强的相互作用，从而形成一个物种和物种、物种和环境的复杂的相互作用网络”。生物多样性的成因不难理解，一个群落在演化的过程中会不断产生突变，经过足够长的时间，就会形成新的物种。不断产生多样性是自然进化的过程。当新物种从一个生态系统中产生，或从外界入侵一个新生态系统时，它有三种可能的命运：适应性差，于是衰落；很适应并且融入系统；很强势，但破坏了系统。统计显示，给定环境中的生物多样性会维持在某些稳态附近震荡[2]。文化的传递发展如同生态系统的复杂性一样，文化的多样性与生态环境和社会环境有复杂的相关性，文化传续需要有适应与传播的意义才能实现，而文化的新物种也是在文化的不断演变过程中出现的，当今文明转型的时代正是文化多样性深刻“演变”的时代，也是新物种不断“涌现”的时代。

1 刘培源、梁金，《跨学科研究中的复杂科学——专访四位复杂系统研究者》，《信睿周报》第83期，2022年10月25日，第3版。

2 同上。

图 9　榕江县摆贝苗寨鼓藏节，穿着百鸟衣的苗族人（龙海胜拍摄于 2022 年 12 月）

（二）非遗传续进入复杂性实践阶段

中国文化传统是一个非常注重实践的传统，实践也是文化思维生成与发展的起点。多年的田野调查中我们持续关注多民族乡村的活态文化传统，从民间思维与日常实践产生的现象及文化事实中，我们发现了许多与文化思维关联的现象，传统正是在活态文化传承人群的思维习惯中记忆存续的。村社文化是“活的文本”“活的隐喻”，历史在村社活态的仪式中呈现着最具感性的重演。

1. 活态文化的复杂性

多年田野调查中，我们发现了乡村儿童在文化传习中的重要作用及其思维状态的特性，以及儿童与民间美术思维的内在关联。村庄是一个有相对独立文化生态意义的场域，也是活态文化的“思维在场”。

图 10　湖北鄂州吴都小学的儿童剪纸课（曹小琴拍摄于 2023 年 7 月）

村社文化的日常性既呈现了历史的遗存与重复，又实践着当下现实的生存需求，村社活态文化的日常实践即包含着这种时间框架中的复杂性。村社积淀的文化传统影响塑造着下一代人的情感思维与生活习惯。今天，乡村的价值取向在不断开放的乡村振兴发展中，又呈现出朝向未来性的新趋势。

乡土社会的生存实践即是一部充满了复杂性因素的实践史，乡村的“熟人社会”是一种以私人关系为交往基础的社会形态。“熟人社会”交往的“潜规则”中，包含着复杂的族群血亲、同乡邻里及利益圈互惠的社会因素，乡土文化同样是在“熟人社会”的思维框架下存续的。非遗学如果作为“一般概念”，其代表的范畴即包含着多体系统的复杂性，“多体系统比有机系统更为同质，但它们远不是单调的。在多体系统中，存在多种复杂性的来源：组分的多样和错综复杂，它们相互间作用的多样和强弱，以及组分的数量。我们简要考察有相同类型的组分通过相同类型关系耦合在一起的多体系统，这并不意味着所有的组分都是一样的，相互关系也是一样的。我们都是人，但我们每一个人都是独特的，以独特的方式与其他人发生关联。组分有其个体特征和关系，这些特征和关系可以很强烈地变化”[1]。“实际上，多体系统的组分本身是复杂的，两组分之间的基本关系可以是紊乱的。在大多数理论中，组分及其基本关系都是高度理想化的，以使得组合问题（problem of composition）变得容易处理。”[2]我们可以将非遗学视为一个多体系统，“我们周围所能看到的事物表现出来的无限多样性（infinite diversity）和复杂性（complexity）只能是组合的结果。组合（composition）不仅仅是聚集，组合物的组分之间存在着相互作用，通过这种相互作用会形成复杂的结构；但它还不仅仅是相互作用，它在表现组分特性的同时，还传递着作为整体而新产生的特点”[3]。

复杂性理论与中国文化遗产现状有非常现实的关联性，文明转型期的社会变迁带来的文化混沌效应，使许多问题融汇交织在一起。“世界遗产”与“人类非物质文化遗产代表作名录”两类项目的现实关联还没有被重视起来，非遗系统性保护的实践路径有待于深化研究，民间文艺版权保护立法、非遗高龄传承人群的抢救性记录、高校非遗新学科的建立、高等职业教育与非遗技艺传统的传续及人才培养等一系列问题都充满了紧迫性。非遗区域性文化移动与跨民族交流与融合，非遗原生文化流变与亚文化现象滋生等问题，同样包含着诸多复杂性因素。

如何认识非物质文化遗产的系统性，非遗作为活态文化的系统性内涵与特征是什么，村社活态文化的自组织性与最小社会单元的独特性，地缘文明与非遗的在地性与超地域性，文化的自我复制与文化生

1　欧阳莹之：《复杂系统理论基础》，田宝国、周亚、樊瑛译，姜璐校，上海科技教育出版社，2002，第11–12页。

2　同上。

3　同上书，第1页。

态变迁，城市化发展标准下沉县级市带来的现代化结构变化，许多非文化的因素在深刻改变制约着文化的发展，非遗系统性保护的复杂性首先要看到文化领域以外的“环境因素”。

我们把2030年视为传统文化谱系与新物种时代传续更替的时间节点，因为人的文化代际传续迎来了百年变革的时代转折时期。村社文化的演进变化从衰退期、沉睡期，开始进入失忆期。数字化时代在记录着即将消失的文化遗产，也在创新着文化的重演与再生。非物质文化遗产的多样性与统一性问题，仍有许相关的复杂性事实我们不清楚，非遗整体与系统性的研究方法还有待成熟。铸牢中华民族共同体意识，构筑中华民族共有精神家园，非遗是重要的民族精神基础。面对未来，我们需要增强对中华民族自身的整体性文化理解。

2. 即兴实践

提出“即兴实践”的概念，因为其是传统剪纸语言的日常实践特征。“即兴实践”也是民间艺术传承实践的基本特征。许多民间艺术类型如：民歌、史诗演唱、社火秧歌、民间剪纸、蜡染、民间绘画、民间泥塑等，都包含着“即兴实践”的因素，即兴的方式是民间艺术常态化的思维情感方式。

即兴是一种本能。在民间艺术、儿童艺术、原始艺术和非遗的日常实践中，都包含着即兴的本能因素。无论是成人或儿童，我们的身体和语言中充满了即兴的情感因素。即兴思维与即兴行为的惯性，活跃充斥在我们的生活与人生实践中。儿童的思维不同于成人，但“即兴”的思维方式是儿童与成人共有的本能。听故事、讲故事是儿童普遍喜欢的事情，对故事的迷恋不仅是儿童语言发展的需要，也是儿童“即兴”思维成长的需要。儿童的口头故事往往成为儿童涂鸦绘画的“母本”。民间剪纸同样如此，口传文化与图像的关系紧密相连。

许多优秀的剪花娘子，通过“即兴实践”在传统“程式”纹样的传承中融入了其个人的才能与风格。传统剪纸有地域性的文化“程

图 11　2006 年北京国际舞蹈节——现代舞戏剧《寻找娜拉》中娜拉与丈夫坐在象征着女人世界的剪纸布景前（乔晓光拍摄于 2006 年）

式”和谱系，并非个人自由即兴发挥的产物。“程式”的约定俗成不仅是一种限制，也是文化形制及纹饰主题的“范本”，但这是一种可以变化和“添加”新元素的“范本”。传统剪纸的活力和创造力，即是在“程式”的约定中，传承人以心手相连的个体“即兴实践”实现的。即兴思维是乡村传承人群共有的文化本能，也是职业艺术家共有的本能。即兴的本能在使用固定文化形式的过程中，产生新的扩展与变化。就如音乐家们提出的一样，即兴是形式生成变化的过程，它创造自身。

3. 复杂性实践

如何应对文化的突变与渐变，应对文化可持续的发展，我们采取了应对复杂性的实践方法，一方面开展了以基础田野调查研究为主的非遗类型化的整体性研究；另一方面开展了以非遗教育传承和社会实践为主的新学科建设与国家非遗培训项目；同时也进行了“源自文化遗产灵感”的相关国际艺术交流的创新实践。我们从社区、社会、教育、学科建设、国际化交流与传播等方面进行了多维实践，这种跨领域的实践带来了机遇和发展活力。

文明转型期的社会发展变化，改变了农业时代劳动生产与社会的关系，对乡村文化传统带来了强烈的冲击，乡村由原来的土地依赖转向城市化发展中的务工“依赖”，中青年农民群体的社会流动，影响了传统的生存价值观，使村社文化功能发生了变化。今天许多非遗类型正在脱离原有的习俗生活功能，开始和社会文化项目及互联网媒介发生关联，非遗原有的文化系统正在被打破。

乡村正在从原有的乡土语境进入一个城乡流动开放的新途径。非遗项目的开展在不断产生新的文化事物。昔日非遗作为社区传统与族群群体的公共关联，现在在体制背景的传承人认定制度下，非遗与体制认定的传承人在建立新的文化关系，非遗的文化归属与民间文化权益问题呈现出新的复杂性。

四、非遗的系统性保护与文化遗产学科建设

文明转型期的社会，是不同思维形态碰撞交融的阶段，我们在现实中可以感受到其带来的复杂性活力和社会情绪张力。不同思维形态的关联与融合，不是单向度的覆盖，比如城市化思维，也不是对等的均匀存在，南北方、东部西部地区差异很大。思维的“相克相生”是一个复杂动态的综合性现象。实践的维度需要开放与多维，非遗不仅需要注重其文化学，还有非遗的经济学、政治学、教育学、思维学等，这些都是现实的因素。因此，创造性的多维实践，会赋予学科思维新的发展意义。

非遗是一个复杂性系统，我们现在仍是以各自单一的学科属性

对待它，这是个实践的瓶颈。非遗的文化关联性具有多学科的知识属性，虽然非遗更多的是以口传的文化常识呈现，但其在实践的内涵上是多学科综合性的。今天文明转型期的社会发生着前所未有的变化，非遗“涌现”出复杂性实践的状态。如果我们仍用滞后的文化分类和学术分科来应对非遗的复杂性，就难免会给非遗的系统性保护带来不利因素。回到生活的整体性，跨学科、跨领域的新学科创新已势在必行。

今天我们倡导建构自主的知识体系，即是文明整合中事实与价值的创造性融合发展。莫兰对 20 世纪中学科过度专业化问题的反思，或许对非遗相关学科建设有所启发：“我们的教育系统实行了人文文化与科学的分离，以及把科学划分为各个学科，这些学科变成超级专业化的，各自封闭在本身之中。因此，总体的和复杂的现实被粉碎，人类被肢解……在这种条件下，由学科养成的精神失去了他们自然地把知识加以背景化以及把知识整合在它们的自然整体中的禀赋。对总体性的东西的察觉能力的削弱导致了责任感的削弱（每个人趋于只对他的专业化任务负责），以及团结精神的削弱（每个人不再感到他与他的同胞们的关联）。”[1] 大学保存、记忆、整合、持守知识、观念、价值的文化遗产；它通过把后者重新研究、实现、传授而不断再生后者；它也产生将归入遗产中去的知识、观念和价值。因此大学是保存者、再生者、创造者[2]。“理解人类，这就是理解它在多样性中的统一性，它在统一性中的多样性。应该认识多中之一、一中之多。教育将应在所有领域里说明这个统一性 / 多样性的原则。”[3] 非遗学的提出，文化遗产新学科建设正是在探索回答莫兰提出的问题。

文化遗产相关学科建设是当下高校面对文明转型期社会需求的必

---

1 埃德加 · 莫兰:《复杂性理论与教育问题》，陈一壮译，北京大学出版社，2004，第 41 页。

2 同上书，第 169 页。

3 同上书，第 41 页。

然选择。非遗的文化可持续一方面是寻找与当代生活的关联和适应，另一方面是向教育领域的知识转化与文化创新实践。教育是非遗可持续的重要途径，无论是国家九年义务教育、大学教育、职业教育、社会教育等，均是如此。目前，大学的艺术教育仍然处于固有的学科分支状态，适应文化遗产时代及未来发展的新学科建设还未开始。我们可视非遗学为关于复杂性生存和不确定性生存的经验，非遗新学科的建设无论是学科的交叉，还是面对未来性的创新，回到生活的整体与不确定性，回到现实文化遗产相关的社会需求是最基本的起点。复杂性实践的框架应建立在现实复杂性问题基础上，我们认为以下四方面是当下文化遗产实践面临的共同问题。

1. 新学科建设势在必行

围绕着非遗培训，以及非遗相关的社会化实践需求，相关非遗新学科的建设势在必行。五年多的非遗培训经验告诉我们，只有和非遗传统活态的复杂性相匹配的新学科建设，才能持续有效地开展有针对性的职业化、物种化的非遗培训教育，特别需要警惕的是，不能以学院现代设计思维单向度覆盖改变非遗类型的传统性。单向度主观化的文化适应很难长久。当下变化的复杂性在于，非遗传承人群和日常生活依然需要内在的驱动力和自演过程，这个过程更多的是在社会生活中的主体价值实现。

同时，非遗培训的概念应提升为“非遗教育实践”的概念，这个概念包含着非遗培训，也包含着学院到生活中认知学习非遗活态文化的自我教育实践。因为作为活态文化的多民族非遗传统不仅是中国本土艺术与设计的文化根脉，非遗作为文化资源也是本土文化体系重要的知识来源。至今我们在相关非遗新学科创建，基础田野研究上的教材建设，以及源自生活中传统技艺经验的发掘梳理上都是远远不够的。高校文化遗产学科建设已落后于时代社会发展的需求。

2. 新思维应对复杂性

文明转型的变化带来了许多新的事物，也带来许多复杂的社会问题和不确定性，我们不可能再用以往的经验积累去应对变化，因此改变思维成为我们开展文化遗产保护事业自我调整和主动认知的重要方式。要理解非遗体系自身的复杂性，以及相关非遗传承创新实践的复杂性，都需要我们思维层面上的改变与提升，需要方法论和实践模式的创新。复杂思维是创新和应对复杂性实践的必然选择，其中也包含元认知意义的思维自觉。

非遗传统更多的是即兴思维实践的文化方式，生活中的活态文化是日常思维的传统，其中包含着传统的因素，也具有当下活态的文化特性，包含着思维的变化。日常思维有其约定俗成、因循守旧的保守一面，因其更注重过去的经验常识，缺乏对未来性的关注，比较注重现实的功利性追求。因此，当下的非遗培训实际是两类文化体系思维的对话与碰撞，其中隐含着诸多的思维壁垒与隔阂，隐含着长期缺乏的相互理解基础，存在着诸多陌生与误读。但这也正是培训双方互动、互换的思维改变机遇，事物的发展是在相克中相生的。高校的非遗培训，其内在的意义不仅在于传承人进校院，其真正的社会意义在于民族民间文化融入主流知识体系的开始。

3. 复杂性实践

我们强调实践，是因为中华文化传统注重实践，非遗同样是生存实践的传统。我们以活态文明的视野来看待社区多民族活态文化的实践，这是一种以即兴实践为主体方式的文化自发传承模式。由于文明转型，社会形态及村社文化发生着前所未有的变化，今天不再是一个纯粹的文化自发传承时代，许多文化类型失去日常使用的机会，正在衰退，处于濒危和消失状态。所以，社会生活的变化进入复杂性阶段，多元的价值因素开始影响文化遗产地的乡村，复杂性实践正在成为新的实践方式。

4. 创造新物种

文明转型期传承几千年的活态文明，开始发生了前所未有的变化，中华民族的活态文明要接续下去，这是时代赋予一代人的使命。活态文明是由文化多样性活的文化物种所构成的。比如中国剪纸就是一个活态的文化物种，它涉及30多个民族的村社文化传统，也涉及不同的民族的信仰文化形态。所以，文明转型期对文化物种的抢救保护、发掘整理是重要的实践内容。由传统生活形态的常识经验，向教育和学科知识的生成与转化，以及向少年儿童非遗文化认知普及的转化，都需要有系统扎实的基础田野研究和基础文化理论建构的支撑。时代的发展需要创新，新一代人生活观念及价值取向的变化、乡土社会的变化，都需要传统文化创造性传承、创新型发展。

文明的创新发展是朝向未来的，中华文明在新时代的快速开放发展中，经历着文明内部的文化整合。昔日的大小传统之分，今天正在互相融合，实践着新的文化发展模式，现实的混沌复杂性激发着适应时代发展的新物种的产生。中华文化传统正是新物种发展的土壤，是创新发展的情感之源和文化根脉。为民族接续文明，为未来创新思维，这是我们倡导的当代文化遗产价值观。

结语　文明交流与互鉴：建构自主的知识体系

“后疫情”时代的人类文明，正在迎来新的转折发展时期。人类需要通过文明的互鉴、交流，在互相尊重的前提下增进彼此的认识和了解，推进彼此的共同发展，非遗即是连接着世界文明的文化桥梁。人、生活、万物的故事与对时间的理解，是我们理解非遗多维实践的共有基础。信念也是非遗实践的一部分，它让我们坚守初衷，与世界有更多、更美好的相遇。

从新文科发展视野来看，非遗作为日常生活常识的知识生成，是

图 12　在泽西岛举办的《纸的对话》展览现场（2016 年）

考量跨学科综合实践能力的开端。文明转型期本土文化内部整合的人文复杂性，是新文科建议要面临的基本课题。诸多已进入不同级别非遗名录的文化类型，仍欠缺整体性、系统性的基础田野研究，我们对多民族乡村活态文化的认知仍停留在固有的知识框架里。文化有时、文化有约，非遗传统的研究仍需要有系统整体、持续深入的田野信念，有以人和生活为本的文化感性的在地研究。文明转型期是一个文明整体性的实践创新过程，也是一场思维革命的过程，接受和参与这个过程是时代的必由之路。

蓝印花开田野

——我的蓝印花布传承之路

吴元新（中国民间文艺家协会副主席，南通蓝印花布博物馆馆长）

摘要　本文主要讲述了作者近五十年在蓝印花布保护、传承、创新方面所取得的成果和经验。作者从染坊学徒到国家级非遗传承人并创办全国第一家蓝印花布专题性博物馆，在长达半个世纪的时间中克服了诸多困难，坚守在保护中研究，在研究中传承，在传承中创新，探索出立体式的非遗传承模式。作者抢救保护了大量传统印染实物遗存，研究出版了十余部学术专著，面向社会培养蓝印花布传承人，创新设计了近千件融入当代生活的蓝印花布作品，为国家级非遗蓝印花布技艺的保护与传承做出努力，走出了一条蓝印花布非遗传承之路。

南通蓝印花布印染技艺历史悠久，积淀了深厚的文化底蕴，蕴藉着乡土的民间艺术，传承至今，绵延不息。我作为蓝印花布印染技艺全国首批代表性传承人，一直在探索蓝印花布技艺的保护传承和发展之路，也积累了一些相关传承的经验。

吴元新

一、我与蓝印花布的情缘

蓝印花布是千百年来一直流传于民间的印染技艺，至20世纪，最后一批传统蓝印花布的使用者是二三十年代出生、四五十年代出嫁的劳动者，现已九十岁左右高龄。随着老一辈的过世，根据当代习俗，一批又一批的蓝印花布实物遗存被烧祭给逝去的老人，使得大量前人留下的蓝印花布衣物、生活用品随之消失，出现了人走艺绝的现象。如果不能及时抢救保护，祖先留给我们的宝贵文化遗产将会彻底丢失。我作为蓝印花布的非遗传承人，近半个世纪以来，带领元新蓝团队全力保护着这项古老的技艺。

我生于江苏省启东县汇龙镇，清末时，我的祖辈从苏州吴县迁至崇明扬家沙（现今启东），在这片沿海的土地上开辟农田，纺纱染布。我从小便是在母亲的纺纱织布声中长大的，儿时对于蓝印花布的记忆鲜活且具体。那时，启东百姓铺的、盖的、穿的、用的纺织品，都是用蓝印花布制成的。从那时起，我就对蓝印花布有了朦胧的印象。记得我奶奶88岁时，眼睛因白内障已几乎看不见东西，却仍凭着经验每日纺纱。这样勤劳而朴素的精神，一直感染和鼓励着我，而父亲粗拙的印染图案也给了我最初的艺术熏陶，让我对传统染织萌生兴趣。我在母亲织布声中逐渐成长，我浸润在这乡土工艺氛围中，对纺纱、印染产生了难以割舍的情感，这对我的一生都有着深远的影响。

20 世纪 70 年代，乡村企业在农村蓬勃发展，因儿时对蓝印花布的兴趣，我便选择了启东汇龙镇印染厂从事印染，在重复进行洗布、染布的工作时，我也曾感到枯燥乏味，几度萌生改行的念头。但是，我在印染厂也接触到了蓝印花布印染的另一重要工序——刻花版，老师傅们以刀代笔，在纸板上刻出许多精美的图案，这让我有了很大的兴趣，使我改变了离开印染厂的想法，以学习蓝印花布的刻花版技艺为目标。于是，我时不时走入蓝印花布的刻版工作室，想学到这门手艺。起初，厂长认为我染布的技术经验不足，仍需锻炼。又过了两年，厂长认可了我的努力，将我调入蓝印花布刻版室，跟随一位经验丰富的黄师傅学习纹样设计与刻版。那段日子里我几乎把所有的时间都花在蓝印花布上，要么与师傅一同走街串巷，收集蓝印花布用于图案创作，直到后来，我应征入伍，当了一名海军。

退伍后，我原本可以分配到更好的单位，但我割舍不下蓝印花布技艺，再次回到印染厂工作。因外商订货新纹样的需要，我又开始学习绘画。白天我在印染厂设计纹样、刻版，晚上去文化馆练习绘画，通过两年的学习考试，我被江苏省宜兴陶瓷工艺学校录取，就读陶瓷美术专业。

宜兴学校内的图书馆虽不大，却也让我大开眼界。课余时间，我继续为印染厂设计蓝印花布纹样，将设计课程中学到的新思维活用，并在蓝印花布的设计中融入陶瓷、木雕、剪纸、刺绣等艺术元素，逐渐形成了自己的创作风格。由我设计的许多蓝印花布纹样也被外商选中并大量订货，首批创新的十五种纹样画稿，每种均被订货 100 匹，总计订货数达 1500 匹之多，这为当时我国蓝印花布的出口创汇做出了贡献，也给予了我很大的信心。1985 年，我毕业时因在校成绩优异，校领导决定让我留校任教。我主张将蓝印花布纹样融入美术教材，得到了系主任张志安老师与学生们的认可。

1987 年，我被调入南通工艺美术研究所，后转入旅游工艺品研究所，负责创作设计工作。当时，除启东印染厂外，南通县区的几家蓝印花布印染厂也慕名邀请我为他们设计蓝印花布纹样，成品都被外商看中批量订货，为蓝印花布的出口创汇做出了应有的努力。时任中央工艺美院装饰艺术系主任的袁运甫是南通人，为了帮助家乡培养艺术人才，他每年都会引荐南通的优秀艺术人才前往中央工艺美院学习。1989 年，经过考核选拔我进入中央工艺美院“装饰艺术系”师资研修班，告别了妻子和一岁的女儿，前往北京学习深造。

在中央工艺美院的学习很忙碌，我在第二个学年又考入了中央美术学院专科班。作为有设计工作经历的学生，我更知道自己需要的是什么。白天上专业课程，晚间自行学习。为了挤出更多的时间学习，我在北京光华路附近租住了房子，时间更加自由，时常学习到深夜。我在进修中央工艺美术学院课程的同时，还关注其他学习的机会，哪边有名家的讲座，我便前往听课。忙碌之余，我也没有放下蓝印花布的创作，精心设计的“蓝印花布壁挂系列”荣获全国旅游工艺品优秀奖。当时，我注意到不少老师和学生都对我随身背的蓝印花布包很感兴趣。于是，在假期回家后，我带回了几箱自己设计制作的蓝印花布玩具、挂饰和大小包袋，请工艺美院的小卖部代为销售，一个星期就销售一空。这次尝试让我感到十分惊喜，也让我察觉到了蓝印花布制品在北京的市场空间。

1991 年，我学成返乡。在同学聚会上，我看到原来的许多朋友都开设计公司，收益颇丰。有人看中我的设计能力，希望我能与他成立一家广告公司。想到朋友们富足的生活，当时也有些心动。回到家中，我又想起了在北京求学的过程中留给我印象最深的一件事。当时，我去听张仃先生的讲座，他说自己是辽宁黑山人，到锦州城里上中学，老家带来的被子都是蓝印花布的，城里人笑话他，他说当时年幼无知，还一度深感自卑，后来到了北京、上海、延安，能舍的都舍了，唯独蓝印花布一直保留着，后来成为延安窑洞上的门帘。进京后，这块蓝印花布作为家中的装饰布一直留存至今。讲座结束后，我走上讲台，告诉张仃先生自己曾在南通从事蓝印花布印染，至今也在做蓝印花布的创作，听后张仃先生欣慰地对我说道：“我宁可欣赏一块蓝印花布，也不喜欢团龙五彩锦缎，因为蓝印花布有一种清新之气、自由之气、欣欣向荣之气，蓝印花布是民间艺术的瑰宝，你一定要好好地把它传承下去。”这句话直到今天我还铭记在心，是艺术前辈对后生的莫大鼓励。后来，我不但没有改行，还在研究所开设染坊，让蓝印花布得到更好的传承。

二、保护实物遗存，创办蓝印花布艺术馆

1996年，南通旅游工艺品研究所被兼并，蓝印花布研究项目不再继续，我若是要留下，只能改行从事其他工作。我割舍不下蓝印花布，设想成立一座艺术馆，集展示、收藏、研究、传承、销售、设计等多个功能为一体的蓝印花布展馆，继续从事蓝印花布相关的工作。为了尽快筹集到足够的资金，我开始不断推出蓝印花布新产品，通过艺术馆的工作团队协同工作，我负责技艺的传承、作品创新，专人负责销售，分工合作，共同努力。

1996年10月，在南通市文联的帮助下，我与文峰公园签订了合同，我的南通蓝印花布艺术馆正式开馆，我邀请了南通日报、江海晚报等媒体采访报道，许多年长的参观者看着馆内陈列的蓝印花布制品，都回忆起过去父辈们身着蓝印花布，盖着蓝印花布被子的成长经历；年轻的参观者们则惊叹古旧的蓝印花布竟成为如此“摩登”的产

品，纷纷买下中意的工艺品作为此行的纪念。望着参观宾客们心满意足的神情，我更加坚定了做好工艺传承与艺术创作的信心。

2004 年，冯骥才先生应邀来我的艺术馆考察，他看到了馆内陈列的大量蓝印花布古旧精品，翻阅了我准备出版的一沓沓厚重书稿。我向冯骥才先生汇报了自己在继承传统优秀蓝印花布纹样和技艺的基础上，不断创新出符合现代人们需要的作品，新产品也出口日本等国家，并在上海、南京、北京等地区销售，再把取得的经济效益用于蓝印花布的收集、保护、研究展示。听后，冯骥才先生对我立体式的传承方式给予肯定。当时，艺术馆在用房方面还存在困难，冯骥才先生表示结束考察后，将会帮助我同相关部门协调解决这一问题。

在南通文化考察之行的总结会上，冯骥才先生特别提出，自己对南通蓝印花布艺术馆的考察印象深刻，向在座领导说道:“很多非遗项目的传承人都养不活自己，更谈不上做研究出版，成立博物馆，但吴元新不仅做好了研究工作，还建立了自己的艺术馆。你们南通幸有吴元新这样的民间工艺家，他出于一种文化自觉和二十多年来一贯和执着的担当精神，挽留了一批巨量的蓝染遗存，并脚踏实地进行科学整理和原生态的手工传承。我们需要有吴元新这样的人，有这样的文化视野，有这样的文化眼光，有这样的奉献精神，有这样的责任感，站出来守望我们的文化、弘扬我们的文化。他对蓝印花布的喜爱，爱到极致就是责任。”冯骥才先生还鼓励我要在地球上划一道痕，把蓝印花布事业做到极致。冯主席对我的高度评价，给市领导留下了深刻的印象。会后，我的蓝印花布艺术馆用房得到了领导的协调支持，解决了这一大问题，让我能够腾出更多精力，更好地保护和传承蓝印花布技艺。

为了让蓝印花布得到更好的传承，在冯骥才先生的鼓励与各级文化部门的关注下，将蓝印花布申报为国家级非物质文化遗产的工作被提上日程。当时申报材料的准备工作复杂，内容繁多，我夜以继日地整理材料，将数十年的资料与工作成果都整合起来。2006年，由南通蓝印花布博物馆申报，“南通蓝印花布印染技艺”被列入首批国家级非物质文化遗产，南通蓝印花布博物馆也被列入该项目的保护单位。

后来的十多年中，我不负冯骥才先生与各级文化部门的关心支持，在南通蓝印花布的抢救、保护、研究、传承和创新方面也都取得了更多的喜人成果。我走遍了江苏、浙江、湖南、湖北、山东、山西、北京等全国22个省市1300多个蓝印花布主要乡镇，竭尽全力寻找蓝印花布遗存，每年都收集1000多件实物进馆，抢救保护了明清以来的蓝印花布、夹缬、绞缬、民间彩印等传统印染实物已经达68000多件，整理纹样20万个。

抢救保护之余，我还组织了对宝贵的印染实物遗存进行分类、整理、编号、拍摄以及初步的断代工作，建立了体系化的文化档案，为研究传统技艺做了深入细致的工作。基于大量的实物遗存材料，我和传承人团队不断努力，白天做传承保护，晚上做研究，将中国民间传统印染技艺三千年的历史进行了梳理分析，先后出版了国家重点图书《中国传统民间印染技艺》《中国蓝印花布纹样大全（藏品卷、纹样卷）》《刮浆印染之魂》《南通蓝印花布》等十余部专著。主持了国家社科基金艺术学重点项目课题以及国家艺术基金蓝印花布青年人才培养项目，由我担任执行总主编的《中国蓝印花布文化档案》在冯骥才主席的关心和支持下，已被列入中国民间文化遗产抢救工程，我与我的团队预计用十五至二十年时间出版《中国蓝印花布文化档案》二十卷。由我女儿吴灵姝、女婿倪沈键编著的首卷“南通卷”已于2023年6月在天津大学冯骥才文学艺术研究院首发，为后续的系列丛书设立了样书，为深入地弘扬和研究蓝印花布提供了充实的实物资料保障，也为未来将南通蓝印花布印染技艺申报为世界（人类）非遗奠定了坚实的基础。

三、探索立体式的传承方式

非物质文化遗产是一个民族的文化基因，蓝印花布要真正保护并传承下去，其中的关键便是新生代传承人队伍的建设与培养。做好一项传统技艺需要长期的积淀，至少要五年、十年甚至二十多年才能小有所成。现在年轻人的生活节奏快，很少有人愿意留下守望这些“慢热”的文化。我的女儿吴灵姝毕业于中国艺术研究院，先后在北京学习了八年的时间，曾想留在北京工作，她更渴望在大城市安家落户。后经冯骥才等艺术前辈们的劝导，我的女儿终于回到南通学习蓝印花布的技艺。

染布一直是个苦行当，民间向来有着男人才能入染坊的规矩，也正是因为染布是一项重体力活。在蓝印花布传承面临青黄不接的境地时，我也希望在浦发银行工作的女婿能辞去现有的工作，踏实地跟随我学习蓝印花布技艺，加入传承人的队伍。为此我做了女婿大量的思想工作，特别是冯骥才先生鼓励他“从事金融行业的千千万，从事传统印染的人却少之又少，希望你能跟随岳父一同从事蓝印花布的传承工作”。在冯先生的鼓励下，女婿倪沈键辞去了银行的工作，加入了我们家族式传承的队伍。记得他第一次进入染坊时，在学习染布的过程中由于重心不稳，操作经验不足，整个上半身不小心栽到染缸中，后被我们及时拉出才脱离危险。艺术大师韩美林先生曾以这件事评价他，掉入染缸里，一辈子也洗不清，一定要踏踏实实做好蓝印花布。

十多年来，我带着女儿、女婿和学生团队从学习传统技艺入手，苦练染布基本功，先后修复了蓝印花布经典图案纸版 1200 多套；还将传统染色参数进行量化，用科技手段为技艺传承赋能。在一家人耳闻目染的熏陶下，我的两个小外孙女也学起了刻版与刮浆、染色工艺。冯骥才为了鼓励我们做好家族式传承，为我的两个外孙女起名，大孙女叫“抒染”，小孙女叫“美印”，意味着抒发美丽的印染大业，这也寄予了冯先生对后辈的殷切期望。2023 年 12 月，中央电视台三套《我的艺术清单——吴元新》栏目用 50 分钟播出了我们四代人传承蓝印花布的故事。

在保护传承蓝印花布的基础上，我以国内外展览为平台，努力打造蓝印花布、彩印花布、夹缬、鱼子缬、蜡缬——五位一体的中国传统印染技艺国家级非遗传承基地与研学基地，举办传统印染技艺培训，培养了近万名的非遗传承人，我主导的“青出于蓝——国家级非遗南通蓝印花布研学项目”入选“2022 年度全国文博社教百强案例”。

为了提高蓝印花布的社会影响力，这些年来，我在清华大学美术学院设立传统染织工作室，在中央美术学院、北京服装学院等开设全院的手工艺选修课程，在天津大学冯研院成立南通蓝印花布博物馆分馆，在苏州大学为研究生开设传统印染课程，在南通大学创建蓝印花布艺术研究所和非遗研究院，被文化和旅游部聘请为中国非遗传承人群研培计划咨询专家及师资库成员，承担非遗传承人群的教学任务，培养了一批又一批年轻的蓝印花布技艺传承人，南通蓝印花布博物馆也于 2023 年被列入天津大学全国首批非遗学田野教学基地。2017 年至今，我们在南通大学承办了文化部教育部非遗传承人群研培计划“传统印染技艺培训班”十二期，为云南、广西、四川等全国二十多个省、自治区、直辖市免费培养了 400 多名传统印染技艺年轻人才，为扶贫攻坚、乡村振兴做出了努力。通过染坊带徒和院校传承相结合的方式，逐步加大对二代传承人的培养力度，形成了集家族传承、社会传承、院校传承等形式为一体的立体传承方式。

四、用字当先，活态传承

回望传统手工印染技艺的发展历程，让传统工艺活起来，是传承发展的一个重点。在长期的蓝印花布传承和创新工作中，我认为适应时代变化，设计出符合大众需求的蓝印花布作品，才能让这一工艺得到可持续性的传承和发展。

过去的“现代”就是当下的传统，而当下的传统也将成为未来的“过往”。传统文化就在一代代传承者的不断弘扬与发展中延续至今、繁荣发展。从某种程度上讲，传承人以什么样的态度对待祖辈传到自己手里的技艺技能，也决定了这个项目能否存续和发展。蓝印花布在当今时代传承，需要适应其所处时代的生产生活和大众需求，才能为蓝印花布注入更新、更丰富的内涵。

这些年，我与工作团队一直秉持着“用字当先，活态传承”的原则，以全手工技艺传承着蓝印花布的刻版、刮浆、染色等精湛工艺，在坚守本味的同时，让创作的作品以走入人们的当代生活为宗旨，让蓝印花布这棵老树，绽放出新的花朵。

多年的创新传承过程中，我与女儿、女婿及学生团队一同将单面印花工艺创新为双面印花，将窄布印染发展为宽幅印花，将单色印染创新为深浅蓝的复色印染，将蓝印花布单一棉布品种发展为丝绸、羊绒、棉麻等，既保留了蓝印花布的含蓄质朴，又突出了其在现代生活中的实用价值，引起人们对传统文化与美学的重新感知。我设计的蓝印花布服装、包袋、壁挂、工艺品、鞋帽等五大系列蓝印花布作品，获得 252 项国家外观设计专利，产品远销海内外，创新的作品也荣获中国民间文艺“山花奖”等荣誉，“凤戏牡丹”台布、“年年有余”挂饰、“喜相逢”桌旗系列被国家博物馆、中国工艺美术馆等收藏。各类印染工艺品先后应邀在美国、英国、德国、法国、意大利、俄罗斯展览。先后向国家博物馆、中国丝绸博物馆、北京民族文化宫博物馆、中国工艺美术馆、中国非遗馆、清华大学、天津大学、中央美院、南通大学、韩美林艺术馆等捐赠优秀现代作品 3000 多件，有力宣传了南通蓝印花布印染技艺。

2016年，我在文化和旅游部原副部长项兆伦的关心和鼓励下，注册了新的“元新蓝”品牌，与原本的蓝艺系列工艺品共同经营，打造了优秀的国家非遗蓝印花布IP资源，提升了传统工艺品牌的知名度和影响力。

伴随着科学技术的快速发展，人们的社会生产、居住环境、生活方式以及思想观念等也在发生改变——机械化、标准化、批量化的工业生产模式深刻地影响着我们的生产生活，在一定程度上满足用户的物质需求，但也让生活呈现出“同质化”倾向，地域、文化以及民俗特色逐渐被淡化。我借助现代科技与传统文化产生的碰撞，抓住了蓝印花布的科学保护和传承发展的机遇，走出“传统+现代”的跨界传承模式，探索蓝印花布与《梦幻西游》网络游戏IP的跨界联合，合作开发“蓝印花布双语文化素养课”，还为安慕希创作蓝印花布纹样，我设计的虎年吉祥物亮相央视，让全中国观众领略到蓝印花布的独特魅力，走出了一条“活态传承”的新路。

我自小便与蓝印花布结缘，经历了半个世纪的时光，我也从最初的“手艺人”成为一名“守艺人”，走出了自己的蓝印花布传承之路，建起了自己的蓝白世界。现在，我与我的家人们是“七代传承、四世同堂”，一同为蓝印花布的传承工作尽心尽力。我的母亲已经96岁高龄，仍时常来馆里为来宾传授纺纱织布技艺；我是国家级传承人，女儿是省级传承人、女婿是市级传承人，共同致力于蓝印花布的保护、传承和研究；我的小孙女延续着传承的血脉，带领就读小学3000多名学生来到传承基地体验学习体验传统印染工艺，闲时她也会刻版刮浆，染布晾晒，传统文化的种子在心中播撒。四十年来的传承工作使我体会到“传承”虽是个宏大的命题，但具体而言，就是一代代人的身体力行，不断积累的成果。在未来，我们会不断努力，争取将南通蓝印花布印染技艺申报为世界（人类）非物质文化遗产，让蓝印花布这朵民间艺术之花，绽放得更加绚烂。

面向未来的非物质文化遗产

穆罕默德·曼苏尔·库索西（马来西亚旅游艺术和文化部国家遗产司司长）

感谢天津市社科联、天津市教委和天津大学冯骥才文学艺术研究院给我这次机会为国际非物质文化遗产研究学术论坛准备一篇题为“新时代·新学科·新使命”的论文。

这个论坛是一个很好的平台，将来自不同背景和文化的人们聚集在一起，更清楚地了解非物质文化遗产（ICH）。该论坛也有可能创造一个良好的结果，从而完成主办者强调的使命，为非物质文化遗产的更大愿景铺平道路。此外，本次论坛对进一步加强与非物质文化遗产相关各方的合作也具有巨大的影响力。

一、马来西亚批准联合国教科文组织 2003 年《保护非物质文化遗产公约》

马来西亚于 2013 年 7 月 23 日批准了联合国教科文组织 2003 年颁布的《保护非物质文化遗产公约》。该公约的主要目标是保护社区的实践、表达、知识和技能，并提高人们对非物质文化遗产的认识。通过批准这项公约，我们表明了我们对保护和促进非物质文化遗产的承诺。

穆罕默德·曼苏尔·库索西

非物质文化遗产通常可以理解为受自然环境和社会生活影响的几代人、社区和群体所继承的传统知识、实践和技能，如口头传统、表演艺术、庆典和工艺。

根据 2003 年《保护非物质文化遗产公约》第二条：

（1）"非物质文化遗产"是指社区、群体，在某些情况下，个人承认为其文化遗产的一部分的实践、表现、表达、知识、技能，以及与之相关的工具、物品、手工艺品和文化空间。这种代代相传的非物质文化遗产，由社区和群体根据其环境、与自然的互动以及历史不断地重新创造，并为他们提供认同感和连续性，从而促进对文化多样性和人类创造力的尊重。就本公约而言，将只考虑符合现有国际人权文书以及社区、团体和个人之间相互尊重和可持续发展要求的非物质文化遗产。

（2）本公约的宗旨是：

①保护非物质文化遗产；

②确保尊重有关社区、团体和个人的非物质文化遗产；

③提高地方、国家和国际各级对非物质文化遗产重要性的认

识，并确保相互欣赏；

④提供国际合作和援助。

然而在今天，很明显的是，由于20世纪末现代化的快速发展所带来的巨大影响，我们祖先留下的非物质文化遗产越来越受到侵蚀。这一现象在我国历史上对非物质文化遗产的生存产生了重大影响。

非物质文化遗产原则上是流动性的。因此，有人可能会说它不应该是这样的事情，而且我们已经做了很多努力来保护某些文化的独创性或真实性。然而，我们必须接受这样一个现实，即文化对人具有传染性，并影响他们接受它，无论他们来自哪里。文化的流动性可能会通过跨文化的方式传播到不同的社会阶层，有时这个过程会在没有意识到的情况下多次发生。这种情况即使发生在千年前，仍然完好无损，并随着传播系统的快速发展而逐渐活跃起来。这些现象还可能导致世界各地社会的文化融化或磨炼。因此，有人可能会说，这是对后代的文化威胁，必须加以防止，以保持我们的文化真实性。世界上的一些社会可能同意这一点，但他们中的一些人也可能不同意。然而，这个特别论坛的精神已经提供了强有力的基础，并向我们展示了我们今后应该走的道路。因此，为了使某种文化保持活力，社会中的每个人都必须好好实践，直到它成为他们日常生活中的一种普遍做法。换言之，我们必须让社会中的每个人都接受和庆祝这些做法，这最终会在他们之间产生归属感。一个在更大范围内拥有相同价值观和文化的社会可以被视为一个国家。那些感知并感觉自己属于一个国家的人有一种民族主义的感觉。

根据Marvin Perry（2001年）的观点：

民族主义：国家的神圣。

民族主义是一群强烈依恋特定土地、拥有共同语言、文化和历史的人之间有意识的纽带，以共同的荣耀和苦难为标志。民族主义者认为，一个人对国家的最高忠诚和奉献应该给予国家。他们对人民的历史和传统表现出极大的自豪感，经常认为他们的国家是上帝或历史特别挑选的。他们断言，国家——其文化和历史——赋予个人的生活和行动以意义。与宗教一样，民族主义为个人提供了一种共同体感和值得自我牺牲的事业。认同国家的集体成就可以增强自我价值感。

伊斯兰教中 Ummah 的概念：

民族主义的概念与伊斯兰教中的“Ummah”（阿拉伯语单词）概念有一定的区别。国家经常用 Sha'b（阿拉伯语单词），而 Ummah 的意思是社区。

根据 Riaz Hassan（2018 年）的观点：

Ummah 作为一个信徒群体，需要意识到自己属于一个群体，这个群体的成员对所有信徒都是平等开放的，除了信仰之外，没有任何资格或限制。

新 Ummah 的生活以一种普遍的新道德基调为标志，这种基调源于与主的个人关系，而不是旧的原始忠诚，并由整个群体中普遍存在的期望和他们职业生活中的既定形式来维持。随着时间的推移，Ummah 成为一种精神状态、一种社会意识形式或一个想象中的社区，它将信徒团结起来过着有道德的生活，维护甚至扩大自治 Ummah 的边界。

Ummah 成为维护宗教团结和容纳信徒文化多样性的框架。在现代伊斯兰世界，Ummah 的概念是关于伊斯兰教的宗教、政治和意识形态话语的一个组成部分。它的基础建立在《古兰经》的启示和对伊斯兰历史政治辉煌的集体记忆的基础之上。

二、多样性中的统一

多样性中的统一经常被用来表示不同个人或群体之间的和谐和统

一。这一概念通常可以理解为“统一而不统一，多样而不分裂”。社区内的多样性催生了一项独特的非物质文化遗产。表演艺术中的节奏舞、传统食物的变化、语言之美、服装的优雅以及工艺和美术中的美学，都是非物质文化遗产在社区中长期存在、代代相传，后来发展成为一种有吸引力的元素，并呈现给全球社会。

三、作为和谐媒介的非物质文化遗产

当我们知道自己的出身并有归属感时，我们肯定会更加感激自己。此外，当你在过去拥有这样一个光荣的国家时，它将加强我们的身份和尊严，但同时，我们也需要了解他人的文化，以便我们对彼此有尊重感。

随着全球化现象日益占主导地位，我们需要学会如何与他人相处。在这种背景下，我们必须敞开心扉，学习文化多样性的社会和认识论。为了实现这一崇高目标，我们需要学习我们的传统、光荣的文明历史、当代社区面临的挑战，以及整个人类历史和其他国家的有益经验。

从这个意义上讲，非物质文化遗产也有责任通过突出全世界人类实践的普遍元素来促进人类之间的和谐。分享需要共同欣赏的相同文化价值观，具有一定的普遍价值。即使我们来自不同的国家、种族和民族，欣赏感也会产生尊重感、团结感和归属感，这对社会和谐有积极影响。

了解彼此的文化有许多积极的影响。例如，当你有一个朋友时，你愿意永远和他在一起，只是因为你了解他。这是我们必须关注的问题。然而，有时我们往往会因为不理解他人而在彼此之间产生某些误解。相互了解将减少误解，我们相信，当相互理解成功时，它将维持和加强非物质文化遗产。

误解总是导致社会内部的不稳定或冲突。这种问题肯定会缩短非物质文化遗产的寿命，最糟糕的是，它可能会破坏社会的非物质文化遗产。许多非物质文化遗产的证据将被破坏，什么也不会留给下一代。这对我们来说将是一个巨大的损失。这就是为什么，社会稳定也对确保非物质文化遗产的生存起着重要作用。因此，我们认为相互理解是非常重要的，非物质文化遗产可以被视为在不同民族、文化和遗产的人之间传播团结的最佳机制之一。

一个国家的文明往往是通过其遗产的遗迹来展现的。这些遗迹为我们提供了一个社区的实践和生活模式的一瞥，是每个国家独有的宝贵资产。这就是为什么，它们必须得到保护和保存，以确保其未来的生存。然而，主要的挑战是我们将如何在非物质文化遗产的快速发展和可持续性之间取得平衡。由于非物质文化遗产的发展是不可否认的，并且越来越占主导地位，我们需要寻找有效的战略来确保非物质文化遗产的生存。最具挑战性的部分是如何在人民中灌输意识、尊重和责任感。我们认为，这是我们面临的最困难的挑战之一。

例如，中国的非物质文化遗产非常丰富，我的国家马来西亚也是，我相信，我们几乎在世界任何地方都面临着同样的挑战。一些年轻人对自己的遗产缺乏欣赏和尊重，只是因为他们认为非物质文化遗产不利于发展，是他们享受现代味道的一种障碍。当年轻一代开始发现过去的文化对他们来说不够有趣或有吸引力时，挑战变得更加严峻。这种现象如果是真的，那么它将是非物质文化遗产历史上令人失望的一部分。基本上，在我们的日常生活中，我们倾向于欣赏我们的国家、我们自己和我们的家庭，因为我们了解我们的历史。这与我们的感受和情绪有关，很难科学地解释。因此，我们需要积极和创造性地面对更具吸引力和乐趣的新文化浪潮。这种心态肯定有一定的原因，我们需要找出问题的原因和根源。

然而，我们决不能仅仅采用这种老套观念。出于某种原因，我们不应该仅仅责怪年轻一代。我们需要接近他们，说服他们，并询问他们为什么。如今，我们仍然可以看到一些年轻人认为过去的文化很有趣，很有吸引力。这是一个好兆头，但我们需要问他们为什么。这一特殊群体需要通过给予他们机会和激励来实现非物质文化遗产的使命和愿景，从而得到认可和赞赏。我们需要记住，如果一代人没有知识和实践，非物质文化遗产就不可能持续下去。因此，要想把非物质文化遗产代代相传，就需要深入推广知识和实践。

四、合作与智慧伙伴关系

非物质文化遗产的保护、保存和推广需要与从业者和社区密切合作。这是为了确保非物质文化遗产的美学价值，也是为了确保文化的真实性和连续性。认识到非物质文化遗产作为可持续发展驱动力的重要性，我们需要努力将保护措施纳入各级发展计划、政策和方案的主流，如遗产战略规划、文化战略规划和国家文化政策。例如，马来西亚制定了《2005 年国家遗产法令》（第 645 号法令），旨在通过立法和执法活动来维护、保存和保护各类物质和非物质遗产。这两个要素是国家遗产治理的支柱，尤其是在面临国家发展的各种挑战和竞争时。

作为一个拥有独特文化的国家，为了确保非物质文化遗产的相关性，非常需要支持系统来确保这些努力能够得到实施。需要通过宣传、教育和活动，加强对保护、保存国家文化和自然遗产重要性的宣传。需要规划各种援助和奖励形式的举措，以鼓励社会各阶层参与支持这些努力。非常需要各方面的参与，如政府、学者、私人机构、非政府组织、行业参与者和文化从业者。然而，政府需要发挥最重要的作用，制定有利于社会和非物质文化遗产的特殊政策。政府可以借此机会与对非物质文化遗产进行具体研究的专家合作，制定加强非物质文化遗产的计划、政策、战略和举措。

例如，马来西亚已于2021年10月26日启动了国家文化政策/Dasar Kebudayaan Negara（DAKEN）。DAKEN决定了马来西亚作为一个有文化的发达国家的方向，其基础是由三个主要要素支撑的高价值文化，即道德、程序和知识水平，以及高尚价值观的实践。这项政策是作为文化事务的权威和参考而制定的。

然而，旅程不仅如此，还有一件事对非物质文化遗产的可持续性至关重要。在这种情况下，社会机构的作用不容低估。需要鼓励他们朝着正确的方向前进。我们认为，为了实现我们作为非物质文化遗产守护者的愿景，一切都必须从家庭开始，家庭是社会制度的一部分，是社会的根基和最基本的部分。家庭制度可以被视为社会稳定的主要贡献者，并对非物质文化遗产的寿命产生重大影响。家庭制度的失调会导致整个社会面临严重的衰退，包括非物质文化遗产本身。因此，社会与非物质文化遗产之间的重要联系必须得到很好的保护。

在这种情况下，我们必须与非物质文化遗产社区密切合作。社区可以包括在实践、保护和促进非物质文化遗产方面发挥关键作用的个人和团体。他们还包括非政府遗产组织、利益相关者、从业者、专家、爱好者、专业知识中心和研究机构。这些社区的参与和赋权可以通过积极组织培训、共同创建、资金支持、与学校的教育计划、提高认识运动和社区项目等战略来实现。

五、技术的重要性

非物质文化遗产的价值激发了世界上所有国家努力保护其非物质文化遗产。因此，保护非物质文化遗产已成为各国关注的主要议题。世界上大多数国家都制定并实施了各种保护措施，以持续保卫、保护和保存其文化。然而，经常出现的问题是，每个国家为确保其文化遗产的生存所做的努力是否真正有效、适当，并与当今所有国家面临的现状和挑战相关。

非物质文化遗产参与者必须有创造力才能面对巨大的挑战。我们必须比发展本身跑得更快，如果我们输了，失去竞争力，那么我们可能要面对非物质文化遗产很快被侵蚀的局面。本次讨论中最重要的一个方面是文件的作用。因此，收集要记录的非物质文化遗产材料信息的过程是必须制定和实施的一个重要步骤，以管理好非物质文化遗产数据。例如，库存系统的开发是一种有效的文件模式，它在以系统和全面的方式处理交易和记录非物质文化遗产信息方面发挥着重要作用。通过这种技术平台共享非物质文化遗产信息，是每个国家的努力方向。

缺乏综合信息管理系统将使其难以与快速发展竞争。然而，我相信大多数国家现在已经成功地建立了自己的库存系统，能够记录各种用途和目的的非物质文化遗产信息。通过这种方法，不仅可以保护非物质文化遗产，还可以有效地促进社区获取遗产数据。通过使用新技术，我相信我们将更有竞争力。

六、经济影响与可持续发展

需要加强对该国非物质文化遗产的维护、保护和保存，将其作为促进该国旅游和文化生态系统发展的主要议程。因此，议程对于确保当代人和子孙后代能够持续享有独特性和独创性非常重要。间接地，这些宝贵的非物质文化遗产可以作为先进的旅游产品和改善国家社会经济的潜在动力进行探索。

非物质文化遗产也是有助于确保一个国家可持续发展的指标之一。可持续发展议程是一项行动计划，其中包括经济、社会、环境、和平与安全方面，并尊重人权、平等和可持续性的基本原则。因此，我认为每个国家都非常需要更清楚地讨论非物质文化遗产的作用，以及它如何有效地促进和符合每个国家的可持续发展目标。

保护非物质文化遗产的概念与“保护”一词高度相关，“保护”旨在确保非物质文化遗产的生存。然而，不可否认的是，实现这一可持续性的努力也面临着各种问题和挑战。例如，过去两年席卷全球的新冠疫情对人类生活规范产生了非常重大的影响。非物质文化遗产领域也面临着这一挑战，并受到全球卫生危机的影响。针对这一问题，联合国教科文组织和大多数国家都进行了研究，以评估这一流行病的影响程度，并确定新的防疫方法，以适应当前的危机。

结论

在这方面，可以实施和整合多学科方法以及来自不同国家的想法或发现，以解决与保护非物质文化遗产有关的任何问题。通过各种方式、实践、方法和举措调整适当的保护机制可作为对非物质文化遗产保护的重大贡献。希望这一努力会收到成效，并使各方认识和理解保护非物质文化遗产的重要性。

在加强非物质文化遗产保护、国民经济和可持续发展方面，我们的努力将在未来取得成功并继续下去。我要感谢论坛各方对非物质文化遗产保护的承诺。如今，人们越来越意识到，遗产有助于加深对我们的文化、文明、国家、传统、社区和个人身份的理解。我们的首要任务是不断鼓励人民。

非遗学的建设与新文科的探索

高丙中（北京师范大学人文和社会科学高等研究院非遗研究与发展中心教授）

摘要 随着非物质文化遗产保护的亟需性和重要性逐渐被学术界所重视，“非物质文化遗产学”或在语言上更简洁的“非遗学”从三两个专家的提倡变成了基于较大共识的学科体制建设议题。非遗学被定位为一门前沿、交叉学科，其前沿性一方面在于它是文化遗产保护发展出来非遗保护事业的新产物，另一方面在于它正以崭新的方式推动文化多样性条件下的人类文化认同；其交叉性既是学科演变的历史现象，也正借助新文科建设的动能呼唤理论整合和方法创新而成为显学。

关键词 文化遗产学，非物质文化遗产保护，非遗学（非物质文化遗产学），新文科

在近20年的时间里，“非物质文化遗产”（intangible cultural heritage）从一个生僻而略显别扭的名称，在广为流行之后又被简略为更符合现代汉语双音节构词习惯的“非遗”，中国的非遗保护外承国际社会的《保护非物质文化遗产公约》等文件精神和项目规则，内接国内社会的传统民间文化转变为公共文化的时代大势，一步一个脚印，一步一个台阶，逐渐从一个以“四级名录”为基础的文化项目发

高丙中

展为全面参与、积极融入国家的政治和经济大局和国民的日常生活的公共事业。曾经在公共空间没有正当性和能见度的大量民族民间文化经过“非遗”的命名被赋予无限的动能，获得机会传承与传播、弘扬与发展以及创造性转化。民族民间文化在灰色地带、从边缘现象一跃成为百姓的日常生活和国家的公共生活的常规的热点现象。在此，我们毋庸赘述、细数中国非遗保护的具体成果，只想提及非遗保护在基本面貌上改变了国家的公共生活和国民的日常生活这个显著的事实。认识到这个事实，是我们研究国情、提升学术并建设学科的出发点。

非物质文化遗产学或非遗学的提法，在非遗保护行动在中国甫一开展就出现了。十分可喜的是，非遗学从少数几个学者的倡导到当前已经成为广大的非遗相关学者队伍基于比较充分的共识而投入建设的学科[1]。非遗学能够凝聚相当广泛的学者共识，带给我们三重的喜悦：

1 向云驹和苑利、顾军一直热心提倡非物质文化遗产学的独立学科建设，他们新近发表的文章具有代表性。向云驹：《论非物质文化遗产学学科建设的方向与路径》，《中央民族大学学报》（哲学社会科学版）2021 年第 3 期；苑利、顾军：《非物质文化遗产学学科建设的若干问题》，《东南文化》2021 年第 3 期。

一是非遗保护实践已经成绩卓著，并且具有强劲的持续发展的需求，所以需要学科化的知识创新提供更好的服务；二是非遗研究的多学科的积累已经非常可观，需要学科整合予以学术上的提升；三是欣逢国家的学科体制改革提出的新文科建设与非遗学的建设在方向上正好契合，非遗学因此具有了制度支持的空间，非遗学的探索是少有的新文科建设的先行者，甚至可能成为新文科建设的范例。

一、非遗学，其来有致

我们不能因为看到“非遗学”这个名称是十多年前出现的，就以此作为非遗学的起点。世界上有许多事物是先存在后命名的，更有大量的事物是二次命名乃至不断被再命名的，在后续命名发生之前已经长期存在着。追溯起来，非遗是对传统民间文化的选择性命名，而民间文化是对民间文学、民间艺术、民间信仰、民间工艺、民间医药等的总命名，其中，民间文学又是对神话、传说、故事、歌谣等的集合命名。这么一层层地追寻起来，我们看到，非遗学是有它的前世今生的。我们今天已经清楚地认识到，非遗学是一门交叉学科或综合学科，但是从对象上看，它源自研究民间文化的民俗学。

非遗学承接了民俗学的对象。民俗学研究社会人群传习的文化[1]，在不同的时期实际调查研究的范围在不断扩大，直到晚近学人明确把民俗界定为国民的日常生活文化，“民俗”概念包含的范围如果仍然用“人民的知识”（lore of the people）来总括的话，其所谓“知识”（lore）是包含构成日常生活内容及其延续性的所有常识和技能的，其中特别受关注的是所有文艺体裁和仪式行为。现有的各种民俗学概论

1 民俗学的西文是 Folklore（英文）、Volkskunde（德语），其构词应该被分解为 lore of the people，通常被翻译为“人民的知识”，用以指民族文化传统。

大都纳入生产民俗（农牧业、工商业、服务业及特殊行业）、生活民俗（村社民俗、节日民俗、人生仪礼）、语言艺术（神话、史诗、歌谣、传说故事、谚语）、表演艺术（戏剧、乐舞、杂技）、信仰民俗（自然信仰、人神信仰及其仪式活动）。民俗学长期积累的对象分类实际上成为《保护非物质文化遗产公约》的基础，该公约的文本是国际民俗学界积极参与、发挥贡献而形成的，它对非遗的五类划分是对民俗学的知识借鉴。中国的非遗保护根据自身的项目存量特殊性把非遗项目划分为十类，即民间文学，传统音乐，传统舞蹈，传统戏剧，曲艺，传统体育、游艺和杂技，传统美术，传统技艺，传统医药，民俗。我们不要把十类里的“民俗”与民俗学的民俗的概念混淆[1]，作为十类之一的民俗是特指民俗学的民俗对象被抽取了其中九个部分之后的剩余部分，主要指节会民俗、信仰民俗、人生仪礼和衣食住行专项民俗。

非遗学对于民俗学的承接当然不只是对象。通过文化的公共程序让所有人都有机会获得尊重，是人类在现代的不断追求。而通过民族民间文化的记录和保存让现代社会的弱势人群的创造性获得承认，是民俗学在各国兴起的内在诉求。民俗学在一百多年的学术努力中，发挥了抢救、记录民间文化的基本功能，各个国家的国家图书馆或专业图书馆保存了浩如烟海的记录文本和音像资料，中国相关工作集中体现在民族民间文艺十套集成的宏大工程。非遗保护在工作上借助了如此积累的资料和这个过程培养的人才，非遗学在理念上继承了民俗学

1　中国非遗保护的十类划分法在数字上是完满吉祥的，但是在逻辑和经验上都有不周全的问题。李心峰比较了相关分类的考量，参见其《关于非物质文化遗产分类的探讨》，载王文章主编《中国非物质文化遗产保护论坛论文集》，文化艺术出版社，2006 年，第 91–107 页。近些年已经在研究中国非遗保护的十类与公约的五类衔接的问题，以及十类的调整方式问题。我认为两个小的调整是可以方便行事的：①第六类的传统体育、游艺和杂技，可以表述为“传统体育（包括游艺和杂技）”；②第十类的民俗，可以表述为“生活习俗”，避免与已经在民俗学里形成共识的“民俗”范围产生歧义。

的人文情怀，并且通过实践有效的方式让普通人在公共领域占据一席之地，让其中的代表获得崇高的荣誉。非遗学在调查方法、文本分析、体裁研究、传承人研究等等方面都在借用、沿袭民俗学的学术成就。在价值理念、学术方法上非遗学与民俗学也是一脉相承的。

没有中外民俗学一百多年的学术积累，既不会有民俗学家在教科文组织参与活态文化遗产保护方案的研拟，也不会有非遗保护实践在过去 20 年里的辉煌[1]。非遗保护首先要解决非遗在哪里，可以从哪些民族民间文化中选择代表性项目。而民俗学在“民间文化”概念框架下的成果积累为解答这两重问题提供了资料：有中国现代的“到民间去”的调查发现，才有“民间文化”是一个拥有具体项目内容的总体；有北京大学《歌谣》、中山大学《民俗》以及改革开放以来巨量的民俗志和民间文艺集成的出版发行，才有中国 15 年非遗代表作名录建设的项目来源。非遗保护工作是政府文化主管部门、专家团队和项目传承主体或其代理方合作开展的公共事业，专家团队的作用必不可少。实际上，专家团队不是非遗保护在 2006 年正式在全国开展起来的时候像变魔术一样一下子冒出来的，而是由民俗学等学科的至少两代学人接力式地培养的储备人才经过学习转型而来的。民俗学为非遗保护的对象构成（非遗名录的候选项目）和主体构成（作为保护主体一方的专家团队）都做出了无可替代的贡献。

非遗学对于民俗学的承接既是一种受惠，也是一种受限。非遗学受惠于民俗学而兴，也受限于民俗学本身的问题。如果我们局限在民俗学的学术框架里处理非遗保护的理论和实践问题，我们将在学术上踯躅不前，在实践上作茧自缚。民俗学长期把自身的基本工作定位于民族民间文化的文本生产，如记录歌谣的歌词、神话故事的叙述文

1　中国的非遗保护对于代表性项目的界定直接受益于中国民族民间文艺集成志书工程，其中，民俗学者完成了《中国民间故事集成》《中国歌谣集成》《中国谚语集成》。

字，对于民俗活动（如节庆、仪式）则是记录过程和结构要素。这样的工作目标配之以采风的方法，是行之有效的。但是这种方法对于非遗研究显然是不够的：

（1）非遗研究也有进行调查记录、抢救性记录等需要，除了对于非遗项目的文本化需要可以借用采风式的方法，还需要音像记录和剪辑；更基本的是，还需要针对传承人、传承人群体的传记性的调查记录。非遗研究对于项目和相关联的人要同等重视，离开了传承人、传承人群体和传承地区，非遗项目不能单独成立。

（2）非遗研究不同于民俗学的研究可以只研究文化事项，它实际上研究的是非遗保护实践，其构成除了项目和传承人群，还有政府、专业团队，还有其他社会组织和公众。非遗保护是公共文化事业，在国际上基于政府间的公约，在国内基于四级政府文化主管机构的组织实施；专业人士的参与为项目的定义定位、审核评估提供具有公信力的意见，对于各方提出的主张进行筛选，并进而支持特定项目向公共文化转换身份；各种社会组织都可以参与，公众都有机会介入，本身既是非遗保护的条件，也是非遗保护的社会过程的应有内容，而这种参与和介入的理想状态就是非遗保护的最终目标。我们如此描述的非遗研究，显然大大超出了民俗学的学科惯例。

二、非遗学，探索前行

我们在此只是以民俗学为例解释在非遗保护兴起的初期多学科的参与对于非遗保护事业和非遗学的双面影响。音乐学、舞蹈学、戏剧学、医药学、工艺学、博物学以及材料学、力学等等学科对于非遗的分类研究都做出了贡献。然而，如前所述，音乐类非遗及其保护实践并非只是音乐学的问题（以此类推），非遗及其保护实践所需要的学术根本就不是这些学科分头来发挥作用就能够令人满意的。

非遗保护所需要的学术支持在前述提及的各学科的参与下得以启动和初步展开，形成了影响巨大的非遗保护这项社会运动，由此形成了公众广泛接受的一项新兴的公共文化事业，形成了学界逐渐达成需求共识的非遗学概念。其中对于非遗学的需求是源于多学科的分头参与已经不能满足非遗保护事业继续高质量深入发展的需要。

我们现阶段对非遗学做一个基本的评估，可以用三个阶段来表述：非遗学的前史、非遗学的肇兴、非遗学的成形。我们对于这三个阶段的划分与认识将影响我们对于非遗学未来发展的展望。

（1）非遗学的前史是非遗保护开展并吸引学术研究之前的阶段。非遗保护是现代文明进入一个新阶段的产物，也是现代学术自我再生产的一个新阶段的结晶。先有 1972 年的《保护世界文化和自然遗产公约》在全世界推动世界文化遗产保护，普及“世界文化遗产”的概念和理念，然后才有 2003 年的《保护非物质文化遗产公约》所引发的非遗保护运动；另一方面，先有民俗学、历史学、人类学、民族学、音乐学、戏剧学、医药学、科学技术史等等的文化项目发现和学术研究成就，然后才有它们培育的学者参与非遗保护这项集体行动，在促成这项事业的同时也开启一项学术研究。我们承认非遗学有自己的前史，能够避免学术上的目空一切和闭门造车，能够在清醒地认识到非遗学在拥有漫长积累和丰富资源的状态下突入新的学科建设中。

（2）非遗学的肇兴是非遗保护在全世界启动之后各个学科参与进来并汇聚成为“非遗研究”这个专门领域的阶段。各个学科在一开始的介入具有双重的意涵：一方面是各个学科自己向新的对象的拓展，这是很常规的态势，因为学术的创新要求总是作为内驱力在推动学者们通过介入新对象而显明自己的创新努力；另一方面，因为非遗保护是一个总的社会过程，不同学科学者的参与是以合作（尽管合作的方式是多样的）的方式在其中运作的，那么学者们的学术产出既是自己学科的延展，也是同一个过程所构成的同一项事业的组成部分，于是在非遗保护作为一项事业被确立之后，与之相关的学术参与及其产出共同积聚成为一个可以辨识的研究领域，“非遗研究”作为一个有辨识度的研究领域就成为一个不断滚动增大的学术雪球。参与非遗保护事务和学术活动的不同学科的学者从原来学科的立场到相互认同的共同学术领域的立场转换，构成非遗学从无到有的魔法般的发生机制。“从无到有”当然是就非遗学而论非遗学的观感，我们要增加非遗学的前史阶段，就是要我们用“以甲生乙”的思维看待非遗学与现代文明和现代学术的内在联系。在还没有非遗学的时候出现了非遗研究，在大家都是别的学科身份的时候出现了非遗评审专家、非遗研究者，这种情况在非遗代表作名录项目专家评审会的现场、在关于非遗的国际国内的学术研讨会的现场被颇有戏剧性地呈现出来。我们接着看看非遗代表作名录被正式公布之后的专家身份的公共认知，再看看会议研讨会结束之后出版发行的论文集，非遗保护专家团队、非遗研究的专门领域就呈现出自己的面貌了。我查找了 2006 年非遗保护在全国正式推行前后的文献，看到当时承担国家非遗保护的专业工作的中国艺术研究院在 2001 年组织多学科的资深教授举办“抢救和保护中国人类口头和非物质遗产座谈会”，在 2002 年、2003 年和 2004 年连续举办三届关于非物质文化遗产保护的国际学术研讨会，再在 2006 年 6 月为庆视第一个中国文化遗产日举办“中国非物质文化遗产保护论坛”，论文在年底结集出版[1]。文集有 80 多个作者、近 80 篇文章；作者来自十多个学科，几十个大学和研究院所。这本论文集作为一系列活动和若干论文集的代表，传达的阅读效果是非遗研究领域的出现和非遗学者的集结。

（3）非遗学的成形是指非遗研究从一个学术领域提升到一个具有一定的整合性和共识性的阶段。因为有众多学科学者的参与而形成了

1　王文章主编《中国非物质文化遗产保护论坛论文集》，文化艺术出版社，2006。

大家共同的非遗研究领域，虽然说出现了一个新的学术领域，但是由于学者们还大多是以原有学科的概念和方法来参与的，其中的成果只是因为非遗话题而关联在一起，还没有学理的、方法论的共享而构成紧密的内在联系，也就是说，各项成果借助现象或经验的相关而被汇总在一起，但是并没有成为“一体”，也就是没有被一个学科的基本体系所整合。非遗学的成形需要满足学科的基本属性，有学者将其概括为交叉性、整体性、贯通性、应用性以及独特性，其中最基本的是整体性，即对于一个作为领域的非遗研究进行理论和方法的整合而具备的属性，也就是非遗研究经过学术自觉和学科建设从一个领域上升到非遗学的转身。这种转身当然不是舞台上的华丽转身，而是一个数年积累升华的缓慢过程。把非遗研究作为一个学术领域，还是直接用非遗学来定位，学者们的认知有一个逐渐明确的过程。中国艺术研究院的王文章院长在 2004 年 9 月提议设立“非物质文化遗产概论”课题组，其成果在 2006 年出版。这部非物质文化遗产概论的发行意味着非遗研究作为一个学术领域已经出现并被高光笔标示，而从概论的措辞和定位来看，当时对于是否标举“非遗学”还在欲说还休。此后，学者们持续地明确追求非遗研究的学科化[1]，甚至直接呼唤建立非遗学[2]。到 2018 年，黄永林和肖远平成立非物质文化遗产学概论[3]撰写组，应该说学界同人当时已经对非遗学有了明确的共识。从 2004 年的非物质文化遗产概论的设想到 2018 年的非物质文化遗产学教程的设想，非遗学的学科化及其内部的学术整合发生了质的提升，非遗学的基本学术构成算是大致具备了。

1 宋俊华:《非物质文化遗产研究的学科化思考》,《重庆文理学院学报》(社会科学版) 2009 年第 4 期。向云驹:《论非物质文化遗产学学术独立与学科新创》,《民间文化论坛》2012 年第 3 期。

2 苑利:《呼唤非遗学》,《人民日报》(海外版) 2010 年 9 月 28 日，第 7 版。

3 黄永林、肖远平编《非物质文化遗产学教程》，华中师范大学出版社，2021。

三、非遗学，时代机遇

非遗学现在已经纳入国家的学科序列，这是非遗学使自己真正配得上非遗保护事业的一个新的起点。非遗学被列为前沿交叉学科，它的前沿性是由它的新兴身份和对于人类和平与可持续发展的功能预期所彰显的；它的交叉性是对它的学术构成现状的描述，但是非遗学的学科建设需要以更优的学术整合使它具有更好的内部完整性和外部独立性。我们清楚地看到，非遗学对于现阶段的内部多学科交叉性予以整合建设，需要有新文科建设的思维。

“非遗（非物质文化遗产）”是一项重要的学术发明，蕴含着重要的、再生性强大的理论创新和机制创新。

（1）各种日常生活中的文化项目被命名为非遗代表作就成为新事物。作为闽粤沿海居民及其移民的信仰实践的妈祖俗信如果只是它自身，那就只是沿海地区一部分人的文化，同时还被不少人轻视为迷信，但是成为国家级非遗代表性项目并进入教科文组织的人类非物质文化遗产代表作名录，更加彰显了它对于中华文化传承的作用。

（2）世界文化遗产概念发展出非物质文化遗产概念，实物文化遗产的流动性弱、对现存关系的转换力小的遗憾获得了克服的机会，因为非遗作为活态文化是广泛存在于各个社群的日常生活的，所以流动性和传播性都很高，而且跨群体的共享潜力大。人类社会发明世界文化遗产概念是要促进不同历史文化的人群相互承认、相互认同，这个理想只有在发展出非遗概念及其保护实践之后才真正看到不远的彼岸。

（3）非遗保护实践的机制创新已经成为人类不同社群建立彼此的积极关系的典范。人类的各种社会都惯常自己肯定自己的文化而贬低其他群体的文化，而非遗代表性项目名录的建立机制是各项文化的传承人群自我主张，经过专家的中介环节，在不同人群相互承认其他人群的代表性文化的条件下达成的一个共享的名录。非遗名录建设的这种机制有望培养人类在协商和包容中相互承认的理念和习惯，超越通过贬低、排斥他人文化而单方面建立优越感的旧习惯。人类在文化上的自我宣称与相互协商的共同承认是完全不同的相处之道。非遗开创的这种机制是人类在文化的差异构成的多样性中寻找和平与可持续发展的希望之光。

常有人说人文社会科学是务虚的，其意思大致是说这些学科没有多少实际的作用。其实，现代社会就是一种逐渐建立起来的以概念、观念为引导和依据进行规划、动员、集体行动的新型社会，许多概念都由历史证明了它们的威力，一些概念摧毁了旧时代，一些概念支撑着新社会。非遗概念的威力虽然不能与“反帝”这种概念的威力相提并论，但是它对于一个深陷文化冲突的世界已然是一剂良药。

“非遗学”，以中文的造词习惯来看是一个很规范的学科概念，使人比较容易把它与社会学、人类学、民俗学、历史学等视为类似的“学科”。其实不然[1]，虽然都是某种“学”，但是非遗学在学术规范和制度安排上都与上述学科不同。这些学科属于人文和社会科学的基础性学科，在现代学科分工的较早时期就发展起来并占据一席之地，通常都形成了特定的思想方法（如哲学的逻辑推演、人类学的参与观察）、特定的对象分工（如分别以法律领域、经济领域、民俗生活领域为对象的法学、经济学、民俗学），从而在学术制度体系内获得了正式的承认，演变为世界大学普遍设置的相应院系。而非遗学所指的研究是一种新兴的学术领域，研究者来自多个学科，都是在原有学科根基上做增量，所以在现阶段，从状态描述来说，非遗学在学术上是

1 如果从英文来看，“非遗”是 intangible cultural heritage，是没有办法生成像 Sociology、Anthropology、Folklore 这样的学科表达式的，反倒是汉语具有“非遗学”这样的造词优势。但是我们不要让汉语的造词优势阻碍了我们进一步思考的意向，毕竟非遗学与社会学、人类学、民俗学的学科性质是不同的。

一种新兴的交叉学科。交叉学科是使用很久的一个学科分类，对于上述那种类别的基础学科之外成形的学术领域，很多都可以归入交叉学科。

我们今天不愿意满足于非遗学的交叉学科表述，还希望借助新文科概念推动非遗学成为更具有内在整合的独立学科。交叉学科更倾向于表示非遗学在发生期与参与者的背景学科的亲缘关系，而新文科更倾向于突出它的新兴学科、独立学科的属性。

新文科建设是在积极回应新技术、新需求和新国情的形势下由国家提出的人文和社会科学发展号召[1]。如果说我们习惯的学科分类是现代的劳动分工在学术上的体现，那么经过后现代思想的洗礼，经过网络、音像、传播、交通等新技术全面渗透到日常生活和人际交往之后，经过数字化技术和大数据搜集与挖掘使用可以使各种学术广泛受惠后，旧的学科分类及以它们为中心的交叉学科分类已经不能满足新的需求，不能发挥新技术条件下的供给方式和能力之所长，于是新文科理念被呼唤出来，供学界借鉴与吸纳。

非遗学，这个正从多学科的交叉而构成的特色研究领域沿着独立性升级的新兴学科，与新文科的倡导相遇了。举例来说，人们通常认为是民族民间文化转为非遗，但是民族学或民俗学的学术资源和人才对于非遗学都是不能单独胜任的。不是这些学者的研究换一个名称就能够满足社会需求的。非物质文化遗产作为公共文化，作为文化事业，作为介入地方发展和国家战略的文化资源，涉及经济、政治、技术、科学、艺术等诸学科，需要文理结合，需要文字处理与音像处理的结合，并在一系列、一整套的理论和方法的整合之下形成新文科意义上的非遗学。

1　黄启兵、田晓明:《“新文科”的来源、特性及建设路径》,《苏州大学学报》(教育科学版)2020 年第 2 期。

我们不能指望非遗学像传统的基础学科一样在大学和科研院所设立独立的实体院系，而是需要设计具有灵活性和活力的科研体制。非遗保护实践几乎涉及所有公共机构，如图书馆、博物馆、非遗馆、文化生态保护区、非遗传习所；非遗项目的代表性传承人本身也是非遗项目的权威专家；非遗传承与传播的数据以大数据的形式存在于营利性或非营利性的众多组织机构中，那么理想的非遗学建设应该以能够调动所有这些方面、让它们发挥作用的方式和机制运行，而非遗学者的专业学会应该在其中发挥凝聚作用、知识生产主力的作用和学科建设的主体作用。特定的大学院系是需要的，但是这种机构的人力和空间又是十分有限的。既然我们这个时代的专业劳动力可以有多种不同于既有的单位人事制度的方式组织运行，我们理所当然地要发挥这些方式的潜力。在一个法人机构里跨院所的同人结合，在国内外跨院校的同人结合，将会为非遗学提供新的智力结构。非遗不仅是中国的文化事业，还是全人类的公共事业，不仅跨文理，还有跨宗教、跨语言、跨文明、跨种族的合作与交流，方能真正发挥非遗学作为一种新文科的实力。

非物质文化遗产学学科建设需要回答的几个问题

苑利（中国艺术研究院研究员，中国民间文艺家协会副主席）

顾军（北京联合大学应用文理学院历史文博系主任、二级教授，北京市非物质文化遗产研究基地主任）

摘要 中国的非物质文化遗产学学科建设如果从2006年算起，已经走过了整整15个年头。这一学科概念的提出，显然与中国拥有丰厚的非物质文化遗产资源，但现有学科又无法为非物质文化遗产科学保护提供强有力的学术支撑有关。这就需要我们在发现原有学科存在问题的同时，从学科建设的高度找出与原有学科完全不同的学术视角与视野，构建起独特而完整的理论架构，进而从学科角度对非物质文化遗产保护提供强有力的学术支持。

关键词 非物质文化遗产，非物质文化遗产学，学科建设

从非物质文化遗产学概念的提出到当下，中国的非物质文化遗产学学科建设已经走过了整整15个年头。在冯骥才等先生的积极斡旋下，2021年，教育部将非物质文化遗产保护正式纳入普通高等院校本科专业设置。非物质文化遗产学学科建设向前迈出了实质性的一步。

那么，为什么在中国走向全面腾飞之时，中国政府会突然提出加强对本国遗产保护，并在将考古学纳入一级学科之后，又要将非物质文化遗产学这一产生时间并不久远的新兴学科正式纳入普通高等院校

苑利

顾军

本科专业设置，并启动大规模的学科建设呢？这显然与中国拥有丰厚的非物质文化遗产资源，而当下既有学科又无法科学解决非物质文化遗产保护面临种种问题的这一严酷的社会现实有关。

一、非物质文化遗产学学科建设的可能性

非物质文化遗产学能否成功创建，首先要看它是否满足了以下两方面条件：一是看中国是否拥有足够丰富的非物质文化遗产资源，二是看这门学科是否已经打下了足够坚实的学术基础。

非物质文化遗产学能否成功创建，首先要看遗产所在国是否拥有丰富的非物质文化遗产资源。非物质文化遗产学与哲学、史学等学科不同，它更像是一门强调实操、解决实际问题的学问。我们创建它的目的，就是帮助人们认清什么是非物质文化遗产，解决非物质文化遗产保护、传承过程中所出现的问题。

中国是个历史悠久、民族众多的文明古国，同时也是四大文明古国中唯一一个文化没有断流的国家。说它“没有断流”，并不是说中

国在历史上创造出的故宫、长城、布达拉宫、敦煌莫高窟以及作为文物保存至今的五大名窑瓷器、红木家具这样的物质文化遗产还有没有，而是说创造了这些物质财富的古老的建造技术、制造技术还有没有。只要这些古老的传统建造技术、制造技术还在，我们就可以负责任地说我们的中华文明非但没有断流，而且在中华民族伟大复兴的过程中，还一直发挥着重大作用。从数量看，经过多年的努力，截至 2021 年，我们共保护下了国家级非物质文化遗产代表性项目 1557 个[1]，截至 2020 年，省级非物质文化遗产 15777 项[2]，至于市县级非物质文化遗产更是数不胜数。这些富集了祖先智慧的非物质文化遗产资源，为非物质文化遗产学的诞生提供了可能。

非物质文化遗产学能否成功创建，还与该学科是否已经打下了足够坚实的学术基础有关。

作为一门新学，非物质文化遗产学的创建是需要丰厚的学术积淀的。从历史看，中国人很早便有了保护本国非物质文化遗产的传统。且不用说春秋时期对于民间谣谚的搜集整理，汉魏时期对于乐府音乐的搜集整理，魏晋时期对于民间志怪小说的挖掘整理，明清时期对于民歌笑话的搜集整理，五四时期对于歌谣故事的搜集整理，就是十二届三中全会以来我们对于“中国民族民间文艺集成志书”的搜集整理，以及当下正在进行的《中国民间文学大系》出版工程的编撰编辑，都可以很好地证明中国自古以来确有保护本国非物质文化遗产的传统。

与以往的搜集、整理、出版不同，2003 年中国政府启动的中国民族民间文化保护工程，它的重点不是以往的搜集、整理、出版，而

1　含 1557 个项目、3610 个子项。项目分新增项目和扩展项目，扩展项目与原有入选项目同名，共用一个项目编号，但项目特征、传承状况存在差异，保护单位也不相同。

2　中华人民共和国文化和旅游部:《文化和旅游部对十三届全国人大三次会议第 1793 号建议的答复》，http://zwgk.mct.gov.cn/zfxxgkml/zhgl/jytadf/202012/t20201204_907082.html，2020 年 9 月 25 日发表。

是举全国之力，将祖先留给我们的非物质文化遗产，通过传承人以活态的形式继承下来并传承下去。

在这短短的18年中，我们还在非物质文化遗产学学科建设上进行了积极的努力。在学科教材方面，出版了苑利、顾军撰写的《文化遗产报告——世界文化遗产的保护理论与实践》(2005年)、《非物质文化遗产学教程》(2007年)、《非物质文化遗产学》(2009年)、《非物质文化遗产保护干部必读》(2013年)，王文章主编的《非物质文化遗产概论》(2006年)，向云驹撰写的《人类口头和非物质遗产》(2004年)、《解读非物质文化遗产》(2009年)等。这些专著及教材的出版，为非物质文化遗产学的学科建设作了很好的理论铺垫。

从2014年开始，笔者与北京联合大学、首都师范大学、凯里学院等单位合作，花费8年时间，在全国举办了4期全国高校非遗教师培训班，这也是中国唯一一个以培养全国高校非遗教师人才为己任的国家级培训活动。经过8年的努力，这个培训班共培养包括全国高校非遗教师在内的非遗保护人才900多人[1]，它的出现为中国非物质文化遗产学学科建设奠定了人才基础。据不完全统计，目前全国已有400多所大学开设了非物质文化遗产学课程，数百所中等专科学校开设非物质文化遗产相关课程，全国绝大多数中小学以及部分高校启动了非物质文化遗产进校园活动。非物质文化遗产和非物质文化遗产学已经渐渐融入中国的主流教育中。

---

1 2014年与北京联合大学应用文理学院、北京中传笛声民俗文化传播有限公司、北京联合大学培训中心合作，共同举办了第一届全国高校非遗教师培训班；2016年与凯里学院、北京联合大学文理学院、北京中传笛声民俗文化传播有限公司合作，共同举办了第二届全国高校非遗教师培训班；2018年与首都师范大学、北京联合大学应用文理学院、北京中传笛声民俗文化传播有限公司合作，共同举办了第三届全国高校非遗教师培训班；2020年与北京联合大学艺术学院、北京联合大学应用文理学院、北京联合大学培训中心、中国非物质文化遗产研究院、北京中传笛声民俗文化传播有限公司合作，共同举办了第四届全国高校非遗教师培训班。

二、非物质文化遗产学学科建设的必要性

是否需要创立非物质文化遗产学？这是个争论已久的话题，也是非物质文化遗产学学科建设必须回答的一道题。有人认为非物质文化遗产所涉领域已经有多门学科介入，完全可以用既有学科的既有理论，去解决非物质文化遗产保护面临的种种问题。但18年的中国非物质文化遗产保护实践已经证明，仅凭既有学科的既有理论，根本无法从根本上解决非物质文化遗产保护所面临的种种问题。其原因有二，具体如下。

（一）在对非遗本质的理解上，既有学科存在着相当大的学术误区

从非物质文化遗产学立场出发，非物质文化遗产说到底首先是“遗产”，即是祖先留给我们的东西，而不是我们刚刚创造出来的“现产”。在非物质文化遗产保护过程中，我们之所以只保护“遗产”，不保护“现产”，并不是说“现产”有什么不好，而是说随着社会进程的不断加快，祖先留给我们的遗产越来越少。我们有必要抓紧非物质文化遗产保护工程这么一个大好契机，将祖先留给我们的遗产原汁原味地继承下来。这是非物质文化遗产学的永远追求。但艺术学、经济学等既有学科追求的目标与此完全不同——它们一个是要挖掘出一个民族最美的东西，一个是要挖掘出事物的最高附加值。在这个时候，人们就很容易从本学科立场出发，将他们心目中最美的东西、最贵的东西挖掘出来，至于这个东西是不是非物质文化遗产已经不再重要。在这种错误遗产观的影响下，人们很容易在有意无意中将那些改编改造后的文创产品，甚至是已经进入大机械化生产的流水线产品，都当成非物质文化遗产。由于艺术学、经济学对非遗本质理解上存在严重问题，所以，要想用艺术学、经济学的既有理论来确保非物质文化遗产的原汁原味几乎是不可能的。

（二）在对非物质文化遗产遴选标准的认定上，既有学科存在明显问题

要想保护非物质文化遗产，首先就要知道什么是非物质文化遗产，什么不是非物质文化遗产。但由于学科功能不同，遴选标准自然也不一样。

如在某些从事艺术创作与艺术研究的学者看来，非遗的遴选标准不是“真不真”，而是“美不美”。于是乎，非遗的每次评审也就变成了一次次“选美”，有时甚至一些当代创作也因为“美”而被列入非物质文化遗产名录。而一旦进入名录，人们又会根据自己对“美”的理解，对这些非遗项目“不美”的部分施以改造。按此思路发展下去，要想原汁原味地将祖先留给我们的遗产传承下去，这本身就是一句空话。

从民俗学视角去遴选非物质文化遗产也有它的问题。实事求是地说，从事民俗学研究的学术同人是从心里热爱传统的。但他们从不否认，也不排斥任何一种来自外界的对于非遗的“改造”——无论是来自政府的改造，还是来自学界、商界的改造，在他们看来都属正常。因为非遗属“民俗”，而民俗的五大特征之一便是它的“变异性”。在他们看来，既然“民俗”能变，那么，作为民俗的非物质文化遗产当然也能变。于是，“非物质文化遗产既要传承，也要创新”，便成为这一学术群体的普遍共识。但令他们无法解释的是，既然是“创新”，既然是你“昨天”刚刚创作出来的“现产”，凭什么一下子就变成了祖先留给我们的“遗产”呢？“遗产”与“现产”傻傻分不清，还怎么去保护我们的“遗产”呢？可见，用民俗学的既有理论，也无法解决非物质文化遗产原汁原味保护问题。于是，保护非物质文化遗产，在这里也就变成一句空话。

同样，用经济学的既有理论去遴选或是保护非物质文化遗产，也同样有它的问题。如完全从经济利益出发，人们就很容易将那些“有效地拉动了地方经济”的“非遗”项目强拉硬扯地塞进非物质文化遗

产名录，哪怕是已经实现了大机械化生产的项目也在所不惜。

用文物学的既有理论去保护本国的非物质文化遗产，自有它的可取之处。这是因为在文物保护工作者看来，无论是物质文化遗产，还是非物质文化遗产，说到底在本质上都是相同的——都是“文物”，都是认识古代文明、了解祖先历史的重要窗口。所以，文物不能改，非遗当然也不能改。这在客观上便确保了非物质文化遗产的真实。但从文物学视角看非遗同样也有它的问题。其中最大问题便是容易忽略非物质文化遗产活态传承这一基本特征。如果一味用保护文物的方法来保护非物质文化遗产，其结果便是非物质文化遗产保护的博物馆化，而最终的结果便是将“活遗产”变成“死遗产”。“遗产”都死了，当然也就没有了真实性可言。可见，凭借着既有的文物学保护理念去保护非物质文化遗产，同样无法解决科学保护的问题。

上述分析告诉我们，要想通过既有学科的既有理论，去解决非物质文化遗产保护所面临的种种问题，事实上是不可能的。要想实现对非物质文化遗产的科学保护，最简单的办法就是通过学科建设，从根本上解决非物质文化遗产的科学保护问题，而这门学问便是非物质文化遗产学。

三、非物质文化遗产学的独特视角与视野

任何一门新学的产生总要有它独特的视角与视野，否则就没有资格成为一门独立学科。那么，作为一门新学的非物质文化遗产学，是否已经具备了自己的独特视角与视野了呢？答案是肯定的。

（一）非物质文化遗产学有着自己的独特视野

有人认为，我们完全没有必要建立非物质文化遗产学。因为非物质文化遗产学的主要研究领地——无论是民间文学、表演艺术、传统

工艺美术、传统工艺技术，还是传统节日或传统仪式，已经有人类学、民族学、民俗学、宗教学、历史学、语言学、考古学、表演学、民间文学、建筑学等诸多学科的百年深耕。如果一定要建立非物质文化遗产学，势必会在研究视野上与上述学科产生严重重叠。

但事实并非如此。因为非物质文化遗产学所关注的，并不是民间文学、表演艺术、传统工艺美术、传统工艺技术、传统节日、传统仪式的全部，而是其中最为精华、最为重要，特别是那些已经进入各级非物质文化遗产名录的部分。非物质文化遗产学学科建立的目的是解决以下三大问题：一是要弄清非物质文化遗产的入选标准，弄清哪些项目可以进入非物质文化遗产名录，哪些项目不可以进入非物质文化遗产名录；二是弄清这些非物质文化遗产的价值，包括它的历史认识价值、艺术价值、科学价值和社会价值；三是科学而系统地提出非物质文化遗产的管理方法与保护原则。而这些都是以往诸学科从不研究或很少研究的问题。由此可见，非物质文化遗产学尽管在研究视野上与上述学科小有重复，但说到底它有着独立的、专属于自己的研究空间。

（二）非物质文化遗产学有着自己独特的研究视角

要想成为一门独立学科，仅有独特的研究视野是远远不够的，还需具备独特的研究视角。只要研究视角不同，人们同样会在同一领域发现更多的、与众不同的、规律性的东西。譬如同样是研究传统节日，历史学家关注的是节日历史，民俗学家关注的是节日民俗，宗教学家关注的是节日仪式，艺术学家关注的是节日歌舞，而作为一门新学的非物质文化遗产学，它所关注的重点并不是上述内容，而是要看这些节日是从历史上原汁原味传承下来的“真遗产”，还是当代创造的“伪遗产”？这些传统节日到底有着怎样的价值？怎样才能保护好这些节日遗产？而上述角度，也是以往诸学科很少有人关注的。非物质文化遗产学这门学科建立的意义在于，它可以帮助人类找到更多更好的非物质文化遗产，可以找到更多更好的非物质文化遗产传承规律，并将这些规律应用到中国乃至世界所有的非物质文化遗产保护中。

四、非物质文化遗产学有着自己独立的理论架构

与既有学科不同，为了能更清晰地辨认出非物质文化遗产，挖掘出非物质文化遗产的诸多价值，同时也为非物质文化遗产保护提供更为科学的理论指导，非物质文化遗产学也为此设计出了明显的与众不同的理论架构。这个理论架构的着力点主要集中在以下三个方面：一，什么是非物质文化遗产；二，为什么保护非物质文化遗产；三，怎么保护非物质文化遗产。如果将上述三个问题上升到哲学高度的话，那么，“什么是”回答的是哲学层面上的本体论问题，“为什么”回答的是哲学层面上的价值论问题，而“怎么办”回答的是哲学层面上的方法论问题。这三大问题是非物质文化遗产学必须回答，而其他学科很少回答或是无须回答的问题。

（一）“什么是非物质文化遗产”是该学科需要回答的第一个问题

这一问题的提出，目的是帮助我们认清什么是非物质文化遗产，什么不是非物质文化遗产。它是这门学问的逻辑起点，一旦在这里出现问题，我们将会像小孩儿给自己系扣子——第一个系错了，接下来将一错到底。作为经验，只要涉及“遗产”，人们需要做的第一件事就是“辨伪”。物质文化遗产是这样，非物质文化遗产同样也是这样。那么，到底什么是非物质文化遗产呢？在我们看来，所谓的非物质文化遗产，至少要满足以下六大条件。

（1）必须有杰出的非物质文化遗产传承人做支撑。非物质文化遗产的最大特点是活态传承，而活态传承的载体就是传承人。有了传承人才有非物质文化遗产，所以，保护非物质文化遗产的关键，首先是

保护好传承人。

（2）必须要有悠久历史。通常时间不足百年者，不能称其为“非物质文化遗产”。

（3）必须以活态形式传承至今。非物质文化遗产是一种活在当下、服务当下的遗产，它的最大特点就是它的“活态性”。

（4）必须原汁原味传承至今。这是因为非物质文化遗产的最大价值是它的历史认识价值。要想确保它的历史认识价值，就需要我们尽量将它历史上所呈现出的样子原汁原味地传承下来。

（5）必须有重要的历史认识价值、艺术价值、科学价值和社会价值等，没有重要价值者，不能评为非物质文化遗产。

（6）非物质文化遗产只存在于民间文学、表演艺术、传统工艺美术、传统工艺技术、传统节日、传统仪式等六大领域[1]。

由此不难看出，所谓的非物质文化遗产，是指人类在历史上创造，并以活态形式原汁原味传承至今的，具有重要价值的表演艺术类、工艺技术类以及节日仪式类传统文化事项。

（二）“为什么保护非物质文化遗产”是该学科需要回答的第二个问题

要想保护好非物质文化遗产，就必须把非物质文化遗产的价值说清楚、讲明白，为非物质文化遗产保护提供更加充足的理由。

当然，仅仅知道非物质文化遗产的价值远远不够。因为在价值相同的情况下，还会有品质高低等问题。这就要求我们必须从遗产品质上的优秀度、时间上的跨越度、信息上的承载度、状态上的原生度、

1　分类方式不同，所分种类也有一定差别。如王文章主编的《非物质文化遗产概论》将非物质文化遗产分为 11 个大类，文化和旅游部将非物质文化遗产分为 10 个大类，《中华人民共和国非物质文化遗产法》将非物质文化遗产分为 6 个大类。与其他分类法相比，六分法的涵盖范围更广。

社会上的知名度、性格上的独特度以及生存状态上的濒危度等角度，进行更加深入的研究，从而判断出各非遗项目整体价值的高低。

非物质文化遗产是人类文明的精华，对上述价值的发掘，不但可以为保护祖先遗产找出更多理由，同时也有助于我们对遗产自身价值做出更为精准的学术判断。尽管非物质文化遗产的价值是客观存在，但同样需要人类用自己的慧眼去发掘。保护遗产过程的本身就是非物质文化遗产价值再发现、再发掘的过程。非物质文化遗产价值发掘程度如何，将直接关系到人类保护非物质文化遗产的热情，关系到我们对祖先遗产的认知，也关系到我们国家的前途和命运。

（三）“怎么保护非物质文化遗产”是该学科需要回答的第三个问题

“怎样保护非物质文化遗产”？其中主要涉及两方面问题：一是用什么方法、什么手段去保护非物质文化遗产；二是用什么理念、什么原则去保护非物质文化遗产。该问题提出的最终目的，就是帮助我们找到更多、更好，也更具科学价值的保护原则与方法。

“保护方法”是指在非物质文化遗产保护工作所使用的具体方法。这些方法包括：①开展非物质文化遗产大普查，从根本上摸清本国活态遗产的“家底”；②建立非物质文化遗产名录体系，让中国的每个非遗项目都有自己的“身份证”；③建立文化生态保护区，为非物质文化遗产的活态传承预留下一块“芳草地”；④扩展展演展示手段，让非物质文化遗产及其保护理念传布四面八方；⑤建立数据库，让非物质文化遗产传播步入“快车道”；⑥启动非遗传承人口述史调查，让中国的史料变得更加丰富；⑦将非物质文化遗产纳入主流教育，让民族文化遗产滋润每个孩子的心田；⑧制定《中华人民共和国非物质文化遗产法》，让法律为中国的非物质文化遗产保护“保驾护航”。

“保护原则”是指在保护非物质文化遗产过程中所应遵循的基本

原则。这些原则包括“以人为本原则”“活态保护原则”“整体保护原则”“真实性保护原则”“民间事民间办原则”“独特性保护原则”以及“濒危遗产优先保护原则”等等。这些原则的树立与遵守将会对中国非物质文化遗产的科学保护产生重要影响。

非物质文化遗产学说到底是一门具有可操作性的学问，强调实操、强调对非物质文化遗产传承规律的研究，是这门学问的基本特点。非物质文化遗产的保护规律是由非物质文化遗产的传承规律决定的，只有找到非物质文化遗产传承规律，我们才能知道怎样保护才是科学保护。这个问题不解决，非物质文化遗产学也就失去了它存在的意义。

当然，以上三大问题只是构建非物质文化遗产学的“四梁八柱”，在此基础上，还会衍生出许多其他内容。譬如作为一门新学，要有国外以及国内非物质文化遗产保护史的研究。作为活态遗产，非物质文化遗产是需要人来保护、传承的。这就会涉及“非物质文化遗产保护主体”与“非物质文化遗产传承主体”两方面内容。其中，前者会重点讨论到“非物质文化遗产保护主体的构成”“非物质文化遗产保护主体的基本职能”以及“非物质文化遗产保护主体的素质要求”，后者会重点讨论“非物质文化遗产传承主体的界定”“非物质文化遗产传承主体的基本职能”以及“针对传承主体的激励机制”等。此外，作为一笔宝贵的民族文化资源，非物质文化遗产学还会涉及非物质文化遗产的普查与申报、开发与经营等诸多内容。这些问题在非物质文化遗产学中都会有专章阐述。

五、非物质文化遗产学有着独立而系统的理论架构

作为一门新学，非物质文化遗产学并不是一门课程所能包括的，它需要一个庞大而系统的学术体系做支撑。那么，作为一门本科专

业，非物质文化遗产专业到底需要开设哪些课程？这也是非物质文化遗产学学科建设与课程设置必须深入思考并予以认真回答的问题。我想，至少以下课程是非物质文化遗产学学科建设应予考虑的：

（1）非物质文化遗产学；

（2）中外非物质文化遗产保护运动的理论与实践；

（3）非物质文化遗产田野调查与申报；

（4）非物质文化遗产管理学；

（5）非物质文化遗产传承人研究；

（6）文化生态保护区建设的理论与实践；

（7）非物质文化遗产的产业化开发与商业化经营；

（8）非物质文化遗产与文化创意产业；

（9）非物质文化遗产传承人口述史调查；

（10）非物质文化遗产数据库建设；

（11）非物质文化遗产进校园的理论与实践；

（12）非物质文化遗产展览展示；

（13）乡土教材编写工作的理论与实践；

（14）非物质文化遗产传播学研究。

除上述基本理论外，还应根据非物质文化遗产所涉内容，做出二级学科的课程设计。这些二级学科包括：

（1）民间工艺美术学；

（2）民间美术学；

（3）民间工艺学；

（4）民间文学；

（5）民俗学；

（6）传统中医药学；

（7）传统戏剧学；

（8）传统音乐学；

（9）传统民间说唱研究；

（10）传统民间舞蹈研究；

（11）传统体育竞技研究。

与一级学科所开课程不同，二级学科建设实际上已经非常成熟。这些学科长的已有百年以上的历史，短的也有近四十年的历史。这些学科基础教材的建设工作难度并不大，有些功底扎实的专业——如民间文学甚至可以开设出诸如神话学、传说故事学、歌谣学、史诗学等更加细化的课程。

当然，并不是将以往教材拿来就可以充当非物质文化遗产学的二级教材的。因为在以往的教材中，并不会涉及或很少会涉及非物质文化遗产学所涉及的内容。这就需要我们在既有教材的基础上，从非物质文化遗产学的视角出发，去补充以往教材的不足，使之成为真正能符合非物质文化遗产学学理要求的二级学科教材。

“非物质文化遗产”——一个新的文明交流框架

安德明（中国社会科学院文学研究所副所长、研究员）

摘要 经过20多年的全面发展，对于国际社会而言，“非物质文化遗产”这个在不同国家共同努力下创造出来的新概念，不仅为它所指代的多样化具体文化事象带来了全新的地位和存续模式，也为人们理解这些事象本身并更好地处理相关的文化关系以及群体与民族关系，提供了崭新的工具和视角。换言之，非物质文化遗产已经不只是一种被处理、被保护的对象，而变成当代社会交流领域的一个重要框架。这个框架，已经并正在为促进不同群体、不同文化之间的相互理解，并为减少或消弭冲突创造多种可能性。

关键词 非物质文化遗产，交流框架，文化冲突，文化和平

2023年是联合国教科文组织《保护非物质文化遗产公约》通过20周年。经过20年的全面发展，“非物质文化遗产”这个在不同国家共同努力下创造出来的新概念，已经为它所指代的多样化文化事象及相关文化事象的传承者、实践者，带来了全新的地位和存续模式。不仅如此，在我看来，对于国际社会而言，“非物质文化遗产”也为人们理解丰富多彩的文化现象本身，并更好地处理相应的文化关系以

安德明

及群体与民族关系，提供了崭新的工具和视角。换言之，非物质文化遗产，已经不只是一种被处理、被保护的对象，而变成当代社会交流领域的一个重要框架。

按照鲍曼结合贝特森观点所做的界定，框架是“一个有限定的、阐释性的语境，它为分辨信息顺序提供了指导”[1]；“是元交流性的。任何或明显或含蓄地对框架进行解释的信息，根据事实，都为信息接收者理解包含在框架之中的信息提供着指导或帮助”[2]；“用经验性的术语来讲，这意味着每一个社区都会使用一套结构性的、独特的交流方式来标定表演的框架，以使此框架内发生的交流能够在该社区中被理解为表演”[3]。综合以上阐释，并参照框架语义学把“框架视为‘具体统一的知识构架，或经验的整体图式化’，以及‘认知结构’”的观点[4]，

1　理查德·鲍曼:《作为表演的口头艺术》，杨利慧、安德明译，广西师范大学出版社，2008，第 10 页。

2　同上书，第 17 页。

3　同上书，第 70 页。

4　陈忠平、白解红:《框架、场景与视角：Fillmore 语义理论认知观探源》,《外语教学与研究》2011 年第 5 期。

本文从交流民族志的视角出发，把框架理解为一个具有约束性的系统结构，它既为交流主体提供了相互理解和互动交流的前提，又规约相关交流行为能够按照（或基本按照）参与主体共同约定的规范来展开交流。正是在这个意义上，“非物质文化遗产”呈现出突出的作为文明交流框架的属性。

2019 年，我在为当年第 2 期《民间文化论坛》撰写卷首语时，曾以《作为交流框架的“非物质文化遗产”》为题对上述观点做过简要讨论[1]。不过，因篇幅所限，该文只是浅尝辄止地提出了一些思路。在本文当中，我将试图结合自己参与联合国教科文组织各类非遗名录申报项目评审，以及参加国内外相关学术和实践活动的经验与思考，围绕这一话题展开比较详细全面的探讨。

一、搭建具有内在规定性的交流平台

通过对公认的文化多样性理念的倡导和贯彻，以一系列强制性的要求为操作指南，教科文组织发起的非物质文化遗产保护工作，为促成多元文化的大合唱，为推进不同领域、不同群体、不同民族和国家之间的交流，搭建了一个崭新而稳定的平台。

文化多样性理念，实际上在中国传统日常生活实践中具有悠久历史和深厚影响，也就是“百里不同风，千里不同俗”的思想。它长期影响着我们有关不同区域文化的本质统一性与形式差异性的理解和相应操作。今天，在国际交流领域，面对更加纷繁复杂的文化现象，这一理念体现出了更加重要的价值。由于不同国家、地区之间的交流日益频繁，相互关系日趋密切，不同文化之间发生联系、碰撞乃至冲突的机会也日趋增多。在这种背景下，文化平等、文化和平变得尤为重

1　安德明：《作为交流框架的“非物质文化遗产”》，《民间文化论坛》2019 年第 2 期。

要，而对文化多样性理念的宣扬和维护，必然有益于保证文化间的和平。这种理念，从文化相对主义的立场出发，强调每一种文化都有它自身的特殊价值，以及基于特定历史语境的特殊功能，任何一种在他人看来可能显得怪异甚至难以理解的文化现象，在其创造和传承的国家或民族当中，都有它存在的充分理由和重要价值。非遗保护工作，正是建立在文化多样性理念之上的一种具有可操作性的实践，它的不断推进，又起到了在国际上不断倡导和普及这一理念的作用。对于不同民族或国家千姿百态的文化而言，非遗保护提供了让不同文化充分展示各自特征及相互差异，并以此为基础实现相互理解、相互欣赏与相互尊重的舞台。

在这个舞台上，任何国家、民族或群体所拥有的任何传统文化事项，无论对其外部世界的人而言显得多么特殊，只要符合《保护非物质文化遗产公约》(以下简称《非遗公约》)所规定的相关要求，都可能因其“非物质文化遗产”的统一属性得到展示、认可、尊重和弘扬。2017 年 12 月 7 日，在韩国济州岛举行的联合国教科文组织保护非物质文化遗产政府间委员会第 12 届常会，通过了把希腊传统音乐里贝提克列入人类非物质文化遗产代表作名录的决议。从相关资料可以看到，这个项目，几乎与当地人的普通生活融为一体，仿佛就是日常生活的必然组成部分，而不像大型的文化表演那样，能够通过特殊的时间、场地、行动等标志性符号与普通生活明显区分开来。在中国各地有许多与这一项目表面上相似的内容，但它们通常很难被推荐去申报非遗相关名录，因为人们会认为中国文化中还有更多更重要的项目需要被推广和弘扬。从这种对比中可以看到，不同国家对于本国应该被列入名录的项目的规模、特征、意义等的认识和理解，存在着很大的差别。这又从一个侧面体现了非物质文化遗产保护工作的意义和魅力：在不同的传统文化产品和相关实践，以及不同的价值观、审美观之间搭建相互了解、认识、比较和理解的桥梁。许多在某些民族的文化系统中可能并不一定显得重要的文化形式，在另外一些民族的传统当中却可能占据着核心的位置，能够对人们日常生活的完整、社会关系的稳定，以及群体认同的维系，发挥至关重要的作用。同时，以这些看似平常却被列入名录的项目为参照，我们也可以更加深入地认识非物质文化遗产的内涵与价值：非遗，实际上就是人们日常生活的有机组成，而并不必然是那些引人注目的大型表演、特殊事件或奇观。

当然，一种文化传统能否被界定为非物质文化遗产，又有严格的限定条件。按照《非遗公约》的定义，非物质文化遗产首先应该是“各社区、群体，有时是个人，视为其文化遗产组成部分的各种社会实践、观念表述、表现形式、知识、技能以及相关的工具、实物、手工艺品和文化场所”；同时，它还必须“符合现有的国际人权文件，各社区、群体和个人之间相互尊重的需要和顺应可持续发展”[1]。缺少这两个条件中的任何一项，任何文化事项都无法成为联合国教科文组织框架中的“非遗”。可以作为参照的一个例子，是日本曾试图把二战时期该国“神风特攻队”队员的遗书申请为联合国教科文组织“世界记忆”项目，最终未能成功。它之所以被否决，同该申报事项与当前国际公认的历史观、价值观相违背，并且容易造成对相关民族和国家人民的严重伤害有直接关系[2]。

同时，某个项目要想被列入联合国教科文组织的某类非遗名录，又必须按照一系列几近严苛的要求来进行操作。目前，联合国教科文组织主要有三类有关非物质文化遗产的名录：“人类非物质文化遗产代表作名录”（简称“代表作名录”）、“急需保护的非物质文化遗产名录”（简称“急需保护名录”），以及“最能体现《非遗公约》原则

---

1 参见联合国教科文组织创意处非物质文化遗产科：《基本文件·2003年〈保护非物质文化遗产公约〉2016年版本》。

2 人民网：《日本为二战“神风特攻队”遗书申遗被否决》，http://world.people.com.cn/n/2014/0613/c1002-25146956.html，2014年6月13日发表。

和目标的计划、项目和活动”（简称“优秀保护实践名册”）[1]。被列入这三类名录当中的项目，按照公众的通常说法，就都是“世界级”的非遗项目。尽管在联合国教科文组织相关文件中从来没有所谓“世界级”的说法，而且根据《非遗公约》的精神和联合国教科文组织的一再声明，把任何文化事项列入某个名录，都只是为了在世界范围推广和普及有关非物质文化遗产的理念与知识，为了强调被列入名录的事项属于全人类共享的文化财富的思想，而不是为了明确或突出某一文化事项属于某个申报国的意识。然而，在具体实践中，没有一个国家不是把本国申报项目被列入所谓“世界级”名录当成这项工作的重要目标，没有一个国家不是在以默许的方式强调自己对本国被列入名录项目的所有权以及相应的民族自豪感。因此，努力争取让各自国家条件成熟的相关项目进入联合国教科文组织的相关非遗名录或名册，成了《非遗公约》181 个缔约国[2]在这一领域争先恐后的头等大事，尽管他们的动机可能千差万别——或者是出于对相关项目本身的热爱；或者是希望通过提高相关项目的知名度来提升地方、地区或民族传统的特殊性，进而提高所在地区或国家的知名度，以吸引游客和发展旅游业；或者是出于政治和外交方面的目的，等等[3]。

这又进一步导致了两个结果。

一是作为项目申报主体的缔约国（或社区）必须严格遵循申报程序所规定的所有强制性要求，在相应的实践技术层面达到“国际化”程度。2011 年 4 月 11 日至 14 日，笔者应邀参加了由越南文化体育

1　联合国教科文组织：《联合国教科文组织：〈非物质文化遗产清单编制导引〉》，巴莫曲布嫫译，《西北民族研究》2022 年第 3 期。

2　据联合国教科文组织网站记载，截至 2023 年 6 月底，《保护非物质文化遗产公约》缔约国已经达到 181 个。

3　Eva Romankova-Kuminkova，*Lists of intangible cultural heritage: the beginning or the end of sustainability?*（Intangible Cultural Heritage: Safeguarding Experiences in Central and Eastern European Countries and China, Warszawa: National Heritage Board of Poland, 2017）, p352-369.

旅游部及富寿省人民政府在富寿省主办的“当代社会的祖先信仰：兼论越南雄王信仰”国际学术研讨会及相关活动[1]。活动十分隆重，会议代表多达上百人，除来自中、日、韩、美等多个国家及越南的学者外，还有数位来自联合国教科文组织的人士。从公开的理由和效果来看，举办这一活动的目的，当然是更好地研究和宣传雄王信仰，但在同一些学者私下交流时，我又听说举办该活动主要是为了一个具体的现实目的：越南正在申请把雄王信仰列入联合国教科文组织人类非物质文化遗产代表作名录，举行本次会议是为了响应联合国教科文组织要求项目申报国必须满足的一个先决条件，即组织至少一次围绕申报项目而展开的（大型国际）学术研讨会。我后来在参与联合国教科文组织非遗名录申报项目评审时注意到，有关申报书的评审条件中，的确有关于申报国（保护主体）是否曾围绕申报项目展开调查、研讨等方面的评价要素，却似乎并没有关于必须召开学术会议的明确要求。但不论怎样，雄王信仰会议主办方还是认真执行了自己所理解的“《非遗公约》秘书处的意图”。同时，除了组织围绕雄王信仰及相关的学术话题展开学术研讨之外，主办方还组织所有参会人员到祭祀仪式现场及各种相关民俗活动展示现场参观和体验，使大家对雄王祭祀仪式和围绕这一信仰形成的多种民俗活动有了立体、鲜活的感受。这在客观上起到了切实展示、彰显和宣传该文化事项的作用。2012 年，这一项目被顺利列入人类非物质文化遗产代表作名录。

二是非遗保护工作在教科文层面，日益变成各国展示国家力量与形象乃至进行博弈的新舞台。2015 年到 2017 年的三年间，我和中国民俗学会几位同人一道，作为教科文非遗保护审查机构成员，先后负责审查了多个国家向联合国教科文组织申请列入三类非遗名录的百余

1　雄王祭祀信仰源于越南民族始祖祭祀的信仰习俗，在该国民族凝聚和团结方面发挥着重要的精神象征作用。

项申报材料并撰写评审报告，其间每年都会作为观察员去参加联合国教科文组织有关非遗保护的政府间委员会的会议。结合评审项目的经验和会议现场的观察，我清楚地看到了各个国家为了让自己所申报的项目最终被列入名录所做的努力，也清楚地体会到了联合国教科文组织作为一个国际合作机构在具体实践中的妥协和无奈。2015 年底于纳米比亚首都温得和克召开的该政府间委员会第十届常会，由于我是第一次参加这类会议，印象尤为深刻。其中，最让我和几位同事感到震惊的，是大会讨论过程中多次出现的否定审查机构评审意见、把按照审查标准本来应该“退回”（不能通过）的项目最终列入名录的“翻案”现象。该大会的一项主要任务，是讨论确定由审查机构提交的有关各国申报非遗代表作等名录的申请材料的评审结果。按照相关规定，该届常会共有 24 个委员国，委员国代表在会议过程中有发言权和提案权，能够对被审查机构在前期评审中按相关评审标准否定的项目提出异议。会议期间，有几个委员国的代表格外活跃，他们相互策应，不断对一些特定国家申报项目中被质疑和否定的具体条目进行重新解释，进而强调说该项目其实符合被列入的相关要求，最终实现成功“翻案”。一个最极端的例子是，某个项目申报书，按照审查机构的意见，在所要求的五项条件中有三项不符合规范——这当然未能通过评审。但是，在大会讨论中，经过上述几个国家的联合主导，那三项被审查机构否定的内容却一一得到了肯定，项目最终被成功列入名录[1]。

这种现象，与我原来对于联合国教科文组织及其相关会议必然是以高度平等、公正、理性、规范的原则来处理各项事务的想象大相径庭，一时间让人难以接受。但后来随着了解逐渐增多，对它又有了新的认识。

1　尽管此处所涉案例有据可查，但基于慎重考虑，还是对具体国家和项目匿名处理，文中其他类似例证的处理方式与此相同。

实际上，这类现象的存在，反映了两个更加深层的问题：首先，是教科文组织在有关非物质文化遗产“人类代表作”项目认定标准的制定上，存在着一些同各国具体国情、具体实践不十分符合的地方，这是导致审查机构严格按照各项标准对申报项目所做评审结果同一些委员国代表的理解之间出现矛盾的主要原因；其次，一些委员国的代表，在对审查机构的评审结果提出疑问的过程中，明显表现出了功利目的而罔顾事实的问题，但其提议最终还是有可能得到大会通过，这又显示了联合国教科文组织有关非遗保护的政府间大会乃至其他国际组织相关会议的一个共同特点：在强调规则和标准的同时，又不得不采取协商、平衡和妥协的策略——事实上，这种策略，恰恰是维系相关交流平台正常运行的最佳选择。对于非遗保护政府间委员会常会一类的松散组织而言，这样的协商和妥协尤其有着举足轻重的作用。

除了上述特征，非遗保护还为不同领域、不同行业的人士，以及不同类型的文化内容，提供了协作和交流的机会。它一方面使得来自政府机构、学术界、媒体和非遗实践领域等不同方面的人士，如官员、学者、记者、企业家、手工艺术家和故事讲述家，等等，前所未有地共同聚集在同一个场合，围绕同一类对象展开讨论、实践和协商，从而在很大程度上达到了突破原有专业或学科界限、突破社会阶层和职业区分的效果，体现出强烈的民主性。另一方面，它也为不同的文化形式及多种多样的体裁，以及以之为中心形成的不同学科的工作者，提供了跨越已有边界，凭着《非遗公约》对“非物质文化遗产”定义所规定的一致性展开相互交流的新机会。许多以往相互之间壁垒森严甚至老死不相往来的文化类型及体裁，比如口头传统和工艺制作、音乐和传统医术，或者剪纸和太极拳、书法和针灸等等，由于“非遗”这个共同的属性，突然被并置在一个具有规定性的舞台上，在新的规则约束下进行交流，这势必会对不同文化类型或体裁之间的相互促进、对各类型或体裁的全面提升产生积极的影响。多年来，不同的行动方从多个渠道围绕非遗这一纽带展开合作交流，已经取得了突出成效。例如，由我国文化部和中东欧国家相关部门共同发起的“中国 – 中东欧国家非物质文化遗产保护专家级论坛”，从 2016 年至今，已连续举办三届，为促进中国和中东欧各国之间的文化交流、理解与合作发挥了十分重要的作用。

综上所述，在国际非遗保护的平台上，来自不同国家的参与者，按照相关规约，既能够充分展示各国五彩缤纷的符合“非遗”标准的不同文化事项，又得以深度交流丰富多样的有关非遗事项的理解、处理方式与实践经验。可以说，“非物质文化遗产”这个本来在“保护”语境中作为有关行动主体的对象或客体而存在的“宾语”，随着相关实践与理念不断发展，已经不再是一种被处理的对象，而日益体现出主体性、能动性特征，变成一个有益于不同领域、不同群体之间深度交流，以及相关学科全面拓展的全新框架。

二、从冲突到和平——作为文化竞技场的非遗保护

在非遗保护工作全面展开的过程中，从联合国教科文组织到不同国家、不同地方，都采取了制定不同的非遗代表性项目名录或清单的措施，以提升非遗在全社会的可见度，以及相关实践者对不同项目的重视程度与保护意识。如前所述，这种措施，在发挥积极作用的同时，也不可避免地带来了诸多负面影响，尤其突出的，是基于把列入名录视为获得专利的误解而引发的不同申报主体或群体之间的矛盾冲突。

2005 年，由于韩国向联合国教科文组织成功申报该国项目江陵端午祭为人类口头和非物质遗产代表作，引发了中韩两国网友之间激烈的论战。当时争论的焦点是中国网友认为端午节属于中国传统，被韩国“抢注”列入教科文名录，将会导致本国人民失去对该传统的文化所有权。与此相关，还有一种更大的担忧，是像中医、

春节等影响更加广泛的传统文化都面临被邻国“抢注”的风险[1]。这个事件，可以说是非遗保护运动发起之初在中国影响最大的事件之一，也经常被学界同人用作批判联合国教科文组织非遗保护工作弊端的重要论据。不过，如果仔细回溯，我们就会发现，导致当时两国参与者激烈言论冲突的原因，主要是双方对江陵端午祭和中国端午节之间既有联系又相互区别的关系认识不足，也由于对联合国教科文组织非遗保护有关名录的原则缺乏了解。韩国江陵端午祭是当地大规模的巫术祭仪和全民的庆典活动，“其内容包括从农历四月起的锯神木、迎神、演戏等一系列祭祀习俗，以及融‘大关岭山神祭’与‘村庄城隍祭’于一体的村落祭奠等”[2]。因此，尽管在起源上可能曾受到我国端午节的影响，但它在长期的历史进程中已经发展为独具地方特色的另一种传统。另一方面，如前所述，《非遗公约》及其相关的操作指南都强调，一种文化事项被列入某个名录，并不意味着申报国对该项目拥有专属权，而是为了突出相关项目属于全人类共有文化财富的观念。不过，这种理念，即使在今天也尚未得到普及，在非遗保护运动兴起之初的2005年，更是知者寥寥。好在经过一些有识之士及媒体的及时解释和引导，社会各界对中韩两国围绕端午这个特定节日各自独立发展形成的节庆传统逐渐有了更清楚的认识[3]，相关的争论也逐渐平息[4]。

国家之间围绕非遗保护事项发生冲突的一个极端例子，是我在

1 陈扬渲、黄琛:《中国还有多少文化遗产会被“抢注”》,《浙江日报》2006年10月15日。

2 贺学君:《韩国非物质文化遗产保护的启示——以江陵端午祭为例》,《民间文化论坛》2006年第1期。

3 贺学君:《韩国非物质文化遗产保护的启示——以江陵端午祭为例》,《民间文化论坛》2006年第1期。此外，一些综合类刊物如《老同志之友》(2006年第2期)、《广西党史》(2006年第2期)等，也都以“‘端午节’与‘江陵端午祭’的区别”一类的题目，用“补白”文章的形式对两个传统节庆之间的不同做了简要介绍。

4 编者注：2024年6月8日，新华社以《韩国江陵举行民俗联欢》为题，对韩国江陵端午祭庆典做了图文报道。

联合国教科文组织保护非遗政府间委员会几届常会举行过程中见识到的两个西亚国家代表间的激烈对峙。在与中国民俗学会同事一道作为观察员参加 2015—2017 年的三届常会期间，每一年，我都能在上千人的大会现场讨论阶段，看到两个西亚国家的代表，剑拔弩张地争吵。双方对抗的激烈程度远远超出我和同事有关外交礼仪和外交场合的想象。双方发言的立足点，要么是批评大会通过对方的项目申报而退回自己的申报的决定，以及在此背后存在的"政治操纵"，要么是质疑对方国家项目申报书的具体内容与《非遗公约》精神及秘书处相关操作原则之间存在矛盾。但项庄舞剑意在沛公，其背后根深蒂固的敌意显而易见，因此，无论哪一方先发言，毫无例外地，都会得到另一方针锋相对的回击。显然，这样的争论，早已超出了文化的范围，而牵涉多种错综复杂的关系。建立在非遗保护之上的文化对话平台，在这种情势下，非但难以解决基于多种因素而产生的族群或国家之间的复杂矛盾，客观上反而为相关矛盾与争斗提供了新的延续机会。

如果回溯非遗保护在世界范围内发生的历史，就会发现，这项工作的一个重要缘起，同文化实践者对相关文化对象所有权的主张密切相关。这又不得不提及非遗保护发展史上的一个著名事件。20 世纪 60 年代末 70 年代初，美国著名歌手保罗·西蒙（Paul Simon）创作演唱了一首歌曲《老鹰飞过》（*El Condor Pasa*）。他和自己的二人唱搭档加芬克尔（Art Garfunkel）把这首歌收录在两人 1970 年发行的专辑《忧郁河上的桥》（*Bridge Over Troubled Water*）中，并在美国发行了单曲。1970 年秋天，这首歌在"公告牌流行单曲"（Billboard Pop Singles）排行榜上的排名达到了第 18 位，在"轻松聆听"（Easy Listening）排行榜上的排名达到了第 6 位，取得了重大成功和声誉，也给西蒙和搭档带来了巨大的经济收益。但与此同时，许多人开始指出，这首歌的旋律实际上来自玻利维亚、秘鲁等国境内的安第斯山脉地区，是当地流传已久的一首以民谣为基础创作的著名歌曲。歌曲原先的内容，是缅怀和歌颂18世纪末期秘鲁自由战士图帕克·阿玛鲁（Tupac Amaru），他在领导一次抗击西班牙殖民者的战斗中牺牲。传说他死后变成了一只雄鹰，翱翔于安第斯山之上。西蒙重新填写的歌词，大意是这样："我宁当麻雀也不做蜗牛。啊，假如可以，我必然这样选择！我宁为铁锤也不做铁钉。啊，假如可以，我必然这样选择！我愿飞向远方，像天鹅一样来去自由。人如果被束缚在地上，将向世界发出最悲伤的呼号……"可以感受到，其中充满了对安第斯山脉地区人民反抗斗争的同情和赞扬，也延续了当地人民对于自由不息追求的精神，但这并没有成为消除人们对他的批评的理由。不少人认为，西蒙至少应该把一部分收益返还给歌曲的原产地。

这场纠纷后来得到了比较妥当的解决。西蒙本人称得上"德艺双馨"，他最早在巴黎从一个安第斯民间音乐团体"印加族人乐队"那里听到《老鹰飞过》的旋律，后来又与该乐队建立了亲密的友谊，在征得这个乐队同意的情况下，才"借用"这首被包括"印加族人乐队"在内的许多人当作民歌的歌曲的旋律，填写新词并进行了艺术加工。在自己的作品引起争议，特别是当该歌曲被确认为个人创作而原曲作者的儿子就此对西蒙提出版权诉讼后，西蒙本着高度尊重其他文化的态度，以毫无争议甚至友好的方式解决了这一纠纷[1]。

但是这一事件，成了引发国际文化交流领域后续相关行动的导火索。正是在它的刺激下，1973年，玻利维亚政府向联合国教科文组织递交了一份"议定书"，希望在国际版权公约中增加保护传统民

1 Valmima Tr. Hafstein，*Making Intangible Heritage: El Condor Pasa and Other Stories from UNESCO*（Bloomington : Indiana University Press, 2018），p29–40.

间文化的相关条款[1]。这份文件，作为联合国教科文组织框架内最早出现的与非遗保护有关的议案，对以玻利维亚为代表的发展中国家传统民间文化遭受的来自国内外商业团体或个人肆无忌惮的盗用牟利状况表达了严重担忧，并要求联合国教科文组织制定新的法律文件来予以规范和保护。这当中十分明显地体现着对于本国或本民族传统文化知识产权及文化产业经济利益的诉求，这一点，其实也是许多国家或地区，尤其是那些在国际交往中处于弱势地位的民族或国家积极倡导非遗保护工作的一个重要动力[2]。尽管后来联合国教科文组织在发起非遗保护工作的过程中，又结合吸收了多方面的观念和思路[3]，但玻利维亚1973年“议定书”中涉及的与知识产权主张相关的观念，却在非遗保护实践中长期发挥着影响，尤其潜在地起到了强化把保护工作中的名录制度等同于版权保护的意识的作用。

在非遗保护的影响日益扩大、多种媒体技术日益普及的背景下，与把名录制度当作专利赋权的普遍理解相关联，社会大众对传统文化的知识产权意识不断增强，由此引发的矛盾冲突也延伸到个人日常生活与社会交往的领域。

2016年，油管（YouTube）平台上的一个视频，播放超过了300万次。它的内容是，旧金山州立大学的校园里，一位头上梳着脏辫的白人男生，正在同一位非洲裔女员工展开争论。那位女士指责男生梳脏辫的做法，说白人没有资格梳脏辫，因为这种发型属于非洲的传统文化。而男生则争辩说，古代埃及人也留有相同发饰，脏辫并不属于某个特定文化。这一视频内容成了当时网络上争议的焦点，连旧金山州立大学也专门对此发表声明说：“我们将认真处理此事，并通过合

1 巴莫曲布嫫:《非物质文化遗产：从概念到实践》,《民族艺术》2008年第1期。

2 Valmima Tr. Hafstein, *Making Intangible Heritage: El Condor Pasa and Other Stories from UNESCO*,（Bloomington : Indiana University Press, 2018）.

3 安德明:《非物质文化遗产保护：民俗学的两难选择》,《河南社会科学》2008年第1期。

理渠道立即对此进行全面调查。”[1]

根据有关资料，起源于印度的吠陀经文记录了早在公元前 1800 年就有类似发辫的信息，同时，历史学家和人类学家在古埃及、日耳曼部落、维京人、太平洋岛民、早期基督徒、土著人和新几内亚人以及非洲的索马里、加拉、马赛、阿散蒂和富拉尼部落，都发现了曾经流行脏辫习俗的证据[2]。因此，很难确定它起源于何地，属于哪个民族或区域的传统。但是，无论是这个视频中的非洲裔女士还是目前社会大众中的大多数，都更倾向于把脏辫理解成非洲特有的文化符号。那么在这样一种理解之下——姑且不说这种理解的对错——脏辫这种被认为属于黑人文化传统的生活文化事项，究竟能不能被来自其他文化传统的个体，在其日常生活中借用呢？

2018 年，美国犹他州的一位高中女生，是一个白人女孩，她在参加高中毕业舞会——一种在美国高中生心目中十分重要的庆典活动——时，特意穿了一件旗袍。活动结束后，她把自己身着旗袍的个人照以及与其他身穿盛装的同学的合照，分享到了推特上。结果，这引起了巨大的争议。很多网友认为，她的做法涉嫌侮辱中国文化，不少人还引经据典地展开理论分析与批判。其中看起来最有冲击力的观点有两种，一种认为她的做法让旗袍成了美国消费主义的对象，这是为了迎合白人，背后体现的是殖民意识形态[3]；另一个被转发最多的

---

1 Emanuella Grinberg，*Dear white people with dreadlocks: Some things to consider*，https://edition.cnn.com/2016/03/31/living/white-dreadlocks-cultural-appropriation-feat/index.html，2016 年 4 月 1 日发表。

2 同上。

3 Jeff Yang，*The Shocking Viral Reaction to a Prom Dress*，https://edition.cnn.com/2018/05/02/opinions/the-shocking-viral-reaction-to-a-prom-dress-yang/index.html, 2018 年 5 月 2 日 发 表；财经头条：《外国人穿旗袍是侮辱中国文化？一件旗袍让网友吵翻 3 天》，https://cj.sina.com.cn/articles/view/1653603955/p628ffe73027007cu9，2018 年 5 月 3 日发表。

批判是“我的文化决不是你的毕业舞会裙子”[1]，还把这种行为归为严重的文化挪用[2]。

从以上两个事件可以看到，非遗保护无意间推动强化的文化所有权意识，已经切实而深刻地左右着许多人的观念与日常行动。而相关文化事项的传承者或传统实践者，对该文化事项在更广泛交流领域的诉求，已经变得越来越复杂：它不再像最初发起非遗保护工作的民族或国家那样，只是为了单纯追求与经济有关的效益[3]，而更多表现出在多元交流碰撞背景下，对自我整体认同的强烈维护意识。

与此形成对照的一个例子是牛仔服，这个可能主要来自美国西部文化传统的产品。这种服装在世界范围内，被不同群体、不同民族的人广泛使用着，但迄今似乎并没有看到什么团体或个人去主张关于它的“版权”，或批评“外来人”对它的挪用。2017年，我在东京参加由联合国教科文组织亚太地区非遗国际研究中心组织的一次国际会议期间，与联合国教科文组织《非遗公约》秘书提姆·柯蒂斯（Tim Curtis）交流时，曾听他提到这样一个现象：相比之下，当前关注并积极参与非物质文化遗产相关工作的国家中，发展中国家占据了绝大多数，而发达国家则在世界自然遗产和文化遗产名录中高居榜首。对这种现象，柯蒂斯当时并没有做太多的评价，但其中实际上包含着许多值得进一步思考和讨论的地方。

就上述脏辫和旗袍事件而言，如果仔细分析持批评意见者的身份，就会得到有趣的新发现。从互联网上有关“旗袍女孩”的批评意见大都是用英文表达，以及脏辫视频中的反对者可能是旧金山州立大学员工的事实，我们可以推断，这些批评者或反对者，大概主要属于

1 人民日报:《美国女孩毕业舞会穿旗袍引争议：文化欣赏还是文化挪用？》，2018年5月3日发表。

2 Jason Baird Jackson, *On Cultural Appropriation*,（Journal of Folklore Research,2021）,p77–122.

3 安德明:《非物质文化遗产保护：民俗学的两难选择》,《河南社会科学》2008年第1期。

移民或留学生群体。这就是说，与具体文化传统原生国家或地区人士对自己文化的传播持宽容和欢迎态度的情况不同，往往是那些处在文化交流碰撞前沿的人士，或者说，是在多元化社会语境中最需要借助特定文化符号来强调或突显自己身份认同的人士，对其“传统”文化符号的版权意识更加敏感。在这样的场合，差异性或独特性会被刻意放大和强调，而包容性、共享性则被彻底屏蔽了。

数年前，学术界和社会各界针对非遗保护及相关文化实践引发的各种冲突等问题，形成了许多尖锐批评，有的意见甚至认为这类把文化遗产化的全球性运动，造成（或至少是加剧）了一种有关传统文化的“圣战”[1]。但是，如果我们换一个角度去思考这类问题，又会得出完全不同的认识。

从本质上说，上文所提到的所有这些冲突，其实都属于同一个框架内的对峙，或者是属于同一个“文明内部的冲突”，而不是不同文明之间的冲突[2]。这个文明的内部，就是由非物质文化遗产保护及相关理念构成的一个自足的系统。它使得所有相关的行为、观念，都在系统内部、按照其内在规定性发生和展开，各种矛盾、冲突也是如此。这些矛盾，是系统内部的矛盾，而不是基于不同系统之间的重大区别或分歧而形成的对立。具体而言，矛盾各方在因对同一种文化项目的不同诉求而互有抵牾的同时，又因对该文化事项共同的热爱而有着更高层面的一致性。因此可以说，这些冲突和矛盾，实际上属于交流过程中必然发生的现象，甚至可以看作通向更大范围的和谐统一的前提条件。因为在文化交流过程中，冲突是不可避免的，交流者由于“在交流的期望、过程和结果上表现出一种不和谐、不相容的状态”，会

---

1 Michael Brown , *Who Owns Native Culture?*（Cambridge: Harvard University Press, 2003）, p15.

2 塞缪尔·亨廷顿:《文明的冲突与世界秩序的重建》，周琪等译，新华出版社，2009，第 221–229 页。

使文化差异“通过人际冲突的形式表现出来”[1]。例如中韩两国网友当年因江陵端午祭而发生的那场争论，从其具体表现看，可谓激烈至极。不过，归根结底，它属于争论双方对一个共同认可的文化符号所有权的争夺，所以，客观上，它反而起到了释放不同群体之间的猜忌与不信任感，进而加强双方对该文化符号的认同意识并提升双方相互理解的作用。

就前述两个西亚国家之间的情况来说，联合国教科文组织通过非遗保护搭建的对话平台虽然在他们根深蒂固的矛盾面前显得比较脆弱，虽然他们在这个平台上的对话充满了火药味，但毕竟，他们还是因此而多了一条保持接触、对话和交流的通道，并都能够大体按照“非遗”框架所约定的规则前行。假以时日，他们完全有可能沿着这条道路达成最终相互谅解、相互包容的结果。而这，大概也正是鼓舞联合国教科文组织通过不断修正相关工作方案，力图补救保护实践中发现的各种问题并不断完善这一对话平台的重要动力。毕竟接触、对话和交流，是解决冲突的最根本手段。近年来，联合国教科文组织逐渐加大对多个国家就某个共享项目进行联合申报的鼓励与支持力度[2]，就对增强相关国家围绕各种共享性非遗项目展开合作（而非争夺与对抗）的信心，起到了显著的引导作用。

三、作为视角与方法的“非物质文化遗产”

2008 年，位于非洲东南部的马拉维申报的项目维布扎（Vimbuza）

---

1 孙英春:《跨文化传播学导论》，北京大学出版社，2008，第 96 页。

2 例如，2015 年的联合国教科文组织保护非遗政府间委员会常会上，韩国、柬埔寨、越南和泰国联合申报的拔河项目，凭借“联合申报”的优势，说服大会推翻了此前评审机构对其做出的“退回”建议，成功“翻案”，被列入了“非遗代表作名录”。2017 年，阿联酋、阿曼、沙特和卡塔尔联合申报的阿拉伯传统咖啡和文化空间两个项目，也都因申报书在满足国际协作相关要求方面成绩突出，得到了审查机构的认可并被大会决议案顺利通过，列入名录。

治疗舞蹈仪式被成功列入联合国教科文组织人类非物质文化遗产代表作名录，长期在该国进行调查研究的美国民俗学者丽莎·吉尔曼（Lisa Gilman），通过追溯和考察这一事件，为理解非遗保护中全球性与地方性的关系，提供了富有参考价值的思考。

按照吉尔曼的介绍，维布扎流行于马拉维北部地区的塔布卡族，是一个多义性的项目，它既指疾病，又指治疗相关疾病的仪式，同时也被当作娱乐性的舞蹈在日常生活乃至政治集会中表演。在作为仪式的层面上，它又有着多种争议性，既与现代西方医学对立，又与基督教教义相违背，还与该国1911年通过的《禁止巫术法》相冲突。但是，尽管长期以来缺乏足够的合法性，这种传统却始终被认为是一种在其他医术无效时的有益补偿，顽强持续地在民间传承着[1]。非物质文化遗产保护运动在全球范围的展开，为它带来了被重新“发现”和重视的机会，列入人类非遗代表作名录，尤其使它获得了全新的包装和定义。

为了让维布扎获得这种新的包装和定义，马拉维的申报者首先必须满足联合国教科文组织对于申报国有关申报程序的基本要求，提交包括维布扎在马拉维的分布图、多张维布扎舞蹈者的照片和底片、认可把该项目列入人类非遗代表作的知情同意书、参考文献、一个10分钟的短视频、一个1小时30分的长视频和一份长达25页的申报书等在内的申报材料。除此之外，更为重要的是申报过程中申报者还围绕一些关键问题展开了争论、筛选和调整。这些问题包括：这一项目是否可以作为马拉维的代表性项目展示给国际社会；在展示的过程中，它究竟应该被解释为“文化”还是“仪式”；如果不选择维布扎，

1 Lisa Gilman , *Demonic or Cultural Treasure ? Local Perspectives on Vimbuza, Intangible Cultural Heritage, and UNESCO in Malawi*,（UNESCO on the Ground :Local Perspectives on Intangible Cultural Heritage, Bloomington and Indianapolis: Indiana University Press, 2015）, p59-76.

这个国家更适合的代表性“文化”项目又是什么，等等[1]。由于申报工作完全以自上而下的方式展开，作为该项目实践主体的社区和传承人基本处在被动的地位，因此，对这些问题的讨论，实际上主要是在政府部门或精英阶层的范围进行。而尤其引起吉尔曼关注的是，主导申报工作的政府官员和知识精英，为了使本国的文化传统在国际社会呈现得更加“体面”“得当”，他们有关这一传统的描述、解释等，都没有完全忠实于该项目的原貌，而是做了较多的修正。其中最突出的表现是，淡化了项目的民间信仰色彩，而强调它作为舞蹈和治疗仪式的属性。同时，所推举的传承人代表，也不是作为该项目最典型、最主要承载者的女性治疗师，而是村落中的一位男性小学教师，原因是由于那位老师了解维布扎，而且能说会道，有助于在国际社会推广自己的文化[2]。

马拉维的上述做法，当然存在着不少值得批评的地方。至少，为了“迎合”客观存在或被他们自己想象出来的某种“国际规范”而对维布扎进行改造并不妥当。而且，这种政府机构强势介入并主导的申报形式，在一定程度上打破了当地文化传统的原有实践秩序以及实践者与相关项目之间的关系，因为通常情况下，非洲的文化实践主要是以社区主导的方式来进行的[3]。它也从一个侧面暴露了教科文组织在早期非遗名录申报和评审工作中的漏洞。

然而，如果结合其他类似的相关案例，换一个角度来看，我们从马拉维的做法中又可以体会到非遗保护作为更大范围的一般性平台所具有的强大影响力，体会到具体国家为了适应国际语境和国际规则而

1 Lisa Gilman , *Demonic or Cultural Treasure ? Local Perspectives on Vimbuza, Intangible Cultural Heritage, and UNESCO in Malawi*,（UNESCO on the Ground :Local Perspectives on Intangible Cultural Heritage, Bloomington and Indianapolis: Indiana University Press, 2015）,p59–76.

2 同上。

3 Valmima Tr. Hafstein , *Making Intangible Heritage: El Condor Pasa and Other Stories from UNESCO*,（Bloomington : Indiana University Press, 2018）, p156.

“自觉”修正本民族表达方式与实践传统的强烈愿望和不懈努力。

2014年11月24日至28日，在法国巴黎举行的联合国教科文组织保护非物质文化遗产政府间委员会第九次会议，对各缔约国提交的46个申请列入人类非物质文化遗产代表作名录的项目进行了审议。但十分遗憾的是，中国提交的“中国彝族火把节”项目未能成功列入名录。按照该委员会的决议，这个项目之所以被退回，是因为中国的申报材料未能提供更多“关于其涉及动物搏斗的组成部分的信息，以解释这些内容是否符合尊重不同社区、群体和个人的情感以及尊重可持续发展的要求”，同时，“虽然将其列入代表作名录有助于提高非物质文化遗产的可见度，但还需要更多的信息，来解释节日中涉及暴力使用活体动物进行娱乐的一些部分，如何能够鼓励具有不同情感的社区之间的对话”[1]。这些评价，主要针对作为火把节重要组成部分的斗牛、斗羊、斗鸡等活动，概而言之，是该委员会及其附属机构认为这些活动有悖于当前流行的动物保护理念。

这可以看作地方性传统与普遍性原则之间强烈冲突的一个典型案例。事实上，斗牛、斗羊和斗鸡等，只是火把节连续三天节庆活动中第二天内容的一部分，而从该节日早在2006年就被列入中国第一批国家级非物质文化遗产名录可知，这些活动在节庆中的存在，同国家相关法律和社会伦理之间并无抵牾。也就是说，这些活动不仅与云南、四川等火把节流传地区人民的价值观相契合，而且符合全体中国人民的基本价值观。但从日益得到公认的动物保护观念角度看，无论是云南、四川还是全中国的相关传统观念，都变成了地方性的传统，不得不按照一般性原则的要求来进行调整或修正。曾深度参与火把节申遗工作的巴莫曲布嫫教授在回溯和反思这一工作过程时，谈到过这样一个看法：由于火把节的英文申报材料采用“fight”（搏斗）一

1　联合国教科文组织：https://ich.unesco.org/en/decisions/9.COM/10.12，2022年7月20日下载。

词来翻译斗牛、斗羊中的“斗”，某种程度上误导了委员会附属机构，以致评审者未能把节日期间与动物相关的活动放置在彝族文化语境中来理解，而是把它误解为类似于西班牙斗牛的“动物搏斗”并做出了严苛的评审。其实，应该采用“wrestling”（摔跤）来翻译“斗”，这才更符合活动的实际，而且也能够在很大程度上避免上述误解[1]。

姑且不说这样的策略是否能够真正达到预期效果，结合这种思路再去看马拉维在维布扎申遗过程中的做法，就会多一分理解，甚至可以说，或许正是因为马拉维采取了“迎合”国际要求的做法，他们的申报才最终获得成功。也就是说，面对同当代国际流行观念的差异或矛盾，地方的传统只有两种选择：要么通过妥协而参与更大的国际活动当中，要么坚守自我而置身于国际舞台之外。这种情形，也常见于一个国家内部。当某个地方性的文化事项需要在全国性的场合加以展示之时，往往会出现类似的修正。例如，湖北长阳土家族跳丧歌舞“撒叶儿嗬”于2006年5月经国务院批准列入第一批国家级非物质文化遗产名录。在申报之初，长阳县本来是把它作为“跳丧民俗”来申报，但由于“北京非遗专家委员会认为按我国制订的非遗分类框架，列入‘民间舞蹈’之中更为合适”，因此，它便“作为土家族所独有的‘传统祭祀歌舞’进入了名录”，名称也从听起来不那么响亮的“跳丧民俗”改成了具有陌生化效应的“撒叶儿嗬”[2]。

地方与国家、国家与世界、个别与一般之间的这类动态协商和互动，鲜明地展示了非物质文化遗产的活力及魅力。对于地方性而言，无论是出于自愿还是被动，在更大范围的平台上调整自己对所持有传统的表述、解释乃至具体实践方式，既有助于他们的传统顺利入选代表作名录，一定程度上又能够避免在更大范围内造成某些可能的消极

1　据本人与巴莫曲布嫫教授的私人交流整理，另参见林海聪：《非物质文化遗产保护中“动物使用”的伦理困境》，《民族艺术》2016年第1期。

2　刘守华：《山野奇花的旷世魅力——“撒叶儿嗬”简论》，《民俗研究》2014年第1期。

影响，这种影响，往往是由于地方性传统与更普遍的观念、原则之间不相协调的因素而造成的。对于一般性而言，它所要求的原则或基本观念，很大程度上重塑了地方的观念、态度及行动，并为促成多样化的地方传统之间更轻松便捷、简易畅通的交流奠定了基础。正是在这样的互动当中，“非物质文化遗产”日益展示出作为视角与方法的属性，为人们更加自觉地认识和理解自己的文化传统，更加稳妥地处理自己传统同其他传统，以及同国际规则之间的关系，发挥着越来越强大的作用。

随着非遗保护工作的不断推广，参与相关工作的国家在诸多强制性要求下，日益注意结合《非遗公约》及其衍生文件规定来审视自己的文化，调整传统文化的具体内容，或者至少要改变对某些具体内容的表述方式，以保证相关文化事项“得体地”呈现于国际舞台并获得认可。在此背景下，“非物质文化遗产”越来越突出地变成了不同文化主体借以反观乃至修正自身传统的一面镜子。与人们以往常用的“传统文化”“民间文化”等主要由各群体内部生长出来的概念不同，“非物质文化遗产”除了指代人们世代传承的文化传统之外，还包含着从国际的眼光来看这种传统的意义，具有强烈的国际比较特征。每一种能够被用“非遗”来命名的文化事项，除了如前文所述必须符合《非遗公约》要求的基本条件之外，无论是对其优点的归纳还是对其不足的表达，都时刻要受到一种国际视域的规约，尤其是在向联合国教科文组织提交的申报材料当中。我在负责审查各国申报书的时候，印象最为深刻的一个细节是，按照审查机构根据《非遗公约》精神制定的具体要求，各个国家的申报材料当中，都应该避免用“独一无二”“杰出”之类的词汇来描述申报项目，因为按照《非遗公约》规定，所有的非遗项目都属于“人类”非物质文化遗产，属于共享性的文化，强调其特殊性或独特性，则会抹杀这种共享性。然而，我和同事在早期评审时看到的大部分国家的材料，基本上都会使用这一类词语来强调自己文化事项的重要性。这使得我们不得不制作一段模板式的固定话语，在不同的评审意见中复制使用，去批评和纠正每一份申报书中的这类表述。或许是由于这种严格的评审发挥了作用，在我们参与评审工作后期看到的申报书中，几乎已找不到这一类的词汇。

这里又体现出独特性与多样性或共享性之间的对立统一关系。一种文化事项，往往是由于其独特性而受到关注和推广，独特性是构成多样性的基础；反过来，尊重多样性又是保证独特性的前提，出于对多样性原则的维护，独特性在国际场域又必须受到约束。因此，联合国教科文组织保护非遗的基本要求对于“独特性”主张的警惕，并不是为了抹杀个性，而是要倡导求同存异的理想结果，既不能因为对多样性、共享性的强调而抹杀个性及其创造力，又不能过度强调个体或群体的所有权而阻碍文化的交流与共享。在这个过程中，最关键的是要协商探讨出一个合适的“度”。而最终形成的这个“度”，又会深刻影响地方文化在国际舞台上的表达方式，影响作为该文化主体的社区或个人对于自己文化的理解。在国际平台上，地方或特定群体的文化中的哪些部分适合被展示？哪些属于被国际通行的观念认为是好的或美的——或者是文化的主体认为能够被世界欣赏的？哪些又是不好的或不美的，可能会受到嘲笑或给自己带来消极影响的？在这些思考影响下，文化内部会发生越来越多的主动调整，甚至许多被文化主体过去所珍视或引以为豪的内容，在新的背景下也会显出令人信心不足的一面，乃至需要主动加以遮蔽。

在有关自身文化的认识与理解方式发生变化的同时，受非遗保护运动的影响，不同国家、地区或群体对于传统文化的保护理念和保护策略也发生了巨大的改变。

这方面最典型的例子来自韩国。我们知道，联合国教科文组织发起的非遗保护运动的一个直接源头，是 1993 年韩国政府根据本国文化保护经验向教科文执行局第 142 次大会提交的建立活态文化财（Living Cultural Properties）保护体系的建议案（以下简称“建议案”）[1]。当前的非遗保护工作，在思路和策略等诸多方面都深受其影响[2]。韩国有关传统文化的保护实践，兴起于20世纪60年代早期，是以1962年开始施行的《文化财保护法》为重要依据展开的对物质文化和无形文化的保护行动[3]。其对于以传统民俗为主要内容的“无形文化财”的保护经验，是形成“建议案”的重要基础，也是形成教科文保护非遗理念与基本策略的基础。值得注意的是建议案中针对保护对象使用的英文概念“Living Cultural Properties”，其核心部分“Cultural Properties”本身就是对韩国国内通用概念“文化财”的直接翻译，有关保护观念和保护措施的建议，也都基于对“文化财”的保护实践与经验。但是，当它所包含的基本理念被联合国教科文组织接受之后，经过国际社会的反复酝酿、协商和不断打磨，这个概念本身又被一个具有陌生化特征的新兴概念所取代，变成了“非物质文化遗产”（Intangible Cultural Heritage）。作为相关活动的积极推动和参与者，韩国自然也热情地接纳了这个新概念。结果，一个原本产自韩国本土的概念及相应观念，经过一场复杂的“国际旅游”之后，又开始以一种新的面貌和姿态来“反哺”本国，并促使本国原有的理论与实践发生种种改变，尽管这种改变不一定是出于自愿。

最明显的是用词的改变。从20世纪90年代中后期开始，韩国社会上开始越来越多地使用“文化遗产”这一概念来替代“文化财”，2012年，韩国无形文化财厅还在相关规划中提出包括把术语从“无形文化财”更改为“无形文化遗产”（非物质文化遗产）等在内的一

1 Nelson Graburn ,*Whose's Authenticity? A Flexible Concept in Search of Authenticity*,（Cultura Desarrollo ,2005）, p17-26.

2 安德明:《非物质文化遗产保护：民俗学的两难选择》,《河南社会科学》2008年第1期。

3 岩本通弥:《世界遗产时代与日韩的民俗学——以对世界遗产二条约的接受兼容为中心》，宗晓莲译,《文化遗产》2014年第5期。

系列新方案[1]。到了2022年，韩国正式发布修订案，以法律形式作出了把“文化财”均改用“文化遗产”概念的规定[2]。概念的变化，连带着的是对新概念所包含理念乃至相关原则的接纳。随着《非遗公约》和联合国教科文组织相关理念与实践的影响不断扩大，韩国在过去多年确立和积累的有关“无形文化财”保护的经验，同非物质文化遗产的相关规则和要求之间的矛盾也日益突出，面临不得不进行改变和调整的局面。前文曾提及我同联合国教科文组织秘书柯蒂斯的一次交谈。那次谈话中，我们也谈到了《非遗公约》所强调的保护原则和工作规范与不同国家的实践之间的差距乃至矛盾的问题。柯蒂斯说，也许是由于不同传统的影响，各个国家对《非遗公约》所强调的以社区为中心、以自下而上的方式来开展保护工作的要求，响应很不一样。在非洲许多国家，保护工作中社区的主体性表现十分突出，但是，东亚各国历来都强调政府的主导力量，在韩国、日本等国家，长期采取政府主导的保护方式。他同时说，好在经过多年的交流与协商，目前韩国已经开始有了改变。笔者认为，这其实也可以看作一个国家的社会动员与社会文化运动传统同相关国际化规则之间冲突、协商和妥协的过程。其他诸如韩国《文化财保护法》要求对文化进行“原形”（即原生态）保护同《非遗公约》强调“非遗”的创造性和活态性之间的矛盾、韩国把文化“独特性”以及是否“有韩国特色的本质”看作评定文化财的标准同教科文组织与之相反的要求和行动造成的均质化风险之间的矛盾[3]，等等，也都属于这一过程的组成部分。

在非物质文化遗产视角下发生的改变，既是《非遗公约》要求和联合国教科文组织各种强制性规范影响的结果，也是在由非遗保护搭

---

1 金镐杰：《韩国无形文化遗产保护经验及亟待解决的课题》，《文化遗产》2014年第1期。

2 感谢庞建春博士为我提供这方面的相关资料。

3 岩本通弥：《世界遗产时代与日韩的民俗学——以对世界遗产二条约的接受兼容为中心》，宗晓莲译，《文化遗产》2014年第5期。

建的各种形式的交流平台上不同实践主体相互影响的结果。2012 年，捷克共和国民间文化研究所建议提名流行于该国东部约 10 个村庄范围的圣尼古拉斯蒙面游行列入国家非遗清单——该游行属于瓦拉基亚地区保存最完好、最古老的一种仪式——却未能成功。因为这些村庄的负责人和代表几乎一致反对这一提议，并强烈期望能够不受外界干扰、以他们自己所选择的方式来保护自己的传统。在他们看来，该项目如果被列入国家非遗清单，带来的可能更多是风险而不是优势，他们尤其担心专家的过度关注和外部权威机构可能进行不同类型的干预，这些干预可能会阻碍社区按照自己的意愿来开展这一传统活动[1]。这样的理解和做法，在几乎绝大多数的社区和传承人都期望自己的传统项目得到更多认可的情势下，可以说十分罕见。但这一案例却充分体现了《非遗公约》强调保护实践必须以尊重社区意愿为前提的原则[2]。而捷克同行在 2016 年于波兰克拉科夫举行的首届“中国 – 中东欧国家非物质文化遗产保护专家级论坛”的论文发表中陈述这一事例，客观上也具有在国际同行中交流和展示其成功经验的意义。

如果说本文前两部分所讨论的重点，是非遗保护在不同民族、不同国家、不同文化之间造成的影响，那么，这一部分的讨论，则是为了观察非遗保护及相关理念在一个民族或国家内部产生的效果。这种效果，主要表现为对人们有关自己文化传统的理解方式和保护策略带来的深刻变化，以及由此而促成的新的文化自觉。也就是说，非物质

1 Eva Romankova-Kuminkova, *Lists Of Intangible Cultural Heritage: The Beginning Or The End Of Sustainability*?（Intangible Cultural Heritage: Safeguarding Experiences in Central and Eastern European Countries and China,Warszawa: National Heritage Board of Poland, 2017）, p352–369.

2 例如，《非遗公约》第十五条指出：“缔约国在开展保护非物质文化遗产活动时，应努力确保创造、延续和传承这种遗产的社区、群体，有时是个人的最大限度地参与，并吸收他们积极地参与有关的管理。”又如，“当某一非遗项目的申报——包括保护措施的规划——关涉社区、群体或个人时，他们必须对申报书的准备和提交自由自愿地给予同意。他们应当被给予充分的信息和时间来做出决定，并被恰当地告知列入之后可能的利益以及任何可能的负面影响。没有他们的知情同意，申报的准备工作不应开展，也不应提交给联合国教科文组织。”

文化遗产已经成为不同国家、不同群体在国际比较的大背景下借以认识自我，同时结合他者的眼光来反观自我、改变自我的一个重要视角和方法。

结语

作为建立在文化多样性理念之上的一种文化实践，非物质文化遗产保护以一系列强制性的要求，搭建了人类社会多元文化大合唱的舞台。在这个舞台上，不同领域、不同群体、不同民族和国家的文化，都平等地获得了充分展示各自特征及相互差异，并以此为前提增强相互之间的沟通、理解与尊重的机会；同时，不同领域、不同行业的人士，以及不同形式的文化内容之间，也获得了突破原有专业界限及社会地位与职业差别展开平等交流的机会。这项工作在全球范围的广泛开展和不断推进，使非遗在全社会的可见度得到了巨大提升，文化多样性理念得到了进一步彰显，越来越多的参与国也逐渐从被动接受《非遗公约》及相关操作指南规定的强制性要求，转向自觉遵循和践行相关规约，进而为非物质文化遗产这个概念赋予了作为交流“框架”的意义。

在发挥积极作用的同时，非遗保护也不可避免地带来了诸多负面影响，其中最突出的是，保护工作中与名录制度相关的观念和行动，在不同申报主体或群体之间引发了种种的矛盾冲突，许多连带的影响甚至还对个人日常生活与社会交往造成了干扰。但客观地说，这些冲突都属于同一个框架内的对峙或系统内部的矛盾，而不是不同系统之间的对立，矛盾各方之间的龃龉，是基于对同一种文化事项“所有权”的不同诉求，在对该文化事项的认同方面，他们有着高度的一致。这可以说是文化 / 文明交流过程中的必然现象，甚至可以理解为最终通向和谐统一的必然过程。因此，即使不同行动方在非遗搭建的平台上的交流可能存在种种矛盾，他们却都能够按照非遗框架确立的规则来行动，并在框架的约束下持续地交流，这是保障相关各方最终达成谅解与和谐的前提。

除了切实影响不同文化之间的交流之外，“非物质文化遗产”还以其既有生动地方性又有丰富国际性的深刻内蕴，成了特定民族或国家内部赖以反观自我文化的重要视角和方法。它使得每一个国家和地区的人们，都可以从一个崭新的国际比较眼光来对待自己的文化传统，既能对自己的文化本身及其在世界文化之林的地位与价值做出公允、客观的判断和理解，又能够参考其他文化或基本国际规范，来反思自己所拥有传统与其他传统及普遍规范之间的不同或差距，进而更自觉地调整自我，更好地融入世界文化交流的广阔领域。其最终的结果，必然是有效推动不同文化之间的理解、宽容，减少文化间的隔阂与冲突，推动建立更加和谐、更加团结的国际文化秩序。

正是在上述意义上，我们说，非物质文化遗产，已不仅仅是一项具体的实践操作对象，而是已经成为一个有益于不同群体、民族和国家之间，以及不同社会阶层和文化类型之间深度交流的全新框架。

韩国非物质遗产的特征与争议

——以非物质文化遗产为例

郑相喆（韩国传统文化大学未来文化遗产研究生院院长） **撰**

孙倩 译

摘要 韩国非物质文化遗产政策可以这样评价，随着2015年《非物质文化遗产法》的制定，形式上构筑了保护系统。现将《非物质文化遗产法》新修改的制度和目前成为焦点的问题整理如下。第一，扩大了非物质文化遗产的概念和范畴。将“口传传统及表现与韩医药”“农业及渔业等相关的传统知识”纳入非物质文化遗产范畴，扩大了非物质文化遗产的概念。第二，非物质文化遗产保存的基本原则从原型传承转变为典型传承。非物质文化遗产保护的基本原则从保持原型转变为保持典型，实现了创造性传承。第三，新设置了没有固定持有者和持有团体的集体所有项目，作为集体项目的传承主体，引入了传承共同体概念。第四，强调了引进传统工艺品认定制及银行制，支援持有者创业、制作、流通资助等有关非物质文化遗产振兴的相关政策。上述《非物质文化遗产法》虽然提供了可以推进各种政策的依据，但能够实现非物质文化遗产保护系统升级的有关课题却并未提及，正在进行讨论热议。

关键词 非物质文化遗产，保护系统，振兴，传授教育

一、绪论

自从 1962 年制定《文化财保护法》，使用了 60 年的“文化财”一词于 2023 年 5 月 16 日根据《国家遗产基本法》改为“国家遗产”。1962 年制定的《文化财保护法》，2015 年制定的《非物质文化遗产法》，2023 年制定的《自然遗产法》，成为总管文化遗产、非物质文化遗产、自然遗产的国家遗产基本法规。管辖韩国文化遗产的基本法律从《文化财保护法》变更为《国家遗产基本法》，其中包括以下变化。一是，从过去强调文物的财物化属性转变为将过去、现在、未来一以贯之的遗产政策模式。“文化财”这个词是不能囊括非物质文化遗产的，因此为了克服其局限性将其变更成“遗产”一词。二是重新确立了符合联合国教科文组织世界文化遗产体系的国家遗产分类体系。符合国际标准，将其分类为文化遗产、自然遗产、非物质遗产，并统称为“国家遗产”。有人指出，根据 1972 年制定的联合国教科文组织世界遗产公约，国际社会的遗产分类体系和韩国《文化财保护法》上的分类体系不同，缺乏整合性和联系性。为此，将其分为文化遗产、自然遗产、非物质遗产，分别编制了所适用的法律制度文化遗产法、自然遗产法、非物质遗产法。最后，引入包括保护非指定遗产和未来潜在遗产在内的全面保护体系，以保存管理规制为中心，强调通过文化遗产搞活福利、教育、宣传、产业培育等一揽子活用及振兴政策。这反映了时代的变化和未来的价值，具有非凡的意义。

韩国非物质文化遗产政策的大框架是通过 2015 年《非物质文化遗产法》制定的。《非物质文化遗产法》的制定，究其国内外背景来看，是非物质文化遗产的保护和振兴呼唤新的制度性、法律性的强大后盾而产生的必然结果。文化遗产保护法制定以来，为保护融入传统生活方式的非物质文化遗产实行了各种政策，在城市化和产业化的浪潮中，保护面临消失危机的传统文化取得了一定成果。但由于非物质文化遗产范围的狭窄化和非物质文化遗产原型继承原则而导致的无法进行创造性继承的局限性，以及传统工艺产品需求下降导致的工艺技术的失传危机感升高，还有由于社会环境变化导致的传授学徒式教育的效用下降，围绕知识产权不时产生非物质文化遗产领域的社会矛盾纷争，这些都需要制度的完善。此外,《非物质文化遗产法》还反映了接受 2003 年非物质文化遗产协定的精神和概念，加强联合国教科文组织等国际协定和国内制度之间关联性的要求。

二、韩国的非物质文化遗产保护系统

韩国的非物质文化遗产保护系统可以从法律、组织、资源等层面加以说明。在法律方面明确规定了为了保护非物质文化遗产可以做些什么。规定非物质文化遗产保护的国内外强制性法律有联合国教科文组织的《保护非物质文化遗产公约》(2003 年)、《国家遗产基本法》(旧文化遗财保护法)、《非物质文化遗产法》。组织方面是实际执行法律所列任务的机构，包括文化遗产厅非物质遗产科、国家遗产振兴院的韩国非物质遗产振兴中心、国立非物质遗产院、亚太非物质文化遗产中心[1]。资源方面非物质文化遗产保护组织根据法律所组织的有关活动，能够动员的人力、物力、财力，传承者、传授馆、预算等都属于这一类。下面对此分别作详细说明。

1　亚太非物质文化遗产中心的正式名称是联合国教科文组织亚洲太平洋非物质文化遗产国际情报网络中心（International Information and Networking Centre for Intangible Cultural Heritage in the Asia-Pacific Region under the auspices of UNESCO），英文缩写为 ICHCAP。

表 1　韩国的非物质文化遗产保护系统构成

类别	法律要素	组织要素	资源要素
内容	《保护非物质文化遗产公约》《国家遗产基本法》《非物质文化遗产法》	文化遗产厅（非物质文化遗产科） 国家遗产振兴院（韩国非物质文化遗产振兴中心） 国立非物质文化遗产院 亚太非物质文化遗产中心	预算 传承者 传授馆

（一）法律要素

由于政策对象是根据对无形遗产的定义来决定的，因此在法律要素中最重要的是定义部分。《保护非物质文化遗产公约》中给出了这样的定义，非物质文化遗产是“共同体、集团或个人，作为其自身文化遗产中一部分的习惯、形象、现象、知识、技能和与此相关联的工具、物品、工艺品和文化空间”。其大致包括：①包含作为非物质文化遗产传播手段的语言在内的口头传统和表现；②表演艺术；③社会习惯、意识以及祭典；④对自然和宇宙的知识和习惯；⑤传统工艺技术。另外，协议还强调了以下事项，为重新认识和扩大非物质文化遗产的价值奠定了基础。第一，认识到非物质文化遗产由共同体、集体和个人不断生产和传承，由此强调传承主体的作用和重要性。第二，从可持续发展的角度看，非物质文化遗产应该给共同体的生活带来利益，因此，从保护的角度看，共同体不应该受到不必要的干涉。第三，非物质文化遗产的范畴意味着超越了传统、历史和地方文化，不局限于功能和艺能，甚至包括相关的工艺品、场所和习惯。第四，在开展非物质文化遗产保护活动时，要同时关注人权问题。韩国为了顺应世界对非物质文化遗产认识的潮流和本国非物质文化遗产的振兴，于 2005 年加入了本公约。此后，人们认识到，为保护和振兴符合国际公约的非物质文化遗产，有必要制定新法律，因此开始就制定《非物质文化遗产法》展开讨论。

在国家遗产基本法中，国家遗产定义为文化遗产、自然遗产和非物质文化遗产。而“非物质文化遗产”则是，经过若干代传承，通过共同体、集团和历史、环境的相互作用，被不断创造而形成的无形的文化性的遗产（基本法第 3 条）。基本法中所提及的产业培育，国家和地方自治团体，以国家遗产为媒介，通过对其内容和商品的开发、制造、流通可以创造新的附加值，鼓励开发国家遗产的相关产业，通过国家遗产创造就业岗位，促进就业、创业等，明确要为国家遗产领域从业人员的雇佣和劳动安全而努力（基本法第 27 条）。法律第 32 条规定，设立国家遗产振兴院，并在其业务范围中明确规定，支援及振兴与非物质遗产相关的演出、展示等非物质文化遗产活动，并运营传统文化商品、饮食、婚礼等的开发、普及及便利设施等。

随着 2015 年《无形文化遗产法》的独立立法，韩国无形遗产政策迎来了巨大变化。在制定《非物质文化遗产法》之前，所有文化遗产类型都执行《文化遗产保护法》的相关规定。《非物质文化遗产法》旨在通过保护和振兴非物质文化遗产，创造性地继承传统文化，并加以利用，从而提高国民的文化素养，为人类文明的发展做出贡献。《非物质文化遗产法》由 10 章 58 条构成，本文在第三节将详细说明其主要内容和争论点。

表 2 《非物质文化遗产法》的构成

章	条
第一章 总则	第 1 条（目的）；第 2 条（定义）；第 3 条（基本原则）；第 4 条（国家与地方自治团体的职责）；第 5 条（非物质文化遗产传承者的职责）；第 6 条（相关其他法律规定）
第二章 非物质文化遗产政策的建立与推进	第 7 条（非物质文化遗产基本计划的建立）；第 8 条（计划的实施和执行）；第 9 条（非物质文化遗产委员会的设立）；第 10 条（委员会的审议事项等）；第 11 条（会议记录的制作与公开）

续表

章	条
第三章 国家非物质文化遗产的认定等	第 12 条（国家非物质文化遗产的认定）；第 13 条（国家紧急保护非物质文化遗产的认定）；第 14 条（国家非物质文化遗产等的认定、公示以及有效期限）；第 15 条（指定或认定的取消）；第 16 条（国家非物质文化遗产等的认定取消）
第四章 持有者和持有团体等的定义	第 17 条（持有者等相关认证）；第 18 条（名誉持有者认证）；第 19 条第 1 款（传承教育师认证）；第 19 条第 2 款（传承人等的不胜任因素）；第 20 条（认定、公示和告知等）；第 21 条第 1 款（传承者等的认定取消）；第 21 条第 2 款（为确认不合格及解除认定的原因而查询犯罪经历等）；第 22 条（定期调查等）；第 23 条（申报事项）；第 24 条（行政命令）
第五章 传授教育和公开	第 25 条（国家非物质文化遗产的保护和培育）；第 26 条（传承教育培训证书）；第 27 条（传承奖学金学生）；第 28 条（国家非物质文化遗产的公开义务等）；第 29 条（参观费用的征收）；第 30 条（传承教育学校的选定等）
第六章 市、道非物质文化遗产	第 31 条（市 / 道非物质文化遗产委员会的设置）；第 32 条（市 / 道非物质文化遗产等的认定等）；第 33 条（报告事项）；第 34 条（专门人员的设置）；第 35 条（适用规定）；第 36 条（朝鲜 5 道非物质文化遗产）
第七章 非物质文化遗产的振兴	第 37 条（传承支援等）；第 38 条（非物质文化遗产的教育支援等）；第 39 条（庆典活动等的支援）；第 40 条（传统技术开发的支援）；第 41 条（非物质文化遗产传承工艺品的认证）；第 42 条（认证的取消）；第 43 条（传承工艺品银行）；第 44 条（创业、制造、流通等领域的支援）；第 45 条（非物质文化遗产的国际交流支援）；第 46 条（韩国非物质文化遗产振兴中心）
第八章 联合国教科文组织公约履行	第 47 条第 1 款（联合国教科文组织、亚洲太平洋非物质文化遗产国际情报网络中心的设置）；第 47 条第 2 款（基于非物质文化遗产保护的国际合作）
第九章 附则	第 48 条（调查和记录化）；第 49 条（非物质文化遗产的知识产权保护）；第 50 条（关于对持有者等的优惠）；第 51 条（相似名称的使用禁止）；第 52 条（听证）；第 53 条（相关专家等的调查）；第 54 条（权限的为人和委托）；第 55 条（罚则应用中的公务员议题）
第十章 罚则	第 56 条（关于违反行政命令的处罚）；第 57（关于违反管理行为的处罚）；第 58 条（罚款）

（二）组织要素

作为实行韩国非物质文化遗产政策的组织机构有：文化遗产厅非物质文化遗产科、国家遗产振兴院的韩国非物质文化遗产振兴中心、国立非物质文化遗产院、亚太非物质文化遗产中心。文化遗产厅非物质文化遗产科是全面制定非物质文化遗产整体政策的文化遗产部门，制定相关法规，有关非物质文化遗产保护及振兴的基本计划和实施计划。另外，还指定国家非物质文化遗产、市 / 道非物质文化遗产、国家民俗文化遗产，并将其列入人类非物质文化遗产名录，承认传承者并建立专门教育馆，支援专门教育大学的运营等。

表3　文化遗产厅非物质文化遗产科的业务

1. 关于国家非物质文化遗产政策的修订、调整和实行
2. 关于非物质文化遗产保护及振兴基本计划和试行方案的修订、调整和实行
3. 关于国家紧急保护非物质文化遗产认定和支援事项
4. 关于国家非物质文化遗产持有者、持有团体、名誉持有者及传承教育师的认定、取消、解除的事项
5. 关于国家非物质文化遗产中脆弱项目的选定和支援事项
6. 关于传承教育大学的选定和运营支持事项
7. 关于支持人类非物质文化遗产代表名录的登记和对已登记项目的支持事项
8. 关于国家民俗文化财产和其所在保护区域的认定、解除、保存和管理事项
9. 关于国家民俗文化财产的变更许可和海外展出许可事项
10. 关于保存和管理市 / 道认定的非物质文化遗产和民俗文化财产的事项
11. 关于加强对地方非物质文化遗产保护能力的事项
12. 关于支持建立传承教育馆的事项
13. 关于非物质文化遗产委员会组成和运行的事项
14. 关于传统演出、艺术和传统技术，传统生活习惯，传统游戏、武术，社会意识等相关事项

引自文化遗产厅《2022文化遗产年鉴》。

国立非物质遗产院负责非物质遗产展示、演出、教育、调查研究等保存和传承相关的业务。另外，还负责对传承者的支援、扩大销路及国内外交流合作等非物质文化遗产的利用及支援功能，并直接运营工艺品银行。此外，还直接运营常设展示室、企划展示室，直接运营演出场馆，将非物质文化遗产的意义和价值向广大民众宣传推广。

国家遗产振兴院是文化遗产厅所属的法人单位，是为了执行非物质文化遗产保护及支援活动等业务而设立的机关。在国家遗产振兴院内设立韩国非物质文化遗产振兴中心，有效支援非物质文化遗产振兴相关事业和活动（《国家遗产基本法》第 46 条）。具体来说，韩国无形遗产振兴中心主要是针对非物质文化遗产开展研究和教育活动、设计和营销活动，进行多种多样的展览及文化庆典活动等。技能和艺能的传承人及传承团体入住由国家遗产振兴院运营的重要非物质文化遗产传授会馆，在那里提供多样的传统演出和展示、体验等机会。另外，还运营韩国之家、韩国文化之家和仁川国际机场韩国传统文化中心等，牵头组织非物质文化遗产演出、工艺品展示等发挥多样的衍生功能。以“韩国之家”为例，提供了可以欣赏多种传统艺术演出和品尝韩国传统饮食的机会。

亚太非文化遗产中心（以下简称 ICHCAP）于 2011 年作为联合国教科文组织类别 2 中心成立，全部由韩国政府预算运营。从机构名称中可以看出，ICHCAP 是负责亚太地区非物质文化遗产相关信息和网络的机构。主要活动有情报共享、网络建设、认知提升。第一，通过信息共享实现非物质文化遗产相关信息的有效管理和共享，以促进共同体、团体、个人、国家机关的非物质文化遗产保护活动。为此，正在构建亚太地区内的信息管理和共享体系，共享包括中心在内的多个主体产生及拥有的信息。作为该活动的一环，正在推进非物质文化遗产影像制作及共享、支持非物质文化遗产记录资料数字化、强化并支持非物质文化遗产的 ICT 基础、构建非物质文化遗产信息共享平台等事业。第二，非物质文化遗产网络的多边化，运营符合多样利害关系者特性的独立网络，增进保护活动。

（三）资源要素

非物质文化遗产是看不见的，因此传承者将直接无形地传授相关的艺术或技术。因此，在非物质文化遗产中，传承者是最重要的人力资源。国家非物质文化遗产的传承由“传承人或持有团体–传承教育者–学徒–传承奖学金学生”的体系组成。如果被认可为传承人，为了传授自己的技能和艺能，会选拔出在相关领域有资质和意愿的专修生进行教育，在这些人中接受3年以上的专修教育，达到一定的技能就会被认可为进修者。在进修者中，技术突出、具备胜利者资质的人将经过拥有者的推荐和相关专家的评价，被选定为传承教育师。传承教育师不仅可以传授拥有者的技能和综艺，还有辅助拥有者传授教育的义务。

表4　国家非物质文化遗产的人力资源（传承人）

类别	内容
传承人或持有团体	作为能够传承某一被指定为国家非物质文化遗产项目技艺或技能的典型代表或者团体，经文化遗产委员会审议后予以认可。具有传统文化扩散和世代间传承的义务
传承教育师	非物质文化遗产项目的传承人或传承团体在完成传承教育课程并获得结业证书后，如果其技能非常出色，可以通过遗产项目持有者的推荐和相关专家的评估来确定
传承学员	根据规定，接受全面教育至少三年并达到一定水平的个人将被认可
传承奖学金学生	这指的是已经或正在从持有者或团体那里接受或接受过技能和职业培训，但尚未获得证书的学员

如果在支持非物质文化遗产方面有法律依据并执行非物质文化遗产政策的组织，但没有财政预算的支持，那么实质性的非物质文化遗产支持几乎没有意义。截至2022年，非物质文化遗产政策的预算约为566亿韩元（见表5）。这仅包括负责非物质文化遗产政策的文化遗产厅的预算，不包括地方政府的预算。以下将就文化遗产厅

的代表性非物质文化遗产政策做具体介绍。在表 5 中，括号中标有“辅助”的表示政府向个人或团体提供补助金的项目。根据传承支持金制度，传承支持（辅助）向民间提供补助金。它支持传承者、持有团体和传承教育师的培训费用和津贴。文化遗产厅每年 1 月制定国家非物质文化遗产传承支持计划，每月向传承者支付 150 万韩元，向传承教育师支付 90 万韩元的传承支持金，向持有团体支付 350 万韩元。

表 5　非物质文化遗产相关预算（以 2022 年为例）

类别		金额（百万韩元）
非物质文化遗产的保护	非物质文化遗产的保存管理	804
	非物质文化遗产的保护、培育	10 631
	非物质文化遗产艺术村落的构建	5 920
	国立非物质文化遗产院的建立	1 700
	非物质文化遗产项目管理	2 460
	非物质文化遗产外延扩大	2 151
	合计	23 666
非物质文化遗产院的运营	传承支援	553
	传承支援（辅助）	7 462
	传承教育馆利用支援	1 628
	传承利用（辅助）	2 825
	传承教育馆建设支援	5 116
	调查研究记录	3 357
	振兴活用化	6 472
	设施的管理和运行	5 548
	合计	32 961
总计		56 627

在非物质文化遗产的传承活动中，非物质文化遗产的学徒虽然没有像持有者或传承教育师那样有直接的传承义务，因此无法直接获得传承支持金，但他们每年都会间接地获得政府对各种活动项目的支持。其中，代表性的活动支持项目包括优秀学徒选拔和能力增强支持项目、学徒演出和展览支持、国立非物质文化遗产院的学徒演出和展览支持、传承工艺品设计开发支持项目、非物质文化遗产创意工坊驻地项目等。

传授教育馆的建立和利用计划是支持娱乐领域非物质文化遗产的传承教育项目。截至 2023 年 12 月，共设立了 166 个传授教育馆，传授教育馆由文化遗产厅提供 50% 的建设费用支持，但运营由地方自治机构负责。除了地方政府设立的地方传授教育馆外，文化遗产厅还直接建立并运营国家非物质文化遗产传授教育馆。于 1997 年建立的国家非物质文化遗产传授教育馆目前由国家遗产振兴院受文化遗产厅的委托进行管理和运营。在这里，国家非物质文化遗产持有者进驻，进行传承教育和向普通公众开设课程等。娱乐项目有 8 个项目入驻，进行传授教育和面向普通公众的培训，同时支持定期演出和参加国内外邀请演出。工艺项目有 12 个工坊入驻，工艺持有者向普通公众展示工艺品的制作过程和成品，并支持工艺的传承教育。

三、非物质文化遗产的概念和保护原则的变化

（一）非物质文化遗产的概念和范畴的扩大

1962 年以后，文化遗产保护法经过多次修改，非物质文化遗产的概念也发生了变化。特别是有形文化遗产和非物质文化遗产虽然形态、功能和传承方式不同，但一直按照同一法律进行管理，因此产生了难以创造性地继承非物质文化遗产以及保护的范畴狭窄等问题。在

制定 2015 年《非物质文化遗产法》的过程中，扩大了非物质文化遗产的概念和对象范畴。

表 6　非物质文化遗产范畴的变化

《文化财保护法》	《非物质文化遗产法》
—	①口传传统及其表现
①戏剧；②音乐；③舞蹈	②传统的演出和艺术
④除上述内容之外的意识、游戏、武术、饮食之作等	③衣食住等传统生活习俗； ④民间信仰等社会性的意识； ⑤传统游戏、节日以及技艺、武术
—	⑥传统医药及农耕、渔业等相关传统知识
⑤工艺技术； ⑥这指的是在其他条款中规定的艺术表演的形成或组成的重要因素，如技巧、工具的制作、修理等技术	⑦工艺、美术等相关传统技术

非物质文化遗产是指在多个世代中传承下来的无形的文化遗产，包括传统表演和艺术、传统工艺、美术等传统技艺、传统医药、农耕和渔业等传统知识、口头传统和表达、传统生活习俗、民间信仰等社会仪式，以及传统游戏、节日、技艺和武术等。特别是将过去在保护体系中被忽视的口头传统和表达以及传统医药、农耕和渔业等传统知识纳入非物质文化遗产的范畴。此外，现有的文化遗产保护法将仪式、游戏、武术、食品制造作为其他类别进行归类，在非物质文化遗产的概念范围上存在模糊的问题，因此对该类别进行了修订，具体化为传统生活习俗、民间信仰、传统游戏、节日、技艺和武术，这一点具有重要意义。

表 7　国家非物质文化遗产认定项目现状
（截至 2022 至 12 月 31 口）

范畴	口传传统和表现	传统演出、艺术	传统生活习惯	仪礼、仪式	传统游戏、武术	传统知识	传统技术	合计
认定项目数量	0	52	11	20	14	5	53	155

虽然扩大了非物质文化遗产的概念和范畴，但完全没有指定相当于新设定的“口头传统及表现”的国家非物质文化遗产范畴。另外，在传统生活习惯和传统知识领域，也只有 11 个和 5 个项目被指定为国家无形财产。这表明，虽然在《非物质文化遗产法》的制定中重新设定或独立设定了非物质文化遗产的范畴，但在指定的过程中，由于没能具体化对象和标准，因此没能与实际指定联系起来。进一步说，这也是因为没有明确设定指定所需的管理体系和传承主体。今后有必要对新扩张的无形文化遗产范畴的指定标准和对象、管理体系进行具体讨论。

（二）保护原则的变化

在《非物质文化遗产法》中，非物质文化遗产的保护原则从保持原貌转变为保持典型形态。法律明确规定，非物质文化遗产的保护和推广以保持典型形态为基本原则，并将典型形态定义为“构成该非物质文化遗产价值的本质特征，由总统令确定”的事项（第 2 条第 2 款）。在这里，总统令的确定指的是“在多个世代中传承、保持并实现的独特技法、形式和知识”。在文化遗产保护法中，只将承认的持有者视为原貌，因此形成了以持有者为中心的传承教育文化。然而，原貌保护原则导致随着社会变迁和互动而发展的非物质文化遗产无法得到保护，导致传承中断和丧失的副作用。基于这些问题，非物质文化遗产的概念和范畴被扩展，非物质文化遗产的保护原则也从“原貌保持”转变为“典型形态保持”。

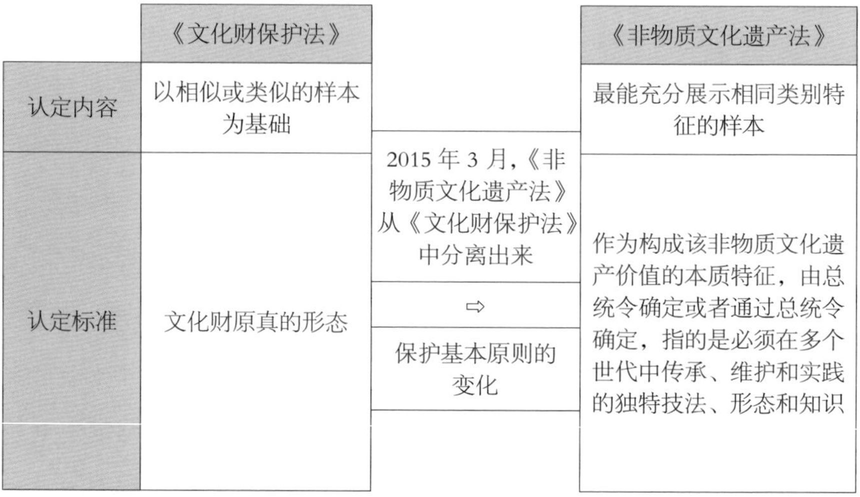

图 1 《非物质文化遗产法》制定后非物质文化遗产保护基本原则的变化

将保护原则从原貌保持转变为典型形态保持意味着摆脱了原貌保持的僵化性，这就意味着创造性继承非物质文化遗产变为可能。通过这一转变，原本面临传承中断和继承危机的非物质文化遗产可以得到法律保护，使其能够进行创造性的继承。然而，非物质文化遗产往往会因为时代、地点和主体的不同而发生变化，因此在判断典型形态时仍存在解释的余地。因此，关于如何确定典型形态的概念的讨论仍然需要持续进行。

（三）传承共同体概念的使用和共同体参与

在认定国家非物质文化遗产的过程中，确立了保护和传承该国家非物质文化遗产的持有者和组织，而随着《非物质文化遗产法》的制定，可以设立没有持有者和组织的非物质文化遗产项目。引入了传承共同体的概念作为没有持有者和组织项目的传承主体。被称为共同体项目的是指没有持有者和组织的项目，截至 2022 年，非物质文化遗产指定项目共155个，其中共同体项目有16个。共同体项目中最具代表性的项目有农乐、制茶、摔跤、阿里郎、泡菜制作等。传承共同体被定义为在无法认定持有者和组织的情况下，由地区或历史上共同分享、具有一定联系和认同感的人群自愿保有和传承非物质文化遗产的群体（第1条第12款）。

创建没有明确的持有者或组织的共同体项目是因为没有确定传承主体的非物质文化遗产应该在全国范围内建立广泛的基础，必须跨越地区和时代进行广泛的传承和传播。在这种情况下，由于没有确认持有者或组织，因此地方自治机构或相关协会应负责该非物质文化遗产的保护。鉴于非物质文化遗产的特性，难以认定持有者或组织的非物质文化遗产，尽管规定上是将传承责任交给共同体，但实际上是传承责任转嫁给了地方自治机构或相关协会。通过确认持有者或组织，可以设定明确的传承主体，并对其提供支持，从而实现对非物质文化遗产的传承。然而，在增加共同体项目的同时引入了传承共同体的概念，虽然使非物质文化遗产的传承主体拥有了多样性的优点，但由于传承共同体概念的模糊性，也存在无法建立以特定主体为中心的传承体系的局限性。今后，文化遗产部门既然将认定范围扩大到了包括没有确认持有者或组织的项目，因此需要设计适应各个项目特性的传承活动推进方案，而不是依赖于现有的明确传承主体的方式。

确实，《非物质文化遗产法》更加注重义务而非确保共同体参与的权利。这些义务实际上反映了国家对于多项支持传承者的义务的反对面。结果是，法律条文中没有确保共同体参与的内容，包括指定、保护、传承和利用多项遗产的过程，因此一些批评认为《非物质文化遗产法》未将传承者视为非物质文化遗产保护的重要主体[1]。关于共同

---

1 Kim, Jihon , *A Comparative Analysis of the* 2003 *UNESCO Convention for the Safeguarding of the Intangible Cultural Heritage and Act on the Safeguarding and Promotion of Intangible Cultural Heritage of the Republic of Korea, The Journal of Cultural Policy*, 2021, vol. 35, p2,42.

体和专家的角色，《非物质文化遗产法》仅在第 22 条中描述了在定期调查过程中向传承者、相关机构或组织请求协助，或将定期调查工作委托给专业机构或非政府组织的程度。在《非物质文化遗产法》中，专家的参与包括设立非物质文化遗产委员会、对国家（紧急）非物质文化遗产的指定和联合国教科文组织非物质文化遗产的评选等，但几乎没有提及在共同体方面应发挥的作用。

与《非物质文化遗产法》不同，《保护非物质文化遗产公约》和《操作指南》明确规定了共同体的作用。《保护非物质文化遗产公约》将共同体视为保护和传承非物质文化遗产最重要的主体之一，通过该公约第 15 条，要求缔约国广泛保障相关共同体、群体和个人的参与，并努力使他们积极参与遗产的管理。换句话说，公约确认了遗产共同体的角色不仅仅是创造、维护和传承相关遗产，还包括保护和管理遗产[1]。此外，《保护非物质文化遗产公约》第 11 条强调了相关共同体要参与编制非物质文化遗产名录。《操作指南》也具体说明了共同体和专家（机构）应参与遗产清单编制和国内遗产的列入联合国教科文组织名录等工作（第 80 条），并鼓励与非政府组织的合作（第 90 条）。

为了有效传承非物质文化遗产，共同体的积极参与和作用至关重要。我们需要将共同体视为合作伙伴，而非仅仅是保护和支持的对象，并确保更多的参与权利。此外，需要建立一个能让具有专业性的非政府组织和专家（团队），参与遗产目录清单编制、保护、传承和管理的各个阶段的有效路径，这是一个需要解决的课题。

---

1 Blake Janet, *Commentary on the UNESCO* 2003 *Convention on the safeguarding of the intangible cultural heritage*（leicester: Institute of Art and Law, 2006）, p76.

四、非物质文化遗产的振兴和传授教育

（一）非物质文化遗产振兴政策的扩大

《非物质文化遗产法》从《文化遗产保护法》中分离出来后，新出台了有关振兴非物质文化遗产的政策。最具代表性的是，引入传统工艺品认证和银行制，支援传承者创业、制作、流通等都被纳入2015年的《非物质文化遗产法》。目前与此相关的政策整理如下。

表8 《非物质文化遗产法》中有关振兴条款的内容

类别	目的	内容
传承工艺品认证制（第41条）	增加市场信任度	传承者制造的传承工艺品获得国家认定
传承工艺品银行制（第43条）	增加工艺品需求	传承工艺品银行系统性的购入作品，租借给有需求的部门，支持本地展览
创业、制造、流通的支援（第44条）	扩大再生力，使观光资源化	支持非物质文化遗产传承者创业； 支持传统演出品牌化事业； 支持构建传统工艺品流通网络； 支持开拓传统工艺品海外出口销售
国际交流的支援（第45条）	海外传播	支持非物质文化遗产进行国际交流； 支持进行非物质文化遗产的海外展览和演出

传承工艺品银行制度旨在通过购买和利用传承工艺品，激发传统技术领域的传承者对传统工艺制作的热情，加强传承基础。此外，传承工艺品银行制度还促进传统技术的传承活跃化，宣传传统工艺的优秀性，是一个综合管理运营体系，涵盖了从购买、租借到利用的全过程。截至2022年底，通过传承工艺品银行制度已出售了4658件工艺品，向56个机构租借了3224件，其余的保存在非物质文化遗产院，根据需要随时租借。文化遗产厅为了扩大传承工艺品的市场和确保消费者的信任，实施了传承工艺品认证制度。传承工艺品认证的目的是通过打造国家认可的传承工艺品品牌价值，获得消费者的信任，并扩大销售，

为传承工艺品的活跃化奠定基础。经认证的工艺品可以贴上认证标志（见图 2），认证有效期为获得认证之日起 3 年，经复审可延长该期限。

图 2　非物质文化遗产传承工艺品认证标志

非物质文化遗产的创业、制作、流通等支持是指政府在《非物质文化遗产法》中明确支持生产、销售、展览、宣传和流通传承工艺品，支持传承工艺品的海外展览、非物质文化遗产的海外演出等出口市场活动。通过与国际组织和其他国家的合作，鼓励非物质文化遗产的国际交流，如非物质文化遗产的海外演出、传统表演艺术领域的非物质文化遗产的海外展览和销售等（《非物质文化遗产法》第 45 条）。

（二）传授教育的二元化和多元化

在现有的以持有者为中心的单一传承体系中，添加了传承教育学校以实现二元化和多元化。以前的传承教育仅由持有者、持有组织和传承教育师进行，现在增加了传承教育学校。不仅国家非物质文化遗产的持有者年龄较大，传承教育师的年龄也趋于老龄化，面临着传承中断的危机，因此引入了传承教育学校，以更灵活地进行传承教育。除了这个原因，为了解决权力过于集中在持有者手中的问题，《非物质文化遗产法》试图通过大学并行参与传承教育，使传承体系多样化。文化财厅长官希望进行国家非物质文化遗产传承教育的大学可以通过非物质文化遗产委员会的审议被选定为传承教育学校（《非物质文化遗产法》第 30 条）。这样做是为了将以师徒制教育作为中心的非物质文化遗产传承与学校教育相结合，培养非物质文化遗产人才。传承教育学校为开设与非物质文化遗产相关的课程的学校提供财政、设施和人力支持，并协助传承者参加课程和研究。

韩国的传承教育体系也被联合国教科文组织评为全球非物质文化遗产制度的典范[1]。然而，这一系列体系的背后也存在一些问题，其中包括将传承教育、学员培养和助教推荐权力集中在持有者手中的问题[2]。除此之外，还存在着对于传承活动仅仅是形式条件的担忧，因此不能保证传承活动一定会得到保障。在承认持有者或持有组织的前提下，正在建立“持有者或持有组织－传承教育师－学员－传承奖学金学生”[3]的传承教育体系[4]。

表9　国家非物质文化遗产总览情况（截至2022年12月21日）

项目数量		共同体	个人	团体	合计
认定项目数量（包括细分类目）		16	68	71	155
传承人数量	持有者	—	118	54	172
	传承教育师	—	66	167	233
	学员	—	3 128	3 824	6 952
	合计	—	3 312	4 045	7 357
	持有团体	—	—	71	71
名誉持有者数量		—	12	41	53
传授奖学金学生数量		—	60	—	60

注：1. 共同体项目指没有认定特定持有者和持有团体的项目；
2. 细分项目包括农乐（8项）、香料风铃装饰品（2项）、农谣（2项）、鱼虫料理（4项）、乡土腌制（3项），包含重复认定（胜舞、驱邪舞）传承教育师1名。

截至2022年1月，目前拥有国家非物质文化遗产的持有者中，60岁以上的人占到了92%，在153项国家非物质文化遗产中，有34

1　Cultural Heritage Administration, *A Study on the Establishment of the Basic Plan for Conservation and Promotion of Intangible Cultural Properties*, 2016, p4.

2　同上书，第5页。

3　文化财厅厅长可以从接受国家非物质文化遗产传承教育（不包括传承教育学校），获得国家非物质文化遗产持有者或持有组织推荐的人中，选定传承奖学金学生并提供奖学金。

4　需要注意的是，前面提到的共同体项目并不指定特定的传承者，如持有者或持有组织、传承教育师、学员等。

个项目没有持有者、持有机构或传承教育者[1]。由于持有者的高龄化趋势，目前的传承教育体系可能不可持续。此外，对于非热门的非物质文化遗产项目，如果没有人们的兴趣或需求的加持，可能无法确保传承者。当非物质文化遗产的持有者或传承教育者突然空缺时，可能存在传承中断的风险。因此，在这方面，将传承教育体系从以持有者为中心转向更开放和多样化的方式来培养传承者是重要的，并且需要不断扩大和制度化运营传承教育学校。到 2023 年为止，已经选定了包括韩国传统文化大学在内的 4 所大学作为传承教育学校进行运营，但未来需要进一步扩大至地方区域。目前选定的传承教育学校仅适用于国家级非物质文化遗产，而不适用于市 / 道指定的非物质文化遗产。为了消除垂直体系的误解，需要使市 / 道指定的文化遗产也能引入传承教育学校，或者在市 / 道层面上也来采取类似措施。

国家级和市 / 道级的非物质文化遗产具有双重的传承体系，由文化遗产厅长和市 / 道知事分别选择持有者、传承教育者和学习者。市 / 道对于市 / 道级非物质文化遗产的指定权由市 / 道知事拥有，因此可以根据地方特色来指定非物质文化遗产。然而，目前仍然沿用了《非物质文化遗产法》的国家级非物质文化遗产指定标准。拓展非物质文化遗产的范畴可以挖掘和指定各地多样化的非物质文化遗产，因此有必要根据各地的地方特色选择适合的指定标准。在国家级和市 / 道级非物质文化遗产的指定中存在将上下级关系转变为平等关系的问题[2]。像阿里郎一样，国家只指定相关项目，而地方市 / 道 / 直辖市等自治机构则提出了一种新的指定制度，即指定地方项目和持有者。

1　Cultural Heritage Administration, *Yearbook of Cultural Heritage*,2022,p15.

2　Kim Jihon, *A Comparative Analysis of the* 2003 *UNESCO Convention for the Safeguarding of the Intangible Cultural Heritage and Act on the Safeguarding and Promotion of Intangible Cultural Heritage of the Republic of Korea, The Journal of Cultural Policy*, 2021, vol.35, p2 , 43.

结论

随着 2015 年《非物质文化遗产法》的制定，韩国构建了非物质文化遗产保护系统。在制定《非物质文化遗产法》之前，所有的文化遗产类型都受到一个法律的约束，那就是旧有的《文化财保护法》。下面总结一下《非物质文化遗产法》新引入的制度以及当前引起关注的内容。

首先，扩大了非物质文化遗产的概念和范畴。在《非物质文化遗产法》中，将口头传统表达和传统医药、农业和渔业相关的传统知识纳入非物质文化遗产范畴，扩展了非物质文化遗产的概念。在旧有的《文化财保护法》中，戏剧、音乐、舞蹈、工艺技术以及其他仪式、游戏、武术、食品制作等被定义为非物质文化遗产，而在《非物质文化遗产法》中，将其扩大并具体化为 7 个项目。然而，对于新范畴的非物质文化遗产指定并不活跃，这是因为尚未建立具体的指定标准。

其次，非物质文化遗产保护的基本原则从原型保持转变为典型保持。通过将非物质文化遗产保护的基本原则由原型保持转变为典型保持，许多处于失传危机中的非物质文化遗产有可能得到法律保护，但在如何确定典型性方面仍然存在模糊的规定，因此引起了争议。

再次，新引入了没有持有者和持有团体的非物质文化遗产项目设定和传承共同体的概念。在《非物质文化遗产法》颁布之前，指定国家级非物质文化遗产时需要承认该非物质文化遗产的持有者和持有团体，但现在可以设定没有持有者和持有团体的非物质文化遗产项目。没有持有者和持有团体的项目以传承共同体成为传承主体。目前，对于如何界定传承共同体的范围存在争议。

最后，《非物质文化遗产法》脱胎于旧有的《文化财保护法》，其最新推出的政策内容是有关非物质文化遗产的振兴。除了传承支持外，最具代表性的政策包括传统工艺品认证和银行制度，以及对传承者创业、制作和流通的支持。目前，正在开发通过非物质文化遗产的推广可以促进地方发展或文化遗产产业扩大的业务。

节日类非遗保护实践及未来的对策思考

萧放（北京师范大学社会学院教授）

贺少雅（北京师范大学社会学院讲师）

摘要　近 20 年来，节日类非遗保护工作卓有成效，积累了丰富的实践经验，主要包括各级政府的主导推动、多元主体的共同协作、专家学者的智力支持、非遗资源化的探索发展，但也存在着一定的问题，包括节日文化生态弱化、节日知识代际传承受阻、节日传承主体动力不足等。未来应该推动构建政府主导下的节日类非遗传承共同体、整体性重构节日文化体系、推动学校教育与社区传承相结合、探索以服务和改善民生为目标的保护模式。

关键词　传统节日，非物质文化遗产，非物质文化遗产保护

传统节日是一宗重大的民族文化遗产[1]。进入遗产化时代，传统节日不仅成为中国非遗保护的重要门类，更作为重要的文化资源，被纳入国家文化建设的话语体系当中，为探索中国式现代化、助力广大群众的美好生活赋能。非遗保护运动开展 20 年来，节日类非遗得益于

1　萧放:《传统节日：一宗重大的民族文化遗产》,《北京师范大学学报》(社会科学版) 2005 年第 5 期。

萧放

政府的强力推动和社会经济发展需要的内力驱动，正逐渐走向全面复兴。但从节日类非遗保护的整体情况来看，也存在着节日文化生态弱化、节日传承主体动力不足等问题。为此，本文基于较为系统的政策梳理和扎实的田野调查，对未来的节日保护与传承提出了一些具有针对性的理论思考和建议。

一、节日类非遗保护的实践与经验

（一）政府部门的主导推动

近代以来，传统文化生态因种种原因而遭到严重破坏。21 世纪初以来，在经济长足发展、国力日益强盛的背景下，国家重建文化自信、重塑文化认同的政治诉求与民间社会寻求自我认同和接续历史传统的实践同频共振，国家开始对传统文化进行重新定位，并积极谋求与国际的文化对话，将国际通用的文化语言与“新理念”——非遗保护，纳入国家文化行政体系[1]，加速推进自上而下的国家文化建设。2004年，中国政府正式批准加入联合国教科文组织《保护非物质文化遗产公约》。2005年，国务院办公厅发布《关于加强我国非物质文化遗产保护工作的意见》，规定非遗保护的工作原则为“政府主导、社会参与，明确职责、形成合力；长远规划、分步实施，点面结合、讲求实效”，明确了政府在非遗保护中的主导地位和重要角色，它成为政府部门开展非遗管理工作的指导方针。

纵观传统节日形成与发展史，政府对节日文化的弘扬和利用始终是社会治理的重要方式之一[2]。2005年，中宣部等部门联合发布《关于运用传统节日弘扬民族文化的优秀传统的意见》，指出“充分运用民族传统节日，大力弘扬民族文化的优秀传统，对于推动形成团结互助、融洽相处的人际关系和平等友爱、温馨和谐的社会环境，对于进一步增强中华民族的凝聚力和认同感、推进祖国统一和民族振兴，对于不断发展壮大中华文化、维护国家文化利益和文化安全，具有十分重要的意义”。2007年12月，国务院正式发布《关于修改〈全国年节及纪念日放假办法〉的决定》。根据这一决定，从2008年起，我国增设了清明、端午、中秋三个传统节日假期。传统节日再次被纳入现代国家时间体系，以法定假日的身份重回民众日常生活，为节俗传承提供了制度保障。紧接着，中央文明办于2008年发布《关于在端午节期间广泛开展“我们的节日”主题文化活动的通知》，2009年发布《关于广泛开展“我们的节日·清明节”主题活动的通知》《关于组织开展“我们的节日·中秋”主题活动的通知》和《关于在2010年广泛开展“我们的节日”主题活动的通知》，对几个传统节日的开展主题和内容提出具体要求。2010年，中宣部、中央文明办等七部门联

1　周星：《非物质文化遗产保护运动和中国民俗学——“公共民俗学”在中国的可能性与危险性》，《思想战线》2012年第6期。

2　张勃：《从传统到当下：试论官方对传统节日的积极干预》，《民俗研究》2005年第1期。

合印发《关于深化“我们的节日”主题活动的方案》，将“我们的节日”作为一项高规格的文化活动加以规范化和制度化。如今，“我们的节日”已逐渐成为各级政府开展文明建设、弘扬传统文化的重要内容和文化品牌。2017年中共中央办公厅、国务院办公厅联合印发《关于实施中华优秀传统文化传承发展工程的意见》，指出要“深入开展‘我们的节日’主题活动，实施中国传统节日振兴工程，丰富春节、元宵、清明、端午、七夕、中秋、重阳等传统节日文化内涵，形成新的节日习俗”。2019年11月颁布的《新时代爱国主义教育纲要》再次强调“大力实施中国传统节日振兴工程，深化‘我们的节日’主题活动”的重要性。

这些文件一脉相承，从不同的角度推动整合资源、统筹协作，将节日类非遗融入国家文化建设体系中。这符合非遗的公共文化属性[1]，也符合节日传承的地域性和群体性特点。例如，浙江丽水松阳县除认真开展节日非遗资源普查、制定工作法规条例，大力开展非遗展演，增强节日传统的传播和传承以外，积极发挥政府主导的政策优势，对非遗保护工作整体把控，结合传统村落保护和全域旅游发展，以民俗文化资源为基础，大力实施“传统村落+民俗文化”工程，着力打造特色民俗节庆，复活了“竹溪摆祭”“客家民俗文化节”等60余种民俗节会，建立起“乡乡有节会、月月有活动”的民俗活动展演机制，并结合“两山（一类）”建设财政专项激励政策等资金，使得乡村各项节庆仪式活动有充足的资金保障。该县还与北京师范大学（以下简称“北师大”）社会学院民俗学专业联合承办了文化部、教育部传统节庆仪式中青年非遗研讨班，建立起了稳定友好的合作关系，通过专业学术团队的指导和培训助推当地节庆仪式活动的打造和提升[2]。

1　高丙中:《作为公共文化的非物质文化遗产》,《文艺研究》2008年第2期。

2　贺少雅、朱霞:《高校的“非遗”保护实践及其启示——以北京师范大学传统节日仪式“非遗”研讨班为例》,《艺术与民俗》2020年第2期。

伴随着强有力的行政措施，自上而下开展的非遗保护也将国家主导意志渗透到具体工作中。

（二）多元主体的共同协作

在联合国教科文组织关于非遗保护“社区参与”的关键概念下，中国的节日类非遗保护结合本土实际，已发展出多元主体互动合作的“社会参与”格局。一方面，非遗保护不仅使民间文化通过社会二次命名重获政治合法性，也让非遗传承人重新正名，促进和提升了传承人的文化自觉。对于一些乡村而言，非遗还是重塑村落文化认同，激活村庄活力的重要途径。北京门头沟千军台村与庄户村是国家级非遗项目千军台－庄户幡会的传承保护地，一年一度的元宵走会，让古老的幡会文化遗产不仅产生自我认知的村落荣誉，而且已经成为人们新的意义支点与自我诉说的方式，人们为能“传承老祖宗的好东西”而感到高兴和自豪，香会、庙会等活动被赋予了除“信仰”“兴趣”与“社交”以外新的意义——文化传承与民族复兴，这成为村落社会与民族国家关联的新的公共价值认同。同时，它日益成为京西门头沟旅游的一张“金名片”，非遗传承增强了村民文化自信，进而促进村落振兴[1]。

另一方面，非遗本身所附带的政治价值和经济价值激发地方政府主动寻求民间组织和学界的智力支持，客观上促成多元主体共同再造社区、更新和发明新的节日传统。2017 年北京师范大学民俗学团队与浙江松阳县合作承办文化部、教育部非遗传承人研讨班期间，北师大一方不仅承担了学员培训，还直接参与地政府主导举办的江南叶氏祭祖大典的筹划。最后在地方政府强力支持下，世界叶氏联谊总会福

1　鞠熙：《实践：民俗学进入非物质文化遗产研究的关键词》，《长江大学学报》（社会科学版）2018 年第 4 期。

建省联谊会、安徽省联谊会、江西省联谊会和浙江省联谊会共同主办，来自北京、上海、辽宁、陕西、湖北、湖南、广东、贵州等省市叶氏宗亲联谊组织协办，并由浙江省联谊会、浙江松阳卯山文化研究会、浙江松阳月宫调音乐研究会承办，成功举办了江南叶氏祭祖大典，再度更新了恢复不久的现代祭祖传统[1]。2019 年景宁县的研讨班学员组织举办马仙文化节暨马仙非遗体验活动，邀请专家对节日活动给予学术指导，活动举办方还举办了马仙文化论坛，阐述和讨论如何传承和弘扬马仙孝德文化精神的当代价值。这种官方举办、学者参加、民众参与，将学术讨论、民俗体验、打造文化品牌、发展经济等多种元素融合在一起的节日保护模式，相对于过去社区内民众的自发传承，已日益成为一种适应当代社会需要的传统的新发明。

除了依靠政府力量，市场和旅游场域、校园教育以及媒体已成为主要的民俗传承途径[2]。节日类非物质文化遗产的传承亦然。以广州市天河区珠村小学为例，该校自 2005 年开始结合珠村七夕文化节，将七夕乞巧文化精髓融入学校的管理和教学之中。学校组织编写了校本教材《我们的乞巧》；推广“乞巧”大课间；建设了乞巧工艺课室、乞巧文化长廊和乞巧小博物馆；并将“巧”文化与提升学生们动手能力和科技创新能力相结合，组织学生每年参加广州市赛巧会，每年的科技艺术节都设置乞巧手工比赛等。这些举措极大提升了学生的文化认同感和文化自觉。而陕西西安城隍庙庙会则展示了媒体和社区联合的力量。每年庙会开始前都会在其微信公众号与官方网站上发布新年庙会的信息，间或普及道教文化知识，宣传语言活泼生动，更贴近年轻人的话语习惯。除了适时地发布信息，都城隍庙推出了文化创意产品——台历明信片。在春节前，都城隍庙在微信公众号与微博上与粉

1　萧放、邵凤丽：《祖先祭祀与乡土文化传承——以浙江松阳江南叶氏祭祖为例》，《社会治理》2018 年第 4 期。

2　徐赣丽：《当代民俗传承途径的变迁及相关问题》，《民俗研究》2015 年第 3 期。

丝互动，抽奖赠送明信片。庙会期间，明信片作为礼品随机赠送给前来参与庙会的群众。除了网络上的宣传与互动，庙会现场摆放众多与传统文化相关的书籍杂志，供游人取阅[1]。

（三）专家学者的智力支持

中国学术素有经世致用的传统，在非遗保护运动中，学者和学术研究一直起着主脑的作用，尤其是长期致力于民间文化研究的民俗学者们在非遗保护的政策解读、理论建设、项目申报等理论和实践工作中均发挥着举足轻重的作用[2]。

在节日类非遗保护中，民俗学者积极推动国家节假日体系调整，为传统节日设置传承的时间。近代以来，传统节日在主流话语与制度体系中长时间处于被抑制状态。1949 年 12 月 23 日，政务院发布了全国年节和纪念日放假规定，属于全民假日的有元旦新年 1 天、劳动节 3 天、国庆节 3 天，传统节日只有春节，从正月初一到初三放假 3 天。这种局面一直维持到 21 世纪初才有所改变。2004 年，中央文明办委托当时中国民俗学会会长刘魁立组织课题组研究传统节日文化内涵与政策建议，当时课题组成员有高丙中、萧放、陈连山、黄涛等教授，课题组完成了论证报告并提出传统节日放假的建议。2005 年中国民俗学会与北京民俗博物馆共同举办了“民族国家的日历：传统节日与法定假日国际研讨会”，课题组成员在此次研讨会上发表了系列研究报告，鲜明地提出了传统节日假日化的政策建议[3]。2006 年

1　李柯涵：《2018 年陕西西安都城隍庙纳福迎春庙会调查报告》，未刊稿。

2　周星：《非物质文化遗产保护运动和中国民俗学——“公共民俗学”在中国的可能性与危险性》，《思想战线》2012 年第 6 期。

3　参见高丙中《文化自觉与民族国家的时间管理——中国节假日制度的现代问题及其解决之道》、陈连山《春节风俗的历史渊源、社会功能和文化意义》、黄涛《清明节的起源变迁与公假建议》、萧放《中秋节俗的历史流传及当代意义》等都对传统节日假日化提出了对策性建议。中国民俗学会、北京民俗博物馆：《节日文化论文集》，学苑出版社，2006。

12 月至 2007 年 2 月，原文化部委托中国民俗学会完成“民族传统节日与国家法定假日”课题。课题组成员分别为刘魁立、高丙中、金泽、陈连山、黄涛、施爱东。作为结题报告的主要内容，几位学者分别撰文探讨了民族传统节日放假的意义，从“起源与流变”“内涵与功能”“象征符号”和“节日符号”等方面介绍了春节、清明、端午、中秋四大民族传统节日的丰富内涵，论证传统节日放假的重要意义[1]。2007 年 12 月 7 日，国务院第 198 次常务会议通过了《关于修改〈全国年节及纪念日放假办法〉的决定》，自 2008 年 1 月 1 日起施行。办法规定，除春节长假之外，清明、端午、中秋增设为国家法定节假日，各放假 1 天。2008 年，清明、端午、中秋与此前已经作为假日的春节一起构成新的传统节日放假体系，民俗学者在这“一次非常重要的、划时代的改革”[2] 中作出了巨大的贡献。

此后，伴随着非遗保护运动在全国范围内如火如荼地展开，民俗学者更加广泛地参与节日类非遗保护的实践。每逢春节、清明、端午、七夕、中秋、重阳等传统节日，民俗学者都在报刊电视广播以及各种新媒体上介绍、论述节日知识、节日内涵和现代价值；有的还深入社区、乡村等节日传承活动现场进行调研与现场指导，开展专题学术讨论，为各级政府的节日保护实践出谋划策。研究者们以学术服务社会的旨趣，既是中国经世致用学术传统的延续，也是中国民俗学强烈的实践性使然，这种学术界的智力支撑构成中国非遗保护的本土经验。

（四）非遗资源化的探索发展

面对全球化、地方经济发展、文化复兴等复杂的国内外形势，节

1　刘魁立、陈连山、施爱东、高丙中、黄涛：《四大传统节日应该成为国家法定假日》，《河南教育学院学报》（哲学社会科学版）2007 年第 2 期。

2　刘魁立：《传统节日的百年变迁》，《紫光阁》2011 年第 4 期。

日类非遗保护出现了遗产化和资源化两种发展趋势[1]。伴随着文化旅游的兴起，节日资源的开发利用已经成为非遗实现当代转化的一种普遍路径。这种实践一开始曾引起关于民俗真实性和民俗主义的广泛讨论，但随着节庆活动展演在世界范围内无处不在，现代民俗学不再“把在现实中得以展开的事象作为用于揭示过去的线索予以评价，而是将现实本身予以接纳，进而追问其意义”[2]。

节日遗产旅游的发展并非一定潜藏着对节日文化的过度利用，有时还可以成为整合政治、经济等多种资源的翘板。比如，贵州台江姊妹节，2004 年时从基层乡镇扩大到县城后又上升到州府，举办规模也越来越大，招致了很多批评。2005 年之后，经过调整，姊妹节重回县城举行开幕式，主要活动放在乡镇村寨进行，由民众自己举办，结果反映良好。当然，更多的节日资源化实践正在探索之中。例如，已列入国家级非遗名录的山东荣成渔民祭海仪式，增强了本地的知名度，其保护与传承单位院夼实业集团正在积极打造以“渔家文化”为主题的乡村旅游战略，筹备海洋牧场、统一化管理的农家乐等一系列文化旅游措施，同时编制《院夼村非物质文化遗产保护“十二五”工作规划》，挖掘民俗文化精髓，提升渔民文化影响力，服务渔民祈求丰收幸福的文化需求[3]。

正如有的学者所指出，地方性的民俗文化、富有历史韵味的传统文化等文化资本，从原先的民族国家现代化话语的边缘，开始上升为一种能够转化为经济资本的文化资本，并日益商品化，正是在这一过程中，民俗文化以及其他传统文化才有可能在现代性话语中获取合法地位，进而获得广泛的社会声誉，提高民俗文化在社会符号等级体系

1 徐赣丽、黄洁：《资源化与遗产化：当代民间文化的变迁趋势》，《民俗研究》2013 年第 5 期。

2 河野真：《普遍存在的民俗文化》，转引自《现代民俗学的视野与方向》（上册），商务印书馆，2018，第 241 页。

3 郑艳：《荣成院夼渔民祭海仪式保护现状与对策研究报告》，未刊稿。

中的位置[1]。有学者认为，节日遗产旅游的商业化开发并非都是坏事。关键是政府要处理好“办节”的定位，而且要处理好旅游展演和文化保护之间的关系[2]。

二、节日类非遗保护中存在的问题

（一）节日文化生态弱化

传统节日从节日的物质体系、仪式活动到精神核心构成一个内涵丰富、互为关联、充满生机的文化生态体系。但是，民国时期改用西历以后所致的官民分立的二元时间体制，对传统节日的传承造成了一定影响。“文化大革命”时期的节日改造也使得大量的节日文化空间，如祠堂、寺庙等遭到严重破坏。改革开放以来，以经济发展为中心的建设思路，又使得节日空间传承出现新问题。比如，贵州六盘水折溪村具有百年历史的新兴寺被改造成楼房样式，与遗产保护意愿相差甚远。广西融水县苗族坡会群因为仪式空间分散，且主办方没有安排供普通民众前往活动现场的车辆，使得政府发展旅游业的迫切想法与相对落后的基础设施建设之间的矛盾更为凸显[3]。更为突出的问题是，信仰作为节日精神内核长期被污名化，叠加上以遗产旅游之名的过度开发和不当利用，使得节日仪式的神圣性不断消解。有学者注意到，山西安泽“荀子文化节”从政府主导出发，从文化基址到仪式，重新构建了一套新的地域文化符号或标志，但缺失文化信仰核心的仪式很可能是昙花一现[4]。相反，广西百色布洛陀民俗文化旅游节选取了壮族文

1　刘晓春：《民俗旅游的意识形态》，《旅游学刊》2002 年第 1 期。

2　徐赣丽：《体验经济时代的节日遗产旅游：问题与经验》，《青海社会科学》2014 年第 5 期。

3　龙晓添：《节庆类非物质文化遗产传承、发展、保护调查报告——以“盘王节”“苗族坡会”“火宫殿庙会”为例》，未刊稿。

4　毛巧晖：《非物质文化遗产与地域文化符号的重构——兼论山西安泽“荀子文化节”活动》，《西北民族研究》2015 年第 4 期。

化发祥地和精神家园的新路向，在布洛陀人文始祖信仰核心的支撑下，嵌入“三月三”时间点，逐渐构筑了进入当地民众生活的民俗节庆[1]。另外，节日传承主体的客体化和区隔化也是突出问题之一。2018年广西贺州瑶族盘王节上，盘王节开幕式、盘王祭祀仪式、瑶族歌舞表演均需持有门票，能参加的一般都是特邀人物或者通过特殊渠道拿到门票的，而普通市民、外地前来赶会的瑶族同胞、外地游客均难以自如地参与节日活动，极大影响群众的参与性和主体性[2]。

（二）节日代际传承受阻

传承人群断层是传统节日传承的突出问题。究其原因，首先是社会转型所致。例如，在山东荣成院夼村，传统的渔盐生产工具、经验等已不能继续满足现实生产生活需要，原有的海洋文化已失去了生存环境，渔业生产的艰苦性等导致院夼渔业群体处于不断萎缩的状态，村民转产转业现象严重，少数村民转向海水养殖生产，多数就近外出务工。海洋文化的持续丰富发展也面临困境，渔民转产直接造成渔家文化传承、创造主体数量的减少[3]。在江西婺源，国家级非遗傩舞多靠口传心授，学习有一定难度，且经济收入较低，自愿报名学习的人并不多。随着电影、电视、电子游戏等大量进入乡村，诸多民间文化传统市场萎缩。如今会傩舞表演的村民平均年龄在60岁左右，年轻人不愿意去学习傩舞和徽剧等民间艺术[4]。其次，年轻人群体的参与度降低。尽管非遗校园传承已经成为学界和社会共识，但是非遗保护与应试教育主旨不一致，非遗传承与社区传承空间疏离；课堂内容通常只

---

1 毛巧晖:《非物质文化遗产与民俗节庆文化的建构——基于广西百色市布洛陀民俗文化旅游节的考察》,《贵州社会科学》2018年第3期。

2 龙晓添:《节庆类非物质文化遗产传承、发展、保护调查报告——以“盘王节”“苗族坡会”“火宫殿庙会”为例》，未刊稿。

3 郑艳:《荣成院夼渔民祭海仪式保护现状与对策研究报告》，未刊稿。

4 方云:《江西婺源农历新年傩舞习俗保护现状与对策研究报告》，未刊稿。

注重非遗技术、技巧方面的知识传授，较少关注非遗内涵等问题；非遗课堂常被其他科目占用，或流于形式，或应付检查，这些问题都造成包括传统节日在内的非遗代际传承受困[1]。在一些民族地区，还叠加了少数民族非遗教育弱化等因素[2]。最后是节日组织的现代转型之困。高丙中指出，社团组织在现代民族国家的框架下的合法性，可分解为社会（文化）合法性、法律合法性、政治合法性和行政合法性四个维度，但这四种合法性很难同时具备[3]。作为重要的节日活动组织者，一些脱胎于宗族组织的宗亲会常遭遇身份合法性危机。以辽宁尚氏家族祭祖为例，在 2018 年清明节之前，清明墓祭是由尚氏宗亲理事总会负责组织，2018 年 3 月，该组织被定为涉嫌非法社会组织。仓促之中，尚氏家族决定活动改由墓地所在村落小新村负责组织，但面对近千人参与的全国性祭祀活动，仅靠小新村无法进行有效组织管理。

（三）非遗保护管理机制尚需完善

作为一种文化行政，非遗保护管理工作尚存在着部门统筹协调不足、管理机制不顺等问题。节日是仪式、音乐、舞蹈、美术等构成的文化丛，但在节日保护实践中却被行政体系分割为分属不同部门的工作业务，牵扯文明办、宣传部以及教育、财务、人力资源等不同部门之间的协调。举办一场大型节日展演通常要文旅、交通、卫生等多部门统筹协调，县级以下部门一般很难做到，只能为了完成考核任务而疲于应付，难以让这种节庆展演真正融入民众的日常生活。同时，非遗保护机制不完善也造成节日保护困境。节日类非遗项目大多为集体

---

1 李卫英:《非物质文化遗产的学校教育传承路径探析——以贵州省民族民间文化进校园活动为例》,《湖南师范大学教育科学学报》2014 年第 4 期。曾梦宇、张雪梅:《“非物质文化遗产”学校传承方略研究——以黔湘桂侗族地区为例》,《原生态民族文化学刊》2016 年第 3 期。

2 普丽春:《学校教育中的少数民族非物质文化遗产传承与发展研究——基于对云南省的调查》,《民族教育研究》2010 年第 2 期。

3 高丙中:《社会团体的合法性问题》,《中国社会科学》2000 年第 2 期。

传承，按照现有国家规定的项目代表性传承人认定办法，很难确定一个或几个掌握全面知识的传承人。现有的代表性传承人在某种程度上也很难支撑起整个项目，因非遗传承人的认定带来很多纠纷。再者，资金支付式的保护带来的新矛盾。传承人资金使用原则上是用于非遗项目保护和传承工作，但现实中很多用于传承人生活改善或者其他方面，所以经费监管需要加强。另外因资金使用造成的传承人的“等、靠、要”思想也突显出来。现在国家对于乡村活动基本上都是直接下拨资金，但是很多事情并非有钱就可以解决，相反还会造成人们对国家资金的期待和依赖，进而影响其主动性的发挥。

（四）节日文化保护不当和利用不足

目前基层的节日类非遗保护倾向主要有两种。一是节日活动的过度商业化或政府的过多干预与揽责，其根本在于对于此类非遗的价值、功能和特性等认识不足[1]。在我们看来，更主要的问题是保护不当和利用不足。有的地方对节日文化的整体认知不足，简单进行“封存”式的博物馆式保护，背离了活态保护的精神。还有的片面重视手工技艺、民间文艺等有利于实现舞台化展演或者能够实现创收的非遗项目，对节日类非遗视而不见，也一定程度上忽略了民众对于节日传承的期待。例如，广东省省级贫困村中联村每年都由政府主导举办捕鱼节，村民也希望政府通过捕鱼节帮助他们开发汶水塘周边产品、打响节日品牌。但是地方政府在节会的设计和规划指导方面还缺乏有效的推动措施[2]。江西婺源长径村也一样，当地有着悠久的傩文化，但由于缺乏傩文化的整体保护观，缺乏有效开发利用方案，没有相应的配套与支援等，导致旅游开发与非遗保护之间的矛盾突显。节假日期

1　徐赣丽：《体验经济时代的节日遗产旅游：问题与经验》，《青海社会科学》2014 年第 5 期。

2　黄子宁：《广东省东源县漳溪畲族自治乡中联村汶水塘捕鱼节调查报告》，未刊稿。

间，外地游客常因缺乏配套设施，而觉行动不便。文化产品种类不多，形式也较保守，销售情况欠佳；与城市文创团队合作渠道不多，信息不通畅。在旅游景点的商业性表演，表演的多为简单的片段与节目，多少显得流于形式[1]。

三、节日类非遗传承的对策与建议

（一）构建政府主导下的非遗传承共同体

在“后申遗时代”，非遗保护实践和理论倾向已由“名录保护”为主逐渐转向注重“保护实效”阶段[2]。尽管目前仍存在着政府办节带来的困境，但是我们认为，在一段时间内，与公共文化服务关系紧密的节日类非遗保护有必要继续坚持政府主导。

然而，政府要设定好职能边界。要从整体上思考节庆仪式活动对于村落生态、生计方式、地方社会关系与公共文化建设的功能意义，以非遗传承为契机，重建村落文化生态。尊重民间仪式节庆活动组织传统，避免领导喜好与个人意志的强行介入干预，尽可能在最大限度上保持节庆活动的自发性，形成良性互动的节日文化生态。积极引导、规范和扶持民间自治组织，比如民间普遍存在的宗亲会、文化研究会、礼仪研究会等，实现其角色转换与功能转化，在传统文化传承和基层社会治理中持续发挥积极作用。要充分尊重民众集体性的信仰和宗教情感，尊重社区和群众自发传承节庆仪式文化的主体性，允许村民选择并保留他们的良善信仰的神灵祭祀场所、空间、法物、仪式、艺术等，如浙闽交界的七夕敬奉马夫人的信仰，就是一个孝道模范的崇信，如果我们将其当作封建迷信禁止，那伤害的不仅是敬奉马

1 方云:《江西婺源农历新年傩舞习俗保护现状与对策研究报告》，未刊稿。

2 宋俊华主编《非物质文化遗产蓝皮书：中国非物质文化遗产保护发展报告（2019）》，社会科学文献出版社，2020。

夫人的群众，同时伤害的是伦理道德传承的社会环境。因此对于这类与信仰结合的节日，采取适当的方法予以引导，将社会主义核心价值观与优秀的民族传统文化有机融合，是我们节日非遗传承所提倡的根本原则。

另外，要鼓励乡贤、民间社会组织和学者的参与。节日类非遗保护的不仅是一种技艺、表演，更是一种日常生活，而要呈现完整的生活，其台前台后、角色、道具等都需要资金投入，以及道路、演出场地、公共卫生等配套设施建设。因此，要尊重传统节日民间筹措资金的传统，减少对民间自发力量的官方干预，拓宽经费来源渠道。鼓励群众与民间组织自发筹资，政府适当补贴，而不是大包大揽。要加强学者的参与。鼓励高校和科研机构继续参与以文化和旅游部推动的非遗传承人培训为主导的教育培训工作。鼓励学术机构依托研究项目和培训工作，与非遗传承社区和群体建立共建关系。学术研究者也可深度参与非遗传承与保护工作，进一步参与社区文化建设。鼓励科研机构将非遗资源引入校园，非遗传承人进课堂，开设非遗课程。一些设计类、美术类专业学生可以利用自身专业知识对节日非遗资源进行创新和开发，比如设计当代节日象征符号与节日用品等，扩大民众认知范围，增强民众参与节日活动的兴趣。

非遗保护本质上是尊重民众文化创造，将民间文化还给民间，引导中国走向保持优秀民族文化传统，吸收人类文化之优长，融入社会主义新文化的民族文化健康发展道路。因此，政府秉承以“人民为中心”的立场，尽量减少非必要的干预，还节于民，促成非遗保护中社区主导的局面[1]，促成以人民为主体的文化形态。

1 安德明:《非物质文化遗产保护中的社区：涵义、多样性及其与政府力量的关系》,《西北民族研究》2016 年第 4 期。

（二）整体性重构节日文化体系

整体性保护原则对于节日类非遗传承尤为重要。我们认为，节日传承应该从节日的物质文化系统、精神文化系统和社会文化系统三个层面入手，抓住节日象征物、一系列仪式活动和节日的精神核心。在我们看来，节日传承要把握五个关键因素。

一是需要更为弹性的节日时间体系。建议继续优化和提升节假日体系。比如，重阳节为国家法定的老人节，但重阳节没有假日保障。如果重阳节放假，就可以更加充分体现尊老敬老的国家意志，还可以适当延长春节假期，为人们的团聚和节日体验提供更充分的时间保障。二是要保护和修复节日文化空间。尊重节庆仪式文化传承的多样性，鼓励各地对传统节庆仪式集中的乡镇、街道和村落实施整体性保护。结合传统村落、少数民族特色村镇和历史文化街区保护，注意保护节庆仪式相关的文化空间和特定的自然人文环境，如青海贵德的“六月会”，就是汉藏等各族民众一年一度以贵德县城附近市镇为范围，聚信仰仪式、社交、娱乐与商贸活动为一体的成功的范例。尊重适度商业化利用和旅游开发，防止破坏节庆仪式内涵的空间再造和过度开发。举行节庆仪式的文化空间要遵循自然性，贴近百姓生活。三是传承并构建符合现代生活需要的象征物。节日的象征物是节日的物质文化系统，不仅有象征层面的意义，还有烘托节日氛围的作用，是节日文化的载体。比如春节的年画、春联、灯笼，中秋节的月饼，端午粽和清明粿等。四是要鼓励恢复和重建一系列仪式活动。节日仪式是人们情感和愿望的表达，比如春节的祖先祭祀，清明的上坟扫墓，端午的龙舟竞渡，中秋的拜月赏月和重阳的登高赏菊，这些都寄托着人们感恩先人、祈福迎祥等浓郁的情感和美好的愿望。五是要坚守节日的精神核心。继续深入挖掘节庆仪式内涵，把握中国传统节日仪式的伦理本质和精神内核。节庆要始终面向民众，符合生活逻辑。在传承文化传统时，不断赋予传统以新的解释和新的生命力，节日才会有持续发展的动力。更新的节日应具备服务公众生活需要、增强社会团结与活跃社会生活的内容，同时秉承节日开放包容的特性。尽量有效调节传统节庆元素与现代社会融合的方式，比如制定地方春节适度燃放烟花爆竹规定，而非简单地全面禁止。在维系祖先祭祀和家庭伦理这一精神系统的基础上，人们可以返乡团聚，也可以在全家旅游中团聚，或者异地团聚；春节压岁红包，可以见面发红包，也可以远程微信发红包；拜年，提倡登门拜望长者，也可以微信拜年、电话拜年。变化的文化元素是每一个时代赋予节日和生活的特征，不变的精神核心是节日能够稳定传承的支点。

非遗保护应该与公共文化服务体系相连，满足各文化群体文化个性发展要求。从这种文化建设理念出发，非遗保护工作就有可能获得更大的发展空间[1]。有学者以广州扒龙舟节庆活动为例，提出拓展“城市乡间化”空间，整合利用进入城市后的乡村社区的传统文化资源，发挥乡村社区的文化功能，提升与城市经济互动，推动乡村社区可持续发展的可能性[2]。当前节日保护主要在于保护其生活服务功能与文化象征意义，节日传承应更加突出服务公众生活的需要[3]。对非遗的保护与传承不应该是静态的，必须是多层面、全方位、可持续性的，保护与合理开发利用并行，强调以人为本的意识，关注非遗与人的生存关系，要有让非遗走进生活的意识，特别关注与“现代”生活的关系，更要有可持续发展的意识，关注遗产的长久命运。

（三）推动学校教育与社区传承相结合

非遗教育传承近几年已成为学界和社会共识。2003 年《保护非物质文化遗产公约》要求各缔约国“采取措施，确保非物质文化遗

1　高小康：《非物质文化遗产的保护与公共文化服务》，《文化遗产》2009 年第 1 期。

2　储冬爱：《“城市乡间化”与乡村节日遗产保护》，《文化遗产》2016 年第 1 期。

3　萧放：《在全球化语境下的民族节日走向——以当代中国节日为例》，《民俗研究》2007 年第 4 期。

产的生命力，包括这种遗产各个方面的确认、立档、研究、保存、保护、宣传、弘扬、承传（主要通过正规和非正规教育）和振兴”[1]。2011年《中华人民共和国非物质文化遗产法》也明确提出“学校应当按照国务院教育主管部门的规定，开展相关的非物质文化遗产教育”。教育部2014年也印发了《完善中华优秀传统文化教育指导纲要》，要求根据不同学段学生身心发展特点，逐步推进传统文化教育，明确要求“深入开展创建中华优秀传统文化艺术传承学校活动，邀请传统文化名家、非物质文化遗产传承人等进校园、进课堂”。这使得非遗教育在文化行政层面具有了可能性。

当前高校非遗传承已从“以教师为主体、课堂传承为核心的理论准备阶段”发展至“以学科为主体、社会传承为核心的文化服务阶段”[2]，中小学非遗教育也有了丰富的经验积累。比如，北京的非遗教育传承已经初成体系，从构成内容上来看有学校行政部门每年例行举办的大型活动，像各种晚会、庆典等；年级和班级特色活动，包括朗诵比赛、戏剧表演等；综合实践活动课程和社会大课堂育人体系下的各种实践和选修课；丰富多彩的社团活动，像古琴社、汉服社、象棋社、民乐团等；结合国家课程设置的综合实践活动以及非遗展示展演和非遗知识讲座等。近年来，华东师大、北师大、长江大学、山西师大等高校组成的中国高校清明文化传承创新联盟，每年清明节期间在各大学校园组织师生，开展祭祀先师先贤活动，就是很好的高校节日非遗传承实践案例。

但是，非遗教育传承必须与社区传承结合，二者缺一不可，尤其是对于特别强调地域性、活态性的节日传承来说，仅靠节日知识进校园毕竟有限。现在我国一些学校除了非遗进校园“请进来”，也在探

---

1 文化部对外文化联络局编《联合国教科文组织〈保护非物质文化遗产公约〉基础文件汇编》，外文出版社，2012，第10页。

2 孙正国：《十余年来中国大学“非遗”传承的实践形态》，《文化遗产》2017年第1期。

索“走出去”，让孩子们走进博物馆、实践基地和社区进行文化体验，正是非遗教育传承和社区传承结合的探索。

（四）探索以服务和改善民生为目标的节日保护模式

在乡村振兴背景下，节日类非遗保护面临的困境很大。我们认为，当前一些乡村节日类非遗活动难以为继的重要原因在于部分乡村的衰败。因此，传统节日的发展不可能脱离乡村发展的现实，脱离不了乡村整体衰落的事实，节日类非遗的保护和传承应该将非遗保护与服务和改善民生、乡村重建等结合起来，根本出路在于村落重建。

要在乡村振兴背景下，加强村落基层组织建设，强化党建引领，以节日类非遗保护为突破口推动和引导基层民间组织的建设和健康发展，激活农村活力。依照乡村振兴的产业规划，在条件成熟的地方，可结合地方发展需要和文化优势，重点打造一批民俗文化特色村镇，尤其是既有良好的生态自然景观，又有一些与整体人文环境相协调的民俗景观，形成特色文化产业，也解决当地农民就业，促进经济发展。这符合当前国家以文化促旅游发展的政策方向，但是也要因地制宜，积极探索符合本地实际的节日遗产旅游发展途径。部分学者发现，遗产旅游的定位以及在“政府办节”语境下政府可以对节日进行有效管理和开发[1]，政府与民间的边界设定和互动合作也可以得到很好的协商[2]。在日本，非遗利用从最初的公开活用演变到目前强调促进地区振兴，地方政府根据项目差异，对表演艺术、传统技艺、风俗习惯三大类非遗实施各具特点的利用策略，依靠多部门、多主体共同推进，促进文化遗产的一体化综合利用[3]。这些案例均可以作为进一步探索节日

---

1 徐赣丽：《体验经济时代的节日遗产旅游：问题与经验》，《青海社会科学》2014 年第 5 期。

2 徐赣丽、耿瑞芹：《韩国法圣浦端午节的政府保护与民间参与——兼与中国传统节日进行比较》，《民族学刊》2012 年第 12 期。

3 刘鑫：《从公开活用走向促进地区振兴：日本非物质文化遗产的利用》，《民族艺术》2018 年第 5 期。

旅游的经验。当然，节日传承不一定都走旅游产业化道路，只有符合群众物质生活、社会生活和精神需要的保护才能实现可持续发展。

传统节日是祖先留给我们的重要文化资产，我们的优秀民族文化传统集中呈现在传统节日中，传统节日是我们联系古今、凝聚上下的特别时机。节日类非遗保护传承是非遗保护工作中最引人瞩目的部分，群众受益面广，社会影响力大，我们在节日非遗保护传承中既需要敬畏传统，也要适应当代社会民众生活需要，不断调整节日非遗服务社会的功能，让节日类非物质文化遗产成为提升日常生活质量与增进社会文明的重要力量。同时，节日类非遗也为中华民族现代文明烙下了深深的印记。

非遗保护与社区参与的多重实践模式

——庆祝《非遗公约》通过 20 周年

杨利慧（北京师范大学文学院民间文学研究所教授）

摘要　为回应联合国教科文组织为庆祝《保护非物质文化遗产公约》通过 20 周年提出的“将社区的声音带到最前沿”这一倡议，通过一城（区）一村、国内国外的实践案例，来展现不同社区参与非遗保护的路径选择及其多重实践模式，以突显社区的声音及其主体性，并为更多社区最大限度参与保护和管理提供借鉴。通过对北京东花市街道和高碑店村的田野研究，将“非遗在社区”这一模式归总为关键性的“三在原则”：传承人长期实践在社区、非遗“活”在社区、社区积极参与在保护过程中；从“进社区”到“在社区”，标志着中国非遗保护工作在理念和实践模式上的重要创新。“社区驱动的非遗利用与乡村振兴”模式的有效性表明：只有充分尊重社区具有的主体性和能动性，非遗保护才有可能迈向可持续发展和乡村振兴。巴塔纳生态博物馆的保护经验体现了“以社区为中心”的公约精神，为各缔约国更充分地发挥社区的主体作用提供了范例。

关键词　《保护非物质文化遗产公约》，社区参与非遗在社区，社区驱动，以社区为中心

为庆祝《保护非物质文化遗产公约》（简称《非遗公约》）通过

杨利慧

20周年，联合国教育、科学及文化组织（简称“教科文组织”）《保护非物质文化遗产公约》缔约国大会在2022年7月召开的第九届会议期间，通过了《关于在2023年庆祝〈保护非物质文化遗产公约〉通过20周年的提议》旨在提供促进20周年纪念筹备工作的各种措施，并提出举行系列庆祝活动的框架。在有关国家层面举办周年庆祝活动的四项目标中，首当其冲的便是“将社区的声音带到最前沿”（bringing communities' voices to the forefront），该文件指出:《非遗公约》的成就与传承人和相关从业人员直接相关，然而他们的故事并不经常被人听见。周年庆祝活动的策划应强调社区代表、传承人和其他传承主体在实施《非遗公约》所发挥的关键作用（Resolution 9.GA 13, para.8）[1]。

的确，社区（community）无疑是教科文组织有关非物质文化遗产（简称非遗）保护的一个关键概念。按照《非遗公约》及其

1　按国际文化政策研究领域的通行做法，本文举凡引述的教科文组织的相关工作文件，均可按文中括注的文件代码从教科文组织数字图书馆（unesdoc.unesco.org）获取。若非必要，行文中不再另作说明。

相关基本文件的精神，社区以及构成社区的群体和个人是非遗项目（ICHelement[s]）保护和传承的主体，只有社区最大限度地参与（widest possible participation）保护的整个过程中，非遗保护才能可持续地、有效地开展下去——自上而下的、由中央发动的、依赖政府支持的措施而构成的保护往往是短暂的，而长期的、全程性的社区参与，会带来比仅靠政府支持的保护措施更持久的持续性。因此，在教科文组织的《保护非物质文化遗产伦理原则》中，社区不仅应当最大限度地参与从确认、清单编制、保护措施的规划和实施以及开展申遗实践的整个过程，而且应当在其中发挥主要作用，成为所有保护措施或保护计划的中心以及入选名录/名册之后的主要受益方[1]。

不过，正如联合国教科文组织在上述20周年庆祝活动的议程中所清醒认识到的那样：尽管社区在整个非遗保护进程中具有至关重要的核心地位，但是在现实的保护实践中，社区的声音常常未能得到应有的彰显，传承人以及相关从业人员的故事"并不经常被人们听见"，这表明社区的重要性并未被充分认识。这方面的例证颇不少见，比如，中国民俗学会作为联合国教科文组织保护非物质文化遗产政府间委员会（以下简称"政府间委员会"）审查机构成员（Member of the Evaluation Body），在该公约建立的四重国际合作机制下，承担了2015—2017年的审查任务。作为中国民俗学会非遗团队（CFS4ICH）的成员，笔者在审查工作中便发现在一些缔约国的申报/推荐材料中，社区常处于"被命令""被召集""被告知"的被动地位，政府和专家的声音凌驾于社区之上。因此，持续落实和推进教科文组织的"以社区为中心"的原则要求，梳理并总结国内外实践社区参与的成功经验，更充分彰显社区的声音，不仅应是庆祝《非遗公约》通过

1 笔者针对社区参与在教科文组织有关非遗保护和管理中的重要作用有更全面梳理，参见拙文《以社区为中心——联合国教科文组织非遗保护政策中社区的地位及其界定》，《西北民族研究》2016年第4期。

20周年活动中的重要内容，而且也是未来国际非遗保护工作应长期建设和深化的一项基本任务。

为积极回应“将社区的声音带到最前沿”这一倡议，本文以北京市东城区东花市街道“非遗在社区”试点、朝阳区高碑店村的“社区驱动的非遗利用与乡村振兴”模式，以及经克罗地亚政府推荐、被政府间委员会遴选为“优秀保护实践名册”（*Register of Best Safeguarding Practices*）的“保护罗维尼活态文化的社区项目：巴塔纳生态博物馆”（Community project of safeguarding the living culture of Rovinj/Rovigno: the Batana Ecomuseum）为案例，力图通过一城（区）一村、国内国外的多样化实践，展示不同社区参与非遗保护的经验和模式，突显社区的声音及其主体性，也为未来国内外更多社区更有效地参与非遗保护和管理提供借鉴。

在开始下文的写作之前，这里先界定一下关键词“社区”和“非物质文化遗产”的概念。在《非遗公约》框架内，“社区”指的是直接或者间接地参与某一非遗项目或某一类非遗实践的施行和传承，并将之视为其文化遗产组成部分的特定人群。社区的规模可大可小，具有非固定性和非均质性的特点[1]。

按照《非遗公约》的界定，“非物质文化遗产”指被各社区、群体，有时是个人，视为其文化遗产组成部分的各种社会实践、观念表述、表现形式、知识、技能以及相关的工具、实物、手工艺品和文化场所[2]。不过，这里还需要说明：在一般人的认识里，“非遗”往往指那些经政府行政认定，进而被列入各类名录的非遗项目。但事实上，

---

1 杨利慧：《以社区为中心——联合国教科文组织非遗保护政策中社区的地位及其界定》，《西北民族研究》2016年第4期。

2 联合国教科文组织：《保护非物质文化遗产公约》，中华人民共和国文化和旅游部国际交流与合作局编：《联合国教科文组织〈保护非物质文化遗产公约〉基础文件汇编（2018版）》，内部资料，2020，第7–8页。

“遗产”应该包括两类，一类是“认知遗产”（heritage in perception），指那些在当代遗产标准框架下，被各种权威知识“认定”的遗产，如“世界遗产”“国家级非物质文化遗产代表性项目”等；另一类是“本质遗产”（heritage in essence），即那些在普遍意义上具有历史和艺术的内在价值的文化财产[1]。本文的“非物质文化遗产”是在较宽泛的意义上使用的，以被认定并列入各类名录的非遗项目为主，但同时也包括那些被社区认可但尚未列入各类名录的本质遗产。

一、“非遗在社区”：东花市街道的个案

东花市街道位于北京市东城区中东部，辖区面积 2.05 平方公里，辖区以居民小区为主，常住人口 4.7 万余人[2]。这里自 2020 年开始，成为北京市东城区实施“非遗在社区”模式的六个试点单位之一。

在国内的非遗保护实践中，一个较为常见的保护措施是“非遗进社区”（包括“非遗进校园”）。这种模式主要依赖传承人间或性进入特定社区，讲解和展示相关知识与技艺，是提升非遗可见度的一个有效途径，所以至今依然被广泛使用。但是，这一模式也存在较大问题：它往往将原本是日常生活有机组成部分的非遗剥离出来，作为静态的、相对孤立的知识予以展现，割裂了非遗与其赖以生存的生活语境的有机联系，观众得到的不免是碎片化的、一鳞半爪的知识，好比是把鱼儿从水中捞出来展示给人们看，所以，该模式具有“去语境化”的局限，对非遗的长效保护和可持续发展而言，效果不免受限。

为矫正这一模式存在的不足，文化和旅游部非物质文化遗产司（以下简称“非遗司”）于 2017 年年底在上海市奉贤区开始了“非遗

1　燕海鸣:《从社会学视角思考“遗产化”问题》,《中国文物报》2011 年 8 月 30 日。

2　北京市东城区人民政府:《这里是东花市街道》, https://www.bjdch.gov.cn/ztzl/dcyyffsn/yjdc/202210/t20221031_2978902.html, 2022 年 10 月 31 日发布。

在社区”新模式的试点。尽管在我看来，这一模式及其蕴含的理念适用于包括乡村在内的多种社会语境，但是非遗司实施这一模式的目的，原本主要是针对城市背景中非遗与社区生活往往更加疏离的问题，力图以此“进一步培育非遗在城市中传承发展的土壤，探索在城市中传承非遗的有效方式，维护和营造非遗传承发展的良好生态”，“推动城市化进程中非遗在社区的保护和传承，探索建设氛围更加浓厚的非遗特色社区”[1]。非遗司负责人王晨阳线上参会时表示，“非遗在社区”是非遗保护领域一项新的工作，是新型城镇化过程中加强非遗保护工作的积极探索，也是解决城市中非遗保护问题的重要措施[2]。2020年，在上海的试点工作取得初步成效后，非遗司将试点范围拓展为北京市东城区、上海市、温州市、青岛市、东营市、荆州市、深圳市、成都市等8个城市区。根据非遗司对试点城市的要求来看，“非遗在社区”的模式注重“尊重社区居民主体地位”“选择适合非遗资源”“创新工作模式”“发挥传承人作用”等工作要点，强调发挥非遗在加强城市社区治理、增进社区凝聚力、维系邻里和睦关系方面的重要作用，最终的目标是推动形成保护传承非遗的浓厚氛围，提高社区居民身份认同感和持续感，赓续城市历史文脉[3]。2021年8月，中共中央办公厅、国务院办公厅印发的《关于进一步加强非物质文化遗产保护工作的意见》中，已明确提出要在全国范围内“加强新型城镇化建设中的非物质文化遗产保护，全面推进‘非遗在社区’工作”[4]。

1 杨宝宝:《非遗在社区：让非遗活态传承，融入民众生活》，https://www.thepaper.cn/newsDetail_forward_10429535，2020年12月17日发布。

2 中国日报网:《“非遗在社区”全国工作经验交流活动在温州举办》，https://ent.chinadaily.com.cn/a/202208/09/WS62f23f96a3101c3ee7ae300d.html，2022年8月9日发布。

3 同1。

4 中共中央办公厅国务院办公厅:《关于进一步加强非物质文化遗产保护工作的意见》,《中华人民共和国国务院公报》2021年第24期，第14–17页。

北京市东城区成为“非遗在社区”的试点后，在全区范围内遴选了6个示范点，其中就包括东花市街道。历史上，该街道已成为老北京手工艺聚集区。有清一代，这里便有许多花庄、花局、花作，周边多数家庭都以扎制绢花为业，逐渐形成了制花、售花一条龙的规模化服务，因此得名“花市”。“燕京八绝”[1]等也都曾在这里设立作坊，各类手工艺中尤以绢花、绒鸟、料器等最为知名。2008年，东花市街道建立了北京市第一家社区博物馆——东花市社区博物馆，以非遗展示为主要特色，这里为绢花、绢人、绒鸟、“葡萄常”等多个非遗项目设立了专门展厅，陈列了各代表性传承人的艺术作品，还用多媒体技术展现各非遗项目的历史和制作过程。博物馆对社区居民和公众免费开放，宗旨是“服务社区”“传承民间艺术精髓，挖掘地区文化特色”，“面向居民，面向社会，建立一个陶冶居民艺术情操、提供科普文化教育培训的基地”[2]。东花市街道之所以被列为“非遗在社区”试点，便是因为这里已经具备较好的非遗传承土壤，按照东城区文旅局非遗科科长张佳宁的话说：

> 我们有一个国家级的试点叫“非遗在社区”，一字之差，不是“进社区”了，是“在社区”。我当时也是最早跟纪主任这边联络，因为花市（街道）我觉得是一个天然的“非遗在社区”的一个示范点，因为很多非遗项目是从这里生发出来的，那么现在我们让它回归它生长的土壤中去：我们给它找地方，给它对接资源，给它宣传展示的平台。……这就是“非遗在社区”的一个含义，像（王）晨阳司长说的，“非遗在社区”就是把鱼儿养在水

1 “燕京八绝”一般指景泰蓝、玉雕、牙雕、雕漆、金漆镶嵌、花丝镶嵌、宫毯、京绣八大工艺门类，其手艺往往承自清代宫廷造办处工匠，又汲取了各地民间工艺的精华，逐渐形成了具有“京作”特色的宫廷艺术。

2 东花市社区博物馆展厅“前言”，调查时间：2023年4月28日。

里，让它回归到自己生长的土壤中去。[1]

我们在调查中了解较多的滑树林，是国家级非遗项目“北京绢人”的市级代表性传承人，自 20 多岁进入北京绢花厂工作起便来到花市街道，如今已在这里工作了 50 多年，居民们常称呼他为“滑大师”。社区博物馆为滑大师设立了传承基地，其北京绢人项目的保护单位也在东花市街道。滑大师多年来热心传播绢人艺术，认为“非物质文化遗产是一（个）民族的财富，谁都有责任去传承”[2]。2021 年 5 月，新冠疫情肆虐北京，滑大师与街道干部和居民们一起合作，通过为期 2 个月的 7 次教授，以社区志愿者、青年社工、居民共同抗疫为题材，集体创作出绢塑作品《党领导抗疫，我们在一起》，作品随后被放在东花市社区博物馆长期展出。2021 年 10 月，为迎接北京冬奥会的召开，滑大师又在街道的组织下，以“冰雪迎冬奥”为主题，通过 7 次教授，和居民们一起制作了花样滑冰运动员、滑雪运动员等绢人模型[3]。

在滑大师看来，“非遗在社区”与“非遗进社区”的模式有着明显的区别，最重要的是二者投入的时间不同：“进社区”是“一时一事”，而“在社区”则强调“不断地传承”。

它就有一个时间概念。它“进社区”（好比）今天是非遗日，我们非遗进社区了，搞一些活动、展演，社区也跟着一块学学。这是一时一事。行，他（传承人）过了 12 点回家吃饭去了，

1 受访人：张佳宁。访谈人：杨利慧、代改珍、宋嘉琪。访谈时间：2023 年 4 月 28 日。地点：东花市社区博物馆。

2 受访人：滑树林。访谈人：宋嘉琪。访谈时间：2023 年 7 月 10 日。地点：北京市丰台区北京市第十二中学非遗博物馆。

3 东城文旅：《非遗在社区　渠道活受益广》，http://bj.wenming.cn/dc/yw/202111/t20211119_6241660.shtml，2021 年 11 月 19 日发布。

下午就不干了。这就是非遗日或者是什么活动日，这个（“进社区”）可以干。“非遗在社区”那就不是一时了！东花市如果需要你在这搞项目的话，你必须在社区不断地传承。[1]

滑大师以新冠疫情期间带领街道居民们一起创作抗疫主题的绢塑作品为例，对“在社区”的模式进行了具体说明：

你比如说疫情期间，我们到那儿（东花市街道）去传承非物质文化遗产的制作工艺，那么我们要求居民必须学会我们的制作工艺，这个过程要学会可不是一天两天的，每一个学期下来至少得十几节课！这十几节课要分布到居民那里，人家要吃饭，要带孩子，要生活，你哪能一下子完成……也只能就是说一个星期，上午半天，这算两节课或者是一节课，你到那儿教授（一个）什么技艺。这样呢这个10节课下来，他掌握全套的技艺以后，再组装成一个绢人。[2]

可见，在滑树林看来，“在社区”模式不强调“一时”地、快速而表面化地完成任务，而是在遵循社区日常生活的节奏里不断开展、逐渐完成的。对此，东花市街道社区服务中心的纪凌云主任也有类似的认识：“‘非遗进社区’就是一个初步了解，……现在‘非遗在社区’我感觉就是想让更多的居民参与，让居民上手做，感觉比在了解的基础上又更深一层了。”[3]

1　受访人：滑树林。访谈人：宋嘉琪。访谈时间：2023年7月10日。地点：北京市丰台区北京市第十二中学非遗博物馆。

2　受访人：滑树林。访谈人：宋嘉琪。访谈时间：2023年7月10日。地点：北京市丰台区北京市第十二中学非遗博物馆。

3　受访人：纪凌云。访谈人：宋嘉琪。访谈时间：2023年7月11日。地点：北京市东城区东花市街道社区博物馆。

不过，笔者在调查和梳理相关资料时发现，目前对于到底什么是“非遗在社区”，其根本原则是什么，与“非遗进社区”模式的区别在哪里等重要问题，尚缺乏清晰的界定与阐述，因此在具体实施过程中，不少从事保护工作的人员对此的认识比较模糊[1]。建议有关管理部门联合研究者，尽快对此做出更详细的阐述，以利于这一模式的有效实施和范围扩展。

在我看来，从东花市街道的案例中，可总结出“非遗在社区”模式的三个关键性原则，正是这“三在原则”将其与“进社区”的模式截然区别开来。

第一，传承人长期工作在社区。与“进社区”模式中传承人偶尔在某社区开展宣传活动的做法不同，“在社区”模式强调传承人长期在社区开展保护工作，正如前文中滑树林所说的，不是“一时”的宣传，而是“在社区不断地传承”。大师本人在东花市街道开展绢人手工艺保护实践多年，对当地社区十分了解，常以社区博物馆为基地，通过展品展示、课程讲授、亲自带领居民制作或者合作完成等方式，长期在街道开展非遗保护工作，对绢人手工艺的传承怀有强烈的使命感，在社区居民深入了解和掌握绢人技艺的过程中发挥了关键作用。

第二，非遗“活”在社区。与“进社区”的模式是将鱼儿捞出来予以静态、孤立展示的方式不同，“在社区”的模式注重“将鱼儿养在水中”，因此，非遗得以融入社区日常生活，并参与其当代建构。东花市街道在新冠疫情期间，通过集体制作抗疫绢塑来表达社区情感

1　2023 年 6 月，北京市文旅局非遗处在答复笔者的提案时提供的《北京市东城区“非遗在社区”经验分享》（内部资料），对东城区试点三年来取得的成就进行了总结，也指出了目前存在的问题，其中第一条就是“街道社区管理人员对‘非遗在社区’理念理解不够深入的问题。……部分工作人员不能很好地理解‘非遗在社区’的核心要义，存在概念模糊的情况，需加大宣传力度”。

和意愿的例子，便鲜明地表现了这一点。社区退休居民王大妈和邵大妈在介绍自己当时参与制作这个绢塑的背景时说：“做抗疫（作品）的时候，是当时（2021 年 5 月）的心情也都特别（不错），这么长时间了，总算战胜（疫情）了那一段，好像我们觉着（心情）释放出来了，赶紧借着这个茬，天天反正也老测核酸、扫码什么的，所以印象挺深的。你说拉车的、送菜的什么的，（绢塑）就把那个情景都展现出来了。”[1] 滑大师的想法则是为了记录抗疫期间社区的好人好事：“在抗疫期间，我们要反映社区在党的领导下一起抗疫：有的戴着口罩去给人家送餐，有的维持秩序，有的管扫码等等，抗疫活动都要反映出来。你要把这些社区的好人好事记录下来，这美好的一瞬给它固定下来，造型，这是我们的任务。”[2] 可见，绢人的制作不仅与街道居民的休闲娱乐、退休养老、提升艺术品位等日常需求相关联，而且在长达三年（2020—2023 年）的共同抗击新冠疫情的或压抑或释然的日子里、在喜迎北京冬奥会来临的历史时刻，成为社区内部表达情感和意愿、展示自身形象、记录社区好人好事的重要文化手段，充分显示了非遗作为“活态遗产”（living heritage）的特点，以及在凝聚社区、强化社区认同等方面的当代价值。

第三，社区长期参与在保护过程中。与“进社区”模式往往侧重于展示去语境化的、相对孤立的非遗知识，因而不免无视或者弱化了相关非遗社区的主体性的做法不同，“在社区”的模式则强调“尊重社区居民主体地位”，因而有利于突显社区的重要性、促进社区多元主体参与非遗保护的过程。东花市街道长期以社区博物馆为基地，开展非遗的展示、教育和传播等工作，自成为试点单位以来，更加注重

1　受访人：王大妈、邵大妈。访谈人：宋嘉琪。访谈时间：2023 年 7 月 11 日。地点：北京市东城区东花市街道社区博物馆。

2　受访人：滑树林。访谈人：宋嘉琪。访谈时间：2023 年 7 月 10 日。地点：北京市丰台区北京市第十二中学非遗博物馆。

居民的参与。滑大师在传授绢人技艺的过程中，其相关活动的参与者不仅包括街道的文化干部，还包括退休人员、家庭主妇和青少年等，而且，居民们不只是被动地学习，还主动创新，把自己的生活经验和理解也融入学习和创作中。王大妈和邵大妈在访谈中生动描述了在制作抗疫绢塑的过程中，居民们如何积极参加活动并进行创新的情景："居委会通知我们来，我们也知道通知有这项活动，我们挺愿意参加，亲自想做试验，也（有）自己的成就感。""（制作绢塑时）这拉车的、送菜的这些，都是咱们跟老师提出说，'老师我想做一个这样的'，老师说'行'，（这）是我们自己想象出来的，送菜送饭，还有测体温的，因为这些情景当时都在脑子里，当时都经历过这种场面，所以就能想象得出来。""当时，好家伙，都挺积极的，因为什么？从早晨 9 点到了以后忙到 12 点多，连厕所都顾不上上，都忙着弄。"[1]

如今，东花市街道已经培育了约 100 名非遗爱好者、20 余名非遗制作骨干，使东花市街道成为具有浓厚非遗氛围和良好传承生态的社区。

从"非遗进社区"到"非遗在社区"，标志着中国非遗保护工作在理念和实践模式上的重要创新，对社区重要性和主体地位的更深入认识，以及对教科文组织"以社区为中心"的伦理原则的进一步落实和推进[2]。这一模式的关键性"三在原则"，突破了"进社区"模式中存在的多种局限，更有利于彰显非遗在活生生的、血肉相连的日常生

1 受访人：王大妈、邵大妈。访谈人：宋嘉琪。访谈时间：2023 年 7 月 11 日。地点：北京市东城区东花市街道社区博物馆。

2 蔡丰明认为："非遗进社区"更多还是宣传推广，而"非遗在社区"强调非遗作为一种整体性的生活方式融入广大社区和民众生活之中，把原来单一模式对文化遗产的保护，推广到更深层次的非遗生活化、民众化领域，是对以往非遗保护模式的突破与超越，更加体现了非遗保护的本质意义。宋俊华认为："非遗在社区"是非遗社区性的内在要求，是国际国内非遗保护社区参与理念的具体体现，是非遗整体性保护的重要内容。这些看法都很有见地。参见中国日报网：《"非遗在社区"全国工作经验交流活动在温州举办》，https://ent.chinadaily.com.cn/a/202208/09/WS62f23f96a3101c3ee7ae300d.html，2022 年 8 月 9 日发布。

活中作为“活态遗产”（living heritage）的特性以及当代功能和价值，也更有助于社区广泛参与保护过程，为实现非遗的系统性保护和可持续发展提供了新的有效路径。

二、社区驱动的非遗利用与乡村振兴：高碑店村的个案

高碑店村属北京市朝阳区高碑店乡，在东长安街的延长线上，距天安门 8 公里。现村域面积 2.7 平方公里。近年来，随着城镇化的快速发展，昔日高碑店村的很多村民已经拥有了城市户口。不过，据 2020 年的人口统计结果，在该村近 6000 户的户籍人口中，依然有 665 人是农民[1]。

笔者在 2008 年北京奥运会召开之前即开始关注高碑店村，自此之后的 10 多年里，曾多次前往该村进行追踪调查。这个首都近郊的村落积极借助奥运会、非遗保护、新农村建设、乡村振兴、北京大运河文化带建设等各种契机，主动利用非遗来开展国际民俗旅游、实现乡村振兴的策略和实践，成为我观察民间传统与社会如何互动的绝佳窗口[2]。在本文中，我将继续通过该村的个案，来展现特定乡村社区是如何在非遗利用和乡村振兴过程中发挥其主体性的。

高碑店村位于大运河的重要河道——通惠河边，自元代河道开凿以来便是南粮北运的重要码头和货物集散地，所以很长一段时间

1 高碑店村经济合作社社长王娟提供。

2 我和团队对该村多年来的调查和研究成果，参见 Yang Lihui，“Displaying Chinese Folklore to the World: The 2008 Olympic Games and International Folkloric Tourism in Gaobeidian Village in the Suburbs of Beijing”，https://www.harvard-yenching.org/wp-content/uploads/legacy_files/featurefiles/HYI_-_YANG_Lihui_Displaying_Chinese_Folklore_to_the_World.pdf，2010 年 7 月 1 日下载；杨利慧、祝鹏程、张荣：《北京市民俗旅游的发展状况（2008—2009）——以高碑店村和涧沟村的田野调查为个案》，转引自《2008—2009 年北京文化发展报告》，文化艺术出版社，2009，第 336-350 页。

里，在运河边上做“扛大个的”（码头上装卸货物的搬运工）或者到北京城里走街串巷卖小金鱼，是当地家庭重要的生计手段[1]。1949年中华人民共和国成立后，高碑店先后成立了农业合作社，20世纪50年代实现了粮食和蔬菜的双丰收，并获得了时任国务院总理周恩来颁发的“农业建设社会主义先进单位”的奖状。但是，1983年以后，高碑店开始面临巨大的危机：村里原有的2300亩（约合1.53平方千米）耕地逐渐被京沈铁路、京通快速路、污水处理厂等国家和市政工程征用，村里不再拥有耕地。这使高碑店变成了一个“叫农村无农业，称农民无耕地，农转居无工作”的“三无村”。

为改变这一现实困境，高碑店村自2002年开始探索“文化兴村”的道路，而非遗成为重振乡村的重要资源。为发展国际民俗旅游、吸引国内外游客，村里陆续恢复了村里有名的高跷老会——该会曾多次荣获北京市民间花会表演的大奖，并于2010年列入北京市非遗名录。该村还先后成立了小车会、秧歌队、舞蹈队、腰鼓队、太极拳队、威风锣鼓队等20多支文艺表演队，同时开始举办大型端午节、中元节等民俗节日活动，向游客展示当地节日习俗。此外，在发展旅游业的过程中，民俗接待户们还十分注重发挥老北京饮食民俗的作用，比如常为外国游客做“宫保鸡丁”和“京酱肉丝”，以及互动性较强的饺子和抻面等，以突出北京“东方古都”的文化品位和饮食民俗的趣味性。

在非遗利用的整个过程中，高碑店村村委会和村民们积极协作，合力推动，最终实现了乡村振兴。其中起主导和决策作用的自然是村委会。比如自2002年以后长期担任村党支部书记的支芬，在高碑店整个振兴过程当中非常关键，是她确立了文化兴村的方向和策略，并且推动了这一方向和策略的落实。但是高碑店村的村民也同样重要，

1　本节有关高碑店村历史及发展国际民俗旅游情况的梳理和研究，如无特别说明，均参见拙文《社区驱动的非遗开发与乡村振兴：一个北京近郊城市化乡村的发展之路》，《民俗研究》2020年第1期。

他们不仅是非遗的主要传承者，也是振兴过程的积极参与者和推进者，与村干部一道共同促成了高碑店的利用与振兴。比如高跷会的张爱革会长和他的一家人都十分热心村里的事。我们在他家做访谈时，张会长的老母亲说："我们全家都非常支持村里的事，村里一有集体活动，我们家就没人了，就全都去参加集体活动了。"张会长本人更是如此：

> 我从小在父亲的带领下开始学习高跷。1979 年重整高跷会的首场演出中我 12 岁，扮演小头行，是当时年岁最小的演员。从那以后通过自己的勤学苦练成为高跷会的主力演员。1981 年组建少年高跷（队）时，我父亲张文玉是会头（会长）兼总教练，我是全队的核心，通过艰苦训练，我们高碑店高跷会在全国首届龙潭杯花会大赛中获得全体总分第一名的好成绩，荣获一等奖（共有 100 多个会参赛）。我本人获得个人优秀表演奖第一名。在以后的各种比赛中高碑店高跷会都是第一，我都是个人优秀表演奖。高跷会从小头行到老太太十四个角色的活我全都会。……自 2005 年开始从化妆上、服装上、动作编排进行改革创新。今年又重新组建了少儿高跷（队）。[1]

作为村里非遗保护和发展的核心人物，张会长对自己的责任以及如何既传承高跷又不固守成规，有非常明确而坚定的认识。目前，在他的带领下，高跷老会的 20 多位成员每周五都会聚在一起走高跷，村里少儿高跷队的 20 个孩子也每周坚持训练；张会长的孙女打小便接受爷爷的训练，如今已是少儿队的主力，而他三岁的小孙子现在也

1　2018 年 12 月 6 日笔者对张爱革会长的微信访谈。

能有模有样地走高跷了[1]。

另一位舞蹈队成员田玉臣在访谈中也讲述了自己学习并表演舞蹈、热心为村集体尽力、不辞辛苦的故事，令我和学生们都深为感动：

> 这服装都是我们自己做的，那个新疆舞（的服装），就是我们一针一线做出来的。当时没那么多钱，我们就用那个黄穗，通开以后，用那个竹棍，一层一层绑，绑出那么一个穗来，一跳起来特别好看。那会儿天天上午跳舞，下午做衣服，根本就没有休息，08、09（年）那时候外国人经常来民俗村，民俗村刚开始呢。我们自己做衣服，自己花钱买（材料），没用公家掏一分钱，都是自己。还比如说要糊灯笼，一次起码得糊两天到三天，或者四天，最多时候我们糊了五天。这些河灯都是哪来的？这些灯笼，85% 以上都是用那铁丝围的，围完了以后再糊纸。你看我这手，我这皮层都坏了……我们村里所有需要人去干的活儿，只要说一声，这帮人就跟那吃了蜜蜂屎似的，就得往上去。包粽子，一包三四天、五六天，就坐在这儿包。我们头年包了 1600 斤米！这什么劲头啊？！家里都不顾了，饭我也不管做，什么都不管，就干这个去了。[2]

总体而言，尽管参与非遗利用与乡村振兴的主体是多元的，而且村民对待利用的态度和参与程度并不完全一致，但在村委会的领导下，各种力量通力协作，最终促成了村落的重振。

近两三年来，随着科技进步和北京市内水岸经济的发展，高碑店村的总体发展策略再次产生了相应变化，不过，村党建办主任李涛告

1　2023 年 7 月 6 日笔者对张爱革会长的微信访谈。

2　受访人：田玉臣。访谈人：杨利慧、马会、孙伟伟、姜文华、王心怡。访谈时间：2018 年 11 月 30 日。地点：高碑店村张爱革会长家。

诉我们：高碑店不会放弃民俗文化，目前依然不断在村民中宣传非遗。2021 年，高碑店村新建了“非遗民俗展览馆”，以“燕京八绝”和高碑店地区特色漕运文化、金鱼文化为主题，希望通过创办非遗民俗展览馆，记录和传承高碑店地区特色文化与非遗民俗文化，进一步助力地区文化产业发展[1]。为突出高跷老会在村落文化中的重要性，还另外专门修建了“高碑店村高跷博物馆”，展陈高跷老会表演的历史与辉煌。用李涛的话来说，“民俗文化是我们村的一块招牌，这是我们的王牌，我们肯定要抓住”。

> 一个是高跷，我们现在正在培养新的小孩，（高跷传承）都到第五代了，我们不能断了啊。刚才咱们看了非遗馆，我们为什么要做这个非遗馆？你看里面展示的内容其实不只是我们村的，还有北京市跟全国的，“燕京八绝”就是北京的，我们就想把非遗带到村民中来，不让大家感觉它是高高在上的，所以我们村民也能来（非遗馆）体验。我们村里现在每个月都会做一场非遗活动，每月一次，跟着二十四节气。上周我们做的茶艺，然后其他的就是画脸谱、剪纸，根据不同的时间（选择不同的项目）。[2]

高碑店村近 20 年来积极运用非遗资源谋求乡村脱贫致富的案例，昭示了一个“社区驱动的非遗利用和乡村振兴”模式[3]。其中“社区驱动的”（community driven）的提法，笔者是借鉴了美国民俗学会执行理事长杰西卡·安德森－特纳（Jessica Anderson-Turner）有关“社区

---

1 北京朝阳 APP：《高碑店非遗民俗展览馆开馆，非遗展品凸显“千年古村”文化面貌》，http://bj.wenming.cn/chy/wmcj/202107/t20210714_6111943.shtml，2021 年 7 月 14 日发布。

2 受访人：李涛，高碑店村党建办。访谈时间：2023 年 4 月 28 日。访谈地点：高碑店非遗馆。访谈人：杨利慧、丁红美、宋嘉琪。

3 杨利慧：《社区驱动的非遗开发与乡村振兴：一个北京近郊城市化乡村的发展之路》，《民俗研究》2020 年第 1 期。

驱动的文化遗产项目调查方法”的表述[1]，但是我用它来指以社区为主体以驱动非遗保护和发展，进而实现乡村振兴的模式。具体而言，该模式注重如下原则的重要性：①由社区驱动的内在发展动机；②以社区自身文化传统为基础；③保护和利用过程中的社区参与；④社区受益。高碑店村的成功便为这一模式的有效性提供了范例——其利用非遗和振兴乡村的动力源于社区内部解决生存困境的现实需求；所依赖的主要非遗资源来自社区原有习俗，所以其利用重振了非遗传统；利用和振兴过程由村委会和村民们一道参与，共同完成；最终，村落和村民从非遗利用和乡村振兴的结果中直接受益——依靠发展特色经济，高碑店村成功从“三无村”转型为“发展有后劲，人人有事做，生活有乐趣”的“三有村”，先后被授予“北京美丽乡村”“首都文明村”“全国文明村镇”“中国十佳小康村”等称号[2]。

在庆祝《非遗公约》通过20周年以及全球乡村亟待振兴[3]的今天，高碑店村的发展之路所揭示的这一“社区驱动的非遗利用和乡村振兴”模式，对于认识社区的作用具有重要意义：只有充分尊重社区具有的主体性和能动性，才有可能真正实现非遗的可持续发展，也才能带来乡村的真正振兴。

---

1 杰西卡·安德森·特纳:《以社区为驱动的美国民俗学研究》，张立群译，《社会科学报》2018年第5期。

2 高碑店村史博物馆的解说词，调查时间：2023年4月28日。调查人：杨利慧、丁红美、宋嘉琪。

3 杨利慧主编《非物质文化遗产学术精粹“一带一路”国家的非遗保护与乡村振兴》，中国社会科学出版社，2022。该卷汇聚了包括中国、塞尔维亚、保加利亚、伊朗等“一带一路”国家关于非遗保护与乡村振兴的较新研究成果，展现了各国在实现非遗保护和乡村发展过程中的举措、经验与存在问题。

三、“以社区为中心”的国际范例：巴塔纳生态博物馆

2016 年，我最初看到克罗地亚提交的《保护罗维尼活态文化的社区项目：巴塔纳生态博物馆》推荐文本时，其出色的社区参与实践便给我留下了深刻印象。

罗维尼（Rovinj/Rovigno）是坐落在克罗地亚境内亚德里亚东北海岸的一座充满中世纪风情的小城。由于近海而生，人们的传统生活方式均与海结缘，在城市人口中，水手和渔夫占据了多数[1]。“巴塔纳”（Batana）是一种传统的木质渔船，与之相关的文化贯穿在当地日常生活的方方面面，包括木船的制造、用木船捕鱼，以及与之相关的方言、歌唱表演、仪式、贸易等等，这些传统一直是罗维尼生活和文化的特色。20 世纪中叶，由于人口减少、新居民加入、旅游业发展、塑料船的引入以及家庭渔业活动的减少，巴塔纳木船日渐消失，与之相关的各类传统文化也面临严重的生存危机。巴塔纳生态博物馆就是在这样的语境中建立起来的。

在推荐文本中，该项目的相关社区、群体和个人被表述为“涉及罗维尼市地方社区的所有居民，无论其种族、年龄、性别和其他隶属关系如何”，而“讲当地古老意大利方言的居民则是与该项目有关的大多数传统的主要传承者，也是该项目的发起人”（Proposal file No.01098，ICH-03-Form SectionG）。归纳起来，该项目中“以社区为中心”的实践主要体现在以下三个方面。

第一，自下而上的主动性（bottom-up initiative）。生态博物馆项目由当地人自主发起和推动。21 世纪初，几位仍然在使用巴塔纳木

1 Government of Croatia，*Community project of safeguarding the living culture of Rovinj/Rovigno: the Batana Ecomuseum*, https://ich.unesco.org/en/BSP/community-project-of-safeguarding-the-living-culture-of-rovinj-rovigno-the-batana-ecomuseum-01098, n.d., 2023。该保护项目的推荐材料卷宗可从以上网址获取，行文中或采取夹注方式即“(Proposal file No.01098)”，不再另作说明。

船的当地居民开始意识到巴塔纳文化以及相关的罗维尼历史和文化遗产正在消失，他们认为自己有义务保护木船及其所有相关传统，于是便产生了重新评估和有组织地建设巴塔纳项目的想法，有人还捐赠了位于罗维尼港口的一座老房子。在市政府的支持下，一些对此怀有热情、关注自身文化遗产的当地人聚集起来，成立了一个非营利性的协会“巴塔纳之家”（House of Batana）。为了积极使用和更广泛地展示巴塔纳木船，社区还与生态博物馆学领域的专家合作。同时对该项目提供支持的还有市政府、市遗产博物馆、罗维尼历史研究中心和当地的意大利人社区。2004 年 9 月，“巴塔纳之家”对外开放，这个非营利性的组织创建了巴塔纳生态博物馆，并将博物馆的使命界定为研究、保存、评估和认同有关巴塔纳的当地社区历史记忆和日常生活（Proposal file No.01098，ICH-03-Form Section 6）。

第二，社区制定并施行保护措施。为保护该项目，社区规划并实施了一系列保护措施，包括：①建档，包括制作视频解说资料、编写和出版书籍等；②确保传统的延续，包括制造船坞，将建造和修理巴塔纳与公众展示相结合，从而使巴塔纳文化成为当前生活方式的一部分；建立罗维尼小酒馆（cantinas），为当地社区以及外来游客提供社交、享受相关传统美食、美酒和传统音乐表演的场所；举办传统的巴塔纳下水活动，如今已成为公众的热门活动；生态博物馆鼓励每年建造和更新巴塔纳，并为造船者提供教育 / 培训和资金支持等；③弘扬与振兴，比如举办帆船比赛，鼓励年轻人参与；设计“巴塔纳之路”主题旅游路线，使居民和游客们从“巴塔纳视角”体验和了解罗维尼；④教育和传承，博物馆为在校学生组织造船和其他相关传统（手工艺、歌唱与口头表演）的工作坊等；⑤研究与跨学科方法，博物馆与各种专业人士合作，确保对当地遗产及其多层次的研究采取跨学科的方法；与国际非政府组织和协会开展广泛合作（Proposal file No.01098，ICH-03-Form Section1.b）。由于该项目主要由当地社区发起、规划和管理，因此在实施上述保护措施的每一个阶段，都有整个社区的最大限度参与（with the widest participation of the whole entire community at every stage）。

第三，社区自我管理（self-management）。博物馆的管理分为运营管理和年度工作规划执行，这两个方面均由社区代表们完成（Proposal file No.01098，ICH-03-Form Section5.a）。在该博物馆的指导下，从2006年到2015年近十年间，有200~300位居民一直在当地社区传承和传播自己掌握的知识，并在国内外公开推广。社区的许多成员参与了各种活动的实施，如研讨会、教育计划、国际合作（帆船赛和类似活动）、专家会议和圆桌会议、公开演讲、研究等。除了常规的文化实践，当地社区和生态博物馆的成员也参与博物馆学实践。当地人组成各个工作小组，参加摄影、记录和民族志研究的生产和分析。能工巧匠们分享他们在当地纪念品制作方面的知识，其纪念品在博物馆的商店出售。博物馆所编辑的书籍也是由协会的一些成员根据自身的专业背景撰写的，如此等等。

值得注意的是，为了持续、合法地推进保护工作，管理层还成立了一个行业协会，以便他们能够运营该博物馆并获得管理该馆的经济来源。社区的自我管理取得了成功：到2015年10月提交该项目的推荐材料时，生态博物馆60%的收入来自其各种活动，其余的收入则通过地方和国家的投标、捐赠、合作以及欧盟基金等筹得。因此，该项目的推荐文本中自豪地总结道："社区不仅是非物质遗产的传承者，也是其积极的管理者，他们为未来塑造非物质遗产，对其进行充分建档并赋值（valorises）。"（Proposal file No.01098，ICH-03-Form Section5.a）

推荐文本中列出的相关细节还有很多。总的说来，巴塔纳生态博物馆项目由相关社区自主发起、规划、实施并自我管理，社区在整个保护过程中发挥了主要作用，所以，该项目突出体现了"以社区为中心”的《非遗公约》精神。在2016年政府间委员会第十一届常会上，该项目作为“最能反映《非遗公约》的原则和目标的计划、项目和活动”，被成功遴选为“优秀保护实践名册”。对于该保护项目所具有的示范作用，政府间委员会在其所作的决定（Decision 11.COM 10.c.4, para.2）中有所总结，其中包括反映了《非遗公约》有关“社区广泛参与其活态传统的保护”的原则；“提供了按照新的博物馆学理念、提升当地社区非遗价值的有效自我管理的好样例”；提出了基于“由整个社区参与的自下而上的主动性”等实践构成的模式，等等，为各缔约国更有效践行“以社区为中心”的原则提供了一个范例。

结论

本文以呼应教科文组织为庆祝《非遗公约》通过20周年而提出的“将社区的声音带到最前沿”这一倡议，通过一城（区）一村、国内国外的案例，来展现不同社区参与非遗保护的多元经验和模式，突显社区的声音及其主体性，也为未来更多社区最大限度参与保护和管理提供借鉴。

立足东花市街道的个案，笔者认为“非遗在社区”这一新模式具有关键性的“三在原则”：传承人长期工作在社区、非遗“活”在社区、社区长期参与在保护过程中。这三个关键性原则将其与“进社区”的模式区别开来。从“非遗进社区”到“非遗在社区”，标志着中国非遗保护工作在理念和实践模式上的重要创新，对社区重要性和主体地位的更深入认识，以及对教科文组织“以社区为中心”的伦理原则的进一步落实和推进，更有利于彰显非遗作为“活态遗产”的特性及其当代价值，也更有助于社区广泛参与保护过程，为实现非遗系统性保护和可持续发展提供了新的有效路径。

高碑店村的发展之路则显示了“社区驱动的非遗利用和乡村振

兴”模式的有效性。在《非遗公约》实施20周年以及全球乡村亟待振兴的今天，该模式对于赋权社区具有重要意义：只有充分尊重社区具有的主体性和能动性，才有可能真正实现非遗的可持续发展，也才能带来乡村的真正振兴。

巴塔纳生态博物馆的保护经验突出体现了“以社区为中心”的《非遗公约》精神：该项目由相关社区自主发起、规划实施并自我管理，社区在整个保护过程中发挥了主要作用。该保护项目为诸多缔约国更充分发挥社区的主体作用提供了范例。

社区既是形成非遗系统性保护格局的重要基础，也是非遗助力实现可持续发展的内生力量。希望本文的探讨和梳理有助于进一步彰显社区的声音，总结和分享其参与经验，强化对社区重要性的认识，这不仅应是庆祝和反思《非遗公约》通过20周年的应有内容，而且是未来非遗保护工作应长期推动的一项基本任务。

制度引擎：非遗传承人能力建设研究[1]

林继富（中央民族大学民族学与社会学学院教授）

杨文（中央民族大学民俗学专业2020级博士研究生）

摘要　传承人是我国非遗保护的主体，其能力建设是非遗传承人制度建设核心。我国在20年的非遗保护中，代表性传承人认定标准与管理制度不断完善；非遗传承人技能艺能水平、创新能力、传承传播能力等因为制度化优势不断增强。探索和完善传承人认定制度、建立非遗传承群体认定制度和“荣誉”退出制度，为传承人赋权、赋能，推进传承人能力全面系统建设。

关键词　传承人制度，能力建设，赋权，赋能

自2004年全国人大常委会批准加入《保护非物质文化遗产公约》（简称《非遗公约》），我国基于《非遗公约》的基本框架制定了一系列具有中国特色与价值理念的非物质文化遗产保护制度，形成了“政府主导、社会参与、学者研究与项目持有者、文化享有者多方互动”[2]的制度化保护路径。中国非遗传承人保护制度便是由“项目”保护向

1　项目基金：本文为国家哲学社会科学一般项目“非物质文化遗产的文化基因赓续与构筑中华民族共有精神家园研究”（项目编号：22BMZ075）的阶段性研究成果。

2　林继富、闫静：《非物质文化遗产系统性保护内涵建设与实践模式研究》，《文化遗产》2023年第1期，第1–9页。

林继富

以“人”为本的保护转变下的重要成果与实践，“形成了以代表性项目和代表性传承人为核心的非遗保护实践体系，充分体现了以人民为中心的保护主旨”[1]。

非遗传承人从普通传承人被认定为“非遗代表性传承人”开始，进入制度体系的非遗传承人被赋予一定权利，也推进了能力建设，进而实现身份的改变。随着我国非遗项目代表性传承人评选和认定工作推进，被认定为非遗项目代表性传承人的人数越来越庞大。经由国家认定的“非遗代表性传承人”身份带来的赋能与赋权机制成为改进和创新非遗传承人制度、推进非遗可持续发展的必由之路。

一、非遗传承人能力建设的制度体系

传承人能力提升是非遗传承人保护制度的重要内容，关联着我国非遗系统保护和可持续发展目标的实现。非遗传承人相关法律与制度

1　林继富：《非遗代表性传承人保护的中国实践》，《中国民族报》2018 年 6 月 8 日，第 9 版。

建立体现了传承主体重要性的确认，形成了以传承人认定与管理为核心的非遗传承人能力提升的制度体系。

《非遗公约》强调作为文化持有者“各社区、群体，有时是个人”[1]的价值。中国在《非遗公约》精神框架内形成以非遗传承人能力提升为导向的制度化建设道路。

2004年，我国文化部、财政部颁布《关于实施中国民族民间文化保护工程的通知》，提出“建立民族民间文化传承人（传承单位）的认定和培训机制；建立传承机制”[2]。2005年颁布《国务院办公厅关于加强我国非物质文化遗产保护工作的意见》（以下简称《意见》（2005））要求“建立科学有效的非遗传承机制，对列入各级名录的非遗代表作采取命名、授予称号、表彰奖励、资助扶持等保护方式；鼓励代表作传承人团体进行传习活动；通过社会教育和学校教育，使非物质文化遗产代表作的传承后继有人”[3]。同年，《国务院关于加强文化遗产保护的通知》强调“对列入非物质文化遗产名录的代表性传承人，要有计划地提供资助，鼓励和支持其开展传习活动，确保优秀非物质文化遗产的传承”[4]。文件使用“非物质文化遗产名录的代表性传承人”概念，提出加强传承人保护的基本措施，但还未正式建立代表性传承人认定制度。

---

1 文化和旅游部:《保护非物质文化遗产公约》，文化和旅游部非物质文化遗产司:《非物质文化遗产保护法律法规文件汇编》（内部刊物），2021，第425页。

2 传承机制：研究制定民族民间文化传承人（传承单位）的标准规范与命名办法，命名2~3批民族民间文化传承人（传承单位）。对有代表性并做出重大贡献的传承人（传承单位）授予相应称号。载于中国民族民间文化保护工程国家中心编《中国民族民间文化保护工程普查工作手册》，文化艺术出版社，2005，第191页。

3 文化和旅游部印发:《国务院办公厅关于加强我国非物质文化遗产保护工作的意见》，载文化和旅游部非物质文化遗产司主编《非物质文化遗产保护法律法规文件汇编》（内部刊物），2021，第34页。

4 文化和旅游部印发:《国务院关于加强文化遗产保护的通知》，载文化和旅游部非物质文化遗产司主编《非物质文化遗产保护法律法规文件汇编》（内部刊物），2021，第29页。

2006年《国家级非物质文化遗产保护与管理暂行办法》颁布，四级非物质文化遗产项目名录和四级非遗传承人体系逐步丰富，并提出“代表性传承人”与非遗代表作名录体系及其分类的关系，为我国制定非遗传承人四级名录体系和分类体系打下基础。

2008年文化部审议通过《国家级非物质文化遗产项目代表性传承人认定与管理暂行办法》(以下简称《暂行办法》)是我国首部非遗传承人专门管理办法，标志着我国非遗项目代表性传承人认定与管理制度初步确立。《暂行办法》明确非遗传承人制度化的认定和管理，将国家级非遗项目代表性传承人定义为“经国务院文化行政部门认定的，承担国家级非遗名录项目传承保护责任，具有公认的代表性、权威性和影响力的传承人”[1]，并明确了非遗传承人的认定条件、义务、取消资格等规定。这一时期，文化部在2007年6月公布第一批国家级非遗项目代表性传承人226名。

2011年实施的《中华人民共和国非物质文化遗产法》(以下简称《非遗法》)，明确了非遗代表性项目传承人应符合的条件、履行的义务，这为非遗代表性项目传承人认定与管理机制的建立提供了法律依据，非遗传承人制度化管理得到法律保障。

2019年，结合十多年的非遗传承人制度实践经验文化和旅游部制定了《国家级非遗代表性传承人认定与管理办法》(以下简称《办法》)，在《暂行办法》基础上进行了细化、深化的修订和补充。文件将“国家级非物质文化遗产项目代表性传承人”调整为“国家级非物质文化遗产代表性传承人”，定义为“承担国家级非物质文化遗产代表性项目传承责任，在特定领域内具有代表性，并在一定区域内具有

1 文化部非遗司:《国家级非物质文化遗产项目代表性传承人认定与管理暂行办法》，载文化和旅游部非物质文化遗产司主编《非物质文化遗产保护法律法规文件汇编》(内部刊物)，2021，第50页。

较大影响，经文化和旅游部认定的传承人”[1]《办法》是目前我国最全面的非遗代表性传承人的认定与管理办法，也是未来我国开展非遗传承人认定和管理的基本遵循，标志着我国非物质文化遗产传承人保护进入制度化、规范化、科学化实施阶段。

2021年，《关于进一步加强非物质文化遗产保护工作的意见》（以下简称《意见》（2021））要求推动健全非物质文化遗产保护传承体系，“完善代表性传承人制度。健全国家、省、市、县代表性传承人认定与管理制度，以传承为中心审慎开展推荐认定工作。对集体传承、大众实践的项目，探索认定代表性传承团体（群体）。加强对代表性传承人的评估和动态管理，完善退出机制。实施中国非物质文化遗产传承人研修培训计划，进一步提升传承人技能艺能。加强传承梯队建设，促进传统传承方式和现代教育体系相结合，拓宽人才培养渠道，不断壮大传承队伍”[2]。这期间，非物质文化遗产保护已经从“文化领域的多主体治理模式”[3]深入国家经济、社会文化等众多治理领域，逐渐形成面向“服务当代、造福人民”的非遗保护传承体系。非遗传承人制度建设实现了由“输血”式认定、记录的名录建设到“造血”式的传承人传承能力培养的转变，并形成了以非遗传承人认定与管理办法为根本遵循，非遗传承人能力提升的制度体系。

我国非遗传承人制度经历从初期探索到后期完善，充分表现了我国非遗保护中对于传承人主体地位的肯定，在保障并尊重传承人生活基础上，通过系列制度推进以传承人传承能力建设为目标，全面提升非遗保护质量，确保非遗可持续传承发展。

---

1 文化和旅游部：《国家级非遗代表性传承人认定与管理办法》，载文化和旅游部非物质文化遗产司主编《非物质文化遗产保护法律法规文件汇编》（内部刊物），2021，第101页。

2 文化和旅游部：《关于进一步加强非物质文化遗产保护工作的意见》，载文化和旅游部非物质文化遗产司主编《非物质文化遗产保护法律法规文件汇编》（内部刊物），2021，第21页。

3 高丙中：《非物质文化遗产保护实践的中国属性》，《中国非物质文化遗产》2020年第1期，第49–53页。

二、非遗传承人能力建设的制度保障

非遗保护体系包括非遗项目保护制度体系、非遗传承人制度体系、文化生态保护区保护体系。在科学方法指导下，我国经过不断探索，建立了非遗传承人制度，并不断完善认定标准、类型和流程等认定体系，健全退出机制、保障机制和表彰机制等管理体系。

我国建立国家、省、市、县四级非遗代表性传承人名录制度是非遗传承人认定名录体系的中国特色，四级非遗传承人基本按照国家和地方非遗传承人管理办法建设了严格的认定制度、保护制度体系。近年来结合集体传承项目实际情况，探索非遗代表性传承团体 / 群体的认定，成为代表性传承人制度完善的目标。

2019 年，文化和旅游部颁布《办法》规定："国家级非遗代表性传承人的认定与管理应当立足于完善非遗传承体系，增强非遗的存续力，尊重传承人的主体地位和权利，注重社区和群体的认同感。"[1] 基于此进一步明确和完善非遗传承人认定的标准、履行的义务、认定的周期等规定，形成了科学化的认定标准、精细化的认定类型以及规范化的认定流程。

科学化非遗传承人认定标准。相比 2008 年颁布的《暂行办法》，《办法》规定申请或被推荐为国家级非遗代表性传承人应该满足："长期从事该项非物质文化遗产传承实践，熟练掌握其传承的国家级非物质文化遗产代表性项目知识和核心技艺；在特定领域内具有代表性，并在一定区域内具有较大影响；在该项非物质文化遗产的传承中具有重要作用，积极开展传承活动，培养后继人才；爱国敬业，遵纪守法，德艺双馨。从事非物质文化遗产资料收集、整理和研究的人员不

1　文化和旅游部：《国家级非遗代表性传承人认定与管理办法》，载文化和旅游部非物质文化遗产司主编《非物质文化遗产保护法律法规文件汇编》（内部刊物），2021，第 101 页。

得认定为国家级非物质文化遗产代表性传承人。”爱国敬业、遵纪守法和德艺双馨等道德品质首次成为非遗传承人认定的基本条件，体现代表性传承人作为道德榜样的身份属性。同时首次确定了“一般每五年开展一批国家级非物质文化遗产代表性传承人认定工作”[1]的认定周期，以制度化的形式推动传承人认定工作有序开展。

精细化认定类型。我国非遗资源丰富，既有大量不依赖群体合作仅依托传承个人实现传承的项目，也有大量由传承团体共同掌握核心技艺的集体项目、大众实践项目，如民俗中的传统节日、大型庙会，以及传统集体舞蹈、传统戏剧等项目。目前我国四级传承人认定体系主要面向传承人个体，传承人团体认定成为其近年来关注的重要内容。《意见》（2005）明确提出“建立科学有效的非物质文化遗产传承机制。对列入各级名录的非物质文化遗产代表作，可采取命名、授予称号、表彰奖励、资助扶持等方式，鼓励代表作传承人（团体）进行传习活动”[2]。可见，在我国非遗保护工作开展之初就表现出对传承团体作用与价值的认可。虽然在随后颁布的《暂行办法》《非遗法》《办法》等文件中未制定进一步认定措施，但《意见》（2021）和《“十四五”非物质文化遗产保护规划》（以下简称《规划》）两份文件则明确规定要探索认定非遗代表性传承团体（群体），“对于集体传承、大众实践的项目，探索认定非遗代表性传承团体（群体）。在条件具备的地区，试点开展非遗代表性传承团体（群体）认定工作，探索有效的工作方法。做好非遗代表性传承团体（群体）与非遗代表

1 文化和旅游部：《国家级非遗代表性传承人认定与管理办法》，载文化和旅游部非物质文化遗产司主编《非物质文化遗产保护法律法规文件汇编》（内部刊物），2021，第 101 页。

2 文化和旅游部：《国务院办公厅关于加强我国非物质文化遗产保护工作的意见》，载文化和旅游部非物质文化遗产司主编《非物质文化遗产保护法律法规文件汇编》（内部刊物），2021，第 34 页。

性传承人有关工作的衔接配合”[1]。几年来，四川省、甘肃省、广东省的传承人认定与管理办法均指出传承人包括个人和团体，“个人指单个自然人。群体由两名及以上自然人构成，他们分别掌握某项省级非物质文化遗产代表性项目实践的重要环节或核心技艺，相互间不可或缺、分工协作，共同承担该项目传承工作”[2]。传承团体（群体）认定的探索实践必将为我国非遗传承人制度的完善与创新注入新的活力。

规范化认定流程。规范化非遗传承人认定程序是非遗保护工作有效开展的重要保障。同时，规范化的认定程序也是社会监督机制的制度化体现。《办法》第七条规定，“认定国家级非物质文化遗产代表性传承人，应当坚持公开、公平、公正的原则，严格履行申报、审核、评审、公示、审定、公布等程序”[3]。国家级代表性传承人的认定（见图 1）需要通过主动申报，两次审核，一次复核、初审和终审以及为期 20 天的公示期之后才能顺利获得“国家级非物质文化遗产代表性传承人”命名。在实际的传承人申报中，“20 天的公示期”为广大人民群众提供了发挥监督作用的机会和渠道。在土家族撒叶儿嗬省级传承人申报中，就曾出现省级传承人候选人在公示期内因被群众实名举报个人作风问题而被取消该次省级传承人候选人资格的情况[4]。因此，传承人称号因规范化的认定流程更具社会公信力和权威性。

各省、自治区、直辖市文化和旅游主管部门参照《办法》制定本行政区域内非物质文化遗产代表性传承人的认定与管理办法。截至

1 文化和旅游部：《“十四五”非物质文化遗产保护规划》，载文化和旅游部非物质文化遗产司主编《非物质文化遗产保护法律法规文件汇编》（内部刊物），2021，122 页。

2 广东省文化和旅游厅：《广东省省级非物质文化遗产代表性传承人认定与管理办法（2021）》，https://whly.gd.gov.cn/news_newzwhd/content/post_3735154.html。

3 文化和旅游部：《国家级非遗代表性传承人认定与管理办法》，载文化和旅游部非物质文化遗产司主编《非物质文化遗产保护法律法规文件汇编》（内部刊物），2021，第 101 页。

4 访谈对象：HZX（代称），土家族撒叶儿嗬国家级代表性传承人。访谈时间：2021 年 8 月 2 日。访谈地点：湖北省巴东县野三关镇 HZX 家中。

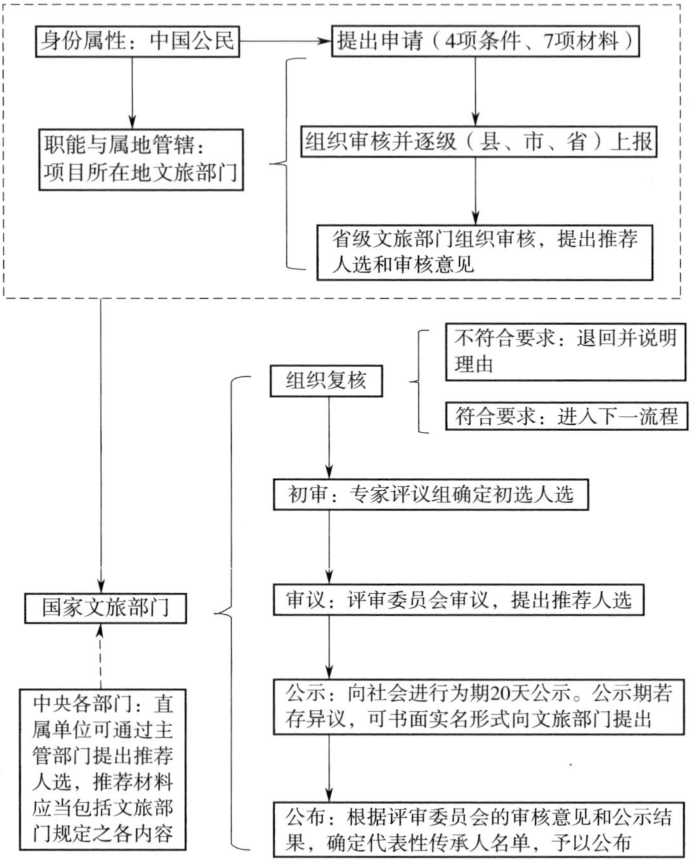

图 1　国家级非遗传承人认定流程

2022 年，已有福建省、江苏省、河北省、四川省、湖北省、天津市、山东省、安徽省、广东省、海南省、内蒙古自治区、山西省、甘肃省、辽宁省、广西壮族自治区等 15 个省、自治区、直辖市制定了省级非遗代表性传承人认定与管理办法或暂行办法。四级传承人认定和管理制度基本建立，培育了大批掌握一定非遗知识和技艺的传承人，为我国非遗可持续发展提供重要保障。但是，面对数量庞大、类型多元、结构复杂的非遗传承人群体，需要完善管理制度对其进行科学化管理，更大程度发挥非遗传承人的主体作用。

非遗代表性传承人认定和管理办法体现中国非遗保护从以项目保

护为主到以保护人（群体）为主的理念转变。非遗传承人是非遗保护工作的传承主体。萧放认为要从“经济、生活的保障”“社会声望评价与社会福利保障”“精神关怀与鼓励”三方面来保护传承人，同时还要“传承人自觉承担其责任与义务”[1]。事实上，针对以上几方面，在非遗传承人管理体系已经形成行之有效的退出机制、保障机制以及表彰与社会激励机制。

《非遗法》《办法》以及《规划》强调完善退出机制对于非遗传承人群体有效管理的重要价值。“非遗代表性项目的代表性传承人无正当理由不履行前款规定义务的，文化主管部门可以取消其代表性传承人资格，重新认定该项目的代表性传承人；丧失传承能力的，文化主管部门可以重新认定该项目的代表性传承人。”[2] 在此基础之上，《办法》在完善国家级非遗代表性传承人（简称“代表性传承人”）认定条件和程序的同时，要求完善代表性传承人退出机制，明确取消国家级非物质文化遗产代表性传承人资格的具体情形：“有下列情形之一的，经省级文化和旅游主管部门核实后，文化和旅游部取消国家级非物质文化遗产代表性传承人资格，并予以公布：丧失中华人民共和国国籍的；采取弄虚作假等不正当手段取得资格的；无正当理由不履行义务，累计两次评估不合格的；违反法律法规或者违背社会公德，造成重大不良社会影响的；自愿放弃或者其他应当取消国家级非物质文化遗产代表性传承人资格的情形。”传承人退出机制以丧失传承能力为退出标准，有助于完善非物质文化遗产传承体系，增强非物质文化遗产的存续力，提升传承人整体传承能力。《办法》还规定：“省级文化和旅游主管部门根据传习计划应当于每年 6 月 30 日前对上一年度

---

1 萧放：《关于非物质文化遗产传承人的认定与保护方式的思考》，《文化遗产》2008 年第 1 期，第 127–132 页。

2 文化和旅游部：《中华人民共和国非物质文化遗产法》，载文化和旅游部非物质文化遗产司主编《非物质文化遗产保护法律法规文件汇编》（内部刊物），2021，第 6 页。

国家级非物质文化遗产代表性传承人义务履行和传习补助经费使用情况进行评估，在广泛征求意见的基础上形成评估报告，报文化和旅游部备案。评估结果作为享有国家级非物质文化遗产代表性传承人资格、给予传习补助的主要依据。”[1]引入传承人履职情况评估制度，是实现非遗保护动态管理，也是强化传承人能力建设的重要举措。2022年10月13日，文化和旅游部发布了“关于取消王金勇等5人国家级非物质文化遗产代表性传承人资格的公告”[2]这是我国首次公布取消不履职尽责非遗传承人的传承人资格，能够很大程度上助推非遗传承人自觉遵守国家法律法规，更加积极主动地知责、担责、履责。

保障机制包括国家为具有丰富非遗知识禀赋但面临严重生活和传承困难的非遗传承人予以法律、制度范围内的经济生活保障；保障非遗传承人的合法权益；国家统筹制定的整体性非遗保护工作的体制机制保障。三种保障机制共同推动非遗传承人更好参与非遗传承实践，展示非遗保护制度体系的人文关怀，也推动非遗传承人能力建设。

表彰机制由以政府为主导的命名、表彰、奖励为主要形式的行政表彰和以社会组织授予荣誉称号等形式的社会评选共同构成，具有提高传承人社会地位和增强传承人传承动力的现实意义。政府表彰机制主要以表彰和奖励的形式出现。如在《暂行办法》中“国务院文化行政部门对做出突出贡献的国家级非物质文化遗产项目代表性传承人，给予表彰和奖励”[3]的规定一直延续到了《办法》中，“文化和旅游部

1　文化和旅游部：《国家级非物质文化遗产代表性传承人认定与管理办法》，载文化和旅游部非物质文化遗产司主编《非物质文化遗产保护法律法规文件汇编》（内部刊物），2021，第104页。

2　中华人民共和国文化和旅游部网，《文化和旅游部关于取消王金勇等5人国家级非物质文化遗产代表性传承人资格的公告》，https：//zwgk.mct.gov.cn/zfxxgkml/fwzwhyc/202211/t20221103_937202.html。

3　文化部非遗司：《国家级非物质文化遗产项目代表性传承人认定与管理暂行办法》，载文化和旅游部非物质文化遗产司主编《非物质文化遗产保护法律法规文件汇编》（内部刊物），2021，第52页。

按照有关规定，会同有关部门对做出突出贡献的国家级非物质文化遗产代表性传承人予以表彰和奖励”[1]。《非遗法》中则将“对在非物质文化遗产保护工作中做出显著贡献的组织和个人，按照国家有关规定予以表彰、奖励”[2]写入法律。该规定在《意见》中再次被强调。如各级政府都会通过对传承单位、传承人当年的保护与传承情况进行考察评估之后对表现优秀的传承单位、传承人以及优秀实践案例进行评选和表彰，受表彰的传承人和传承单位获得极大荣耀并具有鼓励的示范作用。

社会层面的激励机制是对国家非遗传承人表彰机制的有效补充。例如“中华非物质文化遗产传承人薪传奖”，每年评选一次，每次评选 60 名，获奖者可获得由主办方颁发的证书、奖杯及奖金人民币 2 万元。“中国非遗年度人物”每年评选 10 位“中国非遗年度人物”。这些社会性的评选活动影响范围广、传播速度快，既是民众喜闻乐见的非遗传播形式，也是非遗传承人展现自己技能、激励更多人接受非遗、理解非遗、传承非遗，全面提升和整体推进传承人的能力建设。

三、制度提升传承人能力建设路径

非物质文化遗产保护传承坚持活态的生活实践和以“人”为本的原则，强调和凸显非物质文化遗产传承人的能力建设[3]。随着非遗保护工作深入，非遗传承人制度逐渐将保护重心从传承人认定与管理向传承人能力提升上转向，推动了系列传承人能力提升制度出台，最引人

1　文化和旅游部：《国家级非物质文化遗产代表性传承人认定与管理办法》，载文化和旅游部非物质文化遗产司主编《非物质文化遗产保护法律法规文件汇编》（内部刊物），2021，第 104 页。

2　文化和旅游部：《中华人民共和国非物质文化遗产法》，载文化和旅游部非物质文化遗产司主编《非物质文化遗产保护法律法规文件汇编》（内部刊物），2021，第 2 页。

3　王丹、张瑜：《年龄结构下非物质文化遗产传承人保护研究——基于定量分析的视角》，《青海民族大学学报》（社会科学版）2022 年第 1 期，第 140–153 页。

注意的是“研培计划”。

传承人能力指传承和实践能力。“传承人的传承和实践能力，直接关系非遗在环境变化中的可持续发展。这种能力包括对本地区、本民族文化传统的认识深度，对非遗项目知识和技艺的掌握程度，进行再创造所必须具备的知识和技能，也包括在某些非遗项目传承实践中获得相应经济收益的能力。”[1] 有学者将传承人的传承能力分为“内养”能力、“外传”能力和培养传承人能力，以及非遗资源的管理能力、社会组织能力、非遗知识产权的保护能力、网络与数字非遗的应用能力[2]。这里重点讨论传承人熟练掌握的非遗知识能力、适应现代社会发展需要能力、非遗传承实践能力等推动非遗可持续发展的综合性能力。具体可分为技能艺能水平、学习创新能力、传承传播能力等。

为了不断提高非遗传承人技能艺能，我国政府既有对传承人履行责任与义务的制度要求，也有对传承人提升传承能力的政策引导，以满足非遗“活”态保护和可持续发展的时代要求。传承人技能艺能提升贯穿非遗保护和传承人保护的法律、制度和政策之中。《办法》明确规定传承人申报条件必须具备“长期从事该项非物质文化遗产传承实践，熟练掌握其传承的国家级非物质文化遗产代表性项目知识和核心技艺”[3]。同时规定文旅主管部门要“支持其参加学习、培训”[4]。通过设置申报“门槛”和引导学习培训的方式刺激非遗传承人主动提高技能艺能。《意见》和《规划》提出要实施中国非遗传承人研培计划，

1 《关于当前非遗保护工作的几个问题》，《世界遗产》2017 年第 3 期，第 20–23 页。

2 游红霞：《非遗传承人的传承能力研究——基于上海地区非遗传承人口述材料的考察》，《楚雄师范学院学报》2019 年第 2 期，第 34–43 页。

3 文化和旅游部：《国家级非物质文化遗产代表性传承人认定与管理办法》，载文化和旅游部非物质文化遗产司主编《非物质文化遗产保护法律法规文件汇编》（内部刊物），2021，第 101 页。

4 同 3，第 103 页。

"非遗传承人技能艺能提升计划，培养高质量传统工艺传承人队伍"[1]。充分体现了非遗传承人制度性保护的传承人能力培养导向。

"研培计划"作为非遗传承人能力提升的重要制度，主要目的是帮助非遗传承人群强基础、拓眼界、增学养，增强文化自信，提高专业技术能力和可持续发展能力，提升非遗保护传承水平。"强基础"指要让非遗项目的持有者知道自身文化的价值；"拓眼界"是要了解时代变迁所带来的审美观念变化和社会需求变化，了解国内外相关行业的动态。"增学养"则是增强传承人群在文化、艺术、材料等方面的专业知识，创造条件使其掌握新的工具和方法，尤其是在当今新媒体时代还需要强化网络方面的技能[2]。

"研培计划"自2015年实施以来，全国各地开设不同类型的非遗研培研修班。研培研修班不仅面向个体传承人，也考虑到传承群体。如"传统工艺类培训班，主要面向非遗就业工坊、生产性保护示范基地、传统工艺工作站等开展专题性培训；传统表演艺术类培训班，主要面向民间班社、县级及县级以下的基层表演团体开展整建制培训"[3]。经过培训，传承人拓展了眼界，丰富了创作内容，提高了传承创新的技艺，出现了"培训一人，带动一片；培训一群，引领一方"的现象，实现了"为民族传承、为生活创新"的目标。例如四川绵阳大力推动羌绣的传承发展，让羌绣传承人当师傅、做老板，对羌绣进行生产性保护。目前，绵阳有绣娘绣郎2000多人，已成为当地群众脱贫致富的生力军。而以黄强为代表的北川草编传承人，在政府的支

1　文化和旅游部：《"十四五"非物质文化遗产保护规划》，载文化和旅游部非物质文化遗产司主编《非物质文化遗产保护法律法规文件汇编》（内部刊物），2021，第122页。

2　王晨阳：《以实践探索非遗教育与学科建设之路——从中国非遗传承人群研修研习培训计划说起》，《民俗研究》2021年第4期，第41–46页，第158–159页。

3　文化和旅游部：《中国非物质文化遗产传承人研修培训计划实施方案（2021—2025）》，载文化和旅游部非物质文化遗产司主编《非物质文化遗产保护法律法规文件汇编》（内部刊物），2021，第86页。

持下，不仅在当地义务教授了200多位残疾人和近千名留守妇女学习草编技术，还建立了17个传承培训和生产回收基地，解决了1000人的就业问题[1]。新时代，我国非遗传承实践将传承人个体与传承群体保护有机结合，从物质和精神等层面加大了对传承人的支持，调动了传承人传承非遗的积极性，建立了以传承人为核心的传承保护系统化、可持续发展的生活保障体系[2]。

作为非遗传承主体，传承人学习创新能力成为非遗保护适应时代发展与社会需要的基本条件。传承人的认定与管理以传承非物质文化遗产保护和推动中华优秀传统文化创造性转化、创新性发展为目标。在非遗融入时代发展上，《意见》强调要“加强革命老区非物质文化遗产保护，鼓励传承人创作以红色文化为主题的作品”[3]。以传承人的创新能力推动非遗传承与主流价值观的融合发展。《中国非物质文化遗产传承人研修培训计划实施方案（2021—2025）》强调“坚持‘用’字引领，将培训内容、培训成果同经济社会发展和人民群众对美好生活的需求相结合”[4]。以创新、实践为导向的非遗保护工作，对传承人的创新能力提出更高要求。“研培计划”不断拓展范围，从传统工艺、传统表演艺术类非遗项目扩展至民间文学、民俗等其他门类非遗项目。为了更好地提升传承人的能力建设，研培研修班课程设置至关重要，其课程内容包括基础课程、拓展课程和实践课程。

基础课程着重帮助传承人加深对非遗政策法规，传统文化和所持

1　林继富：《保护非遗关键在于保护传承人》，《光明日报》2018年6月2日第12版。

2　林继富：《新时代非物质文化遗产保护传承的基本方向与问题导向——基于〈关于进一步加强非物质文化遗产保护工作的意见〉的分析》，《长江大学学报》（社会科学版）2022年第5期，第15-21页。

3　文化和旅游部：《关于进一步加强非物质文化遗产保护工作的意见》，载文化和旅游部非物质文化遗产司主编《非物质文化遗产保护法律法规文件汇编》（内部刊物），2021，第23页。

4　文化和旅游部：《中国非物质文化遗产传承人研修培训计划实施方案（2021—2025）》，载文化和旅游部非物质文化遗产司主编《非物质文化遗产保护法律法规文件汇编》（内部刊物），2021，第85页。

项目文化内涵，技术原理的认识和理解。知识产权保护、安全生产和意识形态相关知识，可采取演示、传授、讲座、研讨交流等形式进行。

拓展课程着重帮助传承人提高文化艺术修养，拓宽行业和国际视野，了解社会需求，促进解决关键技艺和创作难题。包括与非遗项目相对应的专业理论知识，企业管理、产品销售的知识和技能训练，数字化记录保存和线上宣传推广，案例研讨、实地考察等行业或地区间的互动交流。

实践课程着重帮助传承人将自身技艺进行实践创作突破，强化专业训练，帮助传承人了解和掌握新的工具、材料和方法，实现合作和创新[1]。

传承人学习创新能力提高要与经济社会发展相结合，更好地服务国家发展需求。近年来相继颁布的《关于支持设立非遗扶贫就业工坊的通知》《中国传统工艺振兴计划》《中共中央关于实施乡村振兴战略意见》《乡村振兴战略规划（2018—2022）》等文件，无不将非遗传承人作为连接非遗与乡村建设的关键点，通过增强传承人能力建设，提升民众自我“造血”的生活能力，发挥非遗在脱贫攻坚中“扶志”和“扶智”作用，有效推动乡村地区文化振兴与经济社会发展[2]。

伦理道德水平是保证非遗传承人在开展传承活动时不以歪曲、贬损等方式使用非遗，推动非遗可持续发展的重要保障。《办法》规定，“国家级非物质文化遗产代表性传承人应当锤炼忠诚、执着、朴实的品格，增强使命和担当意识，提高传承实践能力”。将“爱国敬业、

1 文化和旅游部:《中国非物质文化遗产传承人研修培训计划实施方案（2021—2025）》，载文化和旅游部非物质文化遗产司主编《非物质文化遗产保护法律法规文件汇编》（内部刊物），2021，第 87 页。

2 林继富、闫静:《非物质文化遗产系统性保护内涵建设与实践模式研究》,《文化遗产》2023 年第 1 期，第 1–9 页。

遵纪守法、德艺双馨”等道德品质作为非遗传承人申报的必要条件，既强调传承人技艺精湛程度、行业代表性、区域影响力、传承活动开展，又突出传承人的“德”，要求传承人“在开展传承、传播等活动时遵守宪法和法律法规，遵守社会公德”[1]。这些对于传承人道德标准的明确规定有利于提高非遗传承人的社会认可度，也是对传承人进行非遗传承实践效果和弘扬优秀传统文化的基本要求，体现了“以人民为中心”的提升民众参与感、获得感、认同感，以及弘扬非遗优秀价值的制度保障。

以表彰机制激励非遗传承人提升道德自律力。荣誉作为社会评价，是非遗传承人普遍追求的精神满足。《办法》规定：“国家级非物质文化遗产代表性传承人去世的，省级文化和旅游主管部门可以采取适当方式表示哀悼，组织开展传承人传承事迹等宣传报道，并及时将相关情况报文化和旅游部。”[2] 传承人为取得良好的社会声誉、较高的社会权威，必须通过提升自身道德力来获取国家和社会的认可，进而发挥作为非遗传承主体的作用。

以制度保障和引导非遗传承人自主提高传承人传承能力和参与传承实践。《办法》将实践性贯穿非遗传承人承担的责任之中，如“积极开展传承活动，培养后继人才”等；体现在文旅主管部门提供的支持保障中，如要“资助其开展授徒、传艺、交流”等传承传播活动；以现代化技术手段提高传承人传承非遗的可见度，如《意见》中强调“实施非物质文化遗产记录工程，运用现代科技手段，提高专业记录水平，广泛发动社会记录，对国家级非物质文化遗产代表性项目和代

1　文化和旅游部：《国家级非遗代表性传承人认定与管理办法》，载文化和旅游部非物质文化遗产司主编《非物质文化遗产保护法律法规文件汇编》（内部刊物），2021，第 101 页。

2　同 1，第 104 页。

表性传承人进行全面系统记录”[1]。

创造多元传承路径和方式提高传承人传承能力。“加大非物质文化遗产师资队伍培养力度，支持代表性传承人参与学校授课和教学科研。”[2]通过融入传统教育体系，在小学、中学、高中、大学等各层次学校设置与学生年龄、兴趣、能力适配的非遗课程，加强青年传承人能力培养。“推动传统传承方式和现代教育体系相结合，创新传承人培养方式。对于条件具备的项目，通过现代教育体系培养更多青年传承人。”[3]在推行“非遗进校园”的同时，也要兼顾“非遗出校园”，回归民众生活实践的传承目的。因而为青年传承人提供就业机会，提升青年传承人就业能力显得尤为关键，“鼓励支持高校毕业生参与非遗保护传承工作，符合条件的可以认定为代表性传承人。采取助学、奖学等方式，鼓励年轻人学习、掌握相关技能，成为后继人才。通过组织参加培训、提供展示平台、对接市场渠道等方式，为青年传承人提供有力支持，为其成长成才营造良好环境”[4]。面对现代化生活，为传承人创新传承方式提供便利条件和后备人才，“在非遗领域探索中国特色学徒制，推进非遗领域校企联合招生、联合培养、双主体育人；组织多种形式的培训和交流，探索建立研培计划师资库，培育懂传统文化、懂非遗保护理论、善于教学实践的研培计划教师团队，为建立高质量的非遗保护工作队伍提供人才储备”[5]。

传承人的传承传播能力关系着现代社会中非遗知识传承与传播的

---

1 文化和旅游部：《关于进一步加强非物质文化遗产保护工作的意见》，载文化和旅游部非物质文化遗产司主编《非物质文化遗产保护法律法规文件汇编》（内部刊物），2021，第21页。

2 同1，第23–24页。

3 文化和旅游部：《“十四五”非物质文化遗产保护规划》，载文化和旅游部非物质文化遗产司主编《非物质文化遗产保护法律法规文件汇编》（内部刊物），2021，第123页。

4 同3。

5 文化和旅游部：《中国非物质文化遗产传承人研修培训计划实施方案（2021—2025）》，载文化和旅游部非物质文化遗产司主编《非物质文化遗产保护法律法规文件汇编》（内部刊物），2021，第90页。

范围和效果。非遗作为具有地域性、共享性的文化知识，能够借助非遗传承人传播实现更广泛的传承和知识普及。《规划》提出“非遗新媒体传播计划”，强调“适应媒体深度融合趋势，拓展非遗传播渠道，支持各类媒体利用微博、微信、短视频、直播等全面深入参与非遗传播。加强非遗传承人、非遗保护工作人员新媒体知识培训，促进非遗项目通过新媒体得到更广泛的认知认可”[1]。通过对传承人在学习、使用和运用新媒体知识、多媒体技术等方面技能的培养，引导传承人通过微博、微信、短视频、直播等新媒体、互联网平台，建设一批非遗项目和传承人“网红”品牌。如贵州省雷山县麻料村的苗族银饰锻造技艺传承人潘仕学，自 2019 年起，潘仕学自己拍抖音，做直播，线上展示苗族银饰如何打磨成型。通过抖音，网友惊叹此前不为人知的苗寨和精致银饰所蕴含的文化之美。现在，潘仕学通过抖音收到大量订单，村里年轻人也开始返回家乡向他拜师求艺[2]。通过对非遗传承人对新媒体知识学习，引导非遗传承人创新传承传播方式，提高非遗传承人适应社会发展的需要，推动非遗传承工作与时俱进，助力非遗保护可持续化发展的方式。

四、完善传承人能力建设的制度优势

非遗传承人制度从初期制度探索到制度体系建立，历经 20 年保护实践，充分展现非遗传承人制度建设提升传承人能力方面的优势。

1　文化和旅游部:《“十四五”非物质文化遗产保护规划》，载文化和旅游部非物质文化遗产司主编《非物质文化遗产保护法律法规文件汇编》（内部刊物），2021，第 125 页。

2　中华人民共和国文化和旅游部网站:《抖音上线“非遗市集”，用直播带货推广传统手艺（2020）》，https://www.mct.gov.cn/preview/special/2020whhzrycr /fygwj/202006/t20200616_85451-3.htm。

（一）政府的制度赋权

非物质文化遗产保护由公共政策支持的文化事业，政府的领导、组织和管理在非遗保护工作开展中起着关键作用。中国非遗保护原则是“政府主导”[1]，“坚持党对非物质文化遗产保护工作的领导，巩固党委领导、政府负责、部门协同、社会参与的工作格局”[2]。政府领导下的资源利用能力和社会动员能力是制度化优势的体现，也是传承人能力提升的有效保障。工作体系兼顾管理功能和业务指导功能，前者由政府部门相关部门组成，后者由事业单位各级非遗保护中心组成；管理功能又兼顾跨部门的横向组合和文化部门垂直指导；业务指导功能则兼备保护中心的日常服务能力和专家委员会的专业性和学术性。体制机制的有效运转依赖一个领导力、专业性和事业心兼备的保护队伍[3]。

覆盖国家、省、市、县四级非遗传承人认定体系嵌入与我国省、市、县、乡四级行政区划体系，内化为各级政府行政工作中的基础性工作。政府主导下的非遗传承人认定、管理与培育制度有效执行表现为制度基础与行政保障，是中国非遗保护工作制度创新的体现。数量众多、类型多的代表性传承人由于受到《非遗法》与相关非遗保护政策条例的保护，其合法性与正当性获得制度认可。对传承人来说，他们在近年来经历的变化显而易见。原因是获得“非遗传承人”命名为其带来的改变。这种改变，可以将其看作国家相关的权力机关为非遗传承人“赋权”助推了传承人实现身份转变，以及转变后的身份认同。“权”既包括他们成为官方认定的代表性传承人应承担的责任与

1 文化和旅游部：《国务院办公厅关于加强我国非物质文化遗产保护工作的意见》，载文化和旅游部非物质文化遗产司主编《非物质文化遗产保护法律法规文件汇编》（内部刊物），2021，第 33 页。

2 文化和旅游部：《关于进一步加强非物质文化遗产保护工作的意见》，载文化和旅游部非物质文化遗产司主编《非物质文化遗产保护法律法规文件汇编》（内部刊物），2021，第 20 页。

3 高丙中：《非物质文化遗产保护实践的中国属性》，《中国非物质文化遗产》2020 年第 1 期，第 49–53 页。

义务，也包括他们有机会获得政府部门为其传承实践、学习培训等活动提供的政策或资金支持，还包括传承人身份带给他们的参与社会实践的优势。这些“优先”或者“特有”的权利在非遗保护制度和非遗传承人保护制度下得以实现。

（二）精准化的制度赋能

分级、分类、分区域对非遗传承人进行有针对性保护和培养，制度赋能能够最大限度推进非遗传承人能力建设。制度赋能的内涵是通过各种制度手段与方式赋予非遗传承人（群体）参与活动、处理事务、获取资源和融入社会的能力、权力与权利，以此激发他们内在的自我效能感，增强其进行非遗传承实践的主动性。

制度赋能是通过把“非遗代表性传承人”等荣誉称号授予那些民间优秀传承人，以传承非遗的责任与义务等传承人身份优势推动传承人建立和强化自身身份认知和文化自觉，激发其产生由内而外的自觉传承动能、强化其主动传承的责任意识。精准化制度赋能是通过专门的保护制度激发不同类型传承人传承能力。2012 年文化部颁布《文化部关于加强非物质文化遗产生产性保护的指导意见》；2017 年文化部、工业和信息化部和财政部联合发布的《中国传统工艺振兴计划》；2019 年文化和旅游部颁布的《曲艺传承发展计划》等文件就是根据不同类型的非遗制定精准化、针对性的保护措施，实现传承人的能力建设和传承人传承的自觉意识。

传承人传承的自觉意识有两方面来源。一方面，政府授予传承人“代表性传承人”称号是对传承人自身能力与价值的肯定，这种肯定伴随着我国对传承人传承能力培养和传承实践扶持。如《办法》规定为传承人提供必要的传承场所；提供必要的经费资助其开展授徒、传艺、交流等活动；支持其参加学习、培训；支持其参与社会公益性活动。尤其是“对无经济收入来源、生活确有困难的国家级非遗代表性传承人，所在地文化和旅游主管部门应当协调有关部门积极创造条件，并鼓励社会组织和个人提供资助，保障其基本生活需求”[1]。此外，对做出突出贡献的国家级非遗代表性传承人予以表彰和奖励。另一方面，“非遗代表性传承人”实现了身份的转变，也很大程度上开始了自我社会身份的建构，这也成为传承人自觉传承非遗的动力，传承非遗的自觉意识不断增强。

传承人的责任意识包括对个人和对社会责任认知。“非遗代表性传承人”既是政府赋予的荣誉称号，也是传承人与政府和社会缔结的传承契约。当被评定为“非遗代表性传承人”开始，就已经认可并愿意履行作为代表性传承人履行的责任与义务。《办法》就是文化和旅游部代表政府与非遗传承人签订的契约。传承人的认定是契约的建立，传承人的管理是契约的实施。其有关“申请人自愿从事非遗传承活动，履行代表性传承人义务的声明”就是增强申请人自觉履行非遗传承契约的意愿和能力。另外，《办法》中规定传承人之间的传承契约，如通过师徒之间的口头或者书面协议、拜师仪式等约定师徒之间的权利与义务；非遗传承社区、群体或个人与外部参与非遗保护社区、群体或个人均有契约进行了相应的规定。

以类型化的精准施策和传承人在制度化、契约化的规约下实现非遗传承的自觉性与自主性，深化非遗传承的内在机制与外在制度的有机结合，从而提高了传承人的能力建设。

（三）完善传承人能力建设制度

毋庸置疑，传承人制度作为非遗保护体系的重要举措，在非遗传承人能力建设等方面起到了重要推动作用，但不可否认的是针对传承

1 文化和旅游部：《国家级非遗代表性传承人认定与管理办法》，载文化和旅游部非物质文化遗产司主编《非物质文化遗产保护法律法规文件汇编》（内部刊物），2021，第103页。

人能力建设的制度设计上也存在可以进一步完善的地方。

传承人制度为传承人能力建设提供制度上的合法性，但前提是认定制度和程序公平公开公正以及最终命名的非遗传承人是否民心所望，这就需要防止过度行政干预。非遗传承人认定过程或许可以采取以下措施。一是提升评审专业化，建立专家学者“匿名评审制度”，构建非遗评审专家数据库。评审时，回避与参评项目有利益关系的评审专家，以最大限度地保证评审工作的公正性。二是完善监督机制，建立代表性传承人认定与管理工作复审制度。以非遗研究学者为主体，构建第三方性质监督机构，定期对认定与管理工作进行匿名复审，对违规行为制定相应的惩罚措施[1]。

四级传承人认定制度主要面向个体，这在一定程度上窄化了《非遗公约》中作为文化持有者的“各社区、群体，有时是个人”范围；淡化了《保护非物质文化遗产的伦理原则》强调的“社区、群体和或有关个人”在保护非遗中发挥的作用。命名制度之下，可能由政府主导的被动身份划分导致非遗保护传承中边缘群体出现，包括未被政府认定的非代表性项目传承人以及行政区划导致的非遗边缘群体[2]。甚至有损代表性传承人与体系外传承人间的竞争、合作等共同发展的自在关系。在非遗保护过程中应以地方为主体，尤其是群体传承的非遗，以此调动群体力量参与传承，增强非遗的生活能力。非遗保护不仅要着眼于代表性传承人保护，更要关注代表性传承人体系之外的传承群体。非遗代表性传承人制度的设计，不是为少数人，也不是保护少数人，而是以更多人群参与非遗传承，实现非遗传承活力。

利用“非遗传承人”吸纳更多民间社会中传承能力强的普通传承

1 王明月、马知遥：《“非遗”代表性传承人制度的逻辑困境与设计改进》，《文化遗产》2022 年第 2 期，第 10–18 页。

2 张宗建：《论非遗传承中边缘群体的定位及代表性传承人制度的完善》，《重庆文理学院学报》（社会科学版）2019 年第 2 期，第 94–102 页。

人进入到非遗传承人体系，不断完善非遗传承人体系，激励民众加入非遗保护的实践。

面对传承人老龄化趋势，充分考量现有传承人的年龄结构和变化态势，完善传承人评审认定条件、程序，健全传承人基本信息建档和动态管理制度，构建传承人年龄结构与非物质文化遗产传承能力协同机制[1]。

传承人退出机制重点在“退出”，将传承人各种不履行职责的行为给予取消传承人资格的处理，建立非遗自查、监督和警告、退出等机制。但在实际操作中，应区分造成传承人无法履责的具体原因。如代表性传承人死亡、疾病及其他意外情况导致其无法继续“传承”应与违反法律法规或者违背社会公德等主观原因造成的无法传承情形相区别。因此，应该在原先退出机制基础上建立“荣誉”退出机制，在代表性传承人名录中保留这些传承人的名字，能够更好地发挥代表性传承人的荣誉价值，进一步激发代表性传承人的自我荣誉感和非遗传承的能动性。

结语

传承人能力提升系列制度建设是《非遗公约》精神与中国国情结合的产物，也是中国开展非遗保护实践经验的总结。非遗传承人制度在中国社会具有深厚的社会土壤和理论根基，制度的完善与演变过程，体现了中国非遗保护的知识生产过程，呈现出地域性、实践性、生活化和伦理性的发展态势。

传承人能力建设是多方面的，既在政府出台系列措施的保障下提

1　王丹、张瑜：《年龄结构下非物质文化遗产传承人保护研究——基于定量分析的视角》，《青海民族大学学报》（社会科学版）2022 年第 1 期，第 140–153 页。

升传承发展能力，也在遵循传统基础上不断适应新时代发展表现出的创新能力。

制度化推动下的非遗传承人能力建设不仅在责任、义务、权利上给予明确规定，而且在制度规约下充分调动传承人积极参与社会建设、文化建设和经济建设的积极性，使非遗传承人更加自由融入乡村振兴中的自主性和自觉性，彰显弘扬中华优秀传统文化的能力，推进非遗全面融入生活，发挥传承人在非遗创造性转化和创新性发展的能力。

中国非物质文化遗产学科化道路及实践理念研究

郭平（天津大学冯骥才文学艺术研究院教授）

张洁（天津大学冯骥才文学艺术研究院讲师）

摘要 基于近二十年我国对于非遗保护运动的经验探索与社会需求，作为学科属性的非遗学概念被正式提出。2022 年 9 月我国首批非遗保护专业本科生和非遗交叉学科硕士研究生正式入学，标志着我国高校非遗学科建设步入正轨，传承实践与学术研究同步推进，并呈现多学科交叉态势。2023 年 3 月，冯骥才发表《非遗学原理》，论证非遗学无可辩驳的独立学科地位与学术本质。非遗学学科化实践在成果与经验方面已取得较大进步，但整体而言，目前学科视角的理论探讨仍显不足，梳理相关思想脉络有利于厘清现阶段学科建设存在的一些问题，推动非遗学学科发展。

关键词 非物质文化遗产学，非遗教育，民俗学，人类学，民间艺术学

"非物质文化遗产"（简称"非遗"）一词从联合国教科文组织提出的 Intangible cultural heritage 直接翻译而来，该概念正式引入中国之前已多次修订，虽中文概念存在一定的学术争议，但仍被官方、学界、媒体广泛应用并推广至民间。非遗学科化的理念最早显现于 21 世纪初的非遗保护工作中，由于所涉学科较多且分散，当时未能引起

郭平

张洁

共鸣，直到 2021 年国务院学位委员会批复天津大学自主设置非遗学交叉学科硕士学位授权点，同年非物质文化遗产保护被列入普通高校本科专业目录，次年 9 月我国首批非遗（交叉）专业本科生和硕士研究生入学，此时作为学科的非遗学才正式进入大众视野。这不仅预示着未来我国将有越来越多对口的专门人才投入非遗保护事业之中，也标志着我国的非遗学将以独立学科的身份在国家教育体系中获得一席之地，实现非遗在高校教育中从研究方向到学科建制的转型。

2023 年 3 月，立足国内首个非遗学交叉学科自主设置硕士学位授权点，冯骥才在《光明日报》发表长文《非遗学原理》，在阐明非遗学与近缘学科民俗学的差异的基础上，着力从元理论角度勾勒出非遗学卓尔不群的学科样貌[1]。本文借鉴这一思想，尝试总结民俗学、人类学、民间艺术学的学科特征，并对比分析非遗学的学科化道路及学科特征，提出学科交叉建设的实践路径。

1　冯骥才:《非遗学原理》，载《光明日报》2023 年 3 月 19 日，2023 年 3 月 26 日，第 12 版，分两期刊载。

一、立足民众立场：从民俗学到非遗学

民俗学在我国非遗保护运动中扮演着重要角色，不仅为保护工作提供了人才队伍，亦为非物质文化遗产的学科建设提供了路径参照。民俗学（folklore）最早发端于19世纪中期的英国，是一门关注民间风俗习惯、口头传统等民众知识（也称文化遗留物）的学问，并强调了其世代相传的特征[1]。从联合国教科文组织对于非物质文化遗产的定义可以看出明显的民俗学倾向，并进一步将对象范围拓展到“文化遗产组成部分的各种社会实践、观念表述、表现形式、知识、技能以及相关的工具、实物、手工艺品和文化场所”[2]，将作为文化持有者的民众具体界定为“社区、群体和个人”。由此可以看出二者在核心理念上的高度契合，正因为如此，以搜集、整理、描述、分析民俗事象为主要任务[3]的民俗学者在第一时间加入了非遗保护与研究的工作，使民俗学成为非遗保护工作中参与度最高、关系最密切的学科，非遗保护也成为21世纪民俗学的重要论域。

从学科缘起来看，非遗学与民俗学的学科化历程也十分相似，初期阶段均将民间文化的搜集、整理与保存作为工作重心，并且与时下的时代背景和政治话语密切相关。1918年，在新文化运动的启蒙下，北京大学成立歌谣征集处面向全国征集民间歌谣（也称北大歌谣征集运动），吸引了国内一些民俗文化研究者参与其中，拉开了中国现代民俗学的序幕，使“眼光向下”成为一种研究思潮。在此后的几十年里，中国民俗学（中华人民共和国成立后受社会主义文艺建设需求和

1　乌丙安：《民俗学丛话》，上海文艺出版社，1983。

2　中国非物质文化遗产网：《保护非物质文化遗产公约（2003）》，https://www.ihchina.cn/zhengce_details/11668，2003年12月8日发表。

3　钟敬文主编《民俗学概论》（第二版），高等教育出版社，2010。

苏联教育模式影响主要使用“民间文艺”概念[1]）的重心主要围绕民间文学的记录研究展开，成为一门应用性鲜明的实践研究。20世纪末，我国民俗学界开始探索一种学术转向，钟敬文将其定义为“当代学”，其工作方法、研究目的均指向当下的现实生活[2]，这种观念性的转变促使民俗学者开始深入民众生活之中，把自己看成民众的学生[3]，进而通过对民俗事象、口头传统及其异文的直接观察、交流与比较展开一种解释性研究，其应用性更趋社会化，也更具人类学倾向。

民俗教育与民俗研究工作几乎同时开展，钟敬文等学者在民俗学研究提出后不久便开始将民间文学及其他民间文艺形式引入学校课堂，开设民间文学、民俗学课程等民间文艺相关课程。民间文学研究和民俗文化研究逐渐成为民俗学的两大领域，但由于二者在研究对象与研究方法上的差异，最终在多次学科调整后被分别划至中国语言文学与社会学两大学科之下。

对比非遗教育与民俗教育的异同可见，非遗强调再创造和社区群体的持续认同，由此开展以传承为目的的实践活动；民俗则强调对民众生活文化的形式及其社会功能的关注。二者虽在分类上所涉内容十分相近，但民俗学对于民俗传承的过程性、连续性以及传承群体的关注是十分晚近的事，且民俗事象只是非遗中重要的一部分，二者范畴并不完全重合。可以说，中国非遗保护运动推动了民俗学的研究转向，在民俗学与非遗保护运动逐渐呈现捆绑趋势的过程中，有学者建议直接将民俗学更名为非遗学，也有部分民俗学者开始反思批判非遗保护研究使民俗学学科陷入独立性丧失的尴尬境地，过于强调民俗学与非

---

1 萧放、贾琛：《70年中国民俗学学科建设历程、经验与反思》，《华中师范大学学报》（人文社会科学版）2019年第6期，第172–186页。

2 钟敬文：《民俗学与民间文学》，《民俗学的历史、问题和今后的工作》。转引自高丙中：《中国民俗学三十年的发展历程》，《民俗研究》2008年第3期，第5–19页。

3 罗树杰、刘铁梁：《民俗学与人类学——人类学学者访谈录之三十四》，《广西民族学院学报》（哲学社会科学版）2005年第3期，第67–73页。

遗学的源流关系，既背离了民俗学的初衷，也不利于我国非遗事业的多元发展。中国民俗学教育已经历了近百年的探索历程，与其相比，非遗学所涵盖的领域范围更广、交叉性更强，而民俗学学科的发展历程也提醒着非遗学如何在整合中探索一条平衡、合理的发展路径。

总体来说，20 世纪的中国民俗学实现了研究对象、研究视域、研究范式、研究立场与教育理念的转向，即研究对象从“民俗”到“民”、从集体到个体，研究视域从“过去”到“当下”，研究范式从一般文化史研究转向生活史研究，研究立场从客位到主位，教育理念从客位教育到主位教育[1]的多元转向，由此发展出了实践民俗学、公共民俗学、家乡民俗学等多重理论视角。就此来说，非遗学既是当代学，也是未来学，“活态”是非遗传承与保护的基本原则以及非遗研究的条件与目的，无论是非遗理论、非遗志或传承人口述史均是立足当下、面向未来的研究。

纵观中国民俗学的发展历程可以发现，由于一些历史原因，有关民俗事象的研究在中华人民共和国成立后的一段时期内曾处于停滞状态，在民间文化中占有重要地位的民俗信仰事象与现代社会主流价值观相悖，这一“传统”与“现代”的矛盾在当下的非遗保护、教育与研究工作中仍然存在，如相关部门及高校管理者缺乏对于传统的正确认识，一味将“中国的文化传统当作‘现代化’的敌人”[2]势必会对非遗保护造成阻碍。因此，以民众立场来理解民众及其文化，甚至搭建一种知识共享的“伙伴关系”[3]正是为非物质文化遗产可持续发展提供有效支持的重要保障。

1 杨利慧:《从“民俗教育”到“非遗教育”——中国非遗教育的本土实践之路》,《民俗研究》2021 年第 4 期，第 47–58 页。

2 方李莉:《“文化自觉”与“全球化”发展——费孝通“文化自觉”思想的再阐释》,《民族艺术》2007 年第 1 期，第 80–87 页。

3 朝戈金:《知识共享伙伴：非物质文化遗产保护中的民族志立场》,《西北民族研究》2012 年第 1 期，第 54–59 页。

二、关注社区内部视角：从人类学到非遗学

尽管人类学学者在我国非遗保护运动中长期处于游离甚至缺席的状态，但人类学的理论与方法对民俗、非遗研究实践的影响不容小觑。尤其是早期人类学提出的民俗遗留物学说启发了顾颉刚的孟姜女故事研究等一系列我国早期民俗研究的代表性案例[1]，在理论方法上推动了中国民俗研究范式的迅速发展。可以看出，早期的人类学与民俗学研究都具有明显的文化考古意味，一些研究者希望在历史上的民俗资料和时下的民俗事象之间建立某种线索来达到对过去民俗文化的理解。尽管以古典进化论为基础的研究思路缺乏科学支撑，但这类文化考古的研究方式在当下人类学、民族学、民俗学、历史学、艺术学以及非遗领域关于偏远地区民族文化的研究实践中仍普遍存在，在 20 世纪末以来的全球化背景下，文化多元主义成为主流共识，极大地推动了上述学科间的交叉合作与学术研究范式的多元演进。

人类学对于中国民间文化研究及相关普查记录工作的最大贡献在于提供了田野调查和民族志写作的方法论与案例范本，促使民间文化研究从传统采风转向科学调查，从文本研究转向人的研究，并在非遗保护实践中延伸出了传承人口述史、遗产志、非遗志等新术语。人类学家格尔茨曾指出，“人类学家并非研究村落，而是在村落中进行研究”[2]，此观点同样适用于所有的民间文化研究。值得注意的是，人类学田野研究对研究者的研究时长有着严格要求，研究者往往需进入田野点与当地民众共同生活长达一年甚至更久的时间才能对研究对象所处的知识体系与文化空间达到深入、全面、整体的理解与阐释，而这一点在我国目前的非遗研究实践中明显不足，从而极易导致非遗保护

1　高丙中：《中国民俗学的人类学倾向》，《民俗研究》1996 年第 2 期，第 14 页。

2　克利福德・格尔茨：《文化的解释》，韩莉译，译林出版社，2014，第 29 页。

与管理工作的决策性失误。此外，人类学对于报道人与客观记录的强调也为非遗研究的田野伦理提供了学理借鉴。

无论是五四时期李大钊等学者倡导的“到民间去”，还是非遗抢救时期冯骥才号召的“把书桌搬到田野”，均体现了一种平民化的观察视角，强调研究者与被研究者之间的平等关系。在此范畴中，人类学的主位（emic）研究与客位（etic）研究为研究民间文化提供了两种不同维度的观察视角，前者指研究者抛开主观认识来以文化持有者的内部视角进行观察与理解，围绕报道人的描述进行客观深入的分析，后者则指研究者作为外来者以外部视角进行观察理解，两种观察方式各有利弊。但随着人在当代社会科学中的主体性日益凸显，主位研究成为时下流行的研究方法，也最为契合尊重传承人主体性地位的非遗保护理念，因此彭兆荣指出了政治话语背景下的遗产表述带有明显的政治色彩，往往忽略了遗产主体的表述，“家园遗产”的概念可以丰富现代遗产学的批判反思[1]。

人类学注重文化意义的阐释性研究，而这正是目前多数非遗研究成果的短板之一。西方传统人类学的研究视域在于异文化，20 世纪费孝通、林耀华等我国人类学重要奠基人率先将人类学方法应用于本土的乡村治理、民众生活等研究中，具有开拓性意义。而特纳的仪式理论，列维施特劳斯的结构主义神话学，格尔茨的地方性知识与阐释理论，以及克利福德的写文化等西方人类学理论的引进亦对于我国民间文化以及民间意识形态的研究产生了较大影响。

冯骥才认为，政府对非物质文化遗产的项目化行为既是保护，同时又是对民间文化的肢解，因为民间文化本身是整体的[2]。与民俗学对

1 彭兆荣:《遗产政治学：现代语境中的表述与被表述关系》,《云南民族大学学报》(哲学社会科学版) 2008 年 第 2 期，第 5–14 页。

2 冯莉:《为思想而立——在冯骥才文学艺术研究院求学的日子》,《非遗传承研究》2022 年第 3 期，第 10–14 页。

于民俗事象的具象研究相比，人类学更倾向于在社区田野个案研究中以小见大，将民间文化事象置于文化整体中宏观地思考其文化特征、规律的普适性，注重社会诸要素之间的关联，在国家关于文化遗产行政和文化政策层面具有文化批评和异议申述的重要价值[1]。

三、从书桌走向田野：从民间艺术学到非遗学

钟敬文认为，“民间图画是民众基本的欲求的造型，是民众情绪的宣泄，是民众美学观念的表明，是他们社会的形象的反映……它可以使我们认识今日民间的生活，它也可以使我们明了过去社会的结构。”[2] 尽管民间艺术的生产特性使其与民俗事象关系密切，甚至成为民俗文化的重要组成部分，但民俗学对于民间艺术的研究往往限于形式的民俗象征，而忽略艺术的本体视角。

事实上我国有关民间艺术的研究论述古已有之，但主要侧重于民间美术、工艺技术的发展史。20 世纪民艺学倡导将民艺研究与相关的民俗事象相结合，将民艺视为百姓生活的一部分，从艺术视角研究民间工艺的性质、功能、产生及发展规律。由于精英文化与草根文化的二元对立传统，民间艺术在艺术史上被长期忽视，且在艺术学科中长期处于边缘化的境况，导致民间艺术研究队伍中的艺术专业学者相对匮乏，直至当下，仍有不少学者认为民间艺术与传统的艺术研究范式不同，其价值在于民俗功能，故而更倾向于民俗研究范式。

在实际开展非遗保护与研究工作时，不少学者或工作人员往往感到知识领域的跨越所带来的困境。民俗学者乌丙安曾以古琴为例说明

---

1 周星、黄洁:《中国文化遗产的人类学研究（上）》,《中国非物质文化遗产》2021 年第 4 期，第 20–35 页。

2 《民间图画展览的意义——为民间图画展览会作》，载钟敬文稿《民间文艺谈薮》，湖南人民出版社，1981。

物质文化与非物质文化的区别，“古琴乐器本身是物质文化，而古琴的制作工艺、弹奏古琴的手法和技巧、口传心授的乐曲调式、传统的记谱方式方法、演奏形式或仪式以及其他古琴艺术的传承等等综合在一起形成文化的链接，这才够得上是无形的、多种多样的非物质文化”[1]，其中涉及的演奏技艺、技巧、曲调以及记谱方式等均属于音乐专业范畴，仅靠民俗学、人类学的专业知识难以准确理解。在我国公布的非遗十大项目门类中将传统音乐、传统舞蹈、传统戏剧、曲艺、传统美术等民间艺术门类与民俗并列，即已说明二者在表现形式、知识体系方面的基本属性。此外，十大门类中的艺术相关门类已占半数，且在传统技艺、民俗两大门类中仍不乏艺术类项目，可见艺术专业学者的参与对于非物质文化遗产的保护与研究十分重要，同样，对于传统体育、传统医药类的项目亦需要体育、医学专业的学者介入。

我国艺术学界对于民间文化进行科学化、规模化的抢救记录工作始于 20 世纪中叶，例如中国艺术研究院音乐研究所（原隶属于中央音乐学院）的杨荫浏、曹安和、简其华、毛继增、潘怀素等学者在 20 世纪 50 至 60 年代对全国范围内的传统音乐进行的考察记录工作[2]，中央美术学院的杨先让、靳之林、冯真、吕胜中、乔晓光等学者组成的考察团自 1986 年至 1989 年间沿黄河流域展开的 14 次民间艺术田野考察记录工作[3]。可见艺术学界对人类学、民俗学研究方法的借鉴与融合早已开始，到 21 世纪初，“中国民间文化遗产抢救工程”的普查抢救工作实现了上述各学科领域的首次整体合作。

鉴于民间艺术在非遗中所占比重较大，以学科交叉视角关照非遗

---

1 乌丙安：《非物质文化遗产的界定和认定的若干理论与实践问题》，《河南教育学院学报》（哲学社会科学版）2007 年第 1 期，第 11–21 页。

2 中国艺术研究院：《中国传统音乐考察报告》，https://www.zgysyjy.org.cn/monograph_detail/9007.html，2022 年 10 月 26 日发表。

3 宋兆麟：《黄河十四走》，《民俗研究》2003 年第 3 期，第 194–195 页。

保护与研究势在必行。艺术人类学是目前将人类学理论与民间艺术研究实现较高融合度的学术领域之一，倡导从人类学的视角进行艺术研究。2006年中国艺术人类学学会成立，虽其主要组织者多为人类学、民俗学领域的著名学者，但在多年发展中逐渐吸纳了来自美术、音乐、舞蹈等各个艺术专业领域的学者，并作为专业方向或专业课程现身于国内高校，非物质文化遗产成为其学术年会的主要议题之一。值得一提的是，该领域牵头人方李莉带领团队自2001年在费孝通先生指导下开展了“西北人文资源环境基础数据库”和“西部人文资源保护、开放和利用”两大国家重点课题，研究团队通过对西部地区民间艺术的大量考察分析认为，那些成为遗产的文化形式在民间实践中已经形成资源转化，确切来说非物质文化遗产应该是一种活着的生活方式和价值观念[1]，因此学者和管理者应关注民众需求以及非遗与现代文化之间的关联性，正视文化遗产的开发利用与保护之间的关系，这也恰好契合了联合国教科文组织在《保护非物质文化遗产的伦理原则》中提出的“社区、群体和有关个人为确保非物质文化遗产存续力而继续进行必要实践、表示、表达、知识和技能的权利应予以承认和尊重”[2]之倡议。

四、整合学科资源，明确交叉属性：非物质文化遗产学

2001年中国昆曲被联合国教科文组织认定为“人类口头和非物质遗产代表作”，这一事件迅速在国内掀起一股文化热潮。同年，时任中国民间文艺家协会主席的冯骥才针对民间文化严重萎缩的现状发

1　方李莉:《从“遗产到资源”的理论阐释——非物质文化遗产保护的前沿研究》，载《2010年中国艺术人类学学术会议 非物质文化遗产保护与艺术人类学研究论文集》，2010，第8–20页。

2　联合国教科文组织:《保护非物质文化遗产的伦理原则（2016）》，https://www.ihchina.cn/zhengce_details/15769，2016年12月16日发表。

起抢救行动，2002年正式启动“中国民间文化遗产抢救工程”，2003年文化部、财政部等部委和中国文联联合启动“中国民族民间文化保护工程”，一场在全国范围内展开的民族民间文化普查行动提上日程。2004年，在第十届全国人大常委会第十一次会议上，表决通过了中国政府正式加入联合国教科文组织《保护非物质文化遗产公约》的批准决定。“非物质文化遗产”成为官方术语，并迅速在社会上再次掀起文化热潮，随后的非遗代表性项目及传承人认定工作进一步推动了中国非物质文化遗产保护运动的进程。冯骥才曾将中国的非遗保护事业以非遗认定为标志划分为“非遗前时代”与“非遗后时代”，名录的分类与认定对于非遗的保护与研究具有较为明确的指向性，标志着我国学界围绕非遗事象开展的学术研究与政府保护管理以及相关企业开发利用之间形成了一种合作共赢、协同发展的局面，非遗学科的发展亦离不开这一基本目的。

在非遗概念引入之前，文化遗产一词在我国并未引起足够重视，建筑、考古、文博等专业多在各自领域内开展，缺乏交叉合作。21世纪之初我国已有学者提出构建“文化遗产学”的设想，“文化遗产”的提出是对传统“金石”“文物”概念内涵的延展，因此这一阶段的相关讨论基本在以物质遗产为研究对象的考古学、博物馆学、历史学等学科领域中展开。例如从复旦大学文物与博物馆学系于2000年创办的《文化遗产研究集刊》中可窥得该领域的发展脉络，曹兵武、苑利、彭兆荣、蔡靖泉等学者均围绕文化遗产学展开过专门的研究著述。其中，曹兵武指出“文化遗产学”是一门综合性、职业性的新型学科，不仅包括对于遗产价值及本体的研究，还涉及遗产的管理、经营、运作等各个方面的人才培养[1]。孙华认为，文化遗产的研究、保护、展示与利用分别需要不同学科的专家学者广泛参与，庞杂的学

1　傅兵:《文化遗产学：试说一门新兴学科的雏形》,《中国文物报》2003年5月30日。

科介入以及研究内容的重复使文化遗产的学科化沦为“文理科大综合”而难以真正获得学科的独立性[1]。这些问题在随后有关非遗学科建设的问题上仍然存在，而将物遗与非遗进行整合后则使学科结构更为庞杂。

由于与非遗相关的学科已基本确立成型的理论体系和研究范式，且在非遗保护与研究领域取得一定成果，建设非遗学科必然涉及对相关学科的整合发展，因此非遗学是否学科化引起了学者的争论。乌丙安认为正是非物质文化遗产保护工作选择了民俗文化才使二者结缘，但二者在具体的内容、形式方面并不完全等同，亦不能互相取代，此外二者在分类方式、评价体系方面也有明显差异[2]，这正是由于二者生成的背景、目的的不同所导致的本质差异，因此许多学者更认同将非物质文化遗产视为一个工作概念而非学科概念的界定[3]。这样说来，非物质文化遗产研究是以工作规范与保护目的为前提的研究，民俗学则是立足于学理思考的本体研究，二者是基于不同的话语体系展开的文化行动。2002 年 10 月，中央美术学院举办“中国高等院校首届非物质文化遗产教育教学研讨会”，发表了《非物质文化遗产教育宣言》，中山大学、中央美术学院、中国艺术研究院、天津大学相继建立了非遗研究机构，进而多家高校陆续挂靠文学、艺术学理论、民俗学、民间文学、文物与博物馆学等学科和专业，自主设置非物质文化遗产及相关二级专业或研究方向，如前述 4 所院校，还有南京艺术学院、四川美术学院、华东师范大学、中央民族大学、山东大学、中国社会科学院大学、复旦大学、武汉大学、广西师范大学等等。由于所涉学科

1　孙华:《文化遗产“学”的困惑》,《中国文化遗产》2005 年第 5 期，第 8 页。

2　乌丙安:《21 世纪的民俗学开端：与非物质文化遗产的结缘》,《河南社会科学》2009 年第 3 期，第 1–4 页。

3　施爱东:《学术运动对于常规科学的负面影响——兼谈民俗学家在非遗保护运动中的学术担当》,《河南社会科学》2009 年第 3 期，第 10–14 页。

分散，非物质文化遗产学学理及其学科建设研究一直呈现多点单线、力量较为薄弱的状况。值得关注的是，一批富有学术眼光的学者辨析学理，使保护语境中的非遗学成为可能。向云驹的专著《人类口头和非物质遗产》出版，这是国内的第一部，平地建起非遗学的基本形态。他的另一部专著《非物质文化遗产学博士课程录》，从遗产学的角度搭建了学科框架，融合了人类学、民俗学等学科理论与方法。王文章主编的《非物质文化遗产概论》为非物质文化遗产概念及基本理念的中国化铺设了道路。苑利、顾军的《非物质文化遗产学》在反思中国非遗保护实践的基础上立论，使非遗学更加契合本土语境。宋俊华、王开桃的《非物质文化遗产保护研究》和黄永林、肖远平的《非物质文化遗产学教程》等等成果，均已具备非遗学的气象。

与此同时，学者们进一步明确了建设非遗学学科的主张。苑利、顾军指出非遗学与艺术学、民俗学等既有学科对非遗本质、项目遴选标准及非遗保护理念的认知有所不同，因此在以非遗事项为对象的研究中，非遗学可以更准确地解决既有学科在非遗保护中难以解决的问题[1]。宋俊华撰文讨论非遗的学科化问题，其认为从事非遗研究的相关学者是基于自身专业的视角、方法与理论，以非遗为对象开展的研究之学，但这尚不能成为一门成熟的学科[2]，因此可通过构建非遗学科共同体来实现非遗学的学科独立[3]。刘壮认为，文化遗产学的学科起点在于日常生活中随着社会不断演进的文化事象，而非联合国教科文组织的文件和名录，应当突破现有的文化研究范式对文化遗产本质的遮蔽，参与式地建构新的理论体系[4]。不仅如此，学者们就非遗学学科建

1 苑利、顾军：《非物质文化遗产学学科建设的若干问题》，《东南文化》2021 年第 3 期，第 6–11 页。

2 宋俊华：《非物质文化遗产研究的学科化思考》，《重庆文理学院学报（社会科学版）》2009 年第 4 期。

3 宋俊华：《论构建非物质文化遗产学科共同体》，《文化遗产》2019 年第 2 期，第 1–7 页。

4 刘壮：《论文化遗产的本质——学科视野下的回顾与探索》，《文化遗产》2008 年第 3 期，第 121–132 页。

设的具象问题也进行了细致讨论，相近学科对其身份和归属问题由争议到共识，从区分到融合，表征了学界对于非物质文化遗产复杂性、动态性的认知过程。向云驹、苑利、宋俊华、黄永林、彭兆荣、杨利慧、高丙中、万建中等学者均就此提出了深刻的观点。随着国务院学位委员会批复建立首个非遗学交叉学科自主设置硕士学位授权点，在“交叉学科”门类下设置非物质文化遗产学学科获得更多的认同。

结语

虽然“非遗”这一专门术语出现较晚，但我国学界对其所指事象关注已久，在较长的实践历程中积累了丰富的记录性成果。从非遗研究到非遗教育，再到非遗学科的发展过程中，众多学科方法理念的介入为非遗保护与研究提供了多维度的学科内涵。值得关注的是，社会对于非遗专业人才需求迫切，但其作为一门正式学科来说尚且年轻，尚有学科结构不完善、特色教材和课程建设不足、方法理论借鉴过多等存在争议的关键问题，亟待学界讨论明晰。

在非物质文化遗产概念传入以前，我国在民间文学、民间艺术等民间文化研究领域已积累了较多经验和成果，如古时以风俗、习俗、民风为主题的记录研究成果。20 世纪随着西方学科体系的引入，西方文化学与文化人类学对文化的学理性研究为我国学者关注文化发展规律，重新审视、梳理与思考传统文化与社会、民众之关系提供了理论视角与方法，来自民俗学、人类学、民族学、艺术学、历史学等学科的学者开始在各自领域内开展关于文化事象，尤其是民间文化事象的研究工作。但这一时期的研究相对分散，缺乏跨学科的交流与合作，加之传统社会中长期形成的大传统、小传统的普遍观念，使以民间文化为对象的研究在研究体系、研究规模等方面明显处于边缘地位，如民间文学之于文学，民间美术、民间音乐、民间舞蹈之于美术学、音乐学、舞蹈学，因而21世纪初非物质文化遗产在中国官方话语中的确立对于推动我国民间文化研究相关学科的整合与主流化有着重要意义。

中国经验：非物质文化遗产保护史案例
——以 UNESCO 与中国民间文艺家协会两次合作为中心

冯莉（《民间文化论坛》执行主编）

摘要 在联合国教科文组织（简称 UNESCO）颁布 2003 年《保护非物质文化遗产公约》（简称《非遗公约》）20 年之际，将中国非物质文化遗产保护史作为非遗学的研究方向之一，有着重要的时代和学术意义。"非物质文化遗产"概念产生和确立过程历经半个多世纪，世界各国的非物质文化遗产保护行动在《非遗公约》公布之前已经开始数十年。加入《非遗公约》之前，不少国家与 UNESCO 在民间口头创作和记录有合作，这些合作的经验为《非遗公约》的形成提供了宝贵经验，对这些案例进行梳理和分析对于非遗保护史的研究十分必要。中国民间文艺家协会（原名中国民间文艺研究会）是中华人民共和国成立后第一个以民族文化遗产保护、搜集、研究为立会宗旨的群众性团体，20 世纪 90 年代，中国民协与 UNESCO 先后开展过两次保护非物质文化遗产的项目："保护民间文学遗产项目"（1994—1997）和"保护中国少数民族无形文化遗产・民歌保护行动"（2001—2004）。本文将这两个项目案例纳入全球非遗保护史框架进行梳理，在亚洲非遗保护实践的话语体系中讨论其经验和方法。

关键词 非遗保护史，非遗保护案例，UNESCO，中国民间文艺家协会，中国经验

冯莉

引言：新时代开启中国非遗保护史研究的背景

UNESCO 公布《保护非物质文化遗产公约》（以下简称《非遗公约》）二十年之际，学者们对中国加入公约体系的二十年国家制度、政府策略、理论建构、学科发展等做了理论的回顾和总结，以《非遗公约》为时间维度，书写中国保护经验和实践的若干文章。巴莫曲布嫫《申遗与履约：从〈保护非物质文化遗产公约〉20 年进程看中国实践与中国经验》，安德明《"非物质文化遗产"——一个新的文明交流框架》，朱刚《作为认识论和方法论的非物质文化遗产》[1]，郭翠潇《从"非物质文化遗产"到"活态遗产"——联合国教科文组织术语选择事件史循证研究》[2]。以上学者基于政府履约、概念术语、非遗保护事件的讨论和思考，建构出我国加入公约以来非遗保护中国经验、尝试建构中国非物质文化遗产阐释话语系统，推动非遗保护理论和方

1　以上三篇文章载于《民俗研究》2023 年第 6 期。

2　载于《西北民族研究》，2023 年第 6 期。

法论研究。笔者认为，新时代中国非遗学学科建设已取得突破性进展，不妨以中国非遗保护学术史视角，在更长的时间轴关注我国非遗保护历史，将加入公约前中国在不同时期非遗保护的实践与经验通过梳理纳入学术话语体系，建构非遗保护史中的中国经验和方法。

UNESCO在20世纪90年代至21世纪初《非遗公约》公布前，“非遗”概念仍在不断讨论形成中，“民间文学艺术表现形式”（expression of folklore）、无形文化遗产（intangible cultural heritage）、口头遗产（oral heritage）、口头和非物质遗产（oral and intangible heritage）等相关概念理念已经渗入中国学界。1994年中国民协与UNESCO合作先后开展过两次保护非物质文化遗产的项目，带动了中国学界不断思考记录保护口头文学遗产，并努力运用当时的国际标准对一些区域做了深入调查记录。之后因时代转型，机构领导换届，一些人员去世、调离、退休等原因，这些资料虽未进入学界，但两次关于中国民间文学遗产调查记录事件，无疑是我国非遗保护史一个重要的阶段。本文以中国民协提交UNESCO总部报告书及相关档案资料、参与者口述史访谈、回忆录为基础资料，在全球非遗保护进程的语境中，梳理回顾中国在加入《非遗公约》之前，政府、学术团体对非遗保护实践的事件案例，书写中国在国际非遗保护政策大变革背景下，在亚洲非遗保护语境中，接受国际理念、开展保护行动的过程。

一、《非遗公约》形成之前的保护话语与亚洲保护模式

国际上对非物质文化遗产保护的理念和工作概念的确立的过程历经半个多世纪的时间。关于非物质文化遗产保护的关注可追溯至1952年联合国教科文组织起草的《世界版权公约》（*Universal Copyright Convention*），其中UNESCO工作核心涉及非物质文化遗产的核心关系，版权与民间艺术。1967年《尼泊尔公约》修订会议中

明确了涉及“作者身份不明的未出版作品，必须制定符合条件的国家主管部门来保护此类作品”。1971 年 UNESCO 撰写名为《建立保护民间艺术国际规范之可能性的文件》。1972 年，UNESCO 通过了《保护世界文化和自然遗产公约》(*The World Heritage Convention*)(以下简称《世遗公约》)，确定保护对象包括(文物、建筑群、遗址)和自然遗产，没有涉及包括民俗方面的遗产。

1.《世遗公约》之后的进程

《世遗公约》发布之后，玻利维亚政府在 1973 年 4 月向教科文组织提出建议，希望在《世界版权公约》中增加关于保护民间文学艺术的条款。1976 年，在 UNESCO 和世界版权组织(WIPO)的协助下，突尼斯政府召开政府专家委员会，通过《突尼斯版权示范法》，为发展中国家保护本国民间文学艺术作品提供了法律条款范本。同年，UNESCO 启动“关于无形(非物质)文化遗产综合规划项目”，旨在促进对文化身份的欣赏和尊重。20 世纪 80 年代，在非物质文化遗产保护方面国际的关注焦点主要在民间文学艺术的版权问题。1982 年 UNESCO 和 WIPO 召开“民间文学艺术表达保护知识产权问题政府专家委员会”会议，通过《保护民间文学艺术表达、防止不正当利用和其他侵害行为的国内法示范条款》，该条款为各国制定知识产权保护民间文学艺术提供参考。条款中强调了民间文学艺术的表达已经区别于“作品”版权的概念，强调文化对象主体。

此时 UNESCO 对文化遗产的认识仍处在不断完善的过程中。1982 年，在墨西哥城举办“世界文化政策会议”，又对“文化”重新定义，会议指出，遗产涵盖了日常生活中得以表现的各种文化的所有价值。会议评论说，现在对维护“非物质遗产”(intangible heritage)的关注可以说是对过去十年来最具建设性的发展之一。这是最早正式使用“非物质遗产”这一术语的例证。会议在《墨西哥城文化政策宣言》(*The Mexico City Declaration on Cultural Policies*)批准了“文化遗产”的新定义，涵盖了使人的创造力得以体现的物质和非物质的成果：语言、仪式、信仰、历史古迹和文物、文学、艺术作品、档案库和图书馆。UNESCO 成立保护民俗专家委员会，其内部设立管理部门，最初使用的是“非物质遗产”（Non-physical Heritage）。

1989 年，教科文组织大会第二十五届会议通过《关于保护传统文化和民间文学艺术建议案》（*Recommendation on the Safeguarding of Traditional Culture and Folklore*），建议案仍然沿用了 1982 年示范条款中“民间文学艺术”的术语。该建议案虽然被 1999 年 UNESCO 与史密森尼学会在美国华盛顿共同组办的国际会议“《保护民间创作建议案》全球评估：在地赋权与国际合作”批评，专家们认为“《建议案》过于注重建档，而对保护活态实践和传统或对作为这些实践和传统的传承者的群体和社区不够重视”[1]，但是它是 UNESCO 第一次承认非物质文化遗产保护的必要性，成功地引起了各国对非物质文化遗产的关注和兴趣。

1998 年，联合国教科文组织启动“人类口头和非物质遗产代表作计划”（Proclamation of Masterpieces of the Oral and Intangible Heritage of Humanity）。

1999 年的全球评估会议建议，“保留‘非物质文化遗产’（intangible cultural heritage）这一术语，取代‘民俗’（一些社区认为这一词汇有贬低之意）。‘非物质文化遗产’一词更适合指代各国人民的习得过程，以及他们所知悉和发展的知识、技能和创造力，他们所创造的产物，以及确保他们的可持续性所需的资源、空间及社会和自然环境的其他方面——为生活中的社区提供与先辈的持续感，这对维系文化认同、保护文化多样性和人类创造力都至关重要”[2]。

1 联合国教科文组织：《努力达成一项关于非物质文化遗产的公约》，张玲译，《民间文化论坛》2022 年第 1 期。

2 同上。

2001 年 5 月，联合国教科文组织宣布第一批 19 项“人类口头和非物质文化遗产代表作”项目。10 月，联合国教科文组织成员国通过《世界文化多样性世界宣言》(*Universal Declaration on Cultural Diversity*)，提出文化多样性是人类的共同遗产，应当从当代人和子孙后代的利益考虑予以承认和肯定。

2003 年，UNESCO 第 32 届大会通过的《非遗公约》用包括中文在内的联合国 6 种官方语言同时公布，从国际准则的角度明确了“非物质文化遗产”的概念。随着 2003 年《非遗公约》的通过，以及我国加入《非遗公约》，“非物质文化遗产”一词正式译名得到确定，并在我国学术界以及社会各界得到认可和被逐渐接受[1]。根据 2011 年 UNESCO 发布出版的工具包中的解释，2003 年《非遗公约》基于活态遗产，并强调其被创造、传承和在创造的社区提供认同感和持续感，侧重于保护活动和交流，而非名录体系。《非遗公约》主要涉及知识在持有这类遗产的社区和群体中的传承过程[2]。

2. 日本无形文化遗产政策

日本是世界上最早进行非物质文化遗产保护工作的国家之一，在“非物质文化遗产”这个概念得到国际化以前，日本已经进行了包括立法和实施层面、概念解释和推广层面的大量细致深入的工作。

目前国际上使用的英文概念“intangible cultural heritage”就是由日语翻译成英语的，来自 1950 年日本颁布的《文化财产保护法》，将国家文化遗产分为“有形文化财”“无形文化财”“民俗文化财”“纪念物”“传统建筑物群落”五大类。这一法规将文化财细分为“有形文化财”和“无形文化财”两类，“非物质文化遗产”便是英语对“无形文化财”翻译后再译为中文的。1951 年日本颁布实施《应采取

1　邹启山：《〈保护非物质文化遗产公约〉解读》，中国人大网 www.npc.gov.cn，2008 年 12 月 5 日。

2　联合国教科文组织：《努力达成一项关于非物质文化遗产的公约》，张玲译，《民间文化论坛》2022 年第 1 期。

助成措施的无形文化财的指定基准》，该文件为合理选定无形文化财制度提供了规范性范本。1954 年日本颁布了《应采取记录措施的无形民俗资料的指定基准》创建了无形文化财指定制度，同时规定了需要将文化财持有者同该项目一起指定加以保护的措施。1975 年 7 月 1 日，日本文部省公布法律第 49 号再次对《文化遗产保护法》进行了修订，民俗资料中加入了“民俗艺能”并改称为民俗文化遗产。这次修订最重要的是将原来只对有形民俗文化遗产进行重点指定扩大到无形民俗文化遗产上[1]。到 1975 年日本无形文化财的保护体系已经基本形成。在此之后，日本文化财管理在责任主体、认定和分类、保护措施和开发利用等方面一直持续完善和进步，并且无形文化财的原有分类体系也在不断扩充。日本又立法规范了文化厅长官在无形文化财管理主体中的核心作用，同时根据《文化财保护法》的规定，对于重要无形文化财的保存，在必要的情况下，文化厅长官可以自行采取适当的措施，对该文化财进行记录、推动传承者的培养等。国家对于重要无形文化财的保持者、保持团体或者地方公共团体的保存活动也给予部分经济支持，而这些也是日本文化厅预算的重要组成部分[2]。

日本无形文化遗产保护经历半个多世纪的发展，已经形成了一套从定义到保护、从理论到实践、从传承到输出、操作性很强的无形文化财保护体系。其发展从重视物到重视人，注重对传承人和传承团体的扶持和培养，注重营造无形文化财保护的大环境，又同时影响了非物质文化遗产概念的形成和联合国教科文组织 2003 年《非遗公约》的制定，并为世界其他国家的非物质文化遗产保护工作的进行提供了重要的参照。

1　王晓葵:《日本非物质文化遗产保护法规的演变及相关问题》,《文化遗产》2008 年第 2 期。

2　赵润:《日本有形与无形文化遗产保护制度的差异——以“有形文化财”与“无形文化财”的对比为例》,《自然与文化遗产研究》2022 年第 2 期。

3. 韩国“人间国宝”制度

20 世纪 60 年代起，韩国迅速进入工业化社会，大量人口涌入城市。同时，以美国文化为中心的西方文化对韩国产生了巨大影响。由于工业化、城市化、西方化同步进行，韩国传统的生活方式开始快速消亡。而与此种生活方式相连的古老艺术、仪式以及其他非物质文化的表达形式也随之面临着消亡的危险。韩国的“人间国宝”制度正是在这样的背景下产生的。为了保护和传承这类无形文化遗产，特别是保护那些拥有某种特殊技艺或技术的人，韩国开始制定“人间国宝”相关政策，认定并鼓励这些人将其技艺或技术传授给他人。这类人（相当于我国的传承人）在韩国广为人知的说法是“人间文化财”，意思是“文化遗产人”（human cultural heritage），被翻译成中英文则为“人间国宝”（living human treasures）。1962 年，韩国政府通过了《文化遗产保护法案》（*The Cultural Heritage Protection Act*），这项法案为文化保护项目奠定了法律基础。在这个项目中，每项独立的文化遗产都要经过特定的程序才能被认定。如果韩国文化遗产部的文化遗产委员会将某个项目认定为重要的文化遗产，为了确保该项文化遗产的传承，委员会还将评估它原初形态（original form）的功能和艺术价值，并将在该方面拥有最高技能的人认定为“人间国宝”。而被认定的人，被要求对该文化遗产进行持续的表演或制造。对于戏剧、仪式等这类无法通过个人只能通过群体展示的集体性活动，群体就会被认定为该项文化遗产的“人间国宝”[1]。针对被认定为“人间国宝”的个人和团体，韩国政府还会给予物质补贴、免费医疗等其他的特权照顾。1993 年，在韩国的倡议下，教科文组织创立了“人类活财富计划”（Living Human Treasures），并试图创立与《世界遗产名录》类似的非遗名录

1　任敦姬：《“人间国宝”与韩国非物质文化遗产保护：经验和挑战》，沈燕译，彭牧校，《民间文化论坛》2016 年第 2 期。

清单[1]。另外，韩国还在2001年3月修订的《文化财保护法》中明文规定："文化财厅长官有权在重要无形文化财保有者无法正常进行技（艺）能传授教育时，通过文化财委员会审议将其认定为名誉保有者。"[2]

韩国早在联合国教科文组织的2003年《非遗公约》出台之前就开始专注于非物质文化遗产传承人的保护和培养，并通过多种综合性手段实施对非遗传承人和其传承的非物质文化遗产的保护和传承。其保护理念和公约中的活着的遗产（living heritage）、个人（individuals）、团体（groups）、社区（communities）、身份认同感和持续感（a sense of identity and continuity）等概念不谋而合，为其本国后期推广和履行公约打下了多方面的基础，并为其他国家的非物质文化遗产保护工作提供可借鉴的实际经验。

二、中国与联合国教科文组织合作的案例

20世纪50年代后，东亚国家在文化遗产保护实践中提出"无形文化财""人间国宝"等概念，逐渐显示出亚洲与欧洲文化遗产概念体系不同的话语特色。20世纪80年代，《世遗公约》颁布后"日本活跃于国际遗产保护领域，并在英国、美国退出教科文组织后成为经费预算的主要贡献方"[3]。1992年，联合国教科文组织创立非物质文化遗产计划，资金主要来自日本的信托基金（Japan Fund-in-Trust）的资助。1994年后，中国民协与UNESCO先后开展过两次保护非物质文化遗产的项目，在当时国际话语体系下为非物质文化遗产保护理念的本土化实践做出了可贵的探索，积累了与国际组织合作的经验，探索实践了国际标准的采录保存模式。

---

1 朱刚:《作为认识论和方法论的非物质文化遗产》,《民俗研究》2023年第6期。

2 高静:《韩国无形文化财制度的发展历程》,《中国非物质文化遗产》2023年第4期。

3 同1。

（一）"保护民间文学遗产项目"（1994—1997）

"保护民间文学遗产"项目由中国政府与联合国教科文组织于1994年7月5日签订了《项目实施计划协议书》，旨在用现代化手段记录保存中国民间文学。该协议书对工作目的和双方义务都作了明确的规定，其主要目的在于用录音录像手段保护中国汉族的民间故事、歌谣和其他无形文化遗产。

"保护民间文学遗产"项目由中国民间文艺家协会组织实施，是中国和联合国教科文组织在无形遗产保护工作上的首次合作。在项目实施期间，由日本政府通过联合国教科文组织提供资金12.0345万美元（其中包括13%的项目支持费）用于项目，同时提供音像设备和必要的技术支持。中国民间文艺家协会高度重视，为确保项目的顺利实施，由中国民间文艺家协会、联合国教科文组织，以及国内外民间文学专家共同组成了项目专家委员会，全面负责本项目的领导、管理和协调。同时任命了执行委员，执行委员前期由刘晔原女士担任，后期由杨亮才先生担任。具体实施计划由联合国教科文组织和中国民协共同制定[1]。

1. 申报及管理

根据刘晔原口述访谈，可知该项目实施初期的计划和部分实施细节。

> 我和早稻田大学的加藤千代是好朋友，她和联合国驻蒙古办事处的武井士魂也比较熟悉，他就问能不能开展类似的项目，让我写了一个报告……当时还没叫"非遗"，叫"无形文化财"，这是日本的提法。咱们就写一个民间传统文化项目调研。……我写了一个报告，文化部盖章，文联盖章，然后递到联合国教科文

1　中国民间文艺家协会：《关于保护中国民间文学遗产项目成果报告》，载中华人民共和国文化部、日本政府、中国民间文艺家协会、联合国教科文组织驻华代表处编《中国民间文学遗产》（纸质报告书），1998。

（组织）北京代表处，代表处批下来，然后也通过文化部、中国文联转到咱们协会，我就是考察团的团长。[1]

从项目申报过程来看，该项目报批具有一定的偶然性和必然性。申报项目报告书由刘晔原起草，由文化部牵头将文件给联合国教科文驻中国、蒙古、朝鲜代表武井士魂批复。项目实施的采录设备由日本松下公司提供赞助，中国文联将当时的办公大楼第 15 层半层楼作为该项目采录设备和办公场所。

据刘晔原回忆，项目的总资金管理在联合国教科文组织北京代表处，先报预算，项目资金分阶段汇入协会账户，每年完成的项目资料上报后，审核通过后才能拨付下一笔资金。具体调研费用，在协会办公室报销。

2. 项目调查及成果

原计划要在全国实行普查工作，但因经费受限，选择吉林、湖北、四川、云南作为试点进行调查。

1994 年 9 月 24 日—10 月 4 日第一次考察采录，主要采录吉林省内的民间故事，先后对吉林省梨树县、梅河口市、白山市进行重点调查采录，行程 3000 公里。采访 11 位民间故事家，记录了 100 篇民间故事，以及东北地区普遍流行的二人转和民歌等。共制作录音带 11 盘（每盘 120 分钟）。

1994 年 10 月 24 日—11 月 4 日第二次考察采录，主要考察湖北省五峰县、长阳县、丹江口市，先后对 50 多位民间故事家进行了录音。其中包括 91 岁的老人和 6 岁的儿童。共采录 100 余篇故事，制作录音带 11 盘（每盘 120 分钟）。

1995 年 11 月 29 日—12 月 9 日第三次考察，拍摄湖北省丹江口市六里坪镇伍家沟村、武当山和襄樊隆中的李德富、葛朝柱、罗成双

1 刘晔原口述，冯莉访谈，访谈时间：2024 年 1 月 30 日；访谈地点：北京西站。

等21位民间故事家的故事。制作14盘录像带，约400分钟，并根据素材剪辑电视专题片《伍家沟故事村》（上、下），共50分钟。

1996年12月4日—12月12日第四次考察，考察重庆市九龙坡区走马镇。1996年12月7日，考察组正式入村进行采录，在6天时间里，共对16位主要的民间故事家进行录音，同时对一位已经去世的故事家，和一位已经瘫痪的故事家的录音进行了转录。共采录民间故事300篇，制作录音磁带22盘（17盘90分钟，5盘50分钟），并拍摄了部分采录活动照片。1996年12月12日至20日，考察组回成都对22盘原始录音带进行编辑、整理，转录成一套12盘（120分钟DAT）和24盘（60分钟普通磁带）两种录音带。随后，又从这次采录的300多篇故事中，选出84篇编成《走马镇民间故事》。

1997年2月12日—2月27日，主要采录地点云南大理，历时15天，先后采访了12位大本曲艺人，共制作了120盘录像带（包括转录的资料），搜集了20部长篇故事大本曲。

表1　5次采录情况一览表

采录次序	采录时间	采录地点	成果内容	成果形式	传播范围及用途
第一次	1994年9月24日—10月4日	吉林省梨树县、梅河口市、白山市	采访11位民间故事家；记录约100篇民间故事；采录东北地区二人转、民歌等	录音带11盘（每盘120分钟）	国内存录档案
第二次	1994年10月24日—11月4日	湖北省五峰县、长阳县、丹江口市	采访50余位民间故事家；采录100余篇故事	录音带11盘（每盘120分钟）	国内存录档案

续表

采录次序	采录时间	采录地点	成果内容	成果形式	传播范围及用途
第三次	1995年11月29日—12月9日	湖北省丹江口市六里坪镇伍家沟村	拍摄21位民间故事家的故事	录像带14盘（约400分钟）；后制作成电视专题片《伍家沟故事村》（分上、下两集，共50分钟）中、英文版	国内 存录档案 国际宣传
第四次	1996年12月4日—12月12日	重庆市九龙坡区走马镇	采录、转录共18位民间故事家；采录民间故事300篇。	录音带22盘（17盘90分钟，5盘50分钟）；拍摄部分采录活动照片。后制作成12盘（120分钟DAT）和24盘（60分钟普通磁带）两种录音带；编辑《走马镇民间故事》	国内 存录档案 出版传播
第五次	1997年2月12日—2月27日	云南省大理市	采访12位大本曲艺人；搜集20部长篇故事大本曲	录音带120盘（包括转录的资料）	国内 存录档案

3. 保护理念与调查记录的方法

相较于“三套集成”书面文本整理作品的方法，“保护中国文学遗产项目”的理念和方法有以下几个变化。

（1）更加强调故事传承的区域语境。采录的地点选择是在三套集成采录中发现的故事讲述传统丰富的市县、村落。

（2）关注个体故事家的讲述采录。如湖北省五峰县的当代中国著名的民间故事家，83岁的刘德培老人。在他所住的山坳、稻场、堂屋火塘旁，录下了他讲述的故事，录下了他的声音和形象。

（3）强调用现代化手段记录保存中国民间文学，此次采录不仅有文字整理稿，用录音和摄像手段建立档案。结项成果为《中国民间文学遗产》，并配有录像带。书中介绍了民间文学的概况，所收录的每首民歌均附有简介、乐谱、歌词及所配乐器等的说明。

（4）考察资料素材的再利用和转化。利用 UNESCO 提供的先进采录、编辑设备将资料转化为纪录片，开启中国口头文学用多媒体手段向国际社会传播的先例。如在湖北省丹江口市六里坪镇伍家沟村采录，以录像片《伍家沟故事村》记录活在人民群众口头的故事。“拍摄时间较长。分前期准备、实地拍播、后期制作三个阶段。前期工作主要是编写脚本，以及选定拍摄点和拍摄对象，用了 8 天时间。”为了扩大传播面，让不懂中文的人也能看懂和欣赏，纪录片还制作了英文版。“电视片制成后，摄制组邀请了在京著名民间文学专家及有关方面负责人钟敬文、贾芝、刘魁立、冯君义、林相泰、陶立璠等，以及联合国教科文组织的武井士魂先生、木卡拉先生进行观摩、座谈。”[1]

（5）运用考察成果建立清单名录宣传传承人，提升可见度。《中国艺术报》1998 年 9 月 25 日（第 166 期）第三版刊登了《联合国教科文组织命名“中国十大民间故事家”》的报道。该报道公布了“保护民间文学遗产项目”的成果，采访了 131 位民间故事家，记录了民间故事 500 多篇，摄制民间故事专题片《伍家沟故事村》一部，录音磁带 164 盘（每盘 120 分钟）。同时，发现一大批至今还活跃在我国农村的新老民间故事家。联合国教科文组织与中国民间文艺家协会决定，首批授予刘德培、魏显德、靳正新、曹衍玉（女）、张功升、王

1　中国民间文艺家协会：《关于保护中国民间文学遗产项目成果报告》，载中华人民共和国文化部、日本政府、中国民间文艺家协会、联合国教科文组织驻华代表处编《中国民间文学遗产》（纸质报告书），1998。

海洪、林宏、潘小蒲（女）、罗成双、董凤琴（女，白族）十位民间故事讲述者“中国民间故事家”称号。

（二）“保护中国少数民族无形文化遗产·民歌保护行动”（2001—2004）

2000年12月10日，中国政府和UNESCO签订为保留中国少数民族的民歌及口述传说的“中国无形文化遗产保护项目”行动计划。该项目是继1994年中国民间文艺家协会与UNESCO签署用录音录像方式记录保存中国汉族民间故事、歌谣和其他无形文化遗产《项目实施计划协议书》的延续。项目由日本信托基金会资助，联合国教科文组织北京办事处与中国民间文艺家协会合作，用两年时间对中国广西壮族自治区、青海省、甘肃省的少数民族民歌进行考察和采录。项目任务是“挑选和录制民歌的演唱及传说故事的讲述过程；搜集和整理音像记录，并编辑档案进行保存；与语言学家合作总结出一套挑选、录制和保存少数民族民歌及传说的方法论”[1]。

1. 项目过程及成果

2001年4月17日至21日，第一阶段预调查。调查组赴广西壮族自治区巴马瑶族自治县；7月5日至17日到甘肃岷县、临夏市、苏南裕固族自治县和青海湟源县、黄南州进行前期预调查，确定采录地区，筛选采录对象。

第二阶段2002年3月，进入正式采录阶段。

第一次，2002年3月28日至4月9日，赴广西三江侗族自治县、巴马瑶族自治县，南丹县、田东县、田阳县，对侗族、瑶族、壮族的歌手进行采录。第二次，2002年7月8日至8月5日，在青海互助

1 刘晓路：《保护与行动——中国西部少数民族民歌保护行动》，载中国民间文艺家协会编《中国民间文艺家协会70年学术史》，学苑出版社，2020，第632页。

土族自治县、平安县、循化撒拉族自治县、同仁县、尖扎县，甘肃省永靖县、积石山保安族东乡族撒拉族自治县、苏南裕固族自治县，对土族、撒拉族、裕固族、保安族、东乡族、藏族、回族的歌手进行采录。第三次，2003 年 1 月 6 日至 15 日，再次赴广西南丹县、田东县、田阳县，对当地民歌进行补充调查，实地采录。

第三阶段，2003 年至 2004 年进行成果整理、资料编辑和宣传品制作。考察组聘请了青海民族学院、中央民族大学、中国社会科学院民族学与人类学所、国家民委等相关单位的研究者做民族语言的翻译和国际音标标注工作。考察资料的汉英翻译工作由相关专家和教科文组织北京办事处人员承担。

“民歌保护行动”成果斐然，两年行程两万多公里，“采录 13 个县 23 个乡镇，采访 10 个民族 235 位歌手，录音 3120 分钟，录像 3420 分钟，录制民歌 385 首。内容包括情歌、仪式歌、生活歌、劳动歌、儿歌、历史传说歌和各民族独有的叙事歌，以及款词等，从歌种上分有勒脚歌、盘歌、琵琶歌、信歌、花儿、酒曲、宴席曲、玉儿、拉伊、小调等”。“后期制作向联合国教科文组织总部汇报项目实施情况资料片 60 分钟（英文字幕），45 分钟的考察宣传片（中文解说、英文字幕），选编 420 分钟的民歌资料片（民族民歌，中文和国际音标字幕）。编印项目宣传册（中英文对照）和采录民歌作品选集（中文和国际音标）各一册”[1]。

2. 国际化的科学采录

“民歌保护行动”虽然采录时间仅两年，时间不长，却对国际科学采录的方法进行了实践和探索。与 1994 年汉族地区民间故事的采录相比，这次行动更加强调以下几个方面。

1　刘晓路：《保护与行动——中国西部少数民族民歌保护行动》，载中国民间文艺家协会编《中国民间文艺家协会 70 年学术史》，学苑出版社，2020，第 636 页。

（1）调查全过程的国际规范。该项目的合作具体内容和要求都是经过专家反复论证和实地考察，并在所签署的文件中有明确和严格的规定的。“协会与教课文组织先后签署了利民文化无偿援助申请表、行动计划和活动资助合同，文件条款涉及要求、责任、权利和义务等，一系列的实现约定”[1]。这是一次高层次的国际合作科学考察项目，不仅参与者为国内外文化遗产保护最高级别的学术团体和组织，考察活动必须严格按照学术标准、制定计划和实施方案，采用当时先进的科学技术作为采录手段，同时反复论证采录地区和对象以保证计划的科学合理。

（2）参与调查采录和成果整理的单位机构多元，形成合力。“民歌保护行动”的参与者来自不同科研部门不同学科领域，在选择歌手和调查过程中，当地的民协、文联及多年从事民间文艺调查研究者成为重要助力。

（3）更加关注语言采录的国际化标准。项目任务中强调与语言学家合作，因调查民族中除壮族、藏族、土族有本民族文字，其他少数民族没有文字，因此在整理时采用民族语言、汉语、英语、国际音标同步注释和互译的方式。为保证专业性，项目涉及语言学内容，由教科文组织特聘项目顾问，负责对实施过程进行指导。

（4）尊重被采录歌手的个人署名和宣传。“民歌保护行动”调查过程和成果中充分尊重个人的创造和署名权。运用社会学、人类学调查表，对被参访人的基本情况（性别、年龄、民族、教育、职业）进行登记，对采录民歌的歌词、调性、演唱者、地点、时间、歌词用填表的形式填写。在成果报告书的民歌选中可以看到采集的作品的演唱者、采录者、翻译、采录地点、采录信息等档案信息。成果报告的附

---

1 刘晓路:《保护与行动——中国西部少数民族民歌保护行动》，载中国民间文艺家协会编《中国民间文艺家协会 70 年学术史》，学苑出版社，2020，第 632 页。

录中有每一位被采录的歌手的详细基本情况。

（5）成果返回采录社区，促进当地的保护。按照项目计划要求，中国民间文艺家协会和联合国教科文组织办事处将采录成果宣传册和光盘、民歌作品选集，送往此次采录的三个省、自治区的中小学和相关部门，采录成果回馈社区受到当地政府的重视。

（6）媒体的关注宣传，抢救保护理念唤起社会重视。考察组的调查采录受到各地新闻媒体的广泛宣传报道，有的还派出专题组跟踪采访，制作专题片，相关报道在各地电视台、中央电视台播出，民歌保护行动受到中国十几亿人的关注[1]。2004 年 3 月 16 日，民歌保护行动新闻发布会在北京国际俱乐部召开。中国文联、文化部、联合国教科文组织办事处、日本驻中国大使馆等部门和机构，六十余家媒体，采录地的代表和民歌手出席，并在现场演唱当地民歌。此次民歌保护行动画上圆满句号，在社会各界产生了巨大影响。

三、中国保护经验对《非遗公约》的贡献与反思

1. 抢救性记录、保护性记录到国际范式的科学记录

从 1984 年至 1990 年，由文化部、国家民委和中国民间文艺家协会联名实施编辑，出版了《中国民间故事集成》《中国歌谣集成》《中国谚语集成》，在各级政府和有关部门的支持和协助下，全国掀起了空前的民间文学采风活动，有近 200 万人直接参加了各地民间文学的普查和采录工作，取得了巨大的成绩[2]。三套集成整理不仅汇聚了全国各民族民间文学的成果，保存口头文学，继承并发扬各民族文化传

1　刘春香：《保护中国少数民族民歌行动概述》，载中国民间文艺家协会、联合国教科文组织北京办事处编《保护少数民族民歌行动成果报告》，2004，第 3 页。

2　据当时资料统计，全国各地共搜集民间故事 183 万篇，民间歌谣 302 万首，民间谚语 248 万条，还有大量其他门类的民间文学作品，总字数达 40 亿字以上。

统，为社会主义物质精神文明发挥应有的作用，同时也促进了相关学科的研究，为文学艺术创作提供丰富的文本资源。

“民间文学三套集成”推行民间文学搜集整理经验方法“忠实记录、慎重整理”的科学性原则，“通过整理的手段更好再现民间口述的原材料的本来面貌和光彩。整理者的责任，不是修正改变和拔高原作的主体、增加情节、改换语言，表现整理者的创造才华，而是不改变原作，忠实原作，更好地再现原作”[1]。“三套集成”成果是将口头民间文学转化为书面文本保存，以书面形式整理为文字资料和阅读作品。

囿于当时的物质条件，“三套集成”在调查方式、调查方法及过程方面，未做统一的、硬性规定。就采录而言，大都以笔录方式进行。虽后来有少量采用录音手段进行采录，但也囿于设备落后音质达不到最佳效果。由于资金有限，更多录音带在做完文字记录后，便移作他用（多作再次录音），不再保存。即便是经过整理发表出版的作品，也多用普通话，这在一定程度上损害了民间文学的原有韵味和方言口语特色。

20 世纪 90 年代，随着中国改革开放的深入，我国民间文化遗产调查和记录方法通过与教科文组织的两次合作，不断更新保护记录的理念，尝试运用新的方法，丰富、完善提升记录的科学性。

参加“保护中国少数民族无形文化遗产 · 民歌保护行动”调查的学者向云驹在多年后总结，联合国教科文组织的合作和中国学界自身长期积累经验，探索出了科学性与标准化的“国际范式”记录模式。“21 世纪初参与过的中国与联合国教科文组织联合进行的中国少数民族民歌可为范例，此次调查得到了联合国教科文总部的高度评价，视

1　中国民间文学集成总编委会办公室编《中国民间文学集成工作手册》（内部资料），1987，第 59 页。

为国际范例"[1]。向云驹认为，这种科学标准记录的特点是，"多学科、多语言、多媒体"的记录。多学科记录，是对一种非遗样式组织多学科学者进行联合调查。如民间文学类要有民间文艺学、语言学、人类学、民俗学、文学、音乐学、影像学等学科学者参与，在调查中发挥多学科优势；多语言记录，是将口头遗产和无形遗产记录下来时，要有方言或民族语言记录，同时配以国际音标、汉语拼音、汉语文字，翻译成英语，使之可以被多种语言文字和语音系统记录与还原；多媒体记录，是运用文字、图绘、图像、影像、乐谱等多媒介同时记录，从文化上进行综合、立体、整体的记录[2]。

2. 保护理念的承前启后

时任UNESCO非物质文化遗产处长爱川纪子认为，1989年建议案和2003年《非遗公约》的理念变化是，"从有形的形式对非物质文化遗产进行物质记录和保存，转向通过世代相传和复兴非物质文化遗产来保持其活力"[3]。

1994年，UNESCO借鉴日本、韩国的经验创立的"人间活财富"体系并启动项目行动计划，专门针对对社会有突出贡献的"民间艺人"或"传承人"的保护而设立。中国政府与联合国教科文组织签订实施的"保护民间文学遗产项目"计划正是在联合国当时推行的东亚模式保护理念下实施的，也是中国作为联合国教科文组织的成员国回应与参与国际行动的实践案例。两个合作的案例，为我们清晰地呈现出20世纪90年代，中国从"集成"的记录整理民间文学作品的时代逐渐转向记录语境中民间传承人（故事家、歌手）的讲述和演唱过

1　向云驹：《传承人保护的意义及传承人"释义"》，载冯骥才主编《传承人"释义"学术研讨会论文集》，文化艺术出版社，2019，第86页。

2　同1，第85页。

3　爱川纪子：《无形文化遗产：新的保护措施》，载联合国教科文组织编、关世杰等译《世界文化报告（2000）——文化的多样性、冲突与多元共存》，北京大学出版社，2002，第163–164页。

程；从单一的文本记录保管时代，走向多学科、多语言、多媒体立体记录的时代。

2003 年，冯骥才在中国民协提交联合国教科文总部的宣传册《中国少数民族无形文化遗产保护》一书的序言《抢救与保护》中写道：

> 流传了千年的民歌，很快就要在田野中消失了。我们无法阻止这种历史的必然，也不知道今天到底广大民间还保存着哪些美妙的歌。然而，我们无法追回已经消失的歌，却可以保护住今天还能听到的歌。这便是此次中国民协与联合国教科文组织合作的“民歌调查”的意义。
>
> ……
>
> 感谢联合国教科文组织对我们民间文化抢救工作的支持。他们对人类文明深切的关心与情怀令人钦佩。[1]

联合国教科文组织北京办事处代表青岛泰之在《中国少数民族无形文化遗产保护》的前言中阐释了无形文化遗产的概念和价值：

> 无形文化遗产（亦称非物质文化遗产）包括口头传统、表演艺术、社会风俗、有关自然界和宇宙的知识与实践以及传统的手工艺技能。它们是人类历史发展过程中各国家各民族生活方式、智慧与情感的活的载体。随着其所处环境、与自然界的相互关系和历史条件的变化，这种代代相传的无形文化遗产不断得到创新，使各民族具有一种对自己文化的认同感，并促进了文化多样性和人类的创造力。[2]

青岛泰之站在人类文化的视角，围绕联合国教科文组织刚刚公布的《非遗公约》基本内容，对“民歌保护行动”项目进行中国化的解

1　冯骥才:《抢救与保护》，载中国民间文艺家协会、联合国教科文组织北京办事处编《中国少数民族无形文化遗产保护》，2004，第 1 页。

2　青岛泰之:“前言”，载中国民间文艺家协会、联合国教科文组织北京办事处编《中国少数民族无形文化遗产保护》，2004，第 3 页。

读，促使无形文化遗产的理念能够通过该项目保护成果，得到中国各界人士的关注和推广。

2000 年至 2004 年《中国少数民族无形文化遗产保护》，对于多媒体手段、少数民族语言记录的强调，正是以国际合作保护行动，响应《世界文化多样性宣言》“尊重少数人群体和土著人民用母语表达思想、创作传播自己作品，通过传媒的多元化，语言多元化，平等享有各种艺术表现形式”的理念。

联合国教科文组织的两次合作项目，虽然当时不同行动方存在话语概念的差异，在当时语境中国际与国内努力进行互动交流及沟通。中国政府、学术机构、团体及地方各界在这个过程中，对“民间文艺”“民间文学”“民间文化遗产”等国内概念的检视，主动进行着概念转化，反思并改进保护方法，与联合国教科文组织“无形文化遗产”概念接轨，努力调整并接受倡导文化多样性的国际非遗保护理念及其国际规范。

正如巴莫曲布嫫所言，当年的媒体上频繁出现转换概念的表述“非物质文化遗产”“无形文化遗产”“民族民间文化遗产”，表明当时由“UNESCO、国际社会以及各领域学者和世界各种文化传统中的实践者，经过多年努力才共同构建的遗产新概念，正以最快的速度和最广的范围进入了‘本土化’的过程”[1]。非物质文化遗产保护从记录时代转向激励文化主体传承和传播的过程性保护时代。

余论：中国非遗保护史书写之必要

“非物质文化遗产”是在世界遗产保护进程中经过长期探索而确定的官方术语，2001 年中国昆曲入选第一批“人类口头和非物质

1　巴莫曲布嫫：《非物质文化遗产：从概念到实践》，《民族艺术》2008 年第 1 期。

遗产代表作”，使“非物质遗产”概念进入国内视野。目前各国广泛使用的非物质文化遗产概念亦遵循2003年联合国教科文组织公布的《非遗公约》及其相关文件中的界定与解读，其概念的提出经历了“人类口头和非物质文化遗产”“无形文化”“人类口传及无形遗产”到“非物质文化遗产”“活态遗产”的演变过程。“作为建立在文化多样性理念之上的一种文化实践”[1]，虽然从严格意义上来说，非物质文化遗产这一概念是对原先分散的对象的整合，且与21世纪以前中国对于民间文化的保护实践存在工作方式和保护路径上的差异，但仍应关注到在《非遗公约》确立的“非物质文化遗产”概念引入中国话语体系以前，中国已存在悠久的民间文化采录传统和广泛实践。特别是改革开放以后，中国政府与联合国教科文组织签订协议，实施的保护中国汉族民间故事、西部少数民族民歌的两次行动案例，参照国际规范，不断自我完善、自我调整融入人类社会多元文化交流的全新框架，步入世界文化交流大平台的实践过程。因此有必要全面梳理中国本土视域与实践中的非物质文化遗产保护史，尤其是20世纪以来在保护实践中形成的“民间文艺”“民间文化”“民族民间文化遗产”等本土概念与国际“非物质文化遗产”概念之间的博弈与转化过程，同时厘清政府、学界和国际的互动机制以及各相关方的立场与功能。

1 安德明:《“非物质文化遗产”——一个新的文明交流框架》,《民俗研究》2003年第6期，第54页。

非遗“双创”助力村落“过疏化”治理路径研究[1]

蒲娇（天津大学冯骥才文学艺术研究院教授）

摘要 随着工业化与城市化进程的加快，承载着农耕文明的村落在不同程度上呈现出“过疏化”现象，为城乡统筹发展带来巨大挑战。非物质文化遗产作为中华优秀传统文化的重要代表，对乡村建设、村落治理、城乡一体化发展等方面具有高效的促进作用。因此，围绕村落中的优秀传统文化资源，择选具备产能转化优势、利于社区稳定、文化建设的项目，不但可通过文化赋能乡村振兴的巨大优势促进村落“过疏化”治理，同时也可兼顾城乡要素流动与推动城乡一体化发展，为全面推进乡村振兴战略的实施提供中国式现代化发展思路。

关键词 非遗“双创”，村落“过疏化”，乡村振兴，治理路径研究

党的二十大报告指出，要“坚持农业农村优先发展，坚持城乡融合发展，畅通城乡要素流动。加快建设农业强国，扎实推动乡村产业、人才、文化、生态、组织振兴”，并强调“坚持创造性转化、创

1 本文为住房城乡建设部委托项目“传统村落保护立法关键制度研究——传统村落和非遗整体性保护制度研究”阶段性成果。

蒲娇

新性发展，以社会主义核心价值观为引领，发展社会主义先进文化，弘扬革命文化，传承中华优秀传统文化”。非物质文化遗产（以下称“非遗”）作为中华优秀传统文化的重要表现形式，是中华文明绵延传承的生动见证及民族文化的身份表征。目前我国已建立起国家、省、市、县四级名录体系，共认定代表性项目 10 万余项。然而，伴随着城镇化的快速发展，乡村载体急速消亡，非遗——这笔刚刚整理出来的国家文化财富中许多项目便会得而复失，而且这种结果是不可逆转的[1]。《保护非物质文化遗产公约》作为国际上第一个高度承认“社区参与”必要性的文化遗产条约[2]，对非遗评定的标准是——必须“扎根于有关社区的传统和文化史中”。村落作为文化依存的重要社区，绝大多数非遗种类都扎根其中。针对非遗的发展诉求、现状与传统村

1 本文所陈述的观点仅围绕村落中的非遗种类展开，但并不是所有的非遗种类都必须将村落或传统村落作为唯一生存空间，大量非遗也存续于城市之中。

2 Blake J,: *Further reflections on community involvement in safeguarding intangible cultural heritage,Safeguarding intangible heritage:practices and policies,*（Abington: Routledge, 2019）,p17.

落"过疏化"现象，2017年中共中央办公厅和国务院办公厅印发《关于实施中华优秀传统文化传承发展工程的意见》，其中有"坚持创造性转化和创新性发展。……秉持客观、科学、礼敬的态度，取其精华、去其糟粕，扬弃继承、转化创新，……不断赋予新的时代内涵和现代表达形式，使中华民族最基本的文化基因与当代文化相适应、与现代社会相协调"的论述。这不但为我国文化建设事业的发展指明了方向，同时也将优秀传统文化在当下的发展与其依存社区的未来命运紧密相连。毋庸置疑，科学保护非遗，推动非遗"创造性转化、创新性发展"实施，不仅是我国新的时代需求和重要战略，也是非遗保护研究的重要机遇[1]。同时，非遗"双创"与乡村振兴二者在逻辑上存在互洽性，实践中存在互补性[2]。因此，在尊重集体文化性格及其历史特性的基础上，分析我国非遗存续的现状与问题、优势与劣势、挑战与机遇极具必要性。基于此，找寻非遗"双创"的内在逻辑，并以其高效产能为杠杆，文化传播优势为抓手，无疑可有效助推产生村落"过疏化"治理过程中的驱动效应。

一、非遗"双创"推进村落"过疏化"治理的生成逻辑

（一）政策相合

我国自2005年由国务院第一次提出非遗保护理念开始，已建立起完备的四级非遗保护名录体系，先后颁布《保护非物质文化遗产公约》（2004）、《关于加强我国非物质文化遗产保护工作的意见》（2005）、《关于加强文化遗产保护的通知》（2005）、《中华人民共和国

1　宋俊华、白雪筱：《新时代非遗保护研究的路向选择》，《文化遗产》2021年第1期，第153–158页。

2　蒲娇、刘明明：《乡村振兴中非遗"双创"与传统村落过疏化耦合治理》，《海南大学学报》（人文社会科学版）2023年第1期，第99–108页。

非物质文化遗产法》(2011)等相关法规条例。特别是在党的十八大以后，国家尤为关注非遗传承、保护、发展等领域的问题，先后出台《关于转发文化部等部门中国传统工艺振兴计划的通知》(2017)、《关于实施中华优秀传统文化传承发展工程的意见》(2017)、《关于推动非物质文化遗产与旅游深度融合发展的通知》(2023)等文件，要求各地方和相关部门贯彻“保护为主、抢救第一、合理利用、传承发展”的工作方针，切实做好非遗的保护、管理及合理利用。在党的二十大报告中更是明确提出“我们确立和坚持马克思主义在意识形态领域指导地位的根本制度，……社会主义核心价值观广泛传播，中华优秀传统文化得到创造性转化、创新性发展，文化事业日益繁荣，网络生态持续向好，意识形态领域形势发生全局性、根本性转变。”而对于村落这一非遗存续的重要空间，2021 年中央一号文件《中共中央 国务院关于全面推进乡村振兴加快农业农村现代化的意见》明确指出:“加强村庄风貌引导，保护传统村落、传统民居和历史文化名村名镇。2023 年，三部委联合印发《乡村振兴标准化行动方案》，亦鼓励全面推动乡村振兴标准化各项措施落地见效，切实可行促进村落发展。”相关政策的颁布与措施的实施，一方面，可深刻体现出国家层面对于推动以“双创”为基础的非遗长久保护和永续发展的宏伟蓝图，并以非遗“双创”推动区域协调发展与中华民族伟大复兴宏伟目标的实现；另一方面，从整体发展观角度出发，我国当下对于村落高效治理及全面振兴的需求迫在眉睫，而村落中的优秀传统文化正是能够引导村落风貌建设、提升文化内涵、促进多元发展的必要前提。因此，若通过合理配置，使村落中的优势资源要素得到充分利用，能够有效形成非遗与村落二者发展中有效互促机制的完善。

（二）功能相符

以文化人类学视角可见，功能理论的核心思想即是将文化看作适应自然和社会环境的制度。非遗具有的文化功能、社会功能、经济功能、教育功能及治理功能，与乡村振兴所实现的包含产业振兴、文化振兴、人才振兴、生态振兴和组织振兴在内的乡村全面振兴目标高度契合。其中，非遗“双创”与乡村振兴中的产业、人才与文化方面的关系尤为密切。产业振兴是村落全面提升的基础，是巩固拓展脱贫攻坚成果的根本之策，也是非遗发挥经济功能、服务功能的重要依据。文化振兴是村落发展的灵魂，是激发村落内生动力的精神基础，也是非遗发挥其文化功能、教育功能的保障依据。人才振兴是村落建设的重要基石，通过育才、引才、留才机制不但可培育出有助于乡土人才的队伍建设，同时也可促进非遗发挥其社会功能及治理功能。因此，非遗“双创”作为中华优秀传统文化融入现代生活发展的关键环节，是村落治理的重要组成部分，也是激发村落发展内生动力的精神基础。非遗自身所承担的社会功能对于村落产业发展和文化建设具有推动作用，可在多方面为村落的现代化治理提供支持。

（三）系统相融

在非遗的发展过程中，对内系统、外系统及环境系统都有一定整体性要求，这主要针对以往非遗保护过程中碎片化现象而提出的一种新思路。内系统的种类多样，且受影响较多，因此结构较为复杂。从共性特征分析主要表现为三类：第一类为物质要素，即非遗存在的本体要素；第二类为精神要素，是制约、引领本体要素形成的精神类要素；第三类为人物要素，如对各类非遗形成和发展有特殊贡献的人物等。各要素之间常常表现为一种不断变化的动态关系，这也可以解释非遗所表现出的重要特征之一——流变性。其次是外系统。即非遗形成的环境系统。特定区域的文化空间内部，除非遗本体要素以外的其他要素皆可被视为外系统的要素，如文化聚落、乡土景观、建筑遗址及历史见证物等在具有同一文化生态内通过人为作用形成的各方面。

当然，内系统与外系统只是便于理解的人为划分。实际上作为生发承载非遗的村落而言，其本身就是一个综合系统，无论内系统、外系统自身各要素或内外系统各要素之间也具有密切联系；最后是环境系统。可认为是对非遗形成环境产生影响的一个更大范畴的系统，如自然生态环境和社会文化环境。虽然村落普遍具有自治与自洽功能，但在面对更为庞大的环境系统时，往往不可避免地受到影响。另从系统论的整体视域出发，一座村落往往还是影响另一座村落的环境系统。生产、生活和生态作为构成村落结构的三大要素，往往却在城镇化的进程中表现出不平衡的状态。通常而言，越是经济发达、人口稠密的村落，越有条件和能力维护好三者的平衡发展；反之，越是趋于“过疏”的村落，则越是面临失衡发展的困境。因此，只有构建好规模庞大、辐射能力强的社会、经济与文化网络，正视村落“过疏化”问题，村落活力才能够更好地被激活，达到生产、生活和生态的相对平衡。简而言之，若要实现非遗在当代的系统性、整体性、科学性保护，就必须确保非遗发展所依附的内系统、外系统与环境系统相协调，而这也恰与乡村振兴战略所提出的“见人见物见生活”保护诉求不谋而合。

二、非遗“双创”在村落“过疏化”治理中的现实困境

我国非遗资源丰厚，且多扎根于乡村，但大多数非遗还未充分发挥其所蕴涵的资本优势、产能优势、内生动能与精神引导作用，且对村落治理的促进作用有待提高，具体表现如下。

首先，部分传统技艺类非遗活化利用力度欠佳，在带动乡村特色产业、创意经济发展中尚未发挥最大能动性。具体表现如下。第一，围绕手工艺类非遗活化利用所展开的“双创”实践，往往需要前期投入大量的人力、物力与财力，而后期所获得的回报周期往往较长且具

有不可预测性。因此，对市场前景的观望态度导致部分手工艺类非遗发展的内生动力不足、社会层面推动力度欠佳。第二，随着当下网络信息的快速发展，人们的审美呈现同质化趋势，精英文化及城市文化无疑给民间文化与乡土文化的承载者——非遗带来巨大冲击。一方面，面对纷繁复杂的强势文化，“学”与“不学”，“变”与“不变”，如何做到“求同存异”又“和而不同”，准确把握市场需求与活化尺度，成为非遗传承人及社会各界的共同时代命题。另一方面，大部分传承人因受传统观念制约、消息闭塞等因素影响，往往不能准确把握市场需求，与村落整体发展目标匹配度欠佳。第三，历史上除却少数非遗种类传承范围广泛，大部分非遗类型都是据所在村落（区域）呈辐射趋势发展传播，正因如此，地域性成为非遗的主要特征之一。随着大众传媒的快速发展，非遗亟须跨越地域藩篱，接受更大范围内的竞争挑战。然而当下非遗普遍囿于传统的传承机制，与现代经济发展模式存在一定背离。

其次，部分精神类非遗未能与乡村文化、道德建设紧密相连，作为乡村文明程度提高的内在动力有待加强。具体表现如下。第一，未能充分意识到在当下城乡融合发展体制机制、实施乡村振兴战略的“现代性重构语境”中，精神类非遗所持续承担的保障乡土社会秩序、制约失德行为等功能。第二，精神类非遗较多以一种口传身授、彰而不显、潜移默化的方式存在，且鲜有史料记载，因此民众难以真正领会到乡村作为承载精神类非遗发展的重要文化空间的“母本”意义。第三，因认知观念差别及移风易俗工作开展力度的参差不齐，部分民众认为精神类遗产中依然残留糟粕与落后，对其从“历史遗留物”向“再民间化”综合性文化载体的认知观念不够深入，导致非遗特有的内聚功能未得到充分发挥。

最后，部分非遗传承人尚未发挥“传”“带”“授”的作用，需积极有效地开展非遗传承实践。具体表现如下。一方面，名录内代表性传承人与名录外“自然传人”之间存在矛盾。就现行传承人认定机制分析，各级代表性非遗传承人称号的申报仅能伴随着新立项目申报同步进行，且只能以个人名义申报。即使需要多人配合、协作完成的非遗项目，也只能选择群体中的某一人或少数几人作为代表性传承人进行申报。这种重视个人认定忽视群体贡献的评选方式，不但容易引起某些依托集体（群体）传承项目中未入选各级传承人体系的自然传人们的不满，导致其不受责任与义务等方面的制约，进而影响项目传承的完整度，而且对部分完全掌握话语权的代表性项目传承人，在其传承中的实际贡献率难以量化评判，其中所涉及一系列有关非遗知识产权保护与拓展、推广、利用之间的矛盾也亟须解决。另一方面，非遗的传统传承方式往往是从少年学徒开始或通过日久沁润习得，需耗费较高时间成本。目前传承人依托培训班或传习所的传承方式虽然具有系统性、高效性以及传播范围更广的优势，但却容易陷入“形似神不似”的传承误区。非遗传承本身是一个“传者”与“承者”双向互动的过程，唯有二者达成共识才能产生较好效果。

三、非遗“双创”助力村落“过疏化”的治理理路

非遗概念自诞生之日起就不是单纯的文化概念，而是掺杂了意识形态、政治经济和人伦道德等多种因素的综合体[1]。即便是围绕非遗本体的转化与发展，也必须将社区发展、人权维护和生活改善等各种要素考虑在内。而非遗传承主体所扮演的不仅是地域优秀文化的实践主体，也是乡村社会建设的主要参与者，其中“人”是三者发展主体并形成治理合力的媒介。通过非遗“双创”与村落“过疏化”治理的策

1　魏爱棠、彭兆荣:《遗产运动中的政治与认同》,《厦门大学学报》(哲学社会科学版) 2011 年第 5 期，第 1–8 页。

略研究，积极推动不同种类的非遗在文化价值、经济价值、社会价值、教育价值等多方面的转化与利用，也将为实现“留得住人，稳得住心”的现代化乡村建设提供可参考依据。

（一）“以神补形”的精神基础构建

当下，守住村落中的“文化根”，最重要的是提升当下非遗传承主体的文化自信，完善制度层面的保障。一方面，将乡村振兴、非遗“双创”与村落“过疏化”治理在国家制度层面打通。一是将非遗“双创”发展纳入乡村振兴相关文件的明文规定中。随着“后税费时代”的到来，大部分农村地区的财政改革致使其发展重心定位于经济层面，留存对传统文化较为漠视的态度，导致个体传承人的积极性不高，在地方社会中的作用发挥受限。二是将乡村振兴与乡村“过疏化”的矛盾关系在相关文件中更为明确地提出，并肯定非遗在其中的价值与作用。三是制定非遗“双创”发展的细化政策与法规，并划定坚守与变革之间的“红线”。四是针对上述文件，制定相应的具有地域性特色的地方性文件。另一方面，针对乡村优秀精神类文化遗产，首先，加强对精神类文化遗产的价值再认知。精神文化遗产包括乡规乡约、民风民俗、族谱族规中的优秀乡土文化，对乡村社会的文明程度和原住民的道德素养，乃至社会主义核心价值观的建设都有着重要的引领作用，因此有必要通过报刊、电视、广播、广告等传统媒体及网络等新兴媒体进行宣传，引导社会层面对其价值进行再认知。其次，注重对精神类文化遗产的内涵转化。例如，以社会主义核心价值观为主题，运用地方戏曲、小品、说唱等民众喜闻乐见的文艺样式，以乡村生活、乡村生产、乡村习俗为切入点进行宣传。鼓励符合新时代中国特色社会主义思想的精神类文化遗产的再创作，举办相应文化赛事、学术交流及展演活动，发挥优秀精神文化类非遗的教化功能。最后，完善“乡村优秀精神文化遗产档案”。除却已经入选各级名录的优秀精神类文化遗产，还要及时收集散落在民间的珍贵资料。如，在相关文化部门的网站中增设“非遗拾珍”版块，定期发布来自民间的优秀成果，充分发挥信息平台优势，提升民众的文化自觉意识与社会责任感。

（二）“以产带传”的发展模式探寻

非遗通常具有社会、经济、文化等多重价值，若能将其所蕴含的不同性质加以充分发挥，则可以通过其高效的文化产能，带动其丰富文化内涵的传播。对于具有优秀产能潜质的非物质文化遗产项目，第一，筛选梳理。通过历史脉络、知识谱系、工艺传承、文化内涵等方面的梳理，筛选出具有文化赋能优势的产业。如，从档案建设入手，将现有非遗档案进行全面整合，搭建非遗档案的动态监管与完善系统；依据《住房城乡建设部办公厅关于做好中国传统村落数字博物馆优秀村落建馆工作的通知》《关于进一步推动非国有博物馆发展的意见》等政策中所传达的精神，建设可体现中华优秀农耕文明价值与非遗赓续发展的文化空间。例如，将非遗与村落发展史结合，建立具有村落特色的村史博物馆，以及通过建立作坊式的非遗展馆，将非遗展示、非遗体验与非遗传习进行结合。在传承非遗技艺、宣扬非遗文化的同时，拓展村落中的旅游资源。第二，加强传播。通过把握新消费特点，适应新媒体环境，面向新需求人群，切实保障民族手艺文化的传播质量。例如，利用新媒体的开放性、实时性、互动性，打破传统媒体单向传播的局限，将非遗的全民宣传与精准投放相结合，将传统媒体与新媒体进行结合，使更多人从旁观非遗向参与非遗、亲近非遗转变，以此引入更多民众溯源非遗所在村落，从而延伸产业链、提升价值链。第三，通过各级文化部门牵头，建立以传承主体为核心的行业组织联络网络，根据非遗具体门类组建行业专委会，针对转化与发展尺度在非遗所在村落进行定期交流探讨。第四，深耕产业。探索通过加强文创、制造领域的产品开发，利用农产品、农副产品的外观包装和文化营销，发掘文旅项目中的周边和纪念品价值等多种途径，以此融入相关产业，发挥相互促进的带动作用，增强发展活力。推动非遗“双创”在村落中与旅游、科技、教育、文化、卫生及体育领域的融合发展。例如，充分利用科技工程、科普作坊（场馆）、科研设施等发展围绕非遗展开科技旅游。围绕承载非遗的文物遗址、博物馆、体验馆、展示馆等文化场所展开文化宣传及文化旅游，积极开发“产学研”结合的复合功能项目。例如，将中医药类非遗与康复疗养、休闲养生等产业结合开展健康旅游活动，将体育类非遗与健身养生等项目结合，打造非遗体育场馆、休闲特色小镇，着力发展体育旅游产业等。

（三）“以人为本”的实施路径探索

在联合国教科文组织颁布的《保护非物质文化遗产伦理原则》中指出，“保护人权是保护文化多样性的宗旨和灵魂”[1]，并认为“以人为中心”是非遗保护的伦理核心[2]。一方面，针对乡村非遗代表性传承人（群体）。就维持非遗传承的基础条件而言，传承人群所承载的身体技艺与脑海记忆是非遗能否活态、赓续传承的奥义所在。其既为非遗发展提供创新思维与动力源泉，又把握着其转化与流变的标准与尺度，因此应持续注重对非遗传承人（群体）的提升路径进行探寻。具体而言，第一，增强传承群体社会融入程度，通过多样方式开展各类非遗项目的体验与实践。例如，构建基于“互联网+”模式下的虚拟网络教学环境，广泛与学校、企业、社会组织、其他培训机构合作，加强

1 户晓辉：《文化多样性与现代化的人权文化：对联合国教科文组织三个公约的政治哲学解读》，《遗产》2020 年第 1 期，第 33 页。

2 朝戈金：《联合国教科文组织〈保护非物质文化遗产伦理原则〉：绎读与评骘》，《内蒙古社会科学》（汉文版）2016 年第 5 期，第 1–13 页。

在资金、技术、设施、师资等方面的资源共享，对村落现有资源进行有效的再整合与再利用。第二，完善社会保障制度，予以其更多人伦关怀，增强政府、企业与传承人在战略、措施等方面沟通之中的透明度。另一方面，针对乡村非遗的管理人员。随着“非遗后”时代的到来，政府与学术界需要共同应对非物质文化遗产保护过程中所面临的困境，认清各自的职责所在，发挥各自的力量，建立科学的非物质文化遗产保护体系[1]。政府作为乡村非遗的第一责任群体，既是国家政策的拟定者、传达者，又是非遗保护的实施者、执行者，对于非遗未来的发展方向起到了“关节点”作用。因此，针对相关管理人员的能力提升需着重注意，具体而言，其一，对于已入职非遗管理岗位，即作为非遗保护“存量”的乡村非遗管理人员，由于非遗概念自20世纪初才广泛普及，大部分非遗管理部门所设立时间也不尽相同，组成人员多自其他岗位抽调，因此，针对此群体需要广泛开展具有一定学术性质的继续教育，并注重国外非遗保护经验的学习与研究。此外，大部分扎根基层工作的非遗管理人员普遍具备丰富的实践经验，故应充分发挥其优势，鼓励其在政策制定、措施实施等方面提供智力支持。其二，对于未来致力于非遗管理岗位，即作为非遗保护“增量”的乡村非遗管理人员而言，在择选过程中应充分考虑其学术背景，广泛立足于非遗学或与之相关的交叉学科类型。此外，更应注重学术理论与保护实践的结合培养，无论是非遗项目认定、筛选，还是非遗创造性转化、创新性提升，都需要在数量、尺度、范围上多方位把控，这些都需要在非遗管理的实践中获得答案，尤其对于学术素养较高、理论基础完善，但实践经验尚浅的乡村“增量”型非遗管理人员，需要指导其在田野一线完成各项实践能力的提升，避免陷入后续管理中纸上谈兵的窘境。

1 祁庆富:《论非物质文化遗产保护中的传承及传承人》,《西北民族研究》2006年第3期，第114–123页。

结语

作为中华优秀传统文化的重要组成部分，非遗的“创造性转化”与“创新性发展”是提升我国文化自信，及增强民族凝聚力、影响力的重要力量[1]。而村落作为大量非遗生发的文化空间，在其历史演进过程中发挥着不容忽视的作用。将非遗传承与村落发展置于乡村振兴的顶层设计与发展实践中进行思辨，以非遗“双创”促进村落文化建设与“过疏化”治理，将有效解决当代二者出现的乡村非遗存续活力不足、与村落建设话语沟通不畅、未能发挥充分的传承与带动作用等问题。同时，以村落中丰富的文化生态与自然生态资源为基础，以非遗“双创”的高效产能为杠杆提振经济发展，通过创意经济、体验经济等新思路带动多元化消费，促进就业、创收致富，将有效缓解村落“过疏化”现象，进一步破解城乡发展的二元结构难题，助推乡村振兴战略的全面实现，为建设社会主义现代化国家开好局、起好步提供有力支撑。

1 西沐、雷茜:《新时期中国非遗传承与发展观念的探讨》,《北京联合大学学报》2021 年第 1 期，第 57–63 页。

非物质文化遗产学学科体系琐谈
——兼及冯骥才非遗学基本思想

耿涵（天津大学冯骥才文学艺术研究院副教授）

摘要　非物质文化遗产学的学科建设不局限于学理探究，还蕴含着人才培养、科学研究、社会服务等更多内涵，是教学体系、科研体系、培养保障体系等多元学科要素系统建构并持续优化的集中呈现。冯骥才先生的《非遗学原理》为非遗学科建设提供了指导思想和前进方向，指明了非遗学作为一门独特的学问和专门的学科的独立性，明确了非遗学的学术界域。结合冯骥才非遗学基本思想的解读，更利于非遗学学科体系的明晰和完整。

关键词　非物质文化遗产学，学科体系，模块化教学，冯骥才，非遗学原理

党的十八大以来，大批高等院校加入非物质文化遗产学（以下简称“非遗学”）学科建设的队列之中，北京师范大学、中山大学、山东大学等 54 所高校先后在本硕博阶段开设了非遗专业。非遗学学科在我国高等教育体系中的独特地位逐渐突显。在此背景下，非遗学的理论体系和学科体系是其称为“学”的关键要素，也就是说，学科建设与其学理体系建设应被放在同等重要的位置予以考量。非遗学的基本学科建设理念、学科建设框架亟须厘清，其学科建设路径及其关键

耿涵

着力点也亟待被思考。本文循此聚焦于非遗学的学科建设视角，对其理念、框架与建设路径做一探讨。

一、非遗学学科建设的核心理念

非遗学这一称谓至少包含了两层含义，一是学问，二是学科。作为学问的非遗学是围绕非遗理论、机制、话语、政策、价值、方法等所生发的学术研究领域；而作为学科的非遗学则是高等教育体系的构成单元，是一个独立的教研功能体系。作为学问的非遗学在我国已经存在并发展了至少二十年，业已积累了蔚为大观的丰富成果，截至目前，仅“中国知网”中能够搜索到的“非遗物质文化遗产”主题论文数量就高达 4 万余篇；而作为学科的非遗学实际上还是一种崭新的创制。虽然不少高校都已经开展了若干年非遗类课程教学或非遗人才培养工作，但目前为止尚没有一个整体性的、共识性的、学科意义上的非遗学架构存在。理论上，成熟的“非遗学”学科应与其他学科一样，肩负着人才培养、科学研究、社会服务、文化传承创新和国际交流合作等系统性的职能。在学科建设初期，非遗学是否要在五个方面齐头并进，还是围绕着根本问题进行提纲挈领式的、以点带面的功能推展？回答这个问题的关键点在于非遗学学科设立的初衷为何。

在2020年由习近平总书记主持召开的“教育文化卫生体育领域专家座谈会”上，冯骥才先生以建立国家非遗保护的科学体系为题建言，系统阐述了非物质文化遗产保护事业“科学保护是根本、人才培养是关键”的思想[1]，得到了党中央的高度重视。此后，教育部于2021年3月正式将“非物质文化遗产保护”（专业代码：130103T）设置为本科专业。同年10月26日，国务院学位办批准天津大学自主设立我国首个“非物质文化遗产学”交叉学科硕士学位授权点。自此，天津大学冯骥才文学艺术研究院开启了真正意义上的非遗学学科建设。实际上，“人才培养是关键”已经道出了非遗学学科创制的根本目的，即以为国家培养专业化、高水准的非遗人才。基于此，人才培养是非遗学学科建设的基点和重中之重。而科研工作、社会服务、文化传承创新以及国际交流合作等工作都应围绕人才培养这一核心展开。如果对“以人才培养为中心”这一理念进行推展，那么首要问题就是非遗人才究竟是什么样的人才？这个看似简单的问题，对于非遗学科而言却是一个关键问题，不解决非遗人才之所是的问题，就妄谈非遗人才如何培养等其他问题。

第一，非遗人才应树立正确的非遗价值观，持守非遗所代表的中华文化价值认同和社会主义核心价值观，具有深厚的家国情怀和坚定的政治信念。第二，非遗人才应紧扣非遗科学保护的工作实际。教育部、国家发展改革委、财政部于2020年9月联合印发的《关于加快新时代研究生教育改革发展的意见》中所明确提出的“坚持需求导

1　天津大学：《天津大学教授冯骥才参加教育文化卫生体育领域专家代表座谈会并发言》，http://www.tju.edu.cn/info/1026/3483.htm，2020年9月23日发表。

向，扎根中国大地，全面提升研究生教育服务国家和区域发展能力”。同时，《“十四五”非物质文化遗产保护规划》中强调“推动非遗融入人民群众生产生活，让人民参与保护传承，让保护成果为人民共享，不断增强人民群众的认同感、参与感、获得感，铸牢中华民族共同体意识”。结合二者，非遗人才应既树立起非遗保护工作的使命感和荣誉感，也必须具备在不同条件、不同环境下开展非遗保护工作的能力和技术。第三，非遗人才应具有扎实的研究能力。所谓学科，其主要对应的是研究生层次的人才培养阶段，这一层次的非遗人才需要将保护与研究相结合，做到知行合一。能够在保护实践中深入理解和体会非遗的文化价值、艺术价值、社会价值等，能够理解非遗本身不仅是保护与管理的实践，也是知识与理论的学术问题，更是认知文化、参与文化、创造文化的方法和手段。

综合而言，非遗人才就是拥有正确的文化价值观、具备非遗保护实践能力和研究能力，能够创造性地运用科学保护手段实现非遗管理、研究、转化等工作的专业人才。非遗学学科的人才培养应在对非遗事项、非遗事业真切地体认中实现保护实践的方法提升和思想提升，从而实现科学保护的根本目的。

二、非遗学学科的特征与建设框架

非遗学学科建设的根本问题是人才培养问题，而教学体系又是人才培养的核心，其所对应的同时是非遗学的知识体系。也就是说，学科建设五个方面中的“人才培养”与“科学研究”实际上有很大的重合区域。如果说知识体系和理论体系的建构是非遗学科研工作初期的主要内容，那么明确非遗的知识体系就既是人才培养的基础，也是科学研究的起点，需对其予以廓清。

与传统学科有所不同的是，非遗学是一门强调多学科融合的交叉学科，其知识体系所涉及的内容极其庞杂，截至目前，我国仅国家级非遗项目就有 1557 项，如果全口径统计国家级、省级、市级、县级这四级非遗名录，则有超过十万项之多。这样浩阔的学科容量让非遗学具有鲜明的交叉学科特征。按照联合国《保护非物质文化遗产公约》(以下简称《非遗公约》)的分类，非物质文化遗产包括：①口头传统的表现形式，包括作为非物质文化遗产媒介的语言；②表演艺术；③社会实践、仪式、节庆活动；④有关自然界和宇宙的知识和实践；⑤传统手工艺。我国非遗代表性项目名录根据我国文化实际情况，创造性地将《非遗公约》分类推展为十个项目类别：①民间文学；②传统音乐；③传统舞蹈；④传统戏剧；⑤曲艺；⑥传统体育、游艺与杂技；⑦传统美术；⑧传统技艺；⑨传统医药；⑩民俗。我国现行的十种非遗项目分类已经较为清晰地勾画出非遗学知识所涉及的基本内容及其类型，十个项目类别可以被视作非遗文化事象研究的十个方向，其所牵涉的现有学科包括美术学、音乐学、戏剧学、体育学、中医药学、民俗学等若干门类。

但非遗学的知识体系还远不只这十个方向，十个研究方向所对应的仅仅是针对非遗具体内容或其类别的知识论研究。而除此之外，非遗学的知识体系中还包括非遗学的本体论、价值论、方法论乃至管理、法律、伦理、教育等多领域的交叉知识框架。因此，非遗学具备了知识体系庞大、研究内容浩繁、学术取径多样、研究手段丰富的学科特征。正是这样的学科特征决定了某个高校的单个学科建设点在建设中不可能面面俱到。从学科整体发展的角度，非遗学首先明确的是人才培养的两个基本维度，即管理型人才和研究型人才，然后才是分类培养中所涉及的不同知识教学内容。管理型人才强调所学知识与非遗保护事业的契合度，强调相应的管理能力、实践能力以及解决问题的能力。而研究型人才则更加强调扎实的理论基础、学术创新思维、针对非遗问题的学习能力以及研究能力。

非遗的两种人才在培养路径上本同末异，这就需要建设者从学科肇端就予以明确，以相应的知识体系来进行有针对性的培养。一方面，非遗学的教学体系中需要讲授必要的共性基础非遗理论知识；另一方面，非遗学的教学体系中需要培养学生用所学专业知识去发现和解决具体问题的能力，这就要求非遗学学科必须同时围绕着知识培养与能力培养两种目标去进行教学体系的设计。基于非遗知识体系的复杂性和人才培养的整体性考量，模块化的教学体系有利于以目标导向链接不同知识类型，打通知识培养与能力培养的区隔。其普遍架构模型主要包含：①非遗学基础知识模块；②非遗学方法论模块；③非遗学专业知识模块；④田野调查模块；⑤实务实践模块。其中包含了针对不同人才所需要的知识内容和方法内容。模块化的教学体系将复杂的知识类别根据人才培养目标划分为有针对性的子体系，充分兼顾了非遗知识分类与非遗人才培养的独特需求。

上述教学体系是非遗学科框架的核心，学科建设工作应围绕着教学体系的建设，延伸出教学团队建设、教研实践基地建设、科研平台建设和保障机制建设等不同的学科建设侧面。第一，教学团队是教学体系得以完善、教学任务得以开展、教学水平得以保证的关键要素，一定程度上影响甚至决定着非遗人才培养的效果和质量。对非遗事业发展来讲，教学团队还有另一重要作用，就是通过开展非遗科普教育，吸引更多学生和社会各界人士关注、了解、热爱非遗，并成为非遗保护的有机力量，其所产生的社会效应和影响不可估量。第二，教研实践基地是非遗学学科的重要组成，其所对应的是非遗学“实践性教学”的独特教学理念，是对“将书桌搬到田野”的重要教育思想的贯彻、践行和验证。对于非遗人才培养来讲，在田野中造就人才，推行实践育人，倡导知行合一，方能为社会输出更多急需且可用的非遗精英。第三，科研平台是促发非遗学知识、方法、理论、思想不断生发的重要载体，它为非遗学科研工作提供各项必要条件和保证，是非遗教学团队教学科研能力提升的必要依托，既肩负着非遗学学术产出的使命，也承担着非遗人才培养的重要责任。对非遗学科研而言，搭建专业化的科研平台既是践行非遗保护使命的内在驱力，也是理论指导实践、实践修正理论的迫切需要。第四，保障机制是推动非遗学学科日常运转和日渐壮大的必要手段，内外结合、体系完备又兼具科学性、实操性和规范性的质量保障机制，能够助力非遗学学科获取更多教育资源、吸引更多优秀师资、践行交叉合作与资源共享、审视建设质量、优化发展规划、调配努力方向。对于新创制的非遗学而言，保障机制的系统构建和持续完善，是非遗学学科建设的必要支撑，作用鲜明且不可或缺。

总而言之，中国非遗学的学科整体是一个集合了不同高校学科建设点的教学体系、科研体系、理论体系、培养保障体系等方面的有机聚合体，其中必定诞生出丰富多样的教学方法、科研内容、理论阐发等，而多元的思想、视角、方法恰恰是促使非遗学可持续发展的必要条件。因此，在非遗学学科建设的过程中，不同高校必然根据自身学科积淀去进行特色化发展，在非遗根本价值认同的基础上，形成和而不同、百花齐放的非遗学学科建设局面。

三、冯骥才非遗学基本思想阐释

对于非遗学学科建设而言，冯骥才《非遗学原理》无疑具有重要的思想引领作用和路径指导意义。《非遗学原理》提出了一系列关键问题，也蕴含了一系列文化保护的核心思想。

第一，是非遗学的历史观和遗产观问题。冯骥才谈道:“在漫长的农耕社会中，民间文化的生长非常缓慢。它不是发展的模式，而是一种积淀的模式……然而，工业革命以来就不同了，社会骤然转型，固有的民间文化开始瓦解……到了20世纪后期，受到工业化和城市化的迅猛冲击，民间文化才快速消散和面临濒危……”[1] 非遗出现的背景是社会文明骤然转型的特殊历史时期，以冯骥才为代表的一批拥有文化先觉的知识分子所发起的文化抢救与保护工程。在这一时期，保护话语开始使用“民间文化遗产”的概念，非物质文化事象的遗产观由此产生。这种遗产观对于非遗保护整体工作至关重要，因为它让人们第一次认识到在实有的“文物”之外，还有更多不以物质方式承载的文化信息和文化价值。它们或者是口头的，比如民间文学，或者是身体性的，比如民间舞蹈和体育杂技，又可能是民俗和文化空间的，比如传统节日。这些不以“物”为载体的文化内容承载着比文物更丰富的文化信息和历史信息，具备多元而珍贵的文化价值和审美价值，它们是一种全新的“遗产”。保护这种非物质的文化遗产是为国家留住活着的文化，这也是为什么国家在非遗事业中强调“保护为主，抢救第一”根本方针的原因。冯骥才在文章中首先强调了非遗出现的历史背景，就是要重申非遗的遗产观，他想要让人们理解非遗是站在未来看现在，“非遗学是为了非遗生命的存续，文化命脉的延续”。只有在今天保护好、保存好这些活着的遗产，国人在未来才有可能继续认识、理解和可持续利用其文化资源价值。因此，遗产学是为中华民族文化未来而生的学科。

第二，《非遗学原理》指明了非遗学的学科立场和学科使命。遗产观就是非遗学的立场，遗产强调的是保护实绩，这与其他学科的观察研究本位是不同的。冯骥才认为，“当一个事物有了遗产的属性，便多了一种性质、意义、价值，多了一种社会功能”。也就是说，相比于其他价值，非遗学更注重其社会价值的实现。这就要求非遗学科建设发展必须首先围绕着文化保护的初衷来展开，学科中自然需要既包括保护的举措、方法和技术，也包括保护的政策、制度、法规等。

1　冯骥才:《非遗学原理（上）》,《光明日报》2023 年 3 月 19 日，第 12 版。

对于非遗保护事业而言，政府是保护的第一责任人，系统性保护和科学保护是非遗存续的必要保证。非遗学的人才培养任务如前所述是培养保护实践人才和管理人才，但归根结底都是保护人才。保护工作的重点就是一方面通过研究为政府提供科学保护的策略法规，另一方面为非遗的保护和存续提供科学方法。这是非遗学教学内容和培养方案设置的方法论基础。

在给出方法论进路的同时，冯骥才先生也给出了一个认识论的条件。在非遗保护所保护的是什么的问题上，《非遗学原理》这样表述，"非遗是历史传承至今并依然活着的文化生命"，但与此同时"非遗又是其中历史文化的代表作，是当代遴选与认定的必须传承的文化经典"。换句话说，非遗是经典的，有代表性的，是能够统摄一个地域甚或民族民间文化的。非遗保护所面对的民间文化不是泛泛而论的，而是经过历史筛选和当代遴选的，具有历史、文化、审美、情感等多重价值的代表性文化事象。

第三，《非遗学原理》非常务实地提出了非遗学的应用属性。正如任何一门学科都会拥有专门的工具，非遗学同样如此。所不同的是，它的工具不单为自身研究所使用，更为保护事业所用。提出了非遗学建构自身所需要的方法和其本身作为方法的学术工具属性。冯骥才先生认为非遗学"既是一种纯学术，追求精准、清晰、完整、谨严、高深；又是一种工具理论，为非遗构建知识，为非遗排难解纷，因而与当下的非遗的保护实践息息相通和紧密相关。非遗学毫不隐讳要直接为非遗服务，甚至为非遗所应用"。与此相应的，非遗学作为工具的有效性必须建立在对具体非遗及具体文化田野的理解之上，其应用价值必须建立在调查研究的基础上，而最终又必须被应用到文化田野中。

于是，冯骥才先生创造性地提出了非遗学是一门田野科学的论断，"非遗学是一门田野科学。在田野中认知，在田野中发现，在田野中探索，在田野中生效，从始至终都在田野……”。在田野中认知、发现、探索、生效，而这个田野就是民间，就是活生生的民间文化。也就是说，与非遗学使命和立场相应的，非遗学的落脚点是对民间文化所进行的保护性介入。这之中有一条潜藏的链路，这种田野观、遗产观是与冯骥才先生的知识分子文化先觉观相承应的，其中包含了对“知行合一”的文化期待。这当然也是一种引领性的教育观，所以“非遗学的教育也必须在田野中进行。田野就是民间，就是活生生的民间文化。只有问道于田野，才能得到切实的答案，才能感悟到非遗的精髓与神韵，彻悟到非遗的需要，以及非遗学的学术使命是什么”。

第四，《非遗学原理》很大程度上指明了非遗学做什么和怎么做的问题。文中指出，非遗的立档、保护与传承是三项核心工作，立档是基础，保护是核心，传承是目的。“立档主要是对非遗的历史而言，保护是永远首要的主题，传承是为了遗产的延续与永在。在非遗学中这三项工作既是工作实际，更是核心的学术内容”。首先，文化档案是冯骥才文化保护思想中最看重的一项工作，这符合中华民族重视修史与修志的正统文化精神。“这里说的档案，不是政府部门的管理档案，是非遗学的学术资料性的存录。立档本身也是学术工作，是最根本最基础的工作”。非遗学的文化档案是试图储存尽可能完整的文化信息，以便在未来某个时间点不受制约地还原。其次，保护重点对应着非遗在当代的活态性存续，其手段主要包括“法律保护、名录保护、制度保护、传承人保护、博物馆保护、教育保护等”，这一定程度上解答了党中央提出的非遗系统性保护框架的问题。非遗学在这之中提供的“主要是科学的理念，以及相关的标准、规则和专业的方法”。再次，传承既是一种理想状态，也是保护的结果。非遗学在此中的使命是促进传承活动的发生。“为了非遗存在下去，一定要促其传承”。但面临传承问题的时候，冯先生也提出了一系列问题，“非遗到底要传承什么？哪些必须恪守不变？应该用怎样的方式存在与传承？”这些学理问题是抛给非遗学去解决的，传承的目的是一个根据社会文化语境变化的问题，这其实是非遗学学科成立的一个支撑性的变量。总之，立档、保护与传承三者有机统一，是非遗学核心的学术问题构成和学科价值之所在。

第五，冯骥才先生凭借其敏锐而精准的文化眼光在《非遗学原理》中给出了非遗学的五个学术焦点，它们分别是地域性、审美个性、传承人、技艺与活态性。此五种非遗学焦点既是围绕非遗的独特学术内容，也是保护工作的重点关切。它们要求非遗学重点关注每个非遗产地独特的地域文化、文化生态和文化空间；要求在研究和保护中对非遗审美个性给予“澄怀观道”般的无先入之见的欣赏；要求在研究和保护中关注传承人，既要充分重视传承人的表达，也要对其加以审视；要形成对技艺本体性的关注，在理解技艺的时候可以形成先就技艺谈技艺的方式，给予技艺独特的理解、实践和记忆的空间，然后再将技艺放置在文化生态之中来建立客观化理解；要求注重非遗活态性的保护，建立活态的非遗观，辨析传承的方向及其伦理、价值走向等，保护活态传承的条件。这五大关注点是人们进入非遗学，展开非遗学学科实践和学术实践的关键切入点。

第六，《非遗学原理》还直接为非遗学科勾画出了一个初步框架，再次确认了非遗学交叉学科的学科属性。“一方面，在研究上跨学科；另一方面，在学科构建上，必然要采用已有的不同系统的知识，进行超学科的整合，以健全非遗学”[1]。冯骥才先生首次提出将民俗学、艺术学、民族学、管理学、法学、档案学、博物馆学、文物学等多学科在非遗学这一交叉学科中进行交叉整合，从而创制出一种新的交叉学科模式。

除上述六点之外，文章中还涉及非遗学的根本价值观、非遗学者

1　冯骥才:《非遗学原理（下）》,《光明日报》2023 年 3 月 26 日，第 12 版。

的责任、非遗的博物馆保护、非遗物质载体（民间文物）的认定与保护等等诸多学科的基本问题，都可以在非遗学的论域中展开讨论。文章对我国非遗学的构建和非遗保护事业意义深远，其价值必将在非遗学科的发展中不断体现出来。

结语

非物质文化遗产的系统性保护是党和国家对于非遗保护事业的全面而切实的要求。此中，非遗学学科建设发展与非遗的系统性保护事业息息相关，非遗学科一方面肩负起非遗保护和管理人才培养的重任，另一方面为非遗的科学可持续保护发展提供理论支持、方法支持和思想路径支持。非遗教育与非遗理论的学科化既是整体保护系统的重要组成要件，同样也是系统性保护的持续性支撑。就在非遗学学科建设造始起步阶段，冯骥才先生开风气之先，以其大知识分子的文化先觉，将其躬身文化保护数十年来的经验与思考凝合成文，为中国非遗学提供了系统化建设的进路。《非遗学原理》如同航标，对于中国非遗学的创制发展具有莫大的引领作用。

保存和保护：马来西亚非物质文化遗产概述

莫哈麦德·舒克利·伊萨（马来西亚国家遗产局干事）

非物质文化遗产（ICH）的最佳保护计划和重要性促使世界各国政府争先保护遗产资源，以弘扬文化、通过发展旅游业最大化促进经济产出。在提高国家遗产地位、将其提升至国际水平方面，马来西亚联邦文旅部国家遗产司至关重要。遗产司努力保护马来西亚珍贵的国家遗产，以供中外同胞和子孙后代赏鉴。这也符合马来西亚联邦文旅部的目标，即把独特的国家遗产珍品作为世界级旅游产品推广。

迄今为止，马来西亚已获得联合国教科文组织的国际认证，成为世界遗产所在地、人类非物质文化遗产和世界记忆代表。2011—2015年，马来西亚还当选为教科文组织世界遗产委员会成员，以贡献遗产方面的专门知识。目前，马来西亚是保护非物质文化遗产政府间委员会成员国，任期是2022—2026年。

本文试图研究联合国教科文组织《保护非物质文化遗产公约》和现行的马来西亚遗产法，即2005年《国家遗产法案》（第645号法案）。该法旨在保护国家和联邦州的文化遗产资源。遗产保护由联邦政府和州政府共同管理。第645号法案根据2005年1月议会的一项修正案而订。修正案修订了《联邦宪法》第九附表，将遗产保护一并

莫哈麦德·舒克利·伊萨

纳入清单。其效力是，议会或各联邦立法议会均可制定遗产相关法。2005 年《国家遗产法案》(第 645 号法案)是现行的文化遗产保护法。此法案于 2005 年 12 月 31 日刊登公报，并于 2006 年 3 月 1 日生效。在此之前，只有 1976 年《文物法》(第 168 号法案)用作保存和保护马来西亚国家藏品、古迹与文化遗产。《文物法案》(第 542 号法案)也与地下宝藏的发现有关，但其实施属州政府管辖。2005 年《国家遗产法案》(第 645 号法案)涉及文化遗产的各方面，包括但不限于非物质文化遗产。

2003 年，联合国教科文组织批准了题为“保护非物质文化遗产”的会议，会议表决已被 130 个国家采纳。此会认定了非物质文化遗产的五个关键要素，即口述传统，表演艺术，社会习俗、仪式和文化习俗，强调自然和宇宙重要性的知识与习俗，工艺、手工技艺(联合国教科文组织，2016)。

马来西亚各种族拥有丰富的非物质文化遗产。根据 2005 年《国家遗产法案》(第 645 号法案)，在马来西亚，非物质文化遗产是指可以看到、触摸到、品尝到、闻到或听到的人类行为或运动，这些活动目前尚存，但一经丢失或遗失就无法再欣赏。该法案进一步解释，非物质文化遗产好比一种表达方式，语言、说话、谚语、乐曲、音符和歌词可以听到，歌唱、民歌、口述传统、诗歌、舞蹈、表演和其他形式由表演艺术再现。此外，戏剧表演、声音和音乐编排，以及武术也反映了马来西亚文化的遗产。

马来西亚非物质文化遗产的五大部分是：①表演艺术；②作为所有民族规范和行为准则的习俗；③根据口述传统，一代人向下一代人传递的信息或建议的口述文化和习俗；④美术、手工艺，艺术雕塑；⑤国家遗产传承人。

一、表演艺术

表演艺术、艺术表演是一种直接或间接面向观众的舞台表演形式，涉及四个基本要素，即时间、空间以及表演者与观众之间的关系。这种表演可以有指导脚本，也可以没有脚本；可以是随机的、自发的，也可以是精心策划的；可以在任何地点、任何方便的时间进行。表演艺术分为三种，即戏剧、舞蹈和音乐。戏剧是表演艺术中的一个分支，它综合运用了表演（对话、手势、表情、情感）、音乐、舞蹈、声音、仪式元素、灯光、布景、工具、服装、化妆和舞台观赏。Mek Mulung Jikey[1] 戏剧艺术入选 2015 年的国家遗产。舞蹈艺术是一种在特定时间和地点进行的有节奏的肢体动作，用于社交、表达情感、意图和思想。伴随舞蹈的音乐或声音强化了舞者或舞蹈编导所要表达的意图。音乐或伴随舞蹈的声音能强化舞者或舞蹈编导的表

1 Mek Mulung Jikey 是马来西亚为庆祝丰收和表达感谢的一种传统戏剧表演，表演地点在开放式谷仓中，演出形式集表演、对话、歌唱和舞蹈于一体。它是由 15~20 人参与的团体表演，伴奏乐器包括鼓、拍子和锣等传统打击乐器和管乐器，主要角色是身着传统服装的国王和公主，以及萨满、侍女和反面角色。

达目的。舞蹈分为传统民间舞、现代舞、当代舞和宫廷舞（如 joget gamelan）等几种舞蹈流派。2015 年入选国家遗产的表演艺术舞蹈是盘子舞（tarian piring）。音乐是一门艺术，它包含人的声音、自然或环境以及人类有意制造的乐器发出的声音。马来西亚有不同的音乐流派，如原创音乐、新加坡马来西亚流行乐、马来西亚韵律、民族音乐、纳希德乐、爵士乐、摇滚乐、流行音乐等。

二、习俗和文化

习俗展现了一个民族的规则和准则。规则和准则是执行某些法律的指南，并成为祖先的惯例。社会形成文化，文化组织社会生活。文化是人们的思维方式、交往方式、感知方式和行为方式。民俗文化也指某些社群遵循实践的音乐、故事、大众信仰和习俗。在马来族群中，交流、饮食、探亲等其他传统习俗非常丰富。此外，风俗是如马来人、华人、印度人、沙巴人、沙捞越人和原住民习惯的生活方式。马来西亚人拥有丰富的至今还存的传统遗产，传统游戏如掷距骨（batu seremban）、马来播棋（congkak）和棋盘游戏（dam haji）等。传统食物也属于文化遗产的范畴。马来西亚是一个多文化的国家，因此产生了各种类型的美食遗产。有 51 种食物遗产已被列入 2015 年《国家遗产法》，如棕榈酒（air nira）、ice kepal[1]、bubur anak lembah[2]、印尼米饼（Inang-inang）和绿白色甜点（lompak tikam）等。最后，代代相传的传统医药已成为马来西亚的社会信仰。传统医药使用大量的自然资源和植物。七种传统医术已被列入 2015 年国家遗产，如 main

1　一种类似刨冰的食品。

2　一种类似疙瘩汤的主食。

puteri[1]、ulik mayang[2]、拔罐（bekam）、bomoh patah[3]、传统按摩、乡村助产士和社旺舞（sewang）。

三、口述传统、口述文化和口述习俗

知识可以通过多种方式代代相传。它可以通过口述和书写传播，也可以通过示范无声传授。口述传统是指将知识从一代口述给下一代。狩猎、建造房屋、制作衣服、工具、医药和宗教活动等生存技能都是通过讲述和互相示范传授。唱歌、讲故事和戏剧也是通过口述传统传递知识的方式。

在缺乏文字的时期，马来西亚的民间传说历来以口述方式传播。口述传统在过去的马来人中十分兴盛，如今在沙捞越和沙巴的土著人以及众多婆罗洲族群中仍继续存在。然而，马来西亚民俗与该地区的古典马来民俗密切相关。尽管马来民俗都具有地区背景，但随着时间的推移，以及现代媒体的影响，区域性民俗的大部分内容已与更广泛的马来流行民俗交织在一起。

四、马来西亚的美术、工艺、雕塑艺术

美术是凭借高度创造力和工艺、生产制作物品或艺术产品的过程。有一种观点认为，美术是绘画、编织、雕刻、上色、印刷和雕塑等艺术形式的生产过程。美术为马来西亚社会的日常生活增添了色

1　一种具有戏剧特色的治疗仪式，在马来半岛东部的吉兰丹州流传。主祭萨满与其助手通过将疾病人格化为恶灵来治愈病人。

2　马来西亚登嘉楼州的一种古典仪式性舞蹈，旨在安抚或召唤海洋之神，由鼓、锣、小提琴和手风琴组成的管弦乐队为舞蹈伴奏。

3　一种按摩手法。

彩。通过代代相传的学习和流传，马来西亚拥有丰富的美术遗产。美术分为时装、纺织品和装饰艺术。手工艺是制作某种物品的艺术。它包括编织、雕刻图案、刺绣、剪裁、陶瓷和金属。与不同种族社区密切相关的艺术包括：房屋和清真寺雕刻艺术、陶器或陶瓷制作、蜡染制作、mengkuang 席编织、songket 地毯编织、金银刺绣、pua kumbu 布、男士裹头布和编织布、珠子、铜器制作、个人首饰和其他各种精美艺术品。这些艺术品的图案受到周围自然环境的影响，如动植物、书法和天文学。这种艺术精品还展示了制作者的高度和技艺，他们制作的传统手工艺品是如此精致和珍贵。每件艺术品都有自己的哲学。

五、国家遗产传承人

传承人（任何在世的马来西亚人，他们在很高程度上掌握了表演或再现非物质文化遗产特定部分必备的知识和技能）。在确定遗产等级时有两种情况：

（1）遗产；

（2）国家遗产。

遗产地位由遗产专员宣布。国家遗产地位是最高地位，由马来西亚旅游、艺术和文化部长宣布。

所有遗产类别中的任何遗产项目（传承人除外）都将先在遗产名录中申报和登记，在部长宣布之前，任何类别中具有突出意义的项目都可能会被遴选认定为国家遗产。同时，只能由部长宣布入选的国家遗产传承人。

第 645 号法案《国家遗产法》旨在保护马来西亚的遗产传承人、传播非物质文化遗产的知识和技能。这些被认定的遗产传承人也被列入 2005 年《国家遗产法》，称为“遗产传承人计划”（LPHP）。曾积极从事传统表演艺术的传承人或文化从业者在持续减少。因为他们去世或无法继续表演后，缺乏继承人或学徒，在世传承人拥有的才华、技能、能力和知识将消失，没有机会传授给年轻人。这种情况给国家造成的巨大损失，令人不安。遗产传承人或文化从业者将作为遗产和间接为国家创收的旅游产品而继续受到保护。

遗产司由遗产专员领导，直接负责制定遗产政策、规划和方案，准备立法案，协调与各政府组织、非政府组织和社区组织有关文化遗产保护的活动。国家遗产司的职能还包括：执行 2005 年《国家遗产法》规定；监测和管控马来西亚包括世界遗产遗址在内的所有文化遗产项目，使其处于良好状态；国家遗产登记；协调国家遗产申报认证世界遗产；规划、实施和协调遗产有关活动；记录和出版与遗产研究有关的成果和参考资料；开展与遗产有关的研究和开发；保护和保存国家遗产。

结论

非物质文化遗产的消亡主要有两个原因，即传统的改变和向现代的过渡。现代生活方式的改变对非物质文化遗产的损失、遗弃、消亡和破坏产生了更大影响。

如果能够控制这种变化，不仅会加强年轻一代的认同感，还会促进国民经济发展。因为非物质文化遗产一旦得到保护和传承，就会变成以遗产旅游为基础的旅游景点。

然而，马来西亚非物质文化遗产的保存和保护必须遵循 2005 年《国家遗产法》(第 645 号法案)。任何改变和改进过程也必须符合遗产专员的建议。

“迎王送船”：福建九龙江“进发宫”水居社会的生活与仪式

高舒（《中国非物质文化遗产》副主编）

北京时间2020年12月17日晚，我国与马来西亚联合申报的“送王船——有关人与海洋可持续联系的仪式及相关实践”（Ong Chun/Wangchuan/Wangkangcerem-ony, rituals and related practices for maintaining the sustainable connection between man and the ocean，以下简称“送王船”）以及我国单独申报的“太极拳”两个项目，经联合国教科文组织保护非物质文化遗产政府间委员会第15届常会评审通过，列入联合国教科文组织人类非物质文化遗产代表作名录。至此，我国共有42个非物质文化遗产项目列入联合国教科文组织非物质文化遗产名录（名册），数量居世界第一。

送王船，自15至17世纪形成以来，随着福建人的“下南洋”和海上贸易，逐步从我国传播到东南亚地区，成为如今广泛流传于我国闽南地区和马来西亚马六甲沿海地区的禳灾祈安仪式，是中华文化在海上丝绸之路沿线国家传播与交融的生动例证。回顾2020年4月1日，中国和马来西亚将“送王船”归入“有关自然界和宇宙的知识和实践”类别，迅速高效联合申报，提交文本，与中马两国代表性社区的积极参与、相关机构中英视频文本的申报准备和两国间卓有成效的

高舒

沟通协调不无关系。本次申报“送王船”所涉我国闽南地区和马来西亚马六甲沿海地区的十余家代表性宫庙之中，地处漳州九龙江南门溪的进发宫是现今唯一一座依然停靠在江面上的船庙，至今延续着水居社会的生活与仪式。

一、人与神：泛宅江上与落户船底

九龙江作为福建省仅次于闽江的第二大河流，从厦门湾注入台湾海峡，在六朝时就有“戍闽者屯兵于龙溪，阻江为界，插柳为营”的记载。九龙江北溪、西溪、南溪在海门以内的干流及其支流的江河水域，面积 37375 亩（约合 24.9 平方千米）。宋代漳州府判官蔡襄巡视九龙江入海口时所作《宿海边寺》一诗中描述了当时的捕鱼景象：“潮头欲上风先至，海面初明日近来。怪得寺南多语笑，蜑船争送早鱼回。”光绪《漳州府志·民风》记载：“南北溪有水居之民，维舟于岸，为人通往来、输货物，俗称泊水。”到民国时期，漳州港的大小木帆船有 250 多艘，通航于厦门、石码沿海各地，南门溪（即西溪）

专走漳州—石码运输，北溪浦南运输糖、纸、木、竹、水果等，在民国时期达到鼎盛，有船300余艘，而来漳泊港的木帆船日达400至500艘[1]。如今，随着陆上交通的发展，九龙江西溪、北溪的厦漳、漳码等水上运输路线逐渐凋敝，淡水捕捞渔民逐步增多，捕捞鱼、虾、毛蟹等多使用犁头缯、手抛网或鸬鹚，世代承续着自成一体的水居生活仪式。

尽管沿海地区有“疍民”之说，九龙江上人家世代依靠连家船，称居住空间为“船底”，相应地被称为“船底人”[2]。笔者自2016年上船进行田野调查，发现他们虽以“船底人”自称，但老一辈仍说笑道，当年他们也曾为“船底人”一名礼尚往来地称呼岸上居民为“山顶人”，并在褒歌和民谚里编出不少揶揄的歌词。“船底 – 山顶”，这与我国台湾省平底人、山地人的说法竟有相似之处。与“船底人”相协，江上船只常年流动，一船一户生活，易遭风险，早期几乎每艘连家船上都供奉小型神像，称为“船底尪”，随着一些较大的船只上添置了中型木质神龛，香火旺盛，在民众中声望渐起，便发展出专于信仰功能的独特船庙。进发宫便是其中影响较大的一艘船庙。

如今，原先漳州府城南河段新桥头“新发宫”、东闸口“金山宫”“宝山宫”“三狮山”等许多船庙都已不存，唯一保留在九龙江面上的“进发宫”停靠在市区中山桥下原烧灰巷码头（江滨公园公交站水岸）。这座居于水上500多年的船庙，于2011年被列为漳州市文物保护单位，以漳州市芗城区进发宫疍民文化保护中心为保护单位的“漳州疍民习俗”于2013年入选市级非遗项目、2019年入选福建省级非遗项目，相关“送王船”仪式又新近入选联合国教科文组织非物

1　1970年西溪公路水桥闸建成后，西溪漳码运输又持续三四年才中断，漳码船民转入漳州市第二搬运公司当搬运工。漳厦线船民归航运站管理。北溪水运在鹰厦铁路建成后衰落，现仅剩一些运茅草、水果、打捞砂石的运输船。浦南通往华安新圩的客船时开时停。

2　“船底人”在闽南语里，意为“船里人”。

质文化遗产名录。它陪伴着水岸与人神，持续在每一年仪式榜文上输出一个特殊的地址“漳州府龙溪县同来南河水居进发宫”，强调着人与神落户船底、浮家泛宅，共享漳州九龙江的秩序空间。

二、“进发宫”：一艘船庙的“迎王送船”

“进发宫”船庙，为木质构造，主祀“朱池邢李”四府王爷，分为前后二殿，宽 90 厘米，长 85 厘米，高 88 厘米。除了管理本庙事务的主神四位王爷，被信众们称为“恩主”[1]，还供奉有三坛小法的主公“九天玄女”及其侍童、剑童、印童，“玄天上帝（圣祖爷）”以及“关圣帝君”“中坛元帅（哪吒）”“玄坛爷（赵元帅）”“黑虎将军（虎将公）”“福德正神”等 30 多尊神像，神龛中还有“玉皇上帝”“代天巡狩”等两面木质牌位以及制作于 1506 年的神旗等。由于船上潮湿，缺少保存纸质材料的条件，加之船底人在风浪间数日一个来回，子女大多没有留在岸上读书认字的机会，关于进发宫执仪程序的历史没有留下太多的纸质资料，但得益于此庙建于船底人郑家的三连船上，郑氏占理事会成员一半以上，历任三坛法长都由郑氏家族自愿担任，靠船民社区口口相授，也实现了代际衔接。目前采访所知，进发宫郑氏法长如郑合法、郑土等在漳州城南门溪一带的传承谱系已有五代。

进发宫一年之中的神诞日和相应活动很丰富[2]，从正月新年的第一场神诞“正月十三帝君生”开始，通常年内还有八场神诞[3]，另加“做牙”，即每月初二的“菜牙”和十六的“荤牙”，用来犒赏兵马，安抚

1 关于恩主四位王爷的禁忌有很多，例如禁忌血腥（尤指女性例假）和死亡等。这之中，白事尤禁。例如，父母过世者，要至少一年之后才能来庙中参拜，即便是船主也不例外。

2 主要有正月十三帝君生、三月初三玄天上帝生、五月十三帝君生、六月初三朱府王爷生、六月十八池府王爷生、七月二十三李府王爷生、八月二十三邢府王爷生、九月初九太子爷生、九月十二九天玄女生。

3 正月十三的“帝君生”是关公得道飞升的日子，五月十三才是真正的关公诞辰。

“好兄弟”。进发宫每一年例行的“迎王送船”系列仪式最为船底人社区看重。迎王送船，即农历三月初三迎请平安王，九月十三送平安王，后者也称“送王船”。所谓“平安王”，指庙中长期主供的四姓王爷之外的“外海王爷”。究其原因，船底人行船会去往不同方向，而外海王爷的宫殿坐落于水底不同方位，所以祭祀并邀请他们代天巡狩，驻庙坐镇加持，相当于“调特派军来保护”，能保佑船底人出行顺利、人船平安。

有迎有送、先迎后送，是“迎王送船”的具体规程，也构成船底时空序列中一年的循环。每年二月春天到，进发宫小法开始看日子“询平安”，通过扶乩或降僮，获知当年将迎请的水府王爷人数以及姓氏，准备请王。农历三月初三，玄天上帝圣诞之日，进发宫除了庆贺圣寿以外，还要进行重要的仪式“请平安王”。法长主持仪式，严守三坛科仪，迎请水府神祇外海王爷，为一方信众解厄赦罪赐福。仪式从晚上 7 点持续至 11 点左右，先按照神明指示，将上至天庭，下至地府，遍及水国三界一一礼请，其中年年必请观音佛祖、阎罗天子、注寿司官（添福寿官）、注生娘娘、十二生肖官、十二婆姐等六处。其间，做法法长用轿杠扶乩，得到指示，最终确定当年来庙驻跸的王爷位数以及姓氏。例如，2017 年请来了温、康、萧、岳、赵等五府外海王爷，2018 年，几位王爷示意不愿离去，再住一年。常规情况下，请来的外海王爷在进发宫驻跸半年，直到农历九月十三这天，经过船底人的礼送仪式，回去缴旨复命，即船底社区一年中最隆重的“送王船”阶段。

进发宫“送平安王”，一般九月初八开始准备，直到九月十五才完全结束。船底人认为，之所以选择九月，是天气和物候条件所致。闽南地区，农历七八月多台风，水上变天快，易起大风浪，到了九月份，则少有台风，天气稳定，适合送王。进发宫的王船长约 7 米，竹木架构，由各种颜色的纸糊成，扎成地道的漳州传统海船（福船）的样式。船头是纸扎的狮头，船身插有青龙、白虎、朱雀、玄武、勾陈、螣蛇等代表星宿以及五个方位的各色旗帜。尾部两侧的船舷插着三首蜈蚣旗，分别写着“三军司命”“木龙光彩”“天上圣母”等字样。仪式开始，先有道士做醮，船底人担任的近20位三坛小法敲响哪吒鼓，吟唱哪吒令旨咒语，穿插跳旗花环节，谨慎地将外海王爷从进发宫船庙里请出，然后十几位小法一起将王船抬上渔船，划船至九龙江南门溪段江心的沙洲待御巷，再将王船抬上沙洲。放置完毕，进行“添载”，即将早已备好的米、面、柴、油、肉、盐等供品摆于王船的空位，以便让王爷以及随从水手路上享用。一切布置妥当后，小法们举火点燃王船，燃尽。“送王船”关键仪式完毕，持续三个多小时。特殊情况是，近年来由于沙洲上不允许焚烧，船底人集资2万余元购买一条铁皮平板船，停在江心，供停放并点燃王船；早年也进行踏火，祈求驱邪治病，福寿安康，有妇女等踏火一结束马上铲取部分火种回家，祈祷家庭红火。

进发宫停靠的九龙江西溪旧桥下的烧灰巷，是一片天然沙洲，也是漳州市“芗城区渔业生产合作社”连家船的主要停泊点。新中国成立初期，船底人曾集资购买烧灰巷43号旧厝作办公和放置渔具之用，使之成为整个渔社唯一的集体陆上坐标，停靠在烧灰巷的进发宫也理所当然地成为南门溪船底人的信仰中心，即便随着九龙江水面政策的要求，如今渔社范围从芗城区南门溪延伸至了金峰镇船社、龙文区蓝田镇小港村船社等，漳州市芗城区渔业生产合作社的人群仍是其主要信众。另一方面，由于行走水上的船底人有将神明请回家中做“船底尪”供奉的传统，进发宫中的神明副身遍及九龙江流域的龙海市、南靖县、平和县、华安县、长泰县船底社区，使进发宫成为今天九龙江水居社会中极为重要的信仰圣地和精神寄托。

三、九龙江水居生活仪式所涉若干文化概念

“送王船”体现出了我国闽南地区有关人与海洋可持续联系的仪式及相关实践，也同时显现出代表性社区、宫庙的典型特质。2020年，中马两国联合申遗成功之后，国内非遗领域展开了一系列关于闽南王爷信仰和“送王船”科仪的讨论，既涉及东南沿海广泛存在的疍民群体，也涉及仪式相关内容的共性与差异。既然申遗不是商标抢注，不具有排他性，通过福建漳州九龙江水居社区中曾经普遍存在的船庙，进一步梳理若干文化概念。

（一）传统与个性：送船、送瘟与送王船

跳出“送王船”的框架，中国民间广义的“送船”民俗并不限于闽南甚至福建，而是在广大陆上地区都有出现，但明清以来的有关“送瘟船”的记载，主要是在江南地带。本人曾于 2008 年 12 月至 2009 年 1 月在江苏省南通市采访童子会（戏），其中“破血湖”等陆地做会，也普遍存在类似的送船仪式，究其原因，执仪童子认为以疫病为代表的所有灾难都是“五路瘟神”所为，而瘟神是坐船来到世上的。于是，仪式中也设置了将芦苇做的“宝船”和用纸做的“凤船”装满纸币，敲锣打鼓送到村边十字路口烧毁，驱瘟逐疫，祈福禳灾的规程。

申遗所涉水上“送王船”，可追溯到元末明初时编纂的道教类书《道法会元》卷 220 中收录的现存最早的遣瘟送船科仪文本《神霄遣瘟送船仪》。它记录了这场送船科仪较为严整和完善的节次流程，尽管并未抄录此份疏文的格式内容，仍堪称是宋元神霄派道士颇具代表性的驱瘟法事。江浙、闽赣及湖南、湖北等地，正是北宋以降道教神霄派十分活跃的区域，也许可以解释今天闽台地区盛行的“王醮”仪式似与宋元神霄派遣瘟送船仪存在一定的渊源关系。不仅如此，《道

法会元》卷44《清微禳疫文检》“津送神舟疏”提到，宋元清微派道士施行驱瘟禳疫科仪时也采取遣送船只的方式，即将承载瘟部威神的“华船”放入江河水流中任其漂泊而去，借此表示将灾疫礼送出境、本域将迎来安康与祥和[1]。可见，“送船”“送瘟船”“送王船”可以理解为这一传统在中国各地表现出水中与岸上等不同使用场景下的不同表述，但很大程度上依然是中国道教不同教派结合本地民间信仰之后形成的功能性仪式，广义上都属于“送船”。而上述关于送船与当地社区生活关系不同，导致各家宫庙之间存在共性和地方性的认识，也可以解释闽南各地宫庙送王船频次不一的原因：船底人回忆，早期只在较为不顺的年份迎请平安王，一旦渡过坏的月令，就通过“送王船”的仪式送回外海王爷，但随着各自所辖水域情况和水岸关系的差异性，最终形成了各家宫庙都迎王送船，但厦门龙珠殿四年一送（闰年送），泉州富美宫六十年一送，而在漳州进发宫每一年都进行迎王送船的一系列习惯做法，也因为这样的传统和个性，结交了此次一同申报的马来西亚勇全殿等兄弟宫庙。

（二）群体与特质：三坛、蛇与江海社会

进发宫迎王送王的“王醮”科仪，依托于“三坛”信俗，仪式音乐哪吒鼓乐与漳州南市庵等宫庙一致。所谓“三坛”，流行于闽南及台湾部分地区的民间宗教派别，尊奉道坛“上坛普庵大教主、左坛龙树王大菩萨、右坛北极真武玄天上帝”三位教主而得称，人员一般称为“法官”或“小法”，我国台湾学者一般称为“法教”，在台湾澎湖地区，这种信仰组织俗称为“法仔团”。因哪吒太子为三坛中坛元帅，演法之时必唱咒语请神，其独特的鼓乐表现形式，在漳州称为“哪吒

1　姜守诚：《宋元道教神霄派遣瘟送船仪研究——以〈神霄遣瘟送船仪〉为中心》，《宗教学研究》2015年第1期，第47页。

鼓（锣车鼓）”，厦门则称为“令尺鼓”。哪吒鼓一响，往往带来声场的巨大传播力，所以在民众之中，从民众驱逐兴妖作祟的不正之神到进发宫船底人社区的大规模的“送王船”驱瘟醮仪，三坛信仰也以“哪吒鼓”或者“哪吒令咒鼓”的名字为世人所熟知。关于“三坛”教派的归属，或以其与闾山法或瑜伽法有深厚渊源，但学界目前尚未有统一的名称，大陆学者叶明生、台湾学者刘枝万等对归于何种教派也有不同看法，刘枝万所著《台湾的道教》中描述过并注明此教派源于漳州[1]。值得一提的是，进发宫的“三坛”信仰活动为船底人行走于江海的不确定性起到了疏解忧患、平衡矛盾的作用。到来的王爷数量、时间、姓氏等全凭借神意显现，其实也对水上的生活生产起着社会调和作用，传承了族群记忆，增强了共同体凝聚力，并在早年随九龙江流域的水上居民东渡台湾海峡，播传于台湾、澎湖地区以及东南亚地区。

进发宫的法器蛇鞭遵循当地信仰中的“蛇崇拜”，闽越人认蛇为祖先，《说文解字》说：“闽，东南越，蛇种。从虫、门声。”《侯官县乡土志》记载“疍之种为蛇……其人以舟为居，以渔为业，浮家泛宅”，由于蛇崇拜和种族来源有关，作为闽越族后裔的疍民仍把蛇看作祖先加以奉祀。明邝露的《赤雅》记载：“疍民神宫画蛇以祭，自称龙种。”明末清初顾炎武在《天下郡国利病书》称：“自古南蛮为蛇种，观其疍家，神宫蛇像可见。”清代郁永河《海上纪略》说：“凡（闽）海船中，必有一蛇，名曰‘木龙’，自船成日，即有之，平时曾不可见，亦不知所处。若见木龙去，则舟必败。”可知，水上居民并不把蛇和凶恶、阴毒的邪神联系在一起，相反把蛇神看作破秽驱邪、拥有强大法力的正神加以崇拜。水居社会中的蛇神主要包括南蛇、侍

1 叶明生：《共生文化圈之巫道文化形态探讨——福建闾山教与湖南梅山教之比较》，《宗教学研究》2005 年第 4 期。

者公蛇、蟒蛇等三大类本地常见的动物，蟒蛇被视为蛇王，抓到蟒蛇不仅不能打杀，而且需要打制金耳环，錾刻某某人答谢的字样，佩戴在该蛇眼睛后鳞片上然后抬去放生。更有甚者还演戏答谢。进发宫船庙上供奉着三尊蛇神的金身——“法主爷”，即是以南蛇为原型雕刻而成的乌黑的蛇头，连接着三大股苎麻丝编织而成的扁平身体和尾部，全长约 3 米。其中一尊带角者尊称为独角腾蛇，视为主神九天玄女的坐骑，另外两尊雕刻为南蛇的形象，一尊为小法日常练习使用法器，另一尊麻蛇为镇坛之宝。与早期很多渔船上亦配有金鞭圣者神像，以防止走到某些危险水域时一些“乘客”不请自来的说法一脉相承。每当初二、十六“做牙”以鸡蛋供奉蛇神，船底人认为带有邪灵或晦气的信众也会前来，这时就请法师在他身边甩动蛇鞭驱邪，可见蛇神在三坛神教的地位。同理，漳州当地香火甚旺的三平祖师身旁的蛇侍者（黑眉锦蛇）也被看成保佑居家平安的吉祥物，尊称为“侍者公”，绝对禁止打杀这种蛇。崇蛇观念可见一斑。

四、水岸关系变迁中的生活和仪式

千百年来生活在漳州沿海港湾和九龙江流域的船底人以捕鱼为业，浮家泛宅，繁衍生息，形成了一套有关水居的群体记忆。向水而生，在水上讨生活，远不如岸上可控。20 世纪 80 年代，福建省内，启动了连家船民上岸定居工程，希望解决船底人“上无片瓦、下无寸土”的处境，2005 年九龙江整治，作为船底人集体陆上坐标的沙洲烧灰巷以及渔业社地址，随拆迁而消逝。2010 年，漳州市政府为配合江滨公园改造项目，发布了《关于连家船民上岸定居安置工作的会议纪要》，次年，九龙江连家船民上岸工程启动，部分船底人上岸，郑家坚持在南门溪流域守着进发宫船庙，而余下的 30 条船的船民需要捕鱼谋生，转至远离南门溪的金峰渔业码头和小港停泊。“上岸”，提供了相对安全和稳定的生活条件，排除了船底靠天吃饭、漂浮不定的不确定性，从渔船船号到真正的陆地“门牌号”，也使连家船群体的故乡驶离了记忆中的画面。

进发宫和三坛是船底人宗族记忆的一部分。实行上岸工程后，留下的进发宫成为他们碰头的地点，承担着凝聚“船底人”群体，承载其社会记忆的功能。尽管传统仪式里的拜拜，是船底人社区平衡情绪、抒发自我的现实需要，但一代一代的船底人在成长，与传统的上一代船底群体相比，在岸上读过书的“新船底人”的内心不能说完全上岸，但至少是靠岸了。2011 年 8 月 4 日，进发宫申报漳州市文物保护单位成功，得以存留至今。从这一年起，以老郑一家为代表的船底人成立了进发宫文物保护小组，积极主动地申报漳州市、福建省乃至联合国非遗项目，并坚持以更隆重、更具仪式感的实际行动继续每年例行的“送王船”。

结语

漳州九龙江南门溪船底人的水居记忆杂糅了生计、信仰、地理、想象等诸多内容，汇集成一幅民族志意义上的维舟而往、依水而生的动态图像。500 多年历史的进发宫，见证了闽越后裔船底人的古老传统，也见证了他们在新的时代由水居到岸上生活的变迁。一艘艘连家船、船庙上敬拜的王爷和世代相传的渔业生产传统，象征着这个水居社区运行规则中最为重要的仪式感。老郑一家几代人坚持守住江面仅存的“船庙”进发宫，坚持“送王船”仪式百年未断的谨慎，让人看到了九龙江上“船底人”群体的精神故园。

水上和陆地不同。15 至 17 世纪之间形成的王爷信仰，随着福建人的海上贸易前往南洋，逐渐传播到东南亚，也保留在了中国台湾南部的沿海社区，造就了至今延续的“送王船”仪式。非遗保护提供了新时代“船底人”保持自身历史文化和身份特质，延续水上居民自身族群意识的过程。2020 年 12 月，中马“送王船”联合申遗成功的当月，漳州市人民政府也通过了《〈闽南文化生态保护区总体规划〉漳州市建设提升方案（2021—2025）》，准备以进发宫为中心，进一步保护如今依然停靠在九龙江沿岸的 100 余艘连家船……这群曾经的水居之民将在时代的发展中，以非遗保护的新角度延续水与岸的理想关系，用迎王送船的传统语言在水面上重现船底人内心的永恒故乡。

非物质文化遗产与民间文化关系论
——关于建设非遗学的一个前提性思考

孙玉芳（天津大学冯骥才文学艺术研究院副教授）

摘要 对于当前方兴未艾的建设中的非物质文化遗产学而言，非物质文化遗产这一舶来概念与既有民间文化的关系是一个关乎其学科独立与合法性的文化前提。中国语境中学界、政府层面关于非遗概念“在地化”及其与民间文化关系的认知存在着分歧和差异。本文尝试通过民俗框架下非遗的生成与表述，以及世界非遗名录中隐含着的不同文化主体的博弈关系和多元文化表征，对非物质文化遗产与民间文化的关系进行梳理与分析。

关键词 非物质文化遗产，民间文化，非物质文化遗产学（非遗学），学科建设

学科（discipline）是人类社会生存、发展到一定阶段的知识分类的产物，新学科的产生离不开特定的社会历史背景。正如美国学者伯顿·R. 克拉克（Burton R.Clark）所说：“各门学科都是历史发展的产物，它们随时间迁移而发展。”[1] 伴随着全球化时代、后工业社会人

1 伯顿·R. 克拉克：《高等教育系统——学术组织的跨国研究》，王承绪等译，杭州大学出版社，1994，第 15 页。

孙玉芳

类对于世界遗产体系的西方中心主义以及“物质主义”的反思，联合国教科文组织 2003 年发布了《保护非物质文化遗产公约》(以下简称《非遗公约》)，非物质文化遗产（intangible cultural heritage）[1] 这一文化表现形式得以正式确立。这被许多学者视为一种挑战西方权威遗产理念、承认非西方遗产表述与实践乃至尊重文化多样性的积极倾向。2004 年 8 月，我国加入《非遗公约》，非遗这一晚近概念随即广泛进入我国社会各界的视野，与实施中的“中国民间文化遗产抢救工程”“中国民族民间文化遗产保护工程”形成合流[2]，很快上升到了

1 intangible cultural heritage 更准确的中文翻译应为无形文化遗产。一般认为，它源自日语“无形文化财”的英译。但不同国家的对译情况又有差异，如法语中 intangible cultural heritage 的对译词是 le patrimoineculturelimmat é riel，德语则是 immaterielles kulturerbe，都是非物质文化遗产的意思。在中国，人们也习惯了非物质文化遗产这一译法，简称“非遗”。

2 “中国民间文化遗产抢救工程”是当时冯骥才等领导的中国民间文艺家协会于 2002 年发起的，同年 10 月 10 日被列为“国家社科基金特别委托项目”，项目编号：02@ZH010；“中国民族民间文化遗产保护工程”是 2003 年 1 月由文化部倡议实施的国家重点文化建设项目，并接纳“中国民间文化遗产抢救工程”为子工程。

作为“维护我国文化身份和文化主权的基本依据”[1]的国家文化战略层面。作为学科的非物质文化遗产学即非遗学正是在这样的国际、国内历史文化背景中，借由本国对非遗和此前民间文化概念的认知、理解、实践、思辨，从西方话语主导的知识分类中独立、发展而来的。非遗学是我国话语和自主知识体系整合与建构的努力，是一种新的学科范式的尝试。在非遗学近二十年的学科进路中，非遗与民间文化的关系这一关乎其学科独立性与合法性的文化前提，理应引起社会各界尤其是学界的重视。

一、中国语境中的非遗与民间文化

究其来源，联合国教科文组织的非遗概念本身承自《保护民间创作建议案》中的“民间创作”（traditional culture and folklore），字面翻译为“传统文化与民俗”或“传统与民间文化”，我国学界对“民间创作”的一般理解即民间文化，一种社会底层的、平民的、大众的文化，一种民众的知识。可以说，国内学界乃至政府层面——前面提到的中国民协（国家一级社团组织）主导的“中国民间文化遗产抢救工程”、文化部主导的“中国民族民间文化遗产保护工程”的参与者中都有大量的民俗学家，两者关于非遗这一外生性概念的探讨与接受过程都离不开民俗学及其研究对象民间文化，但他们关于非遗概念“在地化”及其与民间文化关系的认知存在分歧和差异。

学界关于非遗与民间文化的关系问题大体上限定在民间范畴内，目前主要有以下几种看法。

其一，许多民俗学家尝试将非遗作为一种新生的文化事物、时代

1　中华人民共和国中央人民政府:《国务院办公厅关于加强我国非物质文化遗产保护工作的意见》，http://www.gov.cn/zhengce/content/2008-03/28/content_5937.htm，2005 年 3 月 26 日发表。

赋予的文化机遇，纳入到既有民俗学科框架下进行定义、分类、阐释和理论建设。例如陶立璠《民俗学（修订本）》在第一章中增加了“民俗学与非物质文化遗产”一节，用以探讨两者的关系，认为非遗是一种特指的文化现象，分散在民俗学框架下物质民俗、社会民俗和精神民俗的各个领域，只是其传承者的范围包括了一部分精英阶层，较民俗中的“民”更为宽泛而已[1]。许多知名民俗学者都持有相似观点。其中，乌丙安、刘铁梁等学者还对非遗持一定的警惕态度。乌丙安强调“任何形式的对非物质文化遗产保护工作的研究，都不是民俗学自身的学科研究或学术研究；更不应该也不可能用它取代民俗学的研究”，并明确指出“民俗学人理应守土有责”[2]。刘铁梁则认为“非物质文化遗产作为一个关于文化分类和价值判断的概念，主要指的就是那些行将消失或者发生根本改变的民俗文化”，民俗文化、民间文化的价值及价值的实现问题则“既被非物质文化遗产概念所激活，又被这个概念所搅乱”[3]。进一步说，他们都立足于民俗学本位，认为非遗不具备构成学科的要件和理论框架，非遗研究只是民俗学的一种应用研究，是民俗学发展的一个良好契机，主张在民间文化范围的基础上探讨和研究非遗。

其二，一部分民俗学家、文化学者在21世纪初就提出了非物质文化遗产学的概念，一直致力于借鉴民俗学、艺术学等学科的理论、方法、经验等，对非遗进行独立学科框架下的定义、分类、阐释和理论建设，先后出版有向云驹的《人类口头和非物质遗产》[4]，王文章主编

1 陶立璠：《民俗学（修订本）》，学苑出版社，2021，第21–25页。

2 《21世纪的民俗学开端：与非物质文化遗产的结缘》，载乌丙安：《非物质文化遗产保护理论与方法》，文化艺术出版社，2010，第262页。

3 刘铁梁：《民俗文化的内价值与外价值》，《民俗研究》2011年第4期。

4 向云驹：《人类口头和非物质遗产》，宁夏人民教育出版社，2004。

的《非物质文化遗产概论》[1]，苑利、顾军的《非物质文化遗产学》[2]，黄永林、肖远平主编的《非物质文化遗产学教程》[3]等一系列非遗教材。上述教材大都强调了作为非遗学科逻辑起点的非遗的独特属性、价值与保护原则，具体分类则基本参照了民俗学的分类法。例如苑利、顾军的《非物质文化遗产学》（第二版）从传承主体、传承时限、传承形态、原生程度、传承品质、传承范围的角度，将杰出传承人的支撑，悠久历史，活态传承，原汁原味传承，重要历史认识价值、艺术价值、科学价值、社会价值等作为构成非遗的前提条件，阐述了非遗的保护方法、原则、评估标准，普查与申报，产业化开发，传承主体与保护主体问题，并参照民俗学与《非遗公约》对非遗进行再分类[4]。苑利和顾军强调非遗“并不是简单的民间文学、表演艺术、传统工艺美术、传统工艺技术、传统节日仪式以及传统农业生产技术，而是其中最为精华、最为重要，特别是那些已经进入各级名录的部分”[5]。与第一种看法相比，这一类观点强调了非遗有别于其他民间文化的特殊性，但本质上大多将非遗视为从民间文化本体中提升出来的一类特指文化事象。

其三，近年一些学者站在非遗学交叉学科的立场上展开非遗与民间文化关系的思辨。例如“中国民间文化遗产抢救工程”的发起人、组织者冯骥才提出，非遗是一种“历史传承至今并依然活着的文化生命”[6]，在20世纪后期工业化、城市化的社会转型期文化语境下，原有的民间文化概念增加了遗产的意涵，或者说，民间文化被遗产这一概

1 王文章主编《非物质文化遗产概论》，文化艺术出版社，2006。

2 苑利、顾军：《非物质文化遗产学》，高等教育出版社，2009。

3 黄永林、肖远平主编《非物质文化遗产学教程》，华中师范大学出版社，2021。

4 苑利、顾军：《非物质文化遗产学》（第二版），高等教育出版社，2022。

5 苑利、顾军：《非物质文化遗产学》（第二版），高等教育出版社，2022，第8页。

6 冯骥才：《非遗学原理》，载《光明日报》2023年3月19日，2023年3月26日，第12版，分两期刊载。

念激活了，因此可称之为“民间文化遗产”，意指“农耕时代民间的文化形态、文化方式、文化产品，一切物质和非物质的遗存”[1]。冯骥才认为非遗与民间文化遗产本质是相同的，但在中国本土文化这一特定背景中，非遗的概念来自政府，在文化实践中大量参考、借鉴了既有的民俗学、艺术学的知识、经验；而民间文化遗产的概念则来自学界，是一个整合性的学术概念、文化概念，代表着一种新崛起的非遗学的立场。他主张学界从新的角度——遗产的视角来认识民间文化，认识非遗。由此，冯骥才对非遗和民间文化的范围做了进一步界定，认为非遗是民间文化范围内“历史文化的代表作，是当代遴选与认定的必须传承的文化经典”[2]。换言之，非遗是民间文化中能够构成遗产的那一部分内容，正是遗产的属性决定了非遗不同于民俗学、艺术学等学科视野中的民间文化，它本质上有着对立档、保护和传承等一系列独特的内在要求。

具体到政府层面，非遗概念的“在地化”（localization）与民间文化联系紧密，但更倾向于符合中国语境和文化实际的传统文化概念。自引入非遗概念之初，我国官方文件即在民间文化的释义中率先做出了整合非遗的尝试。例如2004年文化部发布的《中国民族民间文化保护工程实施方案》（以下简称《方案》）尝试通过举例法对非遗概念进行整合，将表述的重点放在了民间文化作为无形文化遗产的一面，同时将传承主体由《非遗公约》中的“社区、群体，有时为个人”转换为国家叙事意义上的“中华民族”。在《方案》中，民间文化被重新解释为：

1 《抢救与普查：为什么做，做什么，怎么做？》，载冯骥才：《灵魂不能下跪：冯骥才文化遗产思想学术论集》，宁夏人民出版社，2007，第36页。

2 冯骥才：《非遗学原理》，载《光明日报》2023年3月19日，2023年3月26日，第12版，分两期刊载。

我国是一个历史悠久的文明古国，56个民族在长期的历史发展进程中，不仅创造了大量的有形文化遗产，也创造了丰富的无形文化遗产，包括各种神话、史诗、音乐、舞蹈、戏曲、曲艺、皮影、剪纸、雕刻、刺绣、印染等艺术和技艺及各种礼仪、节日、民族体育活动等。中华民族血脉之所以绵延至今从未间断，与民族民间文化的承续传载息息相关。[1]

2005年，国务院接连印发了《国家级非物质文化遗产代表作申报评定暂行办法》（以下简称《办法》）、《国务院关于加强我国非物质文化遗产保护工作的意见》（以下简称《意见》）和《国务院关于加强文化遗产保护的通知》（以下简称《通知》）。《办法》首次在正式的政府文件中采用非遗的提法，《通知》则参照《非遗公约》界定了非遗的概念：

非物质文化遗产是指各种以非物质形态存在的与群众生活密切相关、世代相承的传统文化表现形式，包括口头传统、传统表演艺术、民俗活动和礼仪与节庆、有关自然界和宇宙的民间传统知识和实践、传统手工艺技能等以及与上述传统文化表现形式相关的文化空间。

2011年，《中华人民共和国非物质文化遗产法》（以下简称《非遗法》）再次对非遗进行定义：

本法所称非物质文化遗产，是指各族人民世代相传并视为其

1 中国民族民间文化保护工程国家中心编《中国民族民间文化保护工程普查工作手册》，文化艺术出版社，2005，第184页。

文化遗产组成部分的各种传统文化表现形式，以及与传统文化表现形式相关的实物和场所。

较之于《非遗公约》对非遗的定义，《办法》《通知》和《非遗法》突出强调了“传统”一词。尤其是《非遗法》，在对非遗的具体分类中多次——6 个类别中 5 次冠以“传统”字样，既是对作为民俗学术语的民间创作、民间文化的回归，主体指向现实中的民间传统文化表现形式及其相关的实物、场所，但又超出了民间范畴，实际上将非遗的界定从《非遗公约》的“文化遗产”传递、转换到更符合中国语境的“传统文化”上来，传承主体也变成了更符合我国具体实际的“各族人民”，非遗的概念由此延伸至全部的文化传统——比如古琴、书法等精英文化进入世界非遗名录，显示出非遗与民俗框架、民间文化错综复杂的关系。

综上可知，学界与政府层面关于非遗、民间文化的一般看法是存在分歧和差异的，原因在于我国学界关于非遗的认识与思辨、实践大是在民俗框架下进行的，而政府层面有着在多重语境中力争国际文化话语权，建构、传播国家文化形象和价值观等文化战略的不同考量。我们可以从民俗框架下非遗的生成与表述、世界非遗名录里的多元文化表征两个方面分别进行阐释和分析。

二、民俗框架下非遗的生成与表述

在世界遗产体系中，文化遗产的理念和实践主要承自意大利、法国、英国的传统，自然遗产最早的国际标准是世界自然保护联盟组织（IUCN）与美国共同制定的，非遗作为世界文化遗产的一种新的文化表现形式，其生成则在相当程度上依赖于一些非西方国家或者说南方（南半球）国家的社会文化保护话语实践，尤其是日本的干预和影响。

国际上对非遗概念的认知和接受经历了一个较长的过程。将《非遗公约》发布前的联合国教科文组织重要的相关公约、宪章与同期相关国家、区域具有国际影响力的立法、建议、行动等比照来看，可大致推理出相关文化理念的关联与演进脉络——事实上这也是我国学界关于非遗认知与思辨的脉络，有助于厘清非遗与民俗框架下民间文化的嬗递关系。

表 1 《非遗公约》发布前相关立约、立法及文化行动参照简表（1950—2003）[1]

联合国教科文组织（UNESCO）公约、宪章等	同时期的核心术语	具有国际影响力的相关国家、区域组织的立法、建议、行动等
	无形文化财（intangible cultural property）	1950 年，日本颁布《文化财保护法》，国际上首次以法律形式确立了“无形文化财”的范畴
	无形文化财	1962 年，韩国借鉴日本经验，颁布《文化财保护法》，提出保护“无形文化财”
1972 年，通过《保护世界文化和自然遗产公约》，文化遗产自此渐成国际通行概念。有会员国关注“人类无形的过去” 1976 年，与 WIPO 一道通过《突尼斯版权示范法》	1. 文化遗产（cultural heritage） 2. 民俗表现（expressions of folklore）	1973 年，玻利维亚建议《世界版权公约》增加关于民俗保护的议定书 1976 年，美国通过并实施《民俗保护法案》

1 参考以下文献编制：冯骥才:《中国民间文化遗产抢救工程普查手册》，高等教育出版社，2003；向云驹:《人类口头和非物质遗产》，宁夏人民教育出版社；彭兆荣:《联合国及相关国家的遗产体系》，北京大学出版社，2018；爱川纪子:《联合国教科文组织的〈保护非物质文化遗产公约〉与韩国》，沈燕译，《民间文化论坛》2016 年第 2 期；爱川纪子:《联合国教科文组织非物质文化遗产保护条约——从通过到第一次政府间委员会召开》，白羲译，《民间文化论坛》2011 年第 6 期。

续表

联合国教科文组织（UNESCO）公约、宪章等	同时期的核心术语	具有国际影响力的相关国家、区域组织的立法、建议、行动等
1982 年，《墨西哥城文化政策宣言》重新定义文化和文化遗产，加入非物质因素；成立保护民俗专家委员会，设立“非物质遗产处” 1989 年，通过《保护民间创作建议案》(简称《建议案》)	1. 非物质遗产（non-physical heritage） 2. 民间创作（traditional culture and folklore）	20 世纪 80 年代，日本政府出资进行无形文化财记录 1989 年，芬兰民俗学家劳里·航柯（Lauri Honko）为主笔起草了《建议案》(1989)
1992 年，确立“非物质文化遗产项目” 1993 年，正式通过《人类活财富计划》 1997—1998 年，召开“保护大众流行文化空间的国际咨询会”，形成“人类口头和非物质遗产”“文化空间”概念；启动“人类口头和非物质遗产代表作”项目，出台《联合国教科文组织宣布人类口头和非物质遗产代表作条例》 1999 年，召开“《保护民间创作建议案》全球评估：在地赋权与国际合作”会议	1. 非物质文化遗产（intangible cultural Heritage） 2. 活着的文化财产（living cultural properties） 3. 人类口头遗产（oral heritage of humanity） 4. 文化空间（cultural space） 5. 人类口头和非物质遗产（oral and intangible heritage of humanity）	1992 年，日本与 UNESCO 组织建立“日本保护和促进非物质文化遗产信托基金”，促进了“非物质文化遗产”概念的形成 1993 年，韩国提议 UNESCO 组织建立《人类活财富计划》 1997 年，摩洛哥提出“代表作”奖励制度 1999 年，美国史密森尼学会与 UNESCO 合作召开《保护民间创作建议案》全球评估会议。会后，捷克、立陶宛、玻利维亚等向 UNESCO 提交了起草新的保护民间创作国际规范文件的建议案
2001 年，通过《文化多样性世界宣言》；宣布第一批 19 项“人类口头和非物质遗产代表作” 2001—2002 年，在都灵、伊斯坦布尔等地召开一系列非物质文化遗产相关的筹备会议 2003 年，通过《保护非物质文化遗产公约》	1. 文化多样性 C（cultural diversity） 2. 人类口头和非物质遗产（oral and intangible heritage of humanity） 3. 非物质文化遗产（intangible cultural heritage）	2002 年，国际博物馆协会亚太地区大会发表《上海宪章》，强调非物质文化遗产保护的博物馆方式，提出跨学科保护遗产观点 2003 年联合国教科文组织第 32 届大会审议《保护非物质文化遗产公约》时，英国、澳大利亚、新西兰、丹麦、俄罗斯、美国、加拿大和瑞士弃权

由上表可知，非遗话语表述与实践是一个有着多重关联的曲折的文化过程，大致经历了从无形文化财、非物质遗产、民间创作、人类

口头和非物质遗产到非物质文化遗产的嬗变。其中，民间创作、人类口头和非物质遗产、非物质文化遗产是国际层面的通用术语。它们一脉相承，又判然有别，显示出非遗与民俗学及其研究对象民俗、民俗文化或者说民间文化的相当复杂的分合关系。

一方面，非遗的生成离不开民俗学的支持。作为一种崭新的遗产理念，非遗的背后有着较为复杂的历史文化依据和地方经验，而遗产理念的发现、历史文化经验等的积累乃至相关国际对话的展开都离不开民俗学提供的文化、学术、法理和现实操作层面的支持。比如国际上一般认为非遗的缘起与日本的“无形文化财”关系密切。“无形文化财”是日本于20世纪50年代以法律形式确立的文化范畴——主要指对日本来说“具有较高历史、艺术价值的戏剧、音乐、工艺技术和其他无形文化事象”，并于后续的修订中导入了“重要无形文化财”（1954）和“重要无形民俗文化财”（1975）指定制度。“无形文化财”的出现与日本民俗学之父柳田国男的相关研究，如《民间传承论》（1934）、《乡土生活的研究法》（1935）的民俗分类有很大的关系。其中，民俗文化财（含无形民俗文化财）及其前身“民俗资料”的界定更是直接受到柳田民俗学的影响。再如玻利维亚政府于1973年10月建议《世界版权公约》（*Universal Copyright Convention*）中增加一项关于民俗保护的议定书——《保护民俗国际文书提案》，也是通过民俗话语在国际上主张对民谣《老鹰之歌》（*El Condor Pasa*）的权利，并由此引发了国际上对传统民俗及其所属社区、群体权益的持续关注。1982年，联合国教科文组织《墨西哥城文化政策宣言》给出文化遗产的新定义：

> 一个民族的文化遗产包括其艺术家、建筑师、音乐家、作家和科学家的作品，也包括匿名艺术家的作品、人民精神的表达以及赋予生活意义的主体价值。它同时包括该民族赖以表达其创造

力的有形和无形的作品：语言、仪式、信仰、历史遗迹和纪念物、文学、艺术作品、档案和图书馆。

值得注意的是，这一定义中“匿名艺术家”和“无形的作品”的提法，都是对玻利维亚建议案的某种回应。这直接影响了1989年联合国教科文组织发布和实施《建议案》——由著名芬兰民俗学家劳里·航柯主笔，促使非西方主导的另一类文化遗产即活态的民俗遗产进入全球的视野。在这一时期，联合国教科文组织主要提倡在民俗学科体系中对无形的活态文化——无形文化遗产（非遗）加以物化、固化，实际保护的是文化的记录和表达文化的器物，各国的非遗调查、保护普遍有民俗学家参与乃至发挥主导作用，具体实践中也借鉴和应用了大量的民俗学方法。

另一方面，非遗的确立在某种意义上也是一个挑战、反对民俗学的文化过程。如前所述，《建议案》是一份以民俗学框架为主导的草案，试图以西方民俗学科的理念将所谓的民俗、民间文化“对象化”，实际上是民俗学经验的一种推广和应用。但据1995—1999年联合国教科文组织的调查结果，8个区域、次区域会议及其与美国史密森尼学会（Smithsonian Institutions）合作召开《建议案》实施效果的国际评估会议（简称华盛顿会议）的成果显示，《建议案》所倡导的民俗保护思路受到了严肃的批评，“民俗”术语本身也遭遇了广泛的质疑。与会的很多学者认为民俗一词过于强调结果（product-oriented），未能赋予相关的象征、过程和价值以首要的意义；一些来自阿拉伯、太平洋地区等非西方/南方国家的声音更是表达了对“民俗”概念的强烈不满和负面看法，认为它是一个不恰当的、贬义的术语。例如一些与会的太平洋地区学者谈及自己的殖民化历史和土著文化时表示：

> "民俗"这个词是不可接受的。我们的文化不是"民俗"，而是与传统生活方式交织在一起的神圣的规则（sacred norms）——这些规则为我们的传统社会设定了法律、道德和文化价值观。它们是我们的文化认同。[1]

与会者最终达成了两个共识：一方面针对"民俗"提法的负面意义，决定寻求可替代的术语；一方面在记录、保存的无形文化遗产（非遗）的同时，将主要文化定位转向优先考虑活态文化所属社区、群体和持有者个人对保护实践的参与中来，强调"通过鼓励世代相传和复兴无形文化遗产"，"在它产生的原始氛围中保持它的活力"[2]。华盛顿会议重估、批评，几乎颠覆了《建议案》的民俗学框架思路，虽然非遗概念因未能强调民俗、传统文化的社会作用等原因而遭到批判，但仍作为替代相关民俗概念的核心术语得到新的界定，并在各方的磋商与妥协中得以延续下来。此后《非遗公约》的拟定某种意义上也被一些学者视为"去民俗化"的过程——"对理论上的民俗学的基础概念的排除"[3]。随着非遗对民俗概念的取代，非遗与民俗、民间文化的理念、意涵相近但并非同义这一事实也在源头上被忽视了。

三、世界非遗名录里的多元文化表征

无论是中国语境中非遗与民间文化范畴的复杂关系，抑或是民俗框架下非遗曲折的生成、表述过程，其背后都有着深层的政治、经济

---

1 Sivia Tora, *Report on the Pacific Regional Seminar*, https://folklife.si.edu/resources/Unesco/Tora.htm，浏览日期：2022 年 11 月 5 日。

2 爱川纪子：《无形文化遗产：新的保护措施》，《民族学通讯》2003 年第 138 期。

3 岩本通弥：《世界遗产时代与日韩的民俗学——以对世界遗产二条约的接受兼容为中心》，宗晓莲译，《文化遗产》2014 年第 5 期。

和社会历史文化背景。非遗是一种多重语境的文化表达。多重语境包括非遗原生的地域文化语境，本土范围内地域文化之间、地方与国家层面的互动语境，以及全球视野的国际文化语境。美国民俗学家芭芭拉·基尔申布拉特－吉姆布莱特（Barbara Kirshenblatt－Gimblett）曾表示：

> 世界遗产首先是一份名录。名录上的一切，无论其之前的背景如何，现在都被安放在与其他杰作的关系之中。这个名录是名录上所有内容的语境。[1]

在这种意义上，世界非遗名录——比如《人类非物质文化遗产代表作名录》（2008—2022年）及其前身《人类口头和非物质遗产代表》（2001年、2003年、2005年），便构成了一个不同文化主体表达各自文化诉求的场域，其中隐含着国际语境中不同文化主体的博弈关系，而这正是我国政府层面优先考虑的文化实际。据原联合国教科文组织文化助理总干事顾问、非物质文化遗产处前主任爱川纪子（Noriko Aikawa-Faure）回忆，《非遗公约》问世之前全球不同区域都表达了各自的文化关切和优先事项，其中很多亚洲国家特别考虑到基于各自传统的高文化（high culture）的问题，希望民间文化之外的高文化也可以进入非遗，而西欧国家则更多担心文化多样性面临的威胁，认为应该重点考虑少数群体传统文化与民俗[2]，这些在后来的世界非遗名录中均有具体的反映。

所谓高文化进入非遗，其背后的逻辑是包括我国在内的亚洲国家

---

1 Logan and Smith: "Introduction", *Intangible Heritage*,（London and New York：Routledge, 2009）, p4.

2 爱川纪子:《联合国教科文组织〈保护非物质文化遗产公约〉的成型——一场关于"社区参与"的叙事与观察（上）》，高舒译，《中国非物质文化遗产》2020年第1期。

的文化叙事策略。比如中国的昆曲、古琴艺术、书法、篆刻，日本的能乐、净琉璃文乐木偶戏，韩国的皇家祭祖仪式和宗庙音乐，越南的雅乐，柬埔寨的柬埔寨皇家芭蕾等，都被优先申报列入了人类非物质文化遗产代表作名录。进一步举例来说，中国政府官网关于古琴艺术的介绍便明明白白地指出，“继承古琴艺术中所包含的儒家传统精神及崇尚自然的道家思想境界，将为生活在现代化环境中的人们调整与自然和社会的关系，不断认知体验‘天人合一’哲学观的深刻性和合理性，带来许多新的启示”[1]。日本的能乐是其武士阶层的文化，属于无形文化财而非无形民俗文化财或者说民间文化，日本的无形文化财、无形民俗文化财的本质区别在于前者为“国家性的（national）内容”，后者是“地方性的（local）内容”[2]，等等。这些非西方/南方传统的精英文化、宗教文化被各自政府作为优先项目，申报列入了世界非遗名录，目的在于建构、传播理想的国家文化形象和国家价值观，展现民族的独特气质与人文精神，提高国家、民族文化身份的辨识度，推动国际视野的审美、哲学层面的深度交流等。这一做法也招致了一些西方学者的批评，例如吉姆布莱特称：

> 非物质文化遗产名录接受了那些与宫廷、宗庙相关的文化形式——只要它们不是欧洲的，保留西方与其他国家之间的分歧并制造了一个虚幻的非遗名单，一个不是土著的、不是少数族裔的、不是非西方的名单，尽管依然是非物质的。[3]

---

1 原文化部:《部分非物质文化遗产项目介绍——古琴艺术》，http://www.gov.cn/ztzl/whycr/content_638408.htm，2007 年 6 月 6 日发表。

2 岩本通弥:《世界遗产时代与日韩的民俗学——以对世界遗产二条约的接受兼容为中心》，宗晓莲译，《文化遗产》2014 年第 5 期。

3 Smith: *Use of Heritage*,（London and New York:Routledge,2006）,p112.

吉姆布莱特认为《非遗公约》所制造的世界非遗名录与此前的世界遗产名录一样，都是排他性的。她与冰岛民俗学者沃尔迪玛·哈福斯坦（Valdimar Hafstein）同时认为：

> 创建名录的行为不仅是一种排斥行为，也是一种意义创造的表现。在此过程中，“遗产”将根据预先定义的“标准”被“识别”和“评估”。这一过程不可避免地对被质疑的遗产进行新的意义和价值的再创造或改写。无论我们处理的是有形遗产还是无形遗产，该遗产的主要价值、意义都是通过其在名录上的位置及其在一系列标准下的地位来确立和理解的。[1]

前面所谓的高文化申报世界非遗乃是一种非西方/南方国家在国际层面上塑造自身的文化行为。事实上，《非遗公约》被非西方/南方国家视为对西方权威遗产话语的挑战，在投票时得到了这些国家的大力支持，中国、日本、韩国等亚洲国家尤其积极，不但给予联合国教科文组相关资金、物质方面的资助，《非遗公约》实施初期非遗的申报数量上也呈现出鲜明的“亚洲转向”（Asian turn）。英国、美国、澳大利亚、新西兰、丹麦、加拿大和瑞士等国则出于对非遗的不理解，对既有民俗学框架的坚持或者国内民族政治等复杂因素的考量而弃权；加入《非遗公约》的西方国家，如意大利、法国等申遗时都是在现行民俗、民间文化范畴内履约的，反映出作为一个复杂、动态的文化场域，世界非遗名录所隐含的中心与边缘、地区之间、国家之间、国家与地方等不同层面的文化互动、表征与博弈关系。

---

1 Logan and Smith: “Introduction”, *Intangible Heritage*,（London and New York: Routledge,2009）,p4.

结语

海登・怀特（Hayden White）曾表示："学术领域反思自身的一个方法是回顾自己的历史。"[1] 我们回顾非遗学学科进路中非遗概念的历史，无论是它的生成与表述、外生性概念的"在地化"，还是世界非遗名录中的文化博弈与表征，都离不开对非遗与民俗、民间文化的关系这一前提性思考。在崭新的非遗学学科框架下，冯骥才提出非遗的立场——"从遗产的立场出发，来认识民间文化"[2] 变得格外紧迫与鲜明。某种意义上，非遗是西方权威遗产话语中"遗产"内涵与"在地"民间文化的互动产物。须得承认，尽管非遗与民间文化的纠葛仍有待学理、实践层面的进一步的阐释、探索，作为世人瞩目的重要文化事实，它已经构成了一种与全球化背景下个人、家庭、社区、地方乃至民族、国家的文化认同相关联的社会和政治结构——"不仅有可能修改遗产的定义，更有可能重新界定全球和本土的地方感"[3]，对于我国的国家文化战略、民族文化身份、文化自信的建构乃至中华民族的文化传承意义重大。学界理应在更高的文化、学术高度上，统筹思辨非遗与民间文化的关系。

---

1 海登・怀特:《作为文学虚构的历史本文》，载张京媛主编《新历史主义与文学批评》，北京大学出版社，1993，第 160 页。

2 冯骥才:《非遗学原理》，载《光明日报》2023 年 3 月 19 日，2023 年 3 月 26 日，第 12 版，分两期刊载。

3 Logan and Smith: "Introduction" , *Intangible Heritage*,(London and New York: Routledge,2009) ,p7.

非遗节日文化在博物馆中的展陈与活动实践
——以天津大学跳龙门乡土艺术博物馆为考察中心

王凤（天津大学冯骥才文学艺术研究院博物馆馆员）

摘要　跳龙门乡土艺术博物馆作为天津大学一块人文绿地，为天大师生接触中国传统文化搭建了桥梁。博物馆特别关注中国传统节日文化，不仅馆长冯骥才先生亲自设计独特的“回”字形节日展区，而且博物馆多次开展传统节日文化主题的活动，并通过联动学校社团、非遗走进学校、构建网络节日文化空间等方式宣传中国传统节日文化。跳龙门乡土艺术博物馆在非遗与博物馆展示，高校博物馆与节日文化教育领域具有一定示范作用。

关键词　非遗节日文化，冯骥才，跳龙门乡土艺术博物馆，文化传承

一、引言

中国是一个有着几千年文明历史的国度，对于一年中最为隆重的清明、端午、中秋、春节四大传统节日，如何发掘其潜在的传统文化魅力，如何在现代化进程中让传统节日成为赓续绵延民族精神与情感的重要载体，是当今社会急需考虑的一个问题。中国当代作家、画家、文化学者冯骥才先生一直投身于民间文化抢救工作，积极倡导复兴逐渐变得淡薄的中国传统节日文化。冯先生说：“当务之急是要重

王凤

新认识和建设我们的节日，要研究我们的节日文化，创造我们的节日文化，通过多种形式还原这些传统节日的文化内涵。”[1]2006年，清明、端午、中秋和春节列入国家级非物质文化遗产代表性项目名录，而后冯先生建议把清明、端午、中秋三个节日列为国家法定节假日。同时，除夕放假，他的建议最终被《全国年节及纪念日放假办法》所采纳。冯骥才先生还主持编纂了中国传统节日系列丛书“我们的节日”之《清明》《端午》《中秋》《春节》四本专著，这些努力为广大群众，尤其是当代青年和大学生们了解中国传统节日文化建立了平台。

2001年冯骥才先生受聘于天津大学，成立冯骥才文学艺术研究院。此时的冯先生又肩负起人才培养的重要使命，“教育”成为冯骥才的“四驾马车”[2]之一。自冯先生受聘于天津大学，便希望在这所以理工科见长的院校内开辟一块人文绿地，并积极践行他一直坚持的“文化学习的一半是文化体验”的理念，在学院内建立了跳龙门乡土

1 张淑英、周润健、冯骥才:《节味为啥淡了？因为就剩吃了》，新华每日电讯，2004年9月29日。

2 分别是绘画、文学、文化遗产保护与教育。

图 1　跳龙门乡土艺术博物馆正门

图 2　跳龙门乡土艺术博物馆花样生活厅

艺术博物馆（图1），为天大师生能够零距离接触优秀的中国传统文化遗产提供一个鲜活而深广的学习、体验平台。跳龙门乡土艺术博物馆主要由雕塑厅、花样生活厅（图2）、民间画工厅和百花厅组成，有共计万余件藏品。其中花样生活厅展示的是中国民间生活的家具物什、各类器具、服装配饰、玩具摆饰等，以展示民间的审美世界及生活情感。在该展厅中最大的亮点便是冯骥才先生精心设计的中国传统节日文化展区，使广大学生在参观中了解丰富的节俗文化，而且潜移默化地传承了非物质文化遗产，建立了文化自信。与此同时，结合静态展览，博物馆还设计了丰富多彩中国传统节日文化活动，以及充分利用网络资源，开辟博物馆公众号，编纂有关传统节日文化的文章，组织线上传统节日有奖问答活动，推送冯骥才先生的节日文化理念等。总之，博物馆静态展览配合线上、线下各种丰富的节日活动，让广大师生通过多种渠道了解并亲身体验到中国传统节日文化的魅力。

二、中国传统节日展线、展区设计

（一）独具特色的“回”字形展陈方式

博物馆花样生活厅为“大口套小口”的“回”字形布局（图3）。其中“小口”四边的两个相对的外侧为中国传统四大节日展区，清明和端午展区在左侧，中秋和春节展区在右侧。传统节日展区作为花样生活厅的主要参观路线，而该厅“大口”四周展柜中有关传统民间生活的展区（图3中灰色字部分）作为辅助参观内容和路线。

参观者从花样生活厅入口进入展厅，按照图3中箭头方向顺时针进行参观。在讲解员的带领下首先进入清明节展区（图4），而后经过端午节展区（图5）、中秋节展区（图6），最后是春节展区（图7）。讲解员在依次讲解主要节日展区的同时，也会辅助讲解传统民间生活展区（图3中灰色字部分）的内容。如在讲解清明节展区内容的

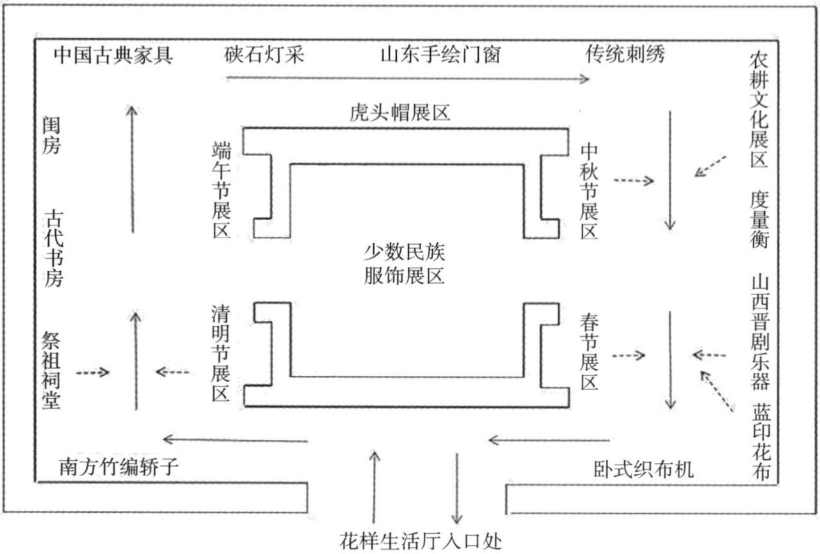

图3　花样生活厅平面示意图（笔者绘制，仅供参考）

同时，也会讲解祭祖祠堂的一些祭祀用品，以对应清明节扫墓祭祖习俗；端午节展区对应虎头帽展区，以展示端午节孩童戴虎头帽习俗；中秋节展区对应农耕文化展区（中秋节与丰收）；春节展区对应山西晋剧乐器展区（过年看大戏）和南通蓝印花布展区（过年穿新衣）。这样将岁时节日文化与民众日常生产、生活与信仰融会贯通起来，在唤起参观者节日文化共鸣和集体记忆的同时，传递中国传统节日文化的精髓。与此同时，花样生活厅的参观展线设计也具有隐含意义，顺时针的参观方向象征着一年四季时间的流动，从清明到端午，又从中秋到春节，围绕展厅参观一圈结束的同时也代表着一年的结束与新的一年的到来，使观众在参观时具有强烈的时间感，深切地体会到传统节日贯穿于一年的始末，它是中国文化和中华精神形成的根源，更是我们应该代代相传的瑰宝。

（二）各种非物质文化遗产表现形态组合的节日展区

在中国大地上蕴藏着丰富的非物质文化遗产，它们的历史悠久，

图 4　清明节展区

图 5　端午节展区

图 6　中秋节展区

图 7　春节展区

深藏于民间，有不少与传统节日相关，并流传至今。而中国传统节日展区设计的一大特色就是由若干具有节日文化内涵的非物质文化遗产表现形态组合而成，另外还有一些地方性的民间手工艺品配以辅助展览。以端午节展区为例，端午节始于中国的春秋战国时期，最初是作为一种祛病防疫的节日，后来由于屈原的故事，端午节成为中国人民纪念屈原的传统节日，和其他传统节日相比，端午节更多的是有辟邪纳福之意。由于我国幅员辽阔，不同地域的习俗不尽相同，总体概括端午节的主要民俗活动有吃粽子、赛龙舟、挂钟馗像、插艾草、挂菖蒲、饮雄黄酒等。在端午节展区的展品中，其中属于国家级非物质文化遗产代表性项目名录的有凤翔泥塑，其作品是《大公鸡》，能吃虫子的大公鸡在端午节有"驱五毒"的含义。浙江嵊州竹编其作品《老鼠划龙舟》(图8)对应端午节划龙舟习俗。还有天津杨柳青木版年画，作品《闹龙舟》(图9)为老版新绘，年画展示了农历五月初五，民间赛龙舟吊屈原的风俗。此图绘诗人观看赛龙舟的场景。岸边绿柳成荫，水上旗帜飘扬，非常热闹。

除此之外，端午节展区还摆放一些具有地方特色的民间手工艺品，如天津布艺大师常诚的作品《五毒肚兜》；天津当地的《老虎耷拉》，在端午节给孩子佩戴，以驱邪祈福；还有各地的布老虎；民间的《钟馗画像》；另外在端午节展区上方还悬挂着菖蒲和艾草。

图8　嵊州竹编《老鼠划龙舟》

清明、中秋和春节展区也是以同样的展陈方式，在有效地传递了传统节日文化的同时，还将展区内相关的非遗项目进行讲解

图 9　杨柳青木版年画《闹龙舟》

与宣传，展现了我国传统节日文化的包罗万象，且与民众生活的紧密相连。另一方面，唤起参观者，特别是当代大学生对包括节日文化在内的中国优秀传统文化的关注与热爱。这也是博物馆教育职能的重要体现。

三、博物馆传统节日文化宣传与活动实践

为了活跃天津大学校园生活，有效传播中国传统文化，让学生亲自体验中国传统文化的魅力，提升学生的文化自信与人文修养，跳龙门乡土艺术博物馆自 2018 年开馆以来开展了丰富多彩且形式多样的博物馆活动。其中开展的很多活动都以中国传统节日为主题。

2018 年 3 月博物馆举办了“清明节民俗文化活动”，这次活动不仅对天大师生开放博物馆花样生活厅，让观众深入了解清明文化内涵与习俗，而且博物馆还组织了丰富多彩的清明节活动。为了此次活动，博物馆特别从山西购置了大量形态各异的花馍（图 10），活动当天在户外展示，与此同时还邀请了山西面花及天津“风筝魏”非遗传

承人现场展示面花与风筝制作技艺（图 11，图 12），并通过电话与网上预约，邀请观众一同参与制作。

为了提高天津大学师生参与度，此次活动特别邀请了天大汉服社（图 13）和花毽队进行现场表演以增加节日气氛。通过现场参与、表演的方式，让更多天大师生在万物复苏的初春，亲身体验、感受清明文化魅力。传统节日走进校园，使更多天大师生乐于参与节日文化体验活动，了解传统文化源流及精神内涵，不仅是对民族精神的追求、对人生态度的探索，更是对民族文化的传承。

2020 年 12 月，跳龙门乡土艺术博物馆在天津大学新校区郑东图书馆举办了“以画过年 · 2020——年画与年文化特展”（图 14）。春

图 10　山西花馍

图 11　山西代县面花艺人张桂英在清明节活动现场教大家制作面花

图 12　天津“风筝魏”传承人魏国秋与学生互动

图 13　笔者与天大汉服社的同学们合影

图 14　冯骥才先生在活动开幕式上讲话

节是中华民族最重要的节日，是老百姓一整年生活和情感的高潮，它承载着中国人的认同感和凝聚力，具有极为重要的文化意义。但是现在“年味”逐渐变淡，其原因就是当下年轻人对年俗和年文化不甚了解，从而缺乏年的情感。冯骥才先生表示，过去中国人“以画过年”，春节家家户户都要贴年画，年画是年文化重要和鲜活的载体，也是老百姓精神生活的可视呈现。而这次活动正是把年画作为一把钥匙，为广大师生打开年文化的广阔天地，使他们亲近传统文化和传统生活，增强文化自信。

在这次活动中博物馆进行了精心的布展。展壁上悬挂的70类50余种年画都是全国各地不同时期的代表作，展台里还摆放有古籍、老照片、古画中的过年场景等文献以及我院中国木版年画研究中心的学术成果。琳琅满目的展品令师生们大开眼界，通过博物馆老师们的讲解，让大家了解到更多年画背后的艺术和年文化。与此同时，中国木版年画研究中心从大量古代年画里挑选出上百个吉祥符号，组成一个吉祥空间（图15），同学们踊跃竞猜这些吉祥符号的含义，赢取精美的年画明信片。活动还邀请了天津杨柳青年画传承人、天津剪纸传承人现场演示精湛技艺（图16），天津大学新竹书画社的同学们也在现场为大家书写春联、福字（图17）。浓浓的过年气息，大大激发了师生们参与活动的热情。而且此次活动还邀请到故宫原宫廷部主任苑洪琪和北京师范大学教授萧放两位知名学者，为广大师生带来“宫里过大年”和“民间过大年”两场主题报告，丰富了大家有关年文化的知识，让天大师生带着文化的年意和年的情感回家。

总之，跳龙门乡土艺术博物馆开展的中国传统节日活动基本有由专题展览、主题报告、活态展示、互动交流等多种方式，把节日文化带进校园，让年轻人亲近传统文化和传统生活。

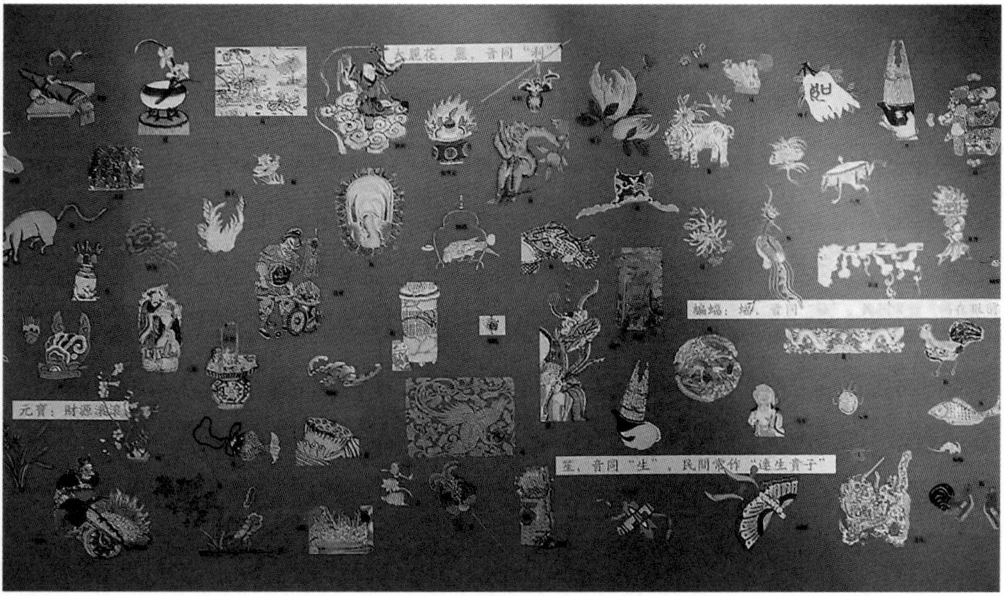

图 15　吉祥符号展壁

图 16　学生在活动现场体验刷印年画

图 17　天津大学新竹书画社成员在活动现场书写春联

四、博物馆公众号——中国传统节日文化网络空间的建构

为了更好地实行对外开放，服务天津大学师生，博物馆印制了精美的门票、宣传折页及导览手册，提供相应微信导览服务，实行网络与电话预约参观方式。天津大学冯骥才文学艺术研究院网站中设立了

跳龙门乡土艺术博物馆版块，其中不仅可以看到馆藏精品照片，而且能进入 3D 虚拟展厅领略馆藏精华。

同时，自博物馆开放起便设立了博物馆服务号。服务号的设立不仅方便了天大师生报名、参与博物馆展览与活动，而且还设置了六个专题栏目，分别为“藏品的故事”“时间的故事”“博物馆人的故事”“观众的故事”“博物馆活动”和“馆长言论观点”。其中“时间的故事”专栏主要推送有关中国传统节日、节令、二十四节气等相关知识的文章，及其与馆藏之间的联系。另外“馆长言论观点”专栏以博物馆馆长冯骥才先生有关博物馆教育、非遗研究与保护、艺术审美等方面的思考与研究为主，其中也有很多文章是冯先生关于中国传统节日文化的讨论。

博物馆公众号推送的中国传统节日的文章可谓十分丰富，且文章的撰写注重知识性、通俗性与趣味性。以两篇端午节公众号推送文章为例，2020 年 6 月 25 日的端午节推送文章是《我们的节日：端午精神》，主要介绍了端午节入选国家非物质文化遗产名录，端午节的主

图 18　博物馆工作人员录制端午节视频

要节俗，介绍博物馆花样生活厅端午节展区。特别是文章最后将端午节祛病防疫、避瘟驱邪、祈求健康的主题与我国当时新冠疫情防控联系起来，相信广大民众能继承并发扬端午精神，以不惧风雨的勇气和不畏艰险的力量战胜疫情。2021 年 6 月 14 日公众号推送的文章是《时间的故事：千年传情，端午安康》，这篇文章的特点是以"问题"开头，通过《龙舟大神宝像图》、布老虎、五毒布雕、钟馗画像这四件馆藏的照片，让读者猜测这些图都指向了哪一项非遗？答案是端午节。这种有趣的互动问答方式受到大学生们的欢迎。与此同时，我们还以博物馆的藏品为素材，制作了精美的端午节图片和卡通画，将端午节的主题、节俗等通过大学生喜闻乐见的方式进行宣传教育。

2020 年，新冠疫情严重影响了博物馆的正常开放。在冯骥才先生的倡导下，博物馆充分利用线上及网络资源，设计博物馆线上活动。虽然博物馆线下开放及活动有所限制，但是线上活动会更加丰富精彩。比较有代表性的线上活动就是 2020 年 6 月的《我们的节日 · 端午》，这期活动采用了线上互动视频闯关游戏的方式。为此，我们精心制作了八个活动视频（图 18），分别是"活动整体介绍""端午安康""端午与五毒""端午与虎文化""端午与钟馗""端午与菖蒲、艾草""端午、屈原、粽子""国家法定节假日：端午节"。参与活动的朋友可以直接在博物馆公众号后台输入"端午安康"进入答题环节。先看视频，后答题，答对题后，再进入下一个视频，依次完成所有题目。答对全部题目的朋友可以获得博物馆工作人员亲手制作的"端午彩粽"（图 19）。在八个活动视频中，结合馆藏讲述了端午节的历史与节俗，既满足了观众参观博物馆的需求，又普及了中国传统节日文化，这种集知识、娱乐、互动于一体的线上活动非常受欢迎，参与者众多。而且博物馆线上活动受众面更加广泛，不受实地参观限制，使博物馆教育与高校通识教育的功能发挥到极致。

图 19　端午节线上活动礼品“端午彩粽”

图 20　公众号元宵节互动视频闯关游戏

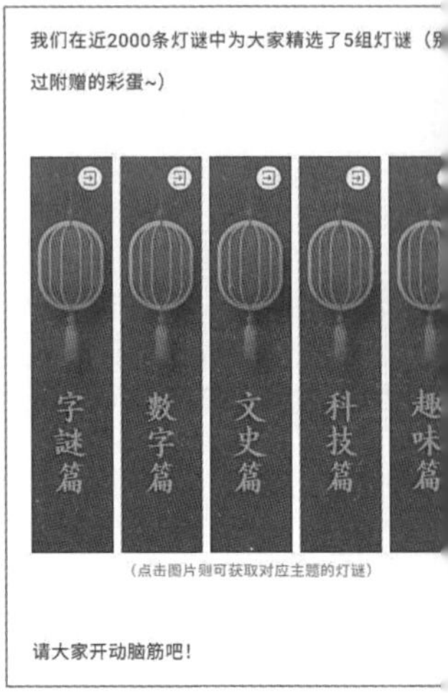

图 21　公众号元宵节猜谜活动

2022 年 2 月博物馆又组织了线上元宵节活动，拍摄了以元宵节的起源、逛花灯、猜灯谜、吃元宵等民俗活动为主题的六个视频。以博物馆公众号为载体，组织互动视频闯关游戏（图 20）和五组灯谜（图 21），猜对答案的活动参与者会得到博物馆赠送的元宵节礼品灯笼。

博物馆充分利用网络建立中国传统节日文化空间，通过公众号推送文章、播放视频来普及节日文化知识，通过组织各种互动游戏、答题赠礼活动以及设计精美的节日图像等方式吸引观众，特别是当代大学生的兴趣。使他们在自然、宽松、愉快的网络空间中学习、感受、体验传统节日文化内涵。

结语

高校组织和开展中国传统节日文化主题活动，可以有效地提高、加深大学生对我国传统节日文化内涵的理解，增强大学生们的民族自信心。据相关调查统计：“大学生觉得采用什么方式能够让更多的人了解并接受中国传统节日文化，有 76.3% 的大学生选择学校开展相关的节日活动，重拾传统习俗。”[1]

可见，大学生非常渴望能通过高校主题活动了解中国传统节日文化。然而，目前高校在组织中国传统节日文化活动中存在很多问题：第一，中国传统节日文化活动缺乏力度，其中包括宣传不足和活动范围较小，不能够吸引大部分学生参与；第二，传统节日活动主题不鲜明，致使大学生缺乏参与活动的兴趣；第三，中国传统节日文化活动缺乏民俗性，活动设置不够通俗易懂，降低了大学生对活动的积极性[2]。

跳龙门乡土艺术博物馆为天津大学广大师生搭建了接触中国优秀传统文化的桥梁，博物馆专门设立了固定的中国四大传统节日展区，独特的“回”字形展厅设计与各种非物质文化遗产表现形态组合的节日展区，将参观者带入节日文化的长廊，亲身感受传统节日文化魅力；博物馆组织丰富多彩的节日文化活动，通过主题报告、活态展示、互动交流、游戏竞猜等大学生们喜闻乐见的方式将传统节日文化进行传播。而且，每次博物馆活动都会鼓励学生助馆员出谋划策，并联动天津大学学生社团一起主持并参与活动，使大学生们真正成为活动的主人，成为中国传统文化的主人，这在一定程度上大大提高了学生们的参与度和热情度。与此同时，博物馆开辟了微信公众号，在网络中建构传统节日文化空间，特别设置“时间的故事”专栏，长期推送有关中国传统节日文化的文章，组织别开生面的线上互动视频闯关活动、有奖竞猜活动等，提高大学生们参与活动的兴趣性。

冯骥才先生曾说：“古代玛雅、埃及、希腊等世界上很多古老文明多失落了，我们中华文明却能生生不息，在于我们文明自身的凝聚

1　孙卿：《中国传统节日文化与大学生思想政治教育研究》，重庆工商大学，硕士论文，2012。

2　李莹：《大学生中国传统节日文化教育研究》，渤海大学，硕士论文，2016。

力和生命力。所以我们必须要面对它、认识它、思考它，只有在这样的基础上真正认识它，才可能热爱它，才可能有自觉。”而在面对近十几年我们传统节日习俗、氛围愈发淡薄的实际情况下，很多年轻人、大学生都对传统文化不甚了解，甚至崇尚洋节。我们作为高校博物馆人有义务、有责任保护中国传统节日文化、保护自己民族的文化个性。冯先生曾跟博物馆助馆员说：“中国人的文化和生活方式与众不同，国人过年过节、礼尚往来都暗含着中国文化的内涵。我们博物馆的藏品，无不讲述着这些文化与传统如何延续至今。”因此，我们在冯骥才先生的指导与带领下，努力探索以跳龙门乡土艺术博物馆为阵地的文化传播实践，特别是中国传统节日文化的宣传。作为高校博物馆，要做好展览、做好对学生的宣传和教育，因为只有认识了解了，才能产生热爱；也只有热爱，才能成为文化的主人，将文化遗产保护好并代代传承下去。

拜师与“圈子”的构建：差序格局与当代非遗传承人的生存策略

王拓（苏州大学非物质文化遗产研究中心副教授）

摘要　基于儒家伦理与中国传统社会结构的差序格局现象在当代非遗传承主体构成的特殊社会圈层中亦有普遍体现。它突出表现在非遗传承主体的师徒关系上，也就是以家庭血缘为中心呈水波纹式向周围扩散并形成社会“圈层”。非遗传承个体既要通过积极“拜师”的关系实践与核心传承人建构起利于自己生存与发展的人际关系网络，又要通过“人情”运作的方式实现与核心传承人在社会资源方面的利益互惠。“拜师”既是当代非遗传承主体的集体意向性行为和心理观念，也成为社会资源有限的非遗传承人谋求生存与发展的普遍行动策略。作为当下一种社会实在的建构方式，如何在非遗保护与传承的现实情境中理性、适度地运用和防范关系资本的异化性发展，学界须要有清醒的认识。

关键词　差序格局，非遗传承人，生存策略，宜兴紫砂，口述史

一、问题的提出

非物质文化遗产（以下简称“非遗”）传承与保护的核心是传承人以及他所掌握的经验、知识与技艺等核心要素。在遵循非遗活态保护

王拓

理念与原则的前提下，“21世纪世界人文领域诞生的一个充满学术活力的新学科”[1]——非物质文化遗产学（以下简称“非遗学”）如何“为非遗构建知识，为非遗排难解纷”，并“直接为非遗服务，甚至为非遗所应用”成为当下从事非遗学理论与实践研究的学者必须面临的问题。如何从非遗学学科视角审视当前非遗保护与传承的实际工作，须要从当前非遗传承的社会现实情境中发现问题。

非遗学的首倡者冯骥才先生指出，立档、保护与传承是非遗学的核心工作及核心学术问题。它们既是非遗学的重中之重，也是其学科价值的关键所在。“传承是为了遗产的延续与永在”，因而非遗学对传承的研究目标是促其传承。然而，“‘促’是人为的，如何‘促’才不是负面干预的？如何做才是科学而非反科学的？这需要非遗学自己来回答来解决。”[2] 作为活态传承的民间文化遗产，当代非遗呈现出师徒式传

1 根据冯骥才在“新时代·新学科·新使命——非物质文化遗产学国际学术论坛”开幕式上的致辞进行的总结。转引自张译心：《非遗学发展迈向新时代》，《中国社会科学报》2023年11月6日。

2 冯骥才：《非遗学原理（上）》，《光明日报》2023年3月19日，第12版。

承、家族式传承及社会化传承等多元化的传承方式。其中，师徒式传承无疑是最为传统、直接和普遍的方式。在师徒式传承中，师徒关系的建立与维护、经营与巩固等每一个环节都必然牵涉非遗传承人之间人际关系的处理与调适。因此有学者指出，“非遗保护是一种处理人与人关系的文化实践，承认并实施文化干预是非遗保护的基本前提”[1]。特别是对于被保护的非遗传承主体而言更是如此。由于受社会现代化转型的影响，非遗在当下的传承与传播过程中出现了诸多不可避免的功利行为及复杂现象。这些行为和现象的背后所反映的正是当代非遗传承人集体的社会心理和价值取向，而这些问题都亟待非遗学研究者的关注与思考。因此，把握非遗学学科总体的研究和实践方向，既“要通过对现存的非遗的研究，来探索它们通往明天的合理的道路”[2]，也要秉持“在文化的现实中发现问题，再到田野中找寻破解之道”[3]这一总体的学术方法论基础。这是当下“非遗学”与“非遗”传承、保护工作者在面临各种现实问题时所要遵守的基本原则。

如上所言，既然保护与传承非遗须面对并解决现实中存在的一系列复杂问题，那么非遗学的学科间性所带来的学科交叉自然就成为非遗学的天然属性。对非遗的一切研究也就需要相关及相近人文社会科学的理论知识及研究方法作为支撑。正如有学者指出:“作为交叉学科的非物质文化遗产研究，是以问题为导向的‘问题性学术’，解决问题是其学术的根本目的，知识综合性运用是其研究的主要特征。”[4]这对于非遗保护抑或传承的主体研究都是如此。如对于中国现代社会结构与转型视角下，非遗传承体制中师徒关系的变化以及师徒传承模式的

---

1 宋俊华:《非物质文化遗产学的范式建构》,《文化遗产》2021 年第 6 期，第 26 页。

2 冯骥才:《非遗学原理（上）》,《光明日报》2023 年 3 月 19 日，第 12 版。

3 耿涵，孟兆熙，陈天凯:《作为交叉学科的非物质文化遗产学：理念、框架与路径》,《天津大学学报》(社会科学版)2023 年第 4 期，第 304 页。

4 黄永林:《破圈与聚焦：非物质文化遗产学发展的现实选择》,《民俗研究》2022 年第 4 期，第 16 页

变迁等问题，就要从多学科的维度出发，运用人类学的田野考察、传承人口述史的研究方法，结合社会学的相关理论，对其中存在的具体问题或细微现象进行综合的观察、深度的分析以及理论性的阐释。

基于此，本文从非遗学视阈结合社会学等多学科理论交叉研究的方法，以江苏宜兴的传统美术类国家级非遗项目——宜兴紫砂陶制作技艺的非遗传承主体为研究对象，从社会关系 (social relations) 建构这一视角，研究非遗传承人如何通过“拜师”以实现对社会及行业人际关系网络 (interpersonal relationships-net)（俗谓“圈子”）的建构目的。尝试运用复合型的理论工具辩证地对这一集体意向性行为背后的心理动机、行动策略以及社会资源的交换方式等加以分析和阐释。其意义在于，从保护与传承非遗的现实立场，探寻在中国民间文化和乡土社会语境下实现非遗健康、有序传承的有效方式或路径，形成中国非遗学对于传承主体研究的一种方法论思路，以期为当代非遗学理论建设及非遗传承体系存在的具体问题和现象提供一些借鉴和启示。

二、差序格局与非遗传承主体的社会关系研究

费孝通先生在比较东西方的社会结构后曾指出，中国乡土社会的基层结构呈现出一种所谓“差序格局”的特征。他认为，中国的社会结构与西洋的社会结构不同。西洋的社会结构是“一捆一捆扎清楚的柴”，而中国则“好像把一块石头丢在水面上所发生的一圈圈推出去的波纹。每个人都是他社会影响所推出去的圈子的中心”。这个以社会个体“己”或“自我”为中心所画的“水波纹式”的“圈子”，随“己”或“自我”势力的变化而富有大小伸缩的能力[1]。“圈子”中的所有角色都会依据同中心位置的“己”的亲疏远近程度，找寻自己在“圈子”中的

1　费孝通:《乡土中国》，人民出版社，2015，第 29-35 页。

合适位置。作为中国社会“礼治秩序”的一种基本形式，费孝通对差序格局的洞见不仅反映了中国传统社会人际关系的本质特征，而且使中国社会结构中人的自然差等问题被日益明晰化。它甚至让人明确意识到中国人在互动和交往过程中所形成的关系实际上还隐含着一种尊卑有别的等级参数，也就是说，由此而形成的社会本身存在一种级差，即所谓的“社会等级”[1]。学者阎云翔曾指出，差序格局应该是由横向的、弹性的、以自我为中心的“差”，与纵向的、刚性的、等级化的“序”，共同组成的一个立体多维的结构。他认为，作为社会学学术话语的差序格局应该同时反映中国“社会结构的层次”及“人际关系结构的层次”。由此，差序格局应具有丰富的内涵，且其纵向的等级差别与横向的远近亲疏也应同等重要[2]。

（一）差：非遗传承主体的横向社会结构

梁漱溟在比较西洋社会与中国社会的不同后认为，中国社会不是一个个人本位或社会本位的社会，而是一个伦理本位的社会。他指出，“伦理本位者”实即“关系本位也”。社会中的个人“始终在与人的相关系中生活（不能离社会）”“人生实存于各种关系之上，此种种关系，即是种种伦理”[3]。“在儒家的社会理论中，人被安置在一个关系网络中——人乃是‘关系的存在’（relational being）。”[4] 根据差序格局的概念与前述阎云翔的观点，中国社会人际关系网络（social networks）的构建

1　秦鹏飞：《儒家思想中的"关系”逻辑——“伦”字界说及其内在理路》，《社会学研究》2020年第1期，第82页。

2　阎云翔认为，差序格局作为中国本土社会学概念，其普适性理论价值在于对它横向的“差”和纵向的“序”两个维度的同时把握，但大多数学者都只看到了“差”，却长期忽略纵向等级的“序”。这是有关差序格局学术话语中的一个误区。阎云翔：《差序格局与中国文化的等级观》，《社会学研究》2006年第4期，第201页。

3　梁漱溟：《中国文化要义》，上海人民出版社，2005，第72页。

4　《关系和网络的建构——一个社会学的诠释》，载金耀基：《中国现代化的终极愿景》，上海人民出版社，2013，第104页。

呈现出同心圆型或者蛛网型结构的特点。“自我”或“己”是“同心圆”的圆心或“圈子”的中心，而其他人根据关系的亲疏远近分别处在不同的圈层之中。每个人与处在不同“圈层”中的他人打交道，遵循的是不同社会“圈子”内部的不同特点、原则和运行规约，从而形成一种具有鲜明差序格局特征的道德秩序和关系结构。根据费孝通以水波纹对差序格局的比喻，在当前中国的非遗以师徒为主要传承方式的体制下，各类非遗项目的代表性传承人身份以及所在行业中的工艺美术大师等名誉头衔，就可被视作那块丢在水面上的石头，它撞击非遗传承主体的水面并形成同心圆般的“圈子”涟晕。涟晕的圆心即所谓的“核心传承人”[1]，而围绕核心传承人“所发生的一圈圈推出去的波纹”也“就是从自己推出去的和自己发生社会关系的那一群人里所发生的一轮一轮波纹的差序”[2]，即围绕核心传承人的关系远近而划分出非遗传承的亲疏格局。尽管“圈子”植根于传统的儒家社会理论，但在传统的社会结构中也自有其内在的发展逻辑。正如梁漱溟所言，“伦理的社会就是重情谊的社会”[3]，中国人在营造人际关系的同时往往也会恪守一套主观能动的行为伦理，非遗的家族式传承或师徒制传承的形式实际全都是如此。

紫砂陶制作技艺的非遗传承人 W 和 G 在口述访谈中印证了笔者的上述推论。在教授技艺方面，传承人 W 不言而喻地表示：

> “我们紫砂行业的传承就是‘家传’和‘师承’。如果自己的子女是徒弟，那在自己身边，时间长了必然也学得多。至于师父教手艺，虽然教是一样教，但肯定也有偏向性。比如说你有 100

---

1 为方便表述，笔者将那些掌握某项非遗的知识、技艺、技术且具有行业最高水准，具有公认的代表性、权威性及社会影响力的个人称为“核心传承人”。就国家级非物质文化遗产项目宜兴紫砂陶制作技艺而言，市级以上的非遗代表性传承人全部具有正高级工艺美术师职称，而国家级、省级非遗代表性传承人在具备正高职称的基础上还多享有“中国工艺美术大师”“江苏省工艺美术大师”的荣誉称号，这些身份与头衔奠定了他们在紫砂行业中的地位。

2 费孝通:《乡土中国》，人民出版社，2015，第 29-35 页。

3 梁漱溟:《中国文化要义》，上海人民出版社，2005，第 80 页。

颗糖，你女儿要，你抓一把给她。你女儿的朋友如果要，那你抓一把给她也无所谓，对吧。前提是你糖多，资源多。但假如两个小朋友，你女儿和另外一个小朋友，分一颗糖，你女儿也要，另外一个也要，那你给谁？”[1]

G 则明确表示拜师者与未拜师者之间所存在的细微“差别”[2]：

“我师父这边当初的学徒也就三两个人，不太多。大多都是徒弟，并没有说学生和徒弟之间会有区别对待，所以都是一样地教。但如果有别的人来学制壶，特别是零基础的，就交给学艺精的徒弟带着教。师父是不会亲自来教你的。”[3]

而对于“家传”与“师承”两者在技艺的传授、宣传与推广等资源配置方面的差别，W 则直言不讳地表示：

“假如说师父推的话，肯定是先推自己‘家传’的嫡系，然后才轮到‘师承’。就像那个武当派‘嫡传弟子’和‘外传弟子’[4]。我们就属于那种‘外传弟子’。但就是说平时要让师父帮个忙，他们能帮到的肯定也会帮的，但力道就不一样了。”

W 的说法表明，“外传弟子”的身份虽然一定程度上也能通过让“师父帮个忙”的方式分享到作为师父的非遗传承人的部分资源，但在优先与获益程度上却远逊于继承家（父）业的“已出”子女。这种现象

---

1 口述人 W：男，70 后紫砂制壶艺人，从业近 20 年，中级职称，中国工艺美术大师入门弟子。访谈时间：2022 年 8 月 18 日。地点：宜兴丁蜀镇。访谈人：王拓。

2 在此有必要做以说明：在当下紫砂行业中，初学者只要接受过某传承人的辅导或培训，都会模糊地称自己是他的徒弟或学生。但在当地紫砂从业者的观念里，他们只能算“学徒”（或被更细致地区分为“学生”，师父是否帮衬其发展则要视彼此的感情，因此本质上还是看“亲疏远近”），只有那些正式拜师（不一定有公开仪式）的弟子（包括传承人的子女）才会被视为“嫡传弟子”（即“入门弟子”），而未经拜师的“学徒”同师父之间并不算真正意义上的“师徒关系”，充其量仅是“学生”。

3 口述人 G：女，80 后紫砂制壶艺人，从业 8 年，高职院校教师，中级职称，省工艺美术大师弟子。访谈时间：2023 年 12 月 20 日。地点：宜兴丁蜀镇。访谈人：王拓。

4 此处 W 所谓“家传”与“嫡传”仅指与“核心传承人”具有血缘关系的子女，除此之外学艺的弟子如徒弟、学徒、学生等都属于“外传”。

在以核心传承人为中心的“圈层”结构中表现得更为明显。W 表示：

“还有一点，就是师父假如有名的话，说难听一点，你像紫砂家传的这些子女，他肯定是家里面有资源，站在父母辈的肩膀上，那肯定爬起来比我们要快，晋升[1]得也比较快，在紫砂圈里的知名度更高。紫砂圈里刚刚出道的那些大师子女的作品，随便给哪一个客户的价格都是超出我们这些正常从艺的民间艺人的。”[2]

核心传承人的社会资源具体化地表现在与非遗项目有关的技术职称、市场价格和宣传推广方面，而其中最明显的则是非遗作品的价格。传承人 Z 表示：

“比如说大师的子女，尤其是大师的子女学习紫砂技艺刚刚出道，那他们原先的客户肯定会捧捧场买几把壶。他们既然买得起大师的壶，那买大师子女的壶肯定也就相当于买个小玩意儿玩玩了。他们花个几千块钱，但这几千块钱却相当于我们普通紫砂艺人，必须要经历很长一段时间才能达到的价位。但这几千块钱也就是那些大师子女做的壶的起步价而已。”[3]

也就是说，差序的特征不仅体现在了非遗传承人的身份与社会角色层面，也体现在物的价格层面。事实上，即使在非遗传承人只有外传徒弟的情况下，其弟子“圈层”中也存在资源配置上的等差与次序的划分。口述人 W 表示：

“就我们当地那个实力派紫砂艺人 Y，他前几年跟我们当地做得有点名气的紫砂品牌老板 Z 合作开了个做壶培训班。一边培训，一边卖壶。培训班里做壶优秀的学生他才收为弟子，这些

1 “晋升”主要是指获得相应等级的工艺美术专业技术资格，即紫砂行业中所谓的“职称”。通常传承个体的工艺美术职称级别与本人作品在市场上的价格成正比。

2 事实上这是当下国内非遗传承境况中的一种客观与普遍的现象。

3 口述人 Z：男，80 后紫砂制壶艺人，从业 11 年，初级职称；普通传承人弟子。访谈时间：2022 年 8 月 18 日。地点：宜兴丁蜀镇。访谈人：王拓。

弟子的作品他就会推荐给Z的品牌，让他们去卖。还有一个实力派高手T，我父亲朋友的儿子，本来一把壶也就卖四五千块，但拜了T为师之后，T把包括他在内的每个徒弟都介绍了经销商，直接每把壶定价就是两万，这个资源你一般人咋整？人家直接从两千、四五千到两万，对吧？所以说，肯定是‘圈子’，这个就是‘圈子’的重要性。”

在非遗传承主体构成的特殊社会结构中，“嫡外有别”“亲疏远近”的差序格局可谓普遍存在。伦理秩序与社会资源的分配规则无论是在有血缘或亲缘关系的“家传”“嫡传”圈层中，还是在拟血缘、亲缘的“外传”“师承”圈层中都体现出中国传统社会的关系本位和伦理本位。因此，以核心传承人为中心的水波纹将所推及的血亲与非血亲弟子组成一个小的社会“圈子”，并构建出一个基于非遗保护与传承关系的差序格局。这种基于非遗传承而形成的家庭与非家庭的社会关系网络，实际也是基于中国乡土社会与儒家伦理观念建立起来的。就其结构与价值来说，它主要还是以家庭系统为范本构成的一种准亲族性的纽带[1]。这也是当代非遗保护与传承体制下，非遗传承人通过拜师于核心传承人，加入其传承谱系，积极向其靠拢，并构建以“己”为中心的“圈子”的主要关系实践(relational practice)方式。它体现出了当代非遗社会圈层中普遍存在的那种靠“丢石头形成同心圆波纹的性质”[2]。

（二）序：非遗传承主体的纵向社会结构

潘光旦先生曾对“伦”字进行训诂，并指出其具有的条理、类别与秩序之义。他认为儒家之“伦”主要关注社会个体之间的等级区分

1 《关系和网络的建构——一个社会学的诠释》，载金耀基:《中国现代化的终极愿景》，上海人民出版社，2013，第96页。

2 费孝通:《乡土中国》，人民出版社，2015，第28页。

的种类以及它们应建立的关系种类[1]。费孝通在潘光旦对“伦”字研究的基础上进一步将“伦”从儒家思想性的讨论转向了中国社会结构性的研究。他将“伦”视为差序，并指出“伦重在分别”。他援引儒家的“人伦”与《礼记·祭统》中对“十伦”以及“不失其伦”的考述指出，中国社会的结构就是围绕在“伦”这个有差等的次序的基础上架构起来的。在传统社会结构里人与人往来所构成的网络中最基本的概念——“纲纪”本身就是一个“差序”和差等严明的“伦”。费孝通这里强调的“差别”（“伦”的分别与差序）实即强调社会关系的等级和远近[2]。也就是说，费孝通的差序格局既强调了纵向的、刚性的一面，也强调了上下尊卑、等级化特征分明的一面[3]。

金耀基指出，儒家的社会秩序乃是建基于“伦”的概念之上，而“伦”的精义又在于个体之间的“等差”关系[4]。因此，“伦”所关注的既是人的社会角色之别，又是涉及社会身份的地位和等级。而非遗传承主体中普遍的、非血缘的师徒关系就是一种人为的、非天然的“伦”。因此，作为传统社会的一种现象或结构特征，等级在以非遗传承主体构成的特殊社会结构中也有着十分突出的体现。在现实中的非遗传承体制与机制中，非遗项目的代表性传承人与普通传承人群体之间不仅在行业“圈层”中存在地位上的等级差别，在具体非遗项目的代表性传承人认定与管理制度上、专业技术职称的评审机制上，非遗传承人个体的生存与发展也都始终面临着等级化和地位的跃迁。这种现象在紫砂行业中表现得尤其明显。然而，现实中的这种等级差别又表现出“横向的以己为中心的远近亲疏关系与纵向的以群为中心的次序

1 潘光旦:《政学刍议》，观察社，1948，第 133 页。

2 翟学伟指出，费孝通使用水波纹的比喻导致差序格局概念中原本存在的级差含义被抹去。参见翟学伟:《伦 : 中国人之思想与社会的共同基础》，《社会》2016 年第 5 期，第 13–15 页。

3 阎云翔:《差序格局与中国文化的等级观》，《社会学研究》2006 年第 4 期，第 204–208 页。

4 《关系和网络的建构——一个社会学的诠释》，载金耀基:《中国现代化的终极愿景》，上海人民出版社，2013，第 102–104 页。

等级关系交错在一起，并且相互平衡”[1]。在这种“伦”中，作为师父的核心传承人同作为徒弟的普通传承人之间，无论是对非遗项目的知识、技艺的掌握还是与项目有关的各种资源与社会权力等，都必然存在着纵向上的等级差距。但在兼具行业生存与发展及非遗保护与传承职责的特殊“圈层”中，非遗传承中的师与徒作为每个社会个体的“己”又必然要履行自己特定的社会角色。作为一类特殊的社会群体和社会的存在，非遗传承个体的社会特征只有放在等差的关系中才能获得有意义的说明。但传统儒家观念对于“群”与个体的“己”之间的界线向来模糊且灵活，这就决定了非遗传承人可以自由地秉承特定的关系取向，从具体、等差的关系角度去设想、形塑与周围传承人的关系性存在。但金耀基也提醒并强调，“在关系网络中，个体同他人的关系既非独立的，也非依附性的，而是相互依赖的”[2]。因此，从乡土社会孕育出的、具有儒家文化特征的非遗传承个体“并不仅仅是一个机械地履行社会结构所规定的与其角色相符合的行为的角色承担者”[3]。“非遗”传承主体中的每一个角色或个体在建构个人关系网时都以自我为中心并享有相当大的行动自主性，能自由决定是否以及如何同他人建构人为的社会关系。正是由于社会个体的“己”的这种主动性，当“非遗”传承人个体在家庭结构之外同核心传承人发生人为的“伦”的关系，即通过拜师建立师徒关系时，便都成为非遗传承与传播主体中的积极促动者。

因此，从非遗学的视角看，以差序格局为特征的中国乡土社会结构与人际关系伦理对中国非遗的传承与发展产生着极为深刻的影响。同时，作为认识和分析中国社会基本民情的重要理论工具，差序格局

1 秦子忠：《现代化进程中的中国嬗变——“差序格局”的再考察》，《兰州学刊》2023 年第 9 期，第 21 页。

2 《关系和网络的建构——一个社会学的诠释》，载金耀基：《中国现代化的终极愿景》，上海人民出版社，2013，第 102–104 页。

3 同 2，第 130 页。

理论在社会学的经验研究中也已得到广泛运用，若从顺利开展非遗传承与保护工作的社会基础层面来说，将差序格局理论同传承人口述史的田野调查相结合，对于从微观层面洞察和理解非遗传承主体的社会组织形式、人际关系的构成以及相关的非遗传承体制与机制问题都将有积极的学术价值。

三、拜师：非遗传承人建构“圈子”的行动逻辑与生存策略

“由于中国人‘关系’分类中始终体现着被儒家强化的等级类别和亲疏远近，因此‘关系’网络中的义务界定、权力扩展、情理间的平衡术与行为计策等显得尤为重要”[1]。前文的论述已足以表明，差序格局作为中国传统社会基层伦理的结构表征让非遗传承主体，即非遗传承人对技艺传承对象的选择明显呈现出“亲疏远近”的差序化格局特征。也就是说，传统社会以血缘、亲缘等为主导关系塑造出的差序格局形态同样也在以非遗传承人为主体形成的特殊社会结构中得以深刻地映射。那么相应地，作为非遗传承人个体，特别是与核心传承人无血缘联结的普通非遗传承人必然会在其生存的特殊社会结构尤其是行业“圈层”内，通过社会交往和社会资源交换等合情合理的关系实践来实现自我的各种趋利性发展。而在这一过程中，非遗传承人所表现出的集体意向性心理以及共同遵守的行为都是相应的社会道德与伦理作用的结果。

尽管也有学者指出，以分别“亲疏远近”为特征的差序格局概念到底依靠何种机制来有效地运作，学界还存在诸多不同的理解[2]。但就

1　翟学伟:《中国人的关系原理：时空秩序、生活欲念及其流变》，北京大学出版社，2011，第195–196页。

2　秦鹏飞:《儒家思想中的“关系”逻辑——“伦”字界说及其内在理路》,《社会学研究》2020年第1期，第80页。

当代中国非遗的保护与传承实践而言，以阎云翔、孙立平、翟学伟等社会学家为代表的观点尚有其合理性与代表性。如阎云翔认为，在现实生活中“差序格局的维系有赖于尊卑上下的等级差异的不断再生产，而这种再生产是通过伦理规范、资源配置、奖惩机制以及社会流动等社会文化制度实现的。”[1] 当前，中国的非遗保护与传承作为一种社会文化制度，无论是从传承主体构成的特殊的社会内部结构关系，还是从现行非遗保护主体建立的保护机制来看，对传承人行为的伦理规范、资源的配置以及与奖惩有关的评价体系等现实问题在很大程度上确实符合阎云翔提出的观点。

（一）社会稀缺资源的配置

中国有“讲人情”与“拉关系”的传统，因为“关系”既能决定社会身份和地位，又能带来种种利好的社会资源。但孙立平指出，如果仅从伦理与道德的角度对社会关系的性质和特点进行解释，则会忽略社会中的稀缺资源的配置制度对人际关系形成的作用。因此，对于差序格局的理解也不能单纯地只将其视为一种社会关系的格局或伦理道德的模式。尽管中国现代人的社会行动中贯穿着大量的传统伦理因素，但从社会个体的行动价值与意义的视角来看，差序格局不仅是“一套争取可欲资源的社会机制”[2]，也是一种对社会中的稀缺资源进行配置的模式和格局[3]。由此而言，新的稀缺资源的配置方式不仅是构造新型社会关系的基础，而且也会涉及对资源的社会交换与分享。对于当前中国非遗的传承主体来说，除了各类非遗相关的知识、经验、技术、信息等工具性资源外，非遗项目保护单位、代表性传承人身份、代表性

1 阎云翔:《差序格局与中国文化的等级观》,《社会学研究》2006 年第 4 期，第 212 页。

2 《儒家伦理与行动理论——与黄光国教授对话》，载林端:《儒家伦理与法律文化——社会学观点的探索》，中国政法大学出版社，2002，第 243–272 页。

3 孙立平:《“关系”、社会关系与社会结构》,《社会学研究》1996 年第 5 期，第 22 页。

项目名录条件、工艺美术大师之类的官方名誉头衔以及与专业技术职称晋升挂钩的重要展览、奖项等都构成了典型的社会稀缺资源。与上述稀缺资源发生关联的政府管理部门、学术机构、行业协会等各类新型组织框架也继而成为向普通非遗传承人进行稀缺资源再分配的机构。

在上述机构中，核心传承人往往是其重要的参与者或组织者，在成员中占有一定的地位并掌握一定的话语权。通常他们也是机构与非遗传承人之间的联接者。口述人 W 表示。

> “还有就是大师手里多少会有些金奖和博物馆作品收藏的名额。因为他们本身就是评委、裁判，所以手里都有名额的。那自己的名额肯定是优先给自己人用了，对吧？”

在各种社会利益的驱动下，普通传承人以入室弟子身份加入核心传承人的“师徒圈子”内部，从而将自己运作为关系亲近的“自己人”，并以“己”为中心进行人脉与资源的积累与交换。其最终目标仍然是在非遗的行业或社会“圈层”中获得自己所需的各种社会稀缺资源，并在过程中实现自己与核心传承人之间的互惠互利。当然这种“利”并不局限于上述社会稀缺资源，也可以是非功利化的情感归属、传承人的集体身份认同等，但更多地仍是以工具性资源的切实利益为目标导向。正如孙立平指出，传统社会以血缘、地缘为基础的社会关系开始日益失去其重要性，代之的则是基于新的资源配置的人际关系[1]。而当代非遗传承主体形成的这一新的特殊社会“圈层”也正显示出这一趋势。

（二）工具性资源的获取

以紫砂制作技艺为例，对材料与工具的认识、制作方面的手法以及“古法”制壶的工序等都是核心传承人个体所掌握和拥有的非遗相关的工具性资源，而普通传承人如果要分到这些工具性资源，特别是

1　孙立平：《“关系”、社会关系与社会结构》，《社会学研究》1996 年第 5 期，第 21–23 页。

其中较为私密且带有经验性和技巧性的隐性知识，如“独门绝技”的传授，只能通过核心传承人的口传心授及亲自示范方能习得。传承人Z和W表示，通过“拜师”进入“圈子”内部学习手艺，其初衷仅是以生存与发展为目的，但这一最低目标的实现却要仰赖于工具性资源的获得。口述人Z表示：

“拜师的目的，肯定还是为了学门手艺。特别是年轻人，又没高学历的，得有口饭吃。壶做好了，职称一点点升上去，一把壶就能卖到几万块了，那时才可能谈点艺术追求。”

口述人W表示：

“我们家里没有长辈从事这个行业，所以只能找一个师父学。”

传承人D大学雕塑专业出身，最初接触紫砂时，他认为凭借自身的美术功底可以不必“拜师”，但后来的入门学习让他发现事实并非如自己想象那般。

“我刚开始从事紫砂这个行业的时候，肯定是对这个行业很喜欢、很爱好的。看见博物馆里的东西就由衷地有一种以‘博物馆为师’的冲动！想跟古人的心灵，和古人做的东西产生共鸣。换句话说，就是你看见老东西，你感觉这个脉络你自己是可以一路跟它走下来的，是可以传承下来的。但是真要学着去制作这个紫砂壶的时候，你必须得有一个老师。这个老师要带你认识工具、泥料，包括一些在具体制作时候的手法。在形成你个人的趣味和风格之前，就是要按照传统的制作工艺、工序或者说是‘古法’去制作出一把壶来。从这一点来说，老师还是非常有必要的。因为靠自己摸索，肯定是不太行。”[1]

1　口述人D，男，80后紫砂制壶艺人，从业13年，自由艺术家，无职称，省陶瓷艺术名人弟子。访谈时间：2022年8月18日。地点：宜兴丁蜀镇。访谈人：王拓。

大学时学习书画专业的传承人 G“拜师”后对手艺的习得深有体会。他表示：

> “平时在壶的造型、制作的技巧方面，师父会针对每个弟子遇到的不同问题去仔细指点，这样才能学到真正传统的手艺。”

以谋生为目标的手工艺学习必然要通过师徒关系的营造来实现。这也是中国数千年手工艺文明的一种历史延续。正如胡适所言：“儒家的人生哲学，认定个人不能单独存在，一切行为都是人与人交互关系的行为，都是伦理的行为。”[1] 在这种传统手工艺行业习俗的伦理规约下，普通传承人群体遂形成了学手艺必须得有一个老师的集体意向性心理和观念。事实上，“拜师”不仅是非遗代表性传承人获得传承资格的硬性条件，而且还是非遗传承人获得生存与发展的安身立命之本。

（三）象征性资源的分享

中国人重视社会身份并强调“圈子”的重要性。在非遗传承主体的“圈子”内部不仅存在中心、次中心及边缘之分，且“圈层”之间还存在封闭性。处于“外圈层”的人如果想要进入“内圈层”就必然要取得身份上的认同[2]。但社会个体的身份要通过关系实践来界定，在进入相应的“圈层”后，还要通过辨识和定位“他者”在自己差序格局之中的位置和等级，以决定自己在何种程度上共享彼此的资源。正因如此，在与传统美术类非遗有关的手工艺行业中，非遗传承人如果要得到同行的承认或展现自己的身份归属，“拜师”就成为关键的门槛。其“出身”和“师门”是最基本的身份认同与标识。在非遗传承主体的社会“圈层”中，最具标志性的身份界定即展现所谓的师徒关系，如“我是某某的弟子”“某某是某大师的弟子”，或通过师徒作品联展等方式对

1　胡适：《胡适学术文集·中国哲学史》，中华书局，1991，第 84 页。

2　廉如鉴：《“差序格局”概念中三个有待澄清的疑问》，《开放时代》2010 年第 7 期，第 46–57 页。

自我与他者的形象进行构建与传播。这种以关系界定的身份也被称之为关系性身份。

就宜兴从事紫砂陶制作技艺的传承人来说，在当地通过“拜师”建立起有师徒关系的身份，就可以此表征自己在行业内的正统出身。口述人W表示：

> “拜师嘛，其实就一个‘名正言顺’。其实也不光紫砂界对吧？我们整个国家所有的艺术圈好像都有‘拜师’。比如郭德纲拜师侯耀文，他本身也是要有个‘出处’的，它是一脉脉传承下来的，看你是师承哪一派的。”

因此，“拜师”是非遗传承主体内部通过建立关系性身份进入“圈子”的底层逻辑。而“圈子”中的“师门”与“派别”通常意味着所拜的核心传承人具有较强的业界影响力。他们不仅掌握着大量的工具性和象征性资源，同时还是“圈内”特殊资源和稀缺资源的主导者。口述人W表示：

> “所以说有实力的师父就能帮徒弟宣传，帮徒弟卖他们自己制作的茶壶。像‘国大师’S就活跃得很。经常搞一些‘师徒联展’什么的，各种路子都有的。”

若普通传承人通过“拜师”与核心传承人建立起亲密的师徒关系，那就意味着自己不仅进入核心传承人传承谱系的“内圈层”，而且身份也得到了“圈内”成员的集体认同。因此，核心传承人在特殊资源或稀缺资源上的主导实力让普通传承人有更强的欲望融入以核心传承人为中心的“圈层”，同时也能满足“面子”上的需要。口述人W表示：

> “找师父的话，肯定是要找一个名气大一点儿的对吧？就是说，师父如果有名，那徒弟肯定也有‘面子’，也有一个好的‘出处’嘛！”

“好的出处”即“好的师承”，“好的师承”即有“面子”。社会学研究中，“面子”是一种象征性资源，它以荣誉、形象及他人尊重等为特征，它既是关系资源的一种扩散方式，也是"个体为了迎合某一社会圈认同的形象，经过印象整饰后表现出来的认同性心理和行为"[1]。徒弟得到名师施予的"面子"不仅意味着能分享师父在行业中的声望、地位及权势等象征性资源，同时还表征其得到"圈层"内部在道德与伦理上的正面评价和积极肯定，从而进一步提高自己与"圈外"成员相处时的心理地位。口述人 W 表示：

"那些中年以后本身技艺也不错也有高职称的，或者是已经有一些社会知名度的（人），'拜师'只要师父象征性地指点下就好，那些人大多就是冲着名头去了，挂个名头。"

无论从国家政策层面，还是从传承人个体的生存层面来说，其背后的行动逻辑既强化了个体身份在非遗传承主体"圈层"中的他者认同，又加强了自我形象在"圈层"中的正面建构，使普通传承人快速接近非遗代表性传承人群体的金字塔顶端，为后续获得代表性身份与资格预设其合法性。

（四）基于利益互惠的社会资源交换

交换行为（exchange behavior）是人与人间建立关系的起点。非遗传承人通过"拜师"建构起的师徒关系通常表现在"人情"与"面子"的关系实践中。其中，"人情"的往来约等于工具性资源的交换，而"面子"与象征性资源的交换则有更紧密的联系。尽管现实生活中两者有诸多重叠，但"人情"更多地表现为人与人之间的相处之道和"关系"的运作机制[2]。非遗传承体系中的师承模式是一种伦理关系，同样离不开"人情"与"面子"。但从社会交换的理论角度，师徒关系则属

1　翟学伟：《人情、面子与权力的再生产——情理社会中的社会交换方式》，《社会学研究》2004 年第 5 期，第 54–57 页。

2　沈毅：《人缘取向：中庸之道的人际实践——对中国人社会行为取向模式的再探讨》，《南京大学学报》(哲学・人文科学・社会科学)2005 年第 5 期，第 133 页。

于“恩义负欠关系”的原型。“其本质是突破原有的人伦义务而在关键事件中给予重要帮助所建构起来的单向负欠式的关系形态”[1]。虽然在关系的实践中亦有合乎“人情”的交换之道[2]，但两者彼此间的付出与回报却无法明确预期。表现在非遗保护与传承的现实语境中，“师父”作为“施恩者”更多传授的是与非遗有关的工具性资源，而“徒弟”作为“受恩者”，除非以核心传承人为师，否则就很难从“师父”处获取到重要的象征性资源及社会稀缺性资源。其原因在于，师徒关系是在非血缘的普通人缘关系基础上，经两者彼此间的深入交往和互动建立起来的一种交往获致关系。而“家传”的师徒关系则是围绕既有角色关系建立的深度感情关系，因此它与直系血缘关系为基础的“家传”模式正好相反。基于此，非遗传承主体中的师徒关系所涉及的社会资源交换行为普遍表现为“情义嵌入与利益互惠程度都相对较弱的‘弱连带’”特征，而这恰恰也是“差序式人伦关系维系及拓展之‘差序格局’的本质特征”[3]。如口述人 W 所说：

“其实有好多拜了师的也跟师父不怎么走动，一年最多见一两次。徒弟多了嘛，也带不过来的，那些做壶好的也不用怎么指点。要说师父帮忙嘛，这要看人，也要看师父资源多少。多了嘛，师父一般也都大方的。但话说回来，徒弟太多有资源也帮不过来。”

然而，“报”（reciprocity）是中国一切社会关系的基础[4]。若无交换行为，社会关系与人伦也就无从发生和建立。非遗传承主体中师承模

1 沈毅:《人缘取向 : 中国人儒道互补的“关系”实践——兼论“差序格局”的性质再判定》，《开放时代》2022 年第 4 期，第 97 页。

2 《人际关系中“人情”之分析》，载金耀基:《中国现代化的终极愿景》，上海人民出版社，2013，第 111 页。

3 同 1，第 92 页，第 98 页。

4 Lien-sheng Yang, The Concept of Pao as a Basis for Social Relations in China, Chinese Thought &Institutions,（Chicago: University of Chicago Press,1957）.

式的社会资源交换亦符合恩义负欠关系中“义”“利”转换的施报法则。金耀基将交换行为分为社会性交换与经济性交换[1]。社会性交换以“人情”为媒介，以保持双方关系的持久性为原则，不追求绝对的施报平衡，它具有强韧的社会凝结力，是维持人际关系的支柱。从这一角度来说，非遗传承主体中的师徒关系在“人情”方面存在着权利与义务的“礼尚往来”，并以此实现“义”与“利”的互惠与共赢。口述人W表示：

“拜的师父如果实力够的话，比如他将来继续往上评‘国大师’，就要对紫砂界、对行业要有贡献。徒弟的基数大，传承下一代的人数多，就能加分。徒弟的职称高也加分。想申报‘国大师’至少有两个徒弟是‘省大师’，没有的还要现去‘借用’。所以他多收一些优秀的徒弟，肯定对他自己也是有好处[2]的。”

也就是说，非遗传承主体的师徒模式对于“人情”的运作期待并非直接利益的最大化，而是社会稀缺资源互惠的最优化。而经济性交换则以金钱为媒介，以市场经济原则为指导，追求纯粹的价值等同性，“人情”被搁置冻结，钱财的盈亏可以被确切地算清。口述人W表示：

“以前听说‘国大师’S的收徒费好像是10万。但收的徒弟如果两年之内‘满师’[3]的话，基本上这个钱他的师父都能帮他赚出来了。”

尽管中国人的交换行为被传统情理社会深刻影响，且传统社会的伦理关系也要求师承模式要以“人情”主导的社会性交换为主，但从非遗的产业化与现代经济的市场原则角度来说，经济性交换不仅必不

1 《人际关系中“人情”之分析》，载金耀基：《中国现代化的终极愿景》，上海人民出版社，2013，第118页。

2 按照现行中国工艺美术大师与非遗传承人的评选标准，申报人不仅要有一定数量的徒弟，而且所收弟子中还要有一定比例的杰出成就者。比如至少要有数名工艺美术高级职称的获得者。

3 “满师”即“出师”，指学徒期满。

可少，而且随着经济性交换的日益增多而呈现出逐渐取代社会性交换的趋势。如口述人 Z 所述：

“实力派高手 T 带的徒弟很少，而且得是做壶做得很好的那种艺人，他才会收，也会帮他们高价卖壶。在收徒弟方面，他不怎么讲情面的。做的不好的嘛，就不收，也不会帮他们推的。”

在非遗的生产性保护与创新传承的背景下，传承主体在以差序格局为主调的“人情”伦理及道德规范的制约下，受契约经济的规则、制度及理性等因素影响，时常在“师父”与“老板”，“徒弟”与“佣匠”这种充满紧张与冲突的社会角色之间回还往复。为消解这种“人情”与角色上的紧张与冲突，核心传承人与普通传承人之间也会通过互动的博弈与均衡，运用中国文化中存在的补偿性或抗制性机制，将社会性交换代之以经济性交换，以满足自我为中心的生存与发展策略，进而实现当前非遗的安定传承与发展。

余论

基于非遗学与社会学差序格局的理论视角，结合非遗传承人口述资料的田野挖掘，对非遗传承主体如何建构人际关系网络这一问题展开研究，这是从微观层面认识和理解非遗传承主体构成的社会结构特征的关键，也是建立相应的学术理论模型的基础。研究表明，关系不仅是中国社会文化与结构的重要表征，其体现关系本位和伦理本位的差序格局特征也在非遗传承主体的特殊社会结构中得到深刻映射。拥有有限社会资源的非遗普通传承人要想获得生存与发展，就要通过“拜师”的方式积极主动地融入以核心传承人为中心的社会“圈层”，并与之建立新的人际关系网络，形成以自我为中心的、新的差序格局，并在长期的互动与博弈中分享稀缺的工具性与象征性社会资源。非遗传承人的这种集体意向性心理与观念已嬗变为当代非遗传承个体谋求生存与发展的行动策略。在客观上，它对于传统工艺类或传统美术类非遗项目的传承与发展必然有着积极的意义。但也须清醒地认识到，非遗传承人若能够理性、适度地运用关系资本，则能对当前中国非遗的保护、传承与发展起到积极的促进作用。若无限度、功利化地追求表面化的“拜师”形式，则会导致基于儒家思想价值观念的传统社会“师徒”伦理关系的严重异化。倘若以此进一步作为非遗传承主体谋求生存与发展的策略，则势必会导致非遗传承主体在竞争关系实践的过程中因关系焦虑而引发关系困境与关系“内卷”。它不仅会提升非遗传承个体的社交成本，同时也将对非遗保护与传承体制与机制的构建、发展政策的制定与遵循等问题埋下潜在的风险与隐患。当下目见的最直接的负面影响即破坏了非遗相关行业传承人之间原本公平合理、生态和谐的人际关系。与此同时，非遗传承个体的文化自觉、文化自信以及手艺的创新能力与水平也遭到不同程度的损害。以至于显现出非遗传承人个体的人际和谐取代了传承人主体的人际和谐，使传承人的在人际关系领域进行的社会实在的建构呈现出异化趋向。因此，关系资本的利弊是辩证统一的。由于中国社会具有的独特的儒家文化传统，如何正确认识并合理利用好“关系”这一结构性社会资源，是目前非遗学有待探讨的课题。对这一现象和问题的思考不仅与当下非遗保护实践息息相通，也同未来非遗学形成独立自主的研究范式及学术话语紧密相关。

第二编

非遗学子声音

非遗设计转化中的伦理问题
——从杨柳青年画谈起

徐晨蕾（天津大学冯骥才文学艺术研究院 2022级博士研究生）

摘要 自20世纪初至今，我国的非物质文化遗产保护工作不仅形成了全民自觉的保护运动，且形成了交叉研究的学术热潮。在非遗保护的后时代，我国提出“推动中华优秀传统文化创造性转化和创新性发展”为文化事业的建设指明方向。在以科技为主导的现代化社会中，由于伦理原则常常被忽略，非遗设计转化中出现伦理问题。本文从杨柳青年画转化中涉及的伦理问题展开思考，探讨规避路径。希望抛砖引玉，助力完善我国非遗在本土实践活动中的伦理规范，以更好地保护非遗、助力我国文化产业发展。

关键词 非物质文化遗产，文化创意产业，伦理原则，杨柳青年画

早在公元前4世纪的西方，古希腊先哲亚里士多德将名词“ετησs”视为形容词“ethics”，最先赋予其道德品行和行为规范的含义，随之创立以道德现象为研究对象的科学——伦理学，拉近了“伦理”与“道德”在词义上的同义关系。其实我国很早就有关于“伦”

徐晨蕾

和“理”的古籍记载,《说文解字》[1] 曰:“伦,辈也。从人仑声。理,治玉也。从玉里声。”《说文解字注》[2] 曰:“军发车百两为辈。引申之同类之次曰辈。理,治玉也。凡天下一事一物,必推其情至于无憾而后即安,是之谓天理,是之谓善治,此引申之义也。”至秦汉之际“伦理”二字组合使用,《礼记·乐记》中记“凡音者,生于人心者也。乐者,通伦理者也”,意思是音乐是通于伦理的,二者的本质在于和谐有序。大约西汉初年“伦理”作为词组开始被广泛使用,借以表述处理人伦关系[3] 的道理和规则。近代伴随文化的输出与输入,该词被作为“和制汉语”[4] 传入中国,遭到广大有识之士的抵制,最终拆分词义,衍生出“逻辑”一词。今天,《现代汉语词典》将“伦理”

1 许慎:《说文解字》,天津古籍出版社,1991。

2 许慎撰,段玉裁注:《说文解字注》,上海古籍出版社,1981。

3 孟子曾提出人和人之间最重要的五种关系,即“五伦说”:父子有亲,君臣有义,夫妇有别,长幼有序,朋友有信。

4 指日本近代在翻译英文词汇时,借用汉字“创造”和“半创造”的词汇,传回中国后因简明易记,成为现代汉语的一部分。以严复为代表的“华制新汉语”推广人,立场鲜明,坚持使用华制汉语,抵制和制汉语。

一词释义为人与人相处的各种道德准则。可以发现，“伦理”在东方的概念中的界定是以道德和逻辑为关键词，形成中国古代牢固的道德传统和人本化传统。随着社会发展变革，“伦理（道德和逻辑）”不仅是审视人与人、人与群体或社会、人与天地万物的方法，也是审视与人相关具体问题的方法。诸如社会生态可持续发展、传统文脉延续保护、资本和权利的价值取向以及如何对待资源等，伦理影响着一切有关人类的事物发展方向、速度和程度。诚如丹尼尔·贝尔（Daniel Bell）所说：“归根到底，任何社会都是一种道德秩序，它扎根于一种共同价值体系。”[1] 因此，漫长的农耕文明孕育了我国丰富的非物质文化遗产（以下简称“非遗”），是中华民族共有的集体智慧，受共同价值观的影响，更是通过其蕴含的文化价值，在教育水平不发达的时代中担任传播伦理道德的责任。作为珍贵的文化资源，非遗天然地和伦理联结在一起，任何文化行动都会有伦理的思考，也会被伦理所评判。自 20 世纪初我国展开地毯式普查抢救工作至今，不仅形成了全民自觉的保护运动，而且形成了交叉研究的学术热潮。当下，非遗也不再被大众日用不觉，而是在双创背景下，通过生产性保护和产业化道路成为文化强国建设的重要力量。但随着政策的激励和强势推动，文化创意产业虚热、无序的乱象以及非遗在保护和发展中的矛盾引起了人们的担忧，非遗设计转化中的伦理维度开始浮现。

一、非遗设计转化案例介绍

2005 年国务院办公厅发布《关于加强我国非物质文化遗产保护工作的意见》，提出“保护为主，抢救第一，合理利用，传承发展”

1 丹尼尔·贝尔：《资本主义文化矛盾》，赵一凡等译，生活·读书·新知三联书店，1989，第 21 页。

十六字指导方针，前八字重点在保护，后八字则是强调非遗融入当下的发展要求，引导着各界文艺事业工作者、传承人、设计群体积极地探索传统文化的当代表达。近年来，传承人、设计群体和文博机构根据时代发展和市场需求，针对杨柳青年画的保护发展，在“非遗”本体和文化创意、数字传播方面进行了较为突出的创新实践。

（一）以“人”为中心产生精神价值的文化事业

旧时天津地区有“不贴年画过不了年”的俗尚，但随着时间流逝，更多的人用文化的眼光打量它，发现其承载的精神价值，年画从年节消耗品的“实用的年画”转向“文化的年画”，其呈现方式也从

图 1 《端庄 · 典雅》

图 2 《金玉满堂》天津博物馆藏

“贴画于门”丰富起来。于传承人来说，传承一项非遗无疑是一生的文化事业。为了让年画能够“活”在现代人的生活中，传承人以传承精神价值为核心要旨，基于非遗本体（年画作品）展开原生态创新转化，在传续“人 + 手”造物设计的同时，实现商品化经营，让年画作为传承人的作品、画店里的商品，更作为城市特色礼品、被收藏的藏品。一方面在年画内容上创新，另一方面在年画装裱形式上设计。如“古一张”画店，根据不同场景下的精神需求，利用谐音来设计内容视觉和吉祥寓意多样的新作品。图 1 为突破传统全构图，采用局部构图的拱门形结构，适合现代家居展示的作品《端庄 · 典雅》。其创作灵感见图 2。

（二）以“物”为中心产生经济价值的文化产业

发展产业化实际是以民间美术为代表的非遗在现代化市场中“造血”的过程，它由政府主导，将非遗引流至市场参与竞争，以竞争压力激发非遗的生存活力，并借助市场拓宽生存空间。正如20世纪30年代日本民艺运动倡导者柳宗悦先生提出的那样“为了要让民艺从正确的起点出发，最妥当的方法就是把手工艺列为地方产业来发展”[1]。我国在现代化经济建设中，无意识地进行着非遗产业化道路。约20世纪50年代开始，我国就有相当可观的文化产品（指包含年画在内的工艺美术品）出口量。在1986年6月“杨柳青年画社门市部以及天津古文化街上的杨柳青年画店中，不仅有销售杨柳青年画的项目，还销售带有杨柳青年画中各类图像的美术挂盘、丝巾、风筝、扇子等”[2]。可见当时售卖杨柳青年画的画店已有传承人以“物（产品）”尝试实现经济效益增收的文化项目，不过其尚处于初级开发阶段，在市场中属于配售产品。直到1998年我国文化部成立文化产业司，并于2005年引入以创新为核心理念的文化创意产业概念，将文化创意产业作为重要支柱产业之一。文化产业开发主体也由此转变为具有设计经验的群体，“人+机器”的工业产品开始大量机械生产，此时的文化产品不再是初级开发阶段的直接复制，而是晋升至二级开发。如明信片、挂件、扑克牌、地标雕塑等这类经过改变大小、材质的文化产品。

2016年5月国务院发布《关于推动文化文物单位文化创意产品开发的若干意见》提出“把社会效益放在首位；要鼓励和引导社会力量参与；强调要加强文化创意品牌建设，促进文化创意产品开发的跨界融合”。延续至2019年，中国的潮流文化开始全面觉醒，各类品牌纷纷打出“国潮”旗号，也因此开发出各种顶流IP。如“莲年有余文创社”在政府号召下，抓住莲年有余题材中吉祥图像，围绕日常生活开发的潮玩产品（图3）。而后互联网迅速催生出文化创意产业新

1　柳宗悦：《民艺四十年》，石建中、张鲁译，广西师范大学出版社，2018，第187页。

2　天津杨柳青画社：《杨柳青年画研究（文丛第一辑）》，天津杨柳青画社，1986，第135页。

图 3　莲年有余文创社潮玩产品

图 4　“潮年画”表情包

图 5 《仕女游春》NFT 数字藏品

业态。让“手＋网”的产物实现了跨界合作、交互分享和即时传播。如西青区委宣传部打造的“潮年画”表情包（图4）、天津杨柳青画社携手中国搜索“时藏”数字版权藏品平台发布《仕女游春》NFT数字藏品（图5），实现了大众低价拥有馆藏经典的愿望，也是实现文化资源的最新转化、最大利用和最强发展的探索方式。

二、非遗设计转化中涉及的伦理问题

随着社会发展的增速，非遗保护和非遗设计转化间的伦理问题出现。2015年3月至4月联合国教科文组织（UNESCO）于西班牙巴伦西亚召开了制定“保护非物质文化遗产伦理原则”的专家会议，并在同年召开的政府间委员会第十届会议上通过十二条原则——《非物质文化遗产伦理原则》，站在保护非遗的角度，从伦理原则的高度出发，以社区、群体及个人为主体，以尊重、平等、合作、发展为主旨，秉承尊重持有人的权利，充分保护持有人及所在社区群体的利益。而在非遗设计转化中的非遗本位与民间文化的非遗本位之间因视角差异，传承群体与设计群体间出现权利纷争、创意不易、保护不力等不利于非遗保护的问题。

（一）“源”与“流”的选择问题

人类在改造客观世界的过程中也改造了自己，设计成为人类适应社会生存目的的手段。从某种程度上来说，非遗也是先民对生活方式的一种设计，经历从“人＋手”到“人＋机器”“人＋互联网”的过程传承至今。这期间传承人/群体是非遗传承和发展的核心关键，其自身在非遗的保护中发挥首要作用。于传承人来说，生成转化价值与保留本源文化的选择是非遗设计转化中伦理问题的突出矛盾点。学者吕品田提出：“如何既保持传统技艺的流变性又不至于‘流失’其核心技术和人文蕴含，避免造成其技术本体和技术形态的蜕化、变形？或者，如何于生产性保护方式中，积极而贴切地利用传统技艺的流变性，在合乎文化发展规律和手工规律的基础上进行技术创新？这是需要认真研究和深入研讨的理论与实践问题。”[1] 非遗的传承具有历史的局限性，是特定时期、不同地域群体基于共同价值观、自然环境而创造出的生活方式，反映历史中先民对现实生活的真实需求，随社会生产生活不断改善以适应当时的需要，代代传承。正如梁漱溟所说："文化是一个民族的生活样法，处于各种需要被创造出来。”所以非遗在时空维度中不是一成不变的，它随贸易、迁移、灾难、生活方式而变化，具有流变性。“非物质文化遗产的传播是一种活态流变，是继承与变异，一致与差异的辩证结合……虽有变化和发展，但仍然存在基本一致性。”这种一致性源自非遗的原真，即民间文化的精髓所在，应贯穿非遗设计转化的全过程。然而流变的非遗和非遗设计转化之间边界模糊，传承群体和设计群体身份亦如此。部分传承群体选择参与非遗设计转化实践活动，将设计群体转化后的成果作为表达内容，会让非遗设计转化本身成为对本原的挑战，于是出现传统变味的现象，原有艺术的原真性面临危机。

（二）“道”与“义”的平衡问题

“取之有道，用之有节”是中华民族的传统美德和道德资源，是社会文化精神的基本维度。但在以资本积累为目标的非遗设计转化市场中，设计群体的职业责任、社会道德发生偏移，文化价值与商业价值出现失衡。如对文化资源过度开发，对正处在保护、抢救阶段的非遗进行开发，导致其发展顺序错乱，保护不力。致使“今天，在我们

1　吕品田：《重振手工与非物质文化遗产生产性方式保护》，《中南民族大学学报》（人文社会科学版）2009 年第 4 期，第 4–5 页。

周围，存在一种由不断增长的物、服务和物质财富构成的消费情况，构成了人类自然环境的根本变化，富裕的人们……受到物的包围。”[1]反观良莠不齐的非遗设计转化实践，似乎表面上满足了人们的情感需要，缓解了快节奏社会中的压力。实际上在美感和快感泛滥的背后，充斥着失落感和虚无感。功利化的资本市场经济使人们追求物欲、陶醉于虚无缥缈的幸福谎言中，物质主义、享乐主义、消费主义、极端个人主义等错误的伦理思想被灌输，人类社会因资源缺失、分配不公、两极分化等引起的伦理问题依然无法解决。因此“没有平常道德的资本积累，不可能有特殊时刻社会伦理资源的高额投入和道德能量的丰厚产出，这是一个基本的社会文明发展规律”[2]。非遗本身的价值自产生之日起就渗透于社会各个领域，引导着社会健康发展。非遗设计转化实践其实是非遗价值（审美价值、实用价值、道德价值）的缔造者，非遗设计转化更应以人为本，建立社会责任感，为广大群体的衣、食、住、行、用、交流服务，向人们传播“真、善、美”。转化不是目的，而是手段和技术，非遗设计转化是在建构创意的当下和未来，手段和技术发展决定了现代人的价值观。设计群体应该在思考的是通过非遗设计转化引导人们走向哪种可持续发展道路？建构何种生活方式？如何解决整体生活水平提升问题，如何符合人类整体利益和共同关切，关怀这个社会发展真正所需要的，而不是盲目依从功利市场，背离原则和至善价值取向。

（三）“权”与“利”的归属问题

国家政策激励和地方政府的推动，掀起了文化创意产业热，使大批设计群体投身于非遗设计转化实践中。经验所知，设计群体在使用

1　让·波德里亚：《消费社会》，刘成富、全志钢译，南京大学出版社，2006，第1页。

2　万俊人：《思想前沿与文化后方》，东方出版社，2002，第128页。

文化资源做非遗设计转化时，不需要顾及传承人，因此，在非遗的转化过程中，非遗设计转化成果的著作权、文化资源的使用权成为传承群体和设计群体之间矛盾点。转化后，生产者与消费者之间的交易产生的利益分配问题也会引发矛盾。这就导致十二条伦理中让传承人、群体及所在社区获益，承认与尊重，互相欣赏等原则不易落实。如笔者在田野调研间传承人曾表示，自家画店字号作品在未经许可情况下，曾被他人抄袭、再创于网上售卖，真实的创作者无可奈何。事实上，画店的事例在当下非遗设计转化中十分常见，比如设计者依照某项非遗传承人的作品，参与文化产业创作并产生商品交易业务，甚至抢先注册知识产权保护或者专利。在这样的流程中，双方均付出了个人创造力、技能及才华，但设计群体通过知识产权的生成和取用的创造财富却与传承群体无关。2011 年中国社科院知识产权中心编写《非物质文化遗产保护问题研究》积累一定经验，对非遗的商业化设计衍生品的著作权问题有所规避。然而科技在不断进步，社会也在不停变革。随着高科技的迅猛发展，人们还没来得及形成审美意识时，NFT 区块链技术迅速催生“消费者主权时代”，有专家表示区块链技术解决了版权归属和利益分配问题，可以实现分享全球化的果实的同时向世界各国分享自我，各项非遗也顺势投入数字藏品拍卖热潮之中。可目前我国对于该新生事物的定义和归类还未有具体的对应政策和法律约束，存在极大的不确定法律风险。于消费者而言取得的仅仅是非商用目的下使用、复制、收藏、展示和限时赠送，无法实现利用文化资源做非遗设计转化的权利；于传承人而言，由于国内外公链 NFT 不同，公链与私链（联盟链）的区别存在市场风险，因此传承人只是拥有一个国内售卖数字作品的私链平台，并不能承诺数字藏品有真正的唯一性。

三、非遗设计转化中伦理问题的规避方向

非遗设计转化中的伦理问题不仅存在于国内层面，也存在于国际层面，这关涉到中国与世界共享价值理念的问题。2016 年 1 月 4 日文化部副部长项兆伦在全国非遗保护工作会上提出“提高保护理念；让非遗走进现代生活的理念；见人见物见生活的生态保护理念”。他强调非遗“发展中保护”的理念，要让传承保护和创新发展并置，一方面表明二者的重要性，另一方面体现出二者紧密的联系。事实上，非遗的保护传承与创新发展并不是不可协调的矛盾，重要的是在正确的保护和引导之下，形成良好的秩序和规范，化解保护、传承、转化之间选择、权益、道德的矛盾，让非遗的传承保护和创新发展相辅相成，实现“正德、利用、厚生”的文化可持续创新的“中国方案”。此过程中需明确“保护－研究－传承－研发－传播”路径，每位非遗工作者、传承者、研究者都应严格遵循非遗伦理原则。

（一）国家保护，学科研究，保障原真

没有保护就没有延续，更谈不上有章可循、有源可溯的非遗设计转化。国外文化产业的合理运作得益于国家完备的政策和规范，以及居于产业背后的学术研究团体。国家的指导决定民族的未来和各行各业的前进方向，非遗在前期保护阶段得到了科学保护，为非遗设计转化提供珍贵的文化资源。但在我国的文化创意产业还处于缓慢上升阶段，“文化搭台、经济唱戏”的市场乱序，冲击着非遗的原真性。需要政府主导，坚持选择性原则，由研究人员、学者、专家组成学科研究群体，选择适于市场转化的非遗，挖掘背后文化基因，为正导向转化做好准备。针对无序市场和引发伦理问题的现象，应向医学界学习，让负责设计转化的群体和法律专家、学科专家、公众、传承人等代表不同利益的群体在一起，成立非遗实践活动伦理委员会，来确保

非遗设计转化中的相关人员能够遵守正确的伦理原则。另外，可以设立文化经纪人角色，通过利益相关者理论，来确保伦理原则的实行并调和各项实践活动中不同群体的利益。

（二）传承创新，参与研发，互相尊重

历史上大部分非遗项目，都曾作为传统文化产业生产和销售。比如年画，常常以“前店后坊”的模式，自产自销或者代销。为了供应年节需求，通常不同流程环节的师傅，传授徒弟相应的技艺，协同分工明确，形成流水线作业。可见传承人才是文化技艺的持有者。世间万物在生命的运转轮回中处在变与不变之中，因此，无须强求原封不动，应当在不违背内在规律的前提下，允许技艺发生自然流变，使其在当代市场环境中得以生存发展。所谓专业的人做专业的事，非遗蕴藏的文化基因继承与创新是贯穿始终的设计转化的主题，也是转化中合理、有效、可持续的标准。知识产权的保护在维护社区或个人的私权上有重要作用。一方面继承文化基因的传承群体应建立字号文化品牌，保护自我权益；另一方面实行参与式非遗设计转化实践活动。让传承群体、文化社群，共同与文化产业开发企业、高校开发等开发群体协同研发合作，双方需要相互尊重、相互欣赏。并且在成果中也应当赋予非遗群体适当的位置和尊重。

（三）高校助力，培养人才，引领市场

当下我国的非遗设计转化受限于人才、能力和资本。非遗设计转化的市场则是以盈利为目的、无度开发，追求表面功夫、过度包装。高校是学科建设的重地、设计群体来源的地方。学科建设的理论体系和结构层次不够清晰，依从西方实用主义驱动利益，弱化了学科顶层战略。高校需要将教育上升高度，清晰“技”与“道”传授重点，强调原始创新。而创新，是随知识体系重建而发生的。因此，一方面要

培养学生眼界，扩展知识、组织知识、创造知识以及建立新的知识结构，教导其恪守职业道德底线，为国家未来命运而创新；另一方面要培养学生“追本溯源，传承创新”的思维逻辑，通过公众设计方法或表达技巧，在符合国际客观标准的审美标准下创作具有中国文化特色的作品。搭建与传承群体共创机制，合作建立产业链，形成“人－产品－传播”的教育模块，帮助该群体形成正确的伦理价值的同时引领市场良性发展。

结语

如“非遗”的概念被千家万户熟知，在后非遗保护时代，如何有效地保护我国的非物质文化遗产，依然是学界、政府、民众等关切并引发讨论的问题。我国伦理问题研究稍显滞后，不同层面开展的非物质文化遗产转化实践中的伦理问题会被忽视，影响我国非遗设计转化实践活动市场的健康发展。中国文化自古以伦理为本位，我们的市场经济也仍然保持着对社会主义价值信念的承诺，我们悠久而丰厚的道德文化传统和国民美德并没有也不可能在欧风美雨的冲刷下顷刻烟消云散；更何况一些最基本的美德如同情、关切和仁爱，原本就是人类世界得以存在和维系的根本道德资源[1]。在科技发展越来越迅速的当下，设计群体需要冷静下来，思考“为天地立心，为生民立命，为往圣继绝学，为万世开太平”社会责任，关注非遗设计转化中的伦理问题，这不仅能够促进非遗设计转化实践的可持续发展，也有利于科学保护非物质文化遗产，助力中国文化走向世界的视觉输出。

1 万俊人:《思想前沿与文化后方》，东方出版社，2002，第 127 页。

非遗学视野下戏曲年画研究路径探赜

田文溥（天津大学冯骥才文学艺术研究院 2023级博士研究生）

摘要　戏曲年画作为年画鼎盛期的大宗题材，以及戏曲图像中留存最丰富的民间美术式样，长久以来被学界关注。在非物质文化遗产学理论建构背景下，对戏曲年画的研究也将在民俗学、美术学、戏剧戏曲学等学科领域之外开拓新的学术视野与路径。本文通过对非遗学元理论进行剖析，探讨其在新视角下的方法论架构。

关键词　非遗学原理，戏曲年画，研究路径，传承人，活态

戏曲与年画曾深深扎根于中国乡土民众的生活日常，两者的在历史长河中交融形成了独特的视觉图像——戏曲年画，作为传统年画中占比数量最多的题材之一，戏曲年画是旧时民众审美和教育的重要工具。它由年画艺人及年画作坊绘制，具有鲜明地域民俗特质并呈现戏曲主题的视觉图像。其内容多以戏曲的人物形象、演出场面为描绘对象，围绕戏曲表演相关的舞台砌末、脚色扮相、身段做功展开刻画，有的画出了真山真水、活马实车，也有描绘真实的戏曲后台场景等。为大众提供了回味舞台魅力、追溯戏曲故事的新途径。正因它兼具“戏”与“画”的复合艺术特质，年画中没有哪一类题材像戏曲年画

田文溥

那样被多视角去剖析，被作为民间美术形式、戏曲文物材料、民俗事项图样被美术学、戏剧戏曲学、民俗学等多视角关切并研究。

在非遗学理论建构的时代背景下，2023 年 3 月冯骥才先生在《光明日报》发表纲领性文章《非遗学原理》。文章从学术的理论思维和思辨精神角度出发，阐述了非遗学作为独立学科的起源、立场、使命、特征、核心工作以及关注点等重要内容。立足非遗学视野，对戏曲年画展开多层次立体化的丰实性研究，是非遗学科的任务之一，对戏曲年画研究来说，也是“全新的工作，全新的立场，全新的视角，全新的有待探索与构建的学术”[1]。

一、戏曲年画研究的当下与非遗学新视角

前辈学者对戏曲年画的搜集整理是多层次的戏曲年画研究得以

1　冯骥才:《非遗学原理》，载《光明日报》2023 年 3 月 19 日，2023 年 3 月 26 日，第 12 版，分两期刊载。

展开和深入的前提。如王树村1990年和2007年编写的《戏出年画》《中国戏出年画》；张道一1999年编写的《老戏曲年画》；2002年，冯骥才倡导的“中国民间文化遗产抢救工程”启动，继而《中国木版年画集成》22卷问世，通过地毯式田野调查，收录众多戏曲年画资料；此外，还有刘正、杨小华在2005年编写的《戏曲年画与脸谱》、沈泓在2016年编著的《中国年画经典系列·中国戏出年画经典》等等。在此基础上，目前戏曲年画研究主要立足美术学、民俗学、戏剧戏曲学等视角展开。

首先，美术学视角下的戏曲年画研究以20世纪30年代以来民族民间艺术进入美术学视野为背景。彼时，中国美术研究也逐渐打破了以精英艺术作为美术研究范式的藩篱，扩展了美术研究的多元视角。1936年，丰子恺撰写《深入民间的艺术》一文中提到最深入民间的两种艺术形式“一是新年里到处市镇上贩卖着的‘花纸儿’，一是春间到处乡村开演着的‘戏文’”[1]。1956年，王逊编撰的《中国美术史讲义》将民间美术纳入研究范畴，对年画进行论述的同时，肯定了历史中无名工匠的创作与贡献。在人民美术观下的年画研究背景下，戏曲年画的视觉表现、形式美感和图像内涵进入研究视角。如王叔村1958年的《年画形式的海报》、戴刚毅1984年的《戏曲与凤翔木板（版）年画》、何青成1996年的《绵竹年画与戏曲》等文章主要聚焦于作品本身所包含的色彩、线条和构图等具体因素。近年来，也有立足地区视角的学者，如张文菊针对山西晋南地区戏曲年画撰写了《晋南木版年画戏曲题材的图像内涵》《晋南戏曲年画图像叙事表达探微》等文章；张靖撰写了《清代及民国山西戏曲年画的艺术语言》《浅析晋南戏曲年画的艺术特色》等；何潇娴针对漳州戏曲年画撰写的《论连环画形式的漳州戏曲年画》《民间意识与文人趣味的博弈——从建

1　丰子恺:《深入民间的艺术》,《新中华》1936年第7期，第11页。

安版画到漳州戏曲年画》《漳州木版年画中的戏曲图像》等。这些学者在探讨戏曲年画的艺术特征的同时也有涉及其在文化空间中的位置，以及与其他物品之间的内在关系等方面。

其次，民俗学视野下，戏曲年画承载了记录传统风俗的重要功能，被视为构成旧时民众日常生活的民俗艺术形式，“民俗学的使命是记录民众生活和建构民间文化，再往深处是探寻和呈现一个民族的民族性”[1]。以此针对戏曲年画研究的背后是民俗学角度切入戏曲研究。“戏曲自古以来就跟大众的娱乐、节庆、信仰、祭祀等民俗活动有多维度的内在关联，甚至其本身即是民俗活动的组成部分，或者说它本身就是一种民俗活动。”[2]通过探讨其背后的民俗内涵和文化价值，以揭示坊间市井曾流传的民俗文化，这也是民俗与艺术的交叉研究。作为民俗艺术，戏曲年画是戏曲艺术与民俗生活的艺术表达，在此视角下，李祥林 2011 年撰写的《民俗学与中国戏曲研究》道出了借助民俗学眼光、运用民俗学知识及方法去考察和研究戏曲文化；同年《纸上唱出“千台戏”——从民间年画看传统戏曲》一文中，从戏曲年画的视角探讨了四川绵竹、河北武强、天津杨柳青等地的戏曲文化，指出镜头般定格的戏曲表演瞬间是不可多得的戏曲写照；2013 年《“最有学问的年画”——民俗学视野中的戏曲年画》与 2014 年《画中有戏 百看不腻——从民俗艺术角度看年画中的戏曲呈现》展现了戏曲年画背后反映出的黄河流域的梆子戏、京津地区的京剧以及巴蜀地区的川剧。此外，还有学者通过分析画面的地域风格、故事发展、角色特质蕴含的民间文化信息以揭示民众生活习惯、精神追求与价值准则。

最后，戏剧戏曲学视野下的戏曲年画研究以戏曲为本位。戏曲在古代社会长期被文人视作“小道末技”，这种认知造成戏曲史研究往

1　冯骥才：《非遗学原理》，载《光明日报》2023 年 3 月 19 日，2023 年 3 月 26 日，第 12 版，分两期刊载。

2　李祥林：《民俗学与中国戏曲研究》，《东南大学学报》（哲学社会科学版）2011 年第 13 期。

往受限于史料的缺乏。在“图像证史”的理念下，戏曲年画被视作历史遗存的戏曲文物，深入探究其在戏曲史研究中的史料价值，补证、丰富、完善戏曲文化史[1]。“通过发掘和利用戏曲年画资料，以戏曲的视角去挖掘、解读文物，从文物的角度去探究戏曲的形态、演出、接受等历时与共时的存在情形，进而丰富戏曲史的立体建构，完善戏曲史的书写，以弥补过去戏曲史研究的不足。”[2] 如 2016 年朱浩《戏出年画不会早于清中叶——论〈中国戏曲志〉“陕西卷”“甘肃卷”中时代有误之年画》一文通过对《中国戏曲志》“陕西卷”载明正德九年《回荆州》年画以及“甘肃卷”载清顺治二年《董府献杯》等六幅年画的辨伪，得出了“戏出年画的绘制时代不会早于清中叶”的结论；2012 年洪畅《从杨柳青戏曲年画看清代京津演剧》一文通过杨柳青戏曲年画还原了清代京津地区盛行的京剧的服饰扮相、举止身段以及演出的茶楼戏院风貌；2019 年张靖博士论文《清代晋南戏曲年画研究》通过晋南地区戏曲年画的系统分析，考察了历史上佚失的部分戏曲剧目，论证了戏曲年画与当地演出的关系；2022 年车文明《近十年戏曲文物研究的成就、不足与展望》一文中提到了对戏曲年画继续进行搜罗整理以阐释相关历史现象的重要性。通过对戏曲年画的解读，重新审视戏曲历史事件、剧种流变等以补充戏曲本体的研究成为该研究视野的主要任务。

此外，还有以文学视角、传播学角度解读戏曲年画，通过解读戏曲图像“文”与“图”的关系，构建戏曲年画对文学的活化结构脉络；或将其视为戏曲文化传播媒介，探讨受众对戏曲文化的接受机制等。

1　1986 年刘念兹在《戏曲文物丛考》中提出“戏曲文物学”概念，是 20 世纪中国戏剧戏曲学的突破，该研究借助大量的戏曲文物的发现将目光转向戏曲史上悬而未决的问题。“戏曲文物学，是戏曲艺术学与考古学相结合的产物，是运用考古手段研究戏曲历史现象的一门新兴的边缘学科。”见刘念兹：《戏曲文物丛考》，中国戏剧出版社，1986。

2　车文明：《近十年戏曲文物研究的成就、不足与展望》，《文学遗产》2022 年第 5 期。

从非遗学视野出发，研究对象不单是戏曲年画图像本身特征抑或是通过图像来印证或完善历史发展脉络。美术学研究偏向挖掘图像中附加的艺术审美特征；民俗学研究注重民俗事象的过去。“民俗学把民间文化作为一种历史的积淀；在民俗学者眼中，民间文化是相对静止的、稳定的、很少变化的。”[1] 在戏剧戏曲学视野下，戏曲年画作为“以图证史”的重要文物同古戏台、寺庙墓葬戏曲壁画、戏曲砖雕、碑刻、舞台题记等纳入同一研究范畴。这些既有理论视角研究取得了不俗进展，得出了关于其艺术特征、民俗发展、历史流变等诸多规律性总结。但非遗学视角致力解决科学保护的问题，重视非物质文化遗产活态传承这一基本特征。冯骥才先生认为：“如果说非物质文化遗产保护前一个阶段是抢救性保护的阶段，现在则进入了科学保护的新阶段。”[2] 非遗学的使命便是呵护好和传承好作为活态文化的非物质文化遗产。非遗学视野下的戏曲年画研究，正是作为一门“田野科学”，在田野中认知，在田野中发现，在田野中探索，在田野中生效，从始至终都在田野。张宗建的博士论文《鲁西南地方戏曲影响下的戏曲民俗版画研究》是鲜有在非遗保护视野下考察戏曲年画的特殊性的，这种特殊性体现在戏曲年画结合当代生活的不适应性，以及在时代转换下受众群体的消失[3]。因此，基于遗产的立场，立足田野工作，进而将视角转向尚在当下的戏曲年画的鲜活存在，通过分析其作为非物质文化遗产的历史活态传承的工艺手段及田野调查中得到的历史信息，得到科学性总结并加以保护与延续。所以非遗学注重戏曲年画活生生的现在，不仅关注其作为自清中期以来戏曲艺术繁盛的历史见证，更重视其伴随历史传承至今依然存在于当代视野下的鲜活文化生命。

---

1 冯骥才:《非遗学原理》，载《光明日报》2023 年 3 月 19 日，2023 年 3 月 26 日，第 12 版，分两期刊载。

2 冯骥才:《把非物质文化遗产保护好传承好》,《人民日报》2022 年 2 月 7 日，第 7 版。

3 张宗建:《鲁西南地方戏曲影响下的戏曲民俗版画研究》，天津大学，博士论文，2020。

二、非遗学视野下戏曲年画研究视角

非遗学的视角决定了戏曲年画研究需要与其他学科交叉、重叠，并将其整合起来，以构建自身的研究路径。戏曲年画生产和使用曾紧密联系当地民众共同的日常生活实践和审美，年画艺人以非凡的创造力和高超的技艺创作出与民众心理和审美态度契合的作品，得到民众的审美认同，各个年画产地形成了独特的审美体系和图像个性。进入当代社会，戏曲年画在当代文化生态下与现代民众审美的契合过程反映出其作为题材年画的特殊性。借助非遗学的视角，重点关注戏曲年画的活态程度、地域化的审美个性、传承人与承载的技艺。

（一）活态研究视角

非遗学视野下的戏曲年画是活态的。戏曲年画曾活态地流转于社会的原因不仅与晚清剧坛兴盛相关，更与欣赏者的趣味相连。从戏曲年画存在的文化生态来看，戏曲在旧时社会中是民众生活为数不多的精神娱乐活动，才会出现“山乡庙会流水板整日不息，村镇戏场梆子腔至晚犹敲”的火热景象。正如戏曲年画与戏曲文化难以割舍，戏曲年画以戏曲文化为基础，戏曲文化又将戏曲年画作为静态的传播与表现形式，两者相辅相成、互为表里。从戏曲年画本体来看，伴随传统的生活方式转向现代化方向发展，旧时社会所依赖的社会结构发生变革，瓦尔特・本雅明将此归纳为艺术品“光韵”的消失[1]。地方民众在日常信息获取和接受方面表现出了流动性和快捷性的特点。这种转型

1　瓦尔特・本雅明认为：艺术品是即时即地性构成其原真性……而艺术作品的机械复制时代凋谢的东西就是作品的“光韵”……而“光韵”的衰竭来自两种情形，它们都与大众运动日益增长的展开和紧张强度有最密切的关联，即现代大众具有要使物更易“接近”的强烈愿望，就像他们具有通过对每件实物的复制以克服其独一无二的强烈倾向一样。见瓦尔特・本雅明：《摄影小史 机械复制时代的艺术作品》，王才勇译，江苏人民出版社，2006，第 51–57 页。

也导致木版年画的生存现状一度风雨飘摇。中国民间文艺家协会于2003年发起的“中国木版年画抢救工程”使历史上一度被轻视的民间画工得到重视，民间文化产业逐步复苏的同时，戏曲年画的特殊性逐渐显现。年画中的门神画与神码等题材由于其在历史上缓慢的形式更迭使其制作便于掌握，并且符合民间信仰而备受关注，而戏出年画是“最有学问”的年画，自产生之时就面临着当时的“转型”，艺人只能通过不断改进新式图样，以期符合各地民众审美需求。故而其最需要创作者的娴熟技艺与文化涵养，需要创作者爱戏、懂戏的同时对其舞台瞬时表演的手头归纳能力亦是考验。其中包含着技艺、工具、节日、生产等作为同一重要基础的民俗性保护，“特别是民间工艺美术的保护和发展，是同民俗的整体保护和延续有着直接的密切的关系”[1]。而戏曲年画的这一特殊性还未得到重视，在非遗语境下它只被纳入年画范畴的一部分被“打包”保护。学者张宗建认为随着戏曲题材在当代的式微，其丰富的画面则将更加让位于其他题材，再加上创作者戏曲涵养的缺乏，其本身对戏曲年画的兴趣不足，那就更不必提对其的改造和创新。因此，非遗学视野下对戏曲年画活态变化的关注也是一种文化思辨的过程，这在研究路径中是至关重要的。

（二）地域化的审美研究视角

民间审美最重要的特点是地域化，也就是审美语言的方言化，这使民间审美具有很浓厚的文化含量[2]。地域自上而下的演戏和观戏风气成为一时风尚，构成了当地乡民对外部世界的认知和想象，同时该地域的戏曲演剧艺术水平之高产生了广泛的艺术影响力，各地的地方戏

1　刘承华：《守承文化之脉：非物质文化遗产保护特殊性研究》，南京大学出版社，2015，第168页。

2　冯骥才：《灵魂不能下跪：冯骥才文化遗产思想学术论集》，宁夏人民出版社，2007，第350页。

作为地域性社会文化传统形成了戏曲年画的地域特色。戏曲年画作为一种基础层次以与生活最为贴近、直接联系的艺术形式，典型地展现了艺术与生活的关系。比如天津杨柳青地区戏出画样最早受到京城梨园文化的浸润，表现多京戏题材，画面亦受到宫廷画风影响，多纤丽细致；苏州桃花坞地区多昆曲，有《金枪传杨家将前后本》《三笑姻缘》等；河北武强地区流传“每天唱上千台戏，找不到戏台在哪边”的民谣，多取材于老调梆子、河北梆子等；陕西凤翔一带的民众对秦腔有着偏爱，有着《对松关》《药王卷》等作品，四川绵竹地区受巴蜀的川剧影响，涌现了当地流行的《五子告母》《白狗争风》《二鬼上路》《肖方杀船》等同名川剧作品，山西晋南地区地处内陆，保留了当地流行的晋南梆子戏的戏曲年画，表现的故事大多为当地的历史故事传说，如《八珍汤》《三进士》故事原型的籍贯就在平阳（今临汾），《西厢记》故事出自蒲州（今永济），而《汾河湾》的剧情也发生在河津。其中有的剧目还在上演，有的今已难寻。从体裁形式来看，在自然与文化生态环境下，戏曲年画样式与品类由于地域的不同也呈现出不同的形态。临汾绛州一带碗柜、门窗、神龛上还有印着戏曲题材的“拂尘纸”，兼具装饰美化与生活实用等特点，通常以四幅连环画组成，这跟元杂剧“四折一楔子”的剧本结构不无暗合[1]；此外还有绵竹的“拓片”、凤翔的“窗画”、桃花坞的“斗旗”等等。从地域化的审美视角来审视戏曲年画，有助于深入探讨其自身的性质和特征，同时也有助于进一步理解和认识非遗视野下的戏曲年画审美的普遍规律和本质属性。

（三）以传承人为本位的研究视角

在非遗学视野下，除了关注“代表性传承人”外，还应广泛地观

1 李祥林：《画中有戏百看不腻——从民俗艺术角度看年画中的戏曲呈现》，《民族艺术研究》2014 年第 3 期。

照所有的自然传人，因为大量历史信息和技艺细节不只保留在极少数的“代表性传承人”那里，也散布在民间自然传人的群体中。而这也包括两部分：“一是传承人头脑中的记忆，二是传承人手上或身上的技艺。”这不仅是单纯的视觉与技艺工序的记录，而是立足遗产的视角去看技艺中具有记忆性的那部分感性与悟性以及蕴含的文明，在戏曲年画漫长的传衍过程中，这些的技艺与文化内涵自然地融进传统的手工中，通过从关注物品的本身转向关注造物的手段，这背后是一种口头和非物质的文化遗产。比如在创作中常用的“口诀”是指导创作的“理论”，中国民间画诀历史久远，《历代名画记》便记录了吴道子作画的论述：“弯弧挺刃，植柱构梁，不假界笔直尺。虬须云鬓，数尺飞动，毛根肉出，力健有余，当有口诀。”[1] 戏曲年画创作中的口诀一方面以精练而易于记诵传承的口语句式描述了戏曲年画在当地民众生活中的作用、地位、历史，一方面深刻地总结了风俗史和技艺史。关于戏曲中的人物造型特征，最早见于恒庵居士的《八形说》[2]，记录了戏曲表演中的老、少、文、武、贫、富、癫、醉的人物扮相与表演特点。在《中国木版年画集成》中收录着众多地区的戏曲年画的创作口诀，包括各地域生、旦、净、丑的造型特征技巧与画面布局、身段动作的注意事项。因此，以传承人为本位的研究视角，有助于还原传统技艺的基本面貌，也可以凸显区别于其他地域的文化特点。从戏曲年画传承规律来看，“戏曲民俗版画的制作虽然是以师徒与家族传承为主的，其制作技艺也是承载于个人之上的，但因其在各地分布的广阔性及参与群体的专业性，他们的传承依然是在专业的民间艺人团体中进行的。根据这种分类，戏曲年画的传承规律即可归为团体传承

1 张彦远：《历代名画记》，朱和平注译，中州古籍出版社，2016。

2 《八形说》是将以往名角演出和传统表演程式加以概括，提炼出来的精华，它不仅是戏曲表演艺术方面的“口诀”，也是民间画工创作戏出画的艺术诀窍。参见中国国家图书馆·中国国家数字图书馆·国家典籍博物馆：https://www.nlc.cn/web/index.shtml。

型，即其基本技艺是依靠某个团体的力量共同传承的”。戏曲年画作为年画品类中边缘的一种在年画传承人的选择中身处边缘化、陌生化的位置，并且其相对于其他题材的年画也不具有较高的经济价值而形成广阔的市场，多样的娱乐媒体造成的民众审美习惯的高频更迭也使作为纯粹娱乐与装饰性质的戏曲年画正在逐渐转向成为静态的戏曲文物。因此，在基于传承人为本位的研究路径下，寻找契合传承团体发展的保护政策，保证戏曲年画活态存在的多样化与充实性，根据不同地域的文化特征实施对应的戏曲年画保护措施，以警惕戏曲年画在非遗保护语境下年画传承中的“失语”。

三、保护主体下戏曲年画的传播展望

苑利教授认为，传统工艺美术类遗产的最大价值就是它的历史认识价值。保护好这笔遗产对于我们认识自己的历史，对于新文化、新艺术、新科学、新技术的创造都非常重要[1]。在传承人这一传承主体之外，政府部门、文化产业、新闻媒体作为非物质文化遗产保护实践中涌现出来的保护主体，可以为非遗的宣传、推动、弘扬发挥自己的力量，为新文化、新艺术的创造提供更多的参考与食粮[2]。戏曲年画的活态生存空间是民俗生活方式与戏曲文化空间的交叠。步入当代社会，处在全新的文化空间中，其在日常生活的保护与活态路径构建如何进行，将是作为保护主体的政府部门、文化产业及新闻媒体需要共同应对的。

1　苑利:《工艺美术类遗产“原汁原味”三议》,《民间文化论坛》2011 年第 5 期。

2　苑利教授在《非物质文化遗产保护主体研究》一文中立足整体性视角，梳理了非遗保护下的传承主体与保护主体的职能，深入分析了保护主体，诸如政府、学界、商界、媒体的工作构成、职能与关系。见苑利:《非物质文化遗产保护主体研究》,《重庆文理学院学报》(社会科学版) 2009 年第 2 期。

（一）当下戏曲年画依附的传承与传播渠道

近年来非遗传承保护工作稳步开展，在传统的家族传承以及带徒授艺之外，拓宽传承渠道，定向培养学徒，并在校园、社区进行宣传，一定程度上缓解了传承困境，并起到传播文化的作用。在这些新渠道中，各级政府以及文化机构举办的培训活动仍然是最主要的传承与教育活动，目的是有计划地培养传统技艺人才，提倡社会传承。大体可分为三类。一类是以年画产地为中心依托高校的技能传习班。如四川大学 2018 年举办的“年画传承创新研修班”、山东工艺美术学院 2021 年举办的“传统年画传承人研修班”、天津美术学院 2023 年 11 月举办的第十三期培训班（木版年画研修）等。这些研修班依靠艺术院校专业所长，引入现代设计理念，建立与传统工艺间的关系，旨在提升传承人艺术思维，聚集多地木版年画传承人，为交流互鉴、各取所长提供平台。第二类是一些非遗进校园的活动，通过普及性质的通识教育，将戏曲年画作为活的文化传统在青少年中加以普及。如开封木版年画传承人任涛将传统戏剧知识引入郑州五十一中的校本课程，在他所设置的“黄河年画少年游”课程中，“戏出中原——年画中的戏剧”就是以戏曲年画为主题的美术课程，他认为戏曲人物都是经过历史检验的英雄，创作中也起到了教育的作用，对孩子们也能起到传统文化熏染的作用[1]。英雄人物的道德品质和崇高的精神境界，在戏曲文化中得到了深度的探究和表现。将戏曲题材引入年画课程，让学生了解传统戏曲文化，作为一种文化载体，通过展示戏曲年画不同的故事情节和人物形象，让学生们了解到古代社会的道德观与文化传统。提高传统文化修养的同时塑造他们的人格和价值观。第三类是非遗进社区的宣传活动，旨在丰富群众生活，培养兴趣爱好，对木版年画起

---

1 《年画 + 动漫、年画 + 戏剧…… 他带学生们把年画传承下去》，《河南商报》，链接：https://mp.weixin.qq.com/s/YAWkE1ETVmObVqmYS5heKA，2021 年 10 月 22 日发表。

到推广作用。如 2019 年 2 月 20 日，天津杨柳青画社和天津戏剧博物馆所共同举办的第三届“连年有余”专题文化活动——赏戏曲年画，品经典剧目。民众在一起欣赏戏曲年画，聊戏曲艺术，品鉴其中的文化内涵，体味文化的传承意义。在天津戏剧博物馆，天津市文史馆馆员甄光俊先生也为大家开展了戏曲美育知识讲座。让观众更全面地了解戏曲文化，启发他们对传统文化的思考和发现。同时也选出《贵妃醉酒》《秦琼卖马》《穆桂英大破天门阵》三幅戏出年画进行赏析。此后，来自五所小学的师生对其中选段进行现场演绎，这种戏曲年画的专题文化活动在探寻戏曲艺术和年画故事的同时，也注重美育教育和文化传承的普及。

（二）戏曲文化空间的实现需要整体性保护

针对戏曲年画的保护，不仅仅是其自身及制作工艺的保护，更应该注意保护构建其存活所依赖的文化环境，因此不能将戏曲年画从它的文化环境中抽离出来，而是要关注其存在的方式。戏曲年画的出现与戏曲文化空间的构建紧密相连。旧时社会的公共娱乐活动屈指可数，看戏是为数不多的交流性的聚众活动。明恩溥在著作《中国乡村生活》就提到“生活在中国的人都知道，中国人非常喜欢戏剧表演”[1]。我国历史上曾存在 394 个剧种，到 1959 年还有 368 个。2004 年时只有 267 种还有演出。2006 年之后，伴随我国建立了非遗保护机制，许多失传和濒临失传的剧种得以恢复。根据 2015 年 8 月文化部组织的调查显示，目前全国存活的剧种已经恢复到 348 种[2]。这些戏曲剧种曾在各自文化空间中密切联系民众生活，建构起旧时的文化活动。如山西晋南地区戏曲年画与该地区历史上繁盛的戏曲演出紧密相

1 明恩溥:《中国乡村生活》，午晴、唐军译，时事出版社，1998，第 53 页。

2 赵新宁、刘知宜:《传统戏曲保护要“旧中有新，新中有根”》,《农民日报》2023 年 6 月 1 日，第 8 版。

关，近年来晋南地区就发现了大量宋金元戏曲文物，其中包括墓葬用品、绘画雕塑、戏台建筑和舞台题记等。清代康乾时期该地区的蒲剧发展鼎盛，清代文学家朱维鱼在《汾河旅话》中说："村社演戏剧，曰梆子腔。"繁盛的梆子戏演出，使得代表地域文化主流的地方戏文化深入百姓的日常生活之中，成为戏曲年画的主要表现对象。不少戏台的舞台题壁记载了昔日表演的大概情况，在当时，蒲剧几乎与昆曲分庭抗礼，深受群众欢迎。留下演出痕迹的戏班就有超过二十家，周边区域的戏曲文化也逐渐繁盛起来，这些地区一起构成了"平阳戏剧圈"[1]。现如今，"有的年画现在还在印制，画上的剧目甚至剧种却已然消泯了"[2]。因此，针对戏曲年画的区域保护策略不仅是针对戏曲年画本体进行的保护，同时也是对地域戏曲文化的关注。大量民间剧种及失传剧目留存在戏曲年画中。因此，戏曲年画也可以在稀有剧种抢救中同其他的戏曲文物进行史料的互证，为恢复戏曲文化生态提供图像资料。而一个文化生态的良性循环也需要区域内的文化传播同民众自身的主动接受呈现动态的平衡。戏曲年画的整体保护旨在推动其融入民众生活，注重其真实性、整体性和传承性。通过在各自产地制定戏曲年画传承规律的保护性措施，使其在生活中存续与发展。

（三）文化产业的与主流媒体的介入空间

2021 年 11 月 24 日，习近平总书记主持召开中央全面深化改革委员会第二十二次会议，审议通过了《关于让文物活起来、扩大中华文化国际影响力的实施意见》，明确提出"要加强文物保护利用和文化遗产保护传承，提高文物研究阐释和展示传播水平，让文物真正活起来"。戏曲年画除了作为车文明教授所认为的"戏曲文物"的一部

1　张竹锦:《"平阳戏剧圈"戏剧文物的价值和意义》,《吕梁学院学报》2012 年第 3 期，第 17–19 页。

2　冯骥才:《东方大地上的人文奇花——中国木版年画新论》,《中国艺术报》2013 年 1 月 30 日。

分，用以建构戏曲史之外[1]，如何在时代的新进步下，激活戏曲年画在当代新的生命力，符合当代审美保持其活态的存在，并且做到历史与现实的有机互动，也是文化产业与主流媒体需要考量的。

在文化产业开发过程中要明确这种开发只是借助非遗资源创作符合当下审美的文化产品，并不是非物质文化遗产本身，目的是在商业收益的同时使民众认识到曾经的传统，这种文化产品也极有可能将观众引入非遗之中，重新引发对非遗的关注。同时在主流媒体的宣传之下，调动整个社会的积极性。苑利教授认为年画基本上属于“可进入市场”的非物质文化遗产。这部分遗产本身就是市场经济的一部分，进入市场不但不会给这类遗产的传承带来负面影响，还会使其获得更大发展[2]。如今，新兴的“假日经济”密切联系都市文化生活，如果适当挖掘，或许也能找到戏曲年画潜在的更大消费市场。尤其是戏曲年画其可以依附的节俗文化及消费范畴较之其他题材的年画更为宽阔，包括“戏曲文化”与“年画文化”两方面。与此相关的有“中国戏曲文化周”与各地举办的“木版年画节”等等。每年秋天在北京园博园举办的中国戏曲文化周，戏曲演出、装置艺术、主题展览、学术论坛、商业市集等层出不穷，拓展了戏曲文化传播的空间与形式。在戏曲文化氛围浓厚的场域中，戏曲年画也可以有自己适合的文化空间，以可观看、可触摸的有形文化载体把戏曲文化的深层底蕴传达给被戏曲文化所吸引的受众群，这也是适合戏曲年画嵌入的文化普及模式。

同时，文化类综艺近年势头亦盛，主流媒体运用民众喜闻乐见的综艺形式，以娱乐性做突破口，在寓教于乐中体味戏曲艺术。如中央电视台《国家宝藏》基于清宫如意馆绘制的《戏出图册》的四幅作品

1　车文明、姚小鸥、王志峰：《戏曲文物与中国戏曲史的建构》，《光明日报》2017 年 11 月 13 日，第 13 版。

2　苑利、顾军：《非物质文化遗产的产业化开发与商业化经营》，《河南社会科学》2009 年第 4 期。

《空城计》《白蛇传》《锁五龙》《四郎探母》，利用舞台的惊艳视觉效果重新演绎画面中的戏曲场景，排演了京剧唱段演出《戏出贺升平》，让戏曲文物本身“活起来”，每一出戏的开场都与戏出画册对应，有种历史在舞台上破卷而出之感，引发收视热潮。这也是戏曲文物在新时代与科技、创新的对话。此外《最美中国戏》《拿手好戏》《中国戏曲大会》等节目对于戏曲的传播和发展起到了很大作用。如《中国戏曲大会》中，穿插着对于戏曲绘画作品的解读，如对沈蓉圃《同光十三绝》、徐悲鸿所绘的梅兰芳《天女散花》以及李滨声所画的戏曲人物水墨画进行鉴赏等。戏曲年画完全可以嵌入主流媒体所塑造的文化空间中，将戏曲内涵发扬出来，这也需要文化产业与主流媒体的文化自觉与敏感。

结语

戏曲年画兼具实用与审美、传递规训与教化、寄托理想与愿望，这种普适的文化心理与内涵意蕴通过地域独特性与创作者不同的个性具有了创作风格与艺术语言的区别，地域性的画面内容包含着伦理教化与精神传承，具有超越文字的道德宣教功能，得到了广泛的认同与接纳。非遗学作为21世纪新兴的一门学科，它对民间文化研究的意义不言自明。正如《非遗学原理》最后抛出的问题：“在当代社会转型和各种冲击下，怎样做才能完美地传承？”非遗学视野下的戏曲年画研究在厘清非遗学自身视角的同时，与其他学科积极互动，打开多元视角，在整理这份活态的遗产的同时关注传承人传承路径与规律，为其传承与保护提供思路，这也是非遗学自身的研究视角与责任所在。

系统性保护理念下民间信俗类非遗的保护逻辑探究

——基于西塘护国随粮王信俗的田野调研

马怡霄（天津大学冯骥才文学艺术研究院非遗学2022级硕士研究生）

摘要 系统性保护作为我国非物质文化遗产实施科学保护的逻辑原点，是非物质文化遗产学与系统科学相结合的创新型保护理念。我国民间信俗类非遗种类庞杂、内容丰富，而在当下社会转型的背景中，其内部系统、非遗保护实践系统及外部环境系统皆经历持续的变迁过程。以系统思维为基础，通过对于民间信俗进行要素、结构与功能剖析，便能够在社会发展过程中，厘清三者从无序到有序、由单一向多元的发展趋势。继而以此为基础，构建当代内部系统要素协调、实践系统结构清晰、社会系统多元互促的保护逻辑，对于提升民间信俗类非遗保护的科学意识、完善保护体系、提高保护水平具有重要的现实意义。

关键词 系统性保护，民间信俗，非物质文化遗产，护国随粮王信俗

在我国历史悠久的文化发展过程中，民众自古崇尚万物有灵，习于祈福禳灾、趋利避害，故而各类民间信俗种类繁多。作为民间信仰及其相应习俗的统称，民间信俗既凸显着浓郁的地方文化特色，又随着人类社会的发展而呈现出多样化的趋势，是一种活态的、具有一定

马怡霄

影响力的文化。其中，民间信仰是“长期的历史发展过程中，在民众中自发产生和传承的一套神灵崇拜观念、行为习惯和相应的仪式制度”[1]，其概念多与西方国家所称制度性宗教（Institutional Religion）相对应，并以“民间”二字突出其弥散性特征。而“信俗”的概念则是伴随中国非物质文化遗产保护的话语体系而诞生的，在其定义中，指代“人们在长期生产生活过程中形成的一种约定俗成的传统理念，在这种理念的支配下，民众会对某种民俗现象产生心理和行为认同”[2]。生发于广阔社会土壤的民间信俗及其所涵盖的文化表现形式，与当地群众的生产、生活心理及行为息息相关，其不仅囊括着我国历代民众的生存智慧、生活方式与多样的风俗习惯，更是中华优秀传统文化的典型代表。2018 年 8 月，习近平总书记在全国宣传思想工作会议上指出：“中华优秀传统文化是中华民族的文化根脉，其蕴含的思想观念、人文精神、道德规范，不仅是我们中国人思想和精神的内核，对

1　钟敬文：《民俗学概论》，上海文艺出版社，2009，第 145 页。

2　中国非物质文化遗产网 · 中国非物质文化遗产数字博物馆：《民间信俗（西王母信俗）》，http://www.ihchina.cn/art/detail/id/15152.html，2018 年 12 月 14 日发表。

解决人类问题也有重要价值。”[1] 作为中华优秀传统文化的重要组成部分，非物质文化遗产（以下简称“非遗”）代表着我国各民族长期以来形成的审美观念、价值取向等深层次元素，凝聚着中华民族精神血脉。2008 年 6 月，国务院发布的第二批国家级非物质文化遗产代表性项目名录首次将“民间信俗”作为“民俗”的子项目设置于非遗的分类体系之中，为今后科学审视民间信仰与中国社会的关系奠定了基础。护国随粮王信俗历史悠久，属于中国民间信俗体系之中极具代表性的一种。其信俗仪式——护国随粮王信俗会亦于 2012 年 6 月被列入浙江省第四批非物质文化遗产名录。而该信俗所蕴含的文化基因、文化空间、精神价值、社会功能等要素相互联结、互为支撑，构成了结构完备、功能复合的文化系统，也成为当地民众赖以生存的精神纽带及塑造地方认同的重要支撑。

我国的非遗保护实践已历经二十载，继抢救性保护、整体性保护、生产性保护等非遗保护模式的探索与实践之后，新时代的非遗保护路径不断趋向于科学、高效与合理化。2020 年 11 月，《中共中央关于制定国民经济和社会发展第十四个五年规划和二〇三五年远景目标的建议》中提出“传承弘扬中华优秀传统文化，强化重要文化和自然遗产、非物质文化遗产系统性保护”。在此基础上，2021 年 8 月，中共中央办公厅、国务院办公厅印发《关于进一步加强非物质文化遗产保护工作的意见》，强调“深入实施非物质文化遗产传承发展工程，切实提升非物质文化遗产系统性保护水平，为全面建设社会主义现代化国家提供精神力量”。当下，系统性保护理念已成为指导社会各界提升非遗保护水平、完善非遗保护工作的新规范。“以系统思维引领非遗保护工作，是习近平新时代中国特色社会主义思想

1　中共中央党史和文献研究院编《习近平关于社会主义精神文明建设论述摘编》，中央文献出版社，2022，第 225 页。

的重要体现，系统理念与系统方法也应成为非遗保护实践的重要利器。”[1] 而基于系统科学相关概念，进而阐释与解构非遗生成、传承与发展的理论逻辑，也为新时代背景下的非遗学科开辟了一条新的研究进路。

一、作为整体的系统：民间信俗的要素、结构与功能

系统论（Systems theory）是系统科学所包含的重要概念，最早由理论生物学家贝塔朗菲（Ludwig Von Bertalanffy）创立。贝塔朗菲所创立的“一般系统论”是“关于‘整体’的一般科学”，其核心观点为“系统是处于相互作用中的各要素的集合”，并将整体性作为系统的主要性质[2]。在一般系统论的奠基之下，系统被发展定义为“由若干要素以一定结构形式联结构成的具有某种功能的有机整体”[3]，系统所包含的要素、结构、功能三大核心概念也被广泛接受与使用。以西塘护国随粮王信俗为例，作为囊括叙事传说、地域风貌、参与群众等众多相互影响的要素的复合整体，其本身便是一个完备的、逻辑自洽的系统。

（一）民间信俗的要素解析

要素是构成系统的基本单元，也是系统各组成部分的统称。对于西塘护国随粮王信俗所构成的系统而言，地方传说便是各要素产生的源头。在浙江省嘉兴市嘉善县西塘镇，本地民众习惯称护国随粮王

1　全小国、苑利：《非物质文化遗产系统性保护研究》，《东南文化》2023 年第 4 期，第 6–13 页。

2　冯・贝塔朗菲：《一般系统论：基础、发展和应用》，林康义、魏宏森等译，清华大学出版社，1987。

3　王路、张守明、张笔峰、张斌：《系统理论视角下的科技安全研究进展》，《科技导报》2023 年第 6 期，第 68–73 页。

为“七老爷”，其实名金七，担任运河上的运粮官一职。明朝崇祯末年，“嘉兴府大饥，斗米四钱，人食草根木，路殍相望”[1]。彼时金七奉朝廷之命押送粮船，路经西塘时发现两岸旱荒严重。金七便动了恻隐之心，将皇粮舍于民众，而因担忧朝廷降罪于当地百姓，自尽于西塘雁塔湾头的河道之中。百姓闻讯，家家痛哭，为感恩受到“七老爷”漕粮的恩惠，集资在金七自尽的河边建起一座庙宇，名为护国随粮王庙，年年香火不断。此外，当地民众会在“七老爷”生日（农历四月初三）当日举办盛大的庙会，届时四方香客云集庙内，烧香祭祀，伴有打莲厢、打腰鼓、调龙灯等民间文艺表演，兼有“出会”仪式，队伍盛大，各地群众纷至沓来，热闹非凡。

在西塘护国随粮王信俗的系统构成之中，其所包含的要素可以是物质实体，例如历史建筑物或构筑物（古镇宅院、寺庙、香炉等）、各类供品（荤素菜品、糕点、酒、茶等）、参与群众（各地香客、寺庙管理者、庙会参与者等）、行会道具（堂牌、龙旗、凉伞、边扇等），也可以是抽象的概念，例如信俗传说、行为习惯、时令节庆等。而对于民间信俗这一囊括人类行为与社会关系的复杂系统而言，要素只是便于划分系统构成的“人为标签”。事实上，各要素之间也存在相互交叉与重合的关系，例如古镇宅院的管理者也可以成为庙会参与者，寺庙的整体构成之中囊括香炉、烛台等器具物品，抽象的信俗传说、仪式节庆中亦涵盖着各类道具、供品等实物的使用，而特定的时间节点又对应着特殊的仪式活动。在此过程中，存在着“有形”物品间的包含关系、“无形”概念中的衔接关系，以及“有形”与“无形”间的对话关系。正是各要素之间相互关联、影响与叠加的过程，构成了以地方传说为起点的民间信俗文化系统。

1 《浙江通志》，祥异光绪二十五年重刻乾隆元年本，第109卷。

（二）民间信俗的结构剖析

对于以西塘护国随粮王信俗为代表的民间信俗类非遗，可大致将其结构划分为信俗自身所形成的内部系统、信俗及其保护工作所构成的实践系统，以及信俗自身、保护工作与外界环境所集合而成的社会系统。第一，信俗自身所形成的内部系统统筹着具有共性特征的各类要素，例如以信俗信众、庙会策划者、寺庙管理者、仪式参与者为主体的人物要素，以建筑物、构筑物、供品及各类道具为主体的实物要素，以信俗传说、时令节庆与仪式习俗为主体的精神要素。第二，信俗及其保护工作所构成的实践系统，往往以区分“保护者与被保护者、自我发展与干预发展”为基础[1]。在为更多民众加入民间信俗类非遗的保护提供机会、促进信俗保护实践科学化的同时，该系统也推动民间信俗随着参与主体范围的变化、保护措施的逐步实施而更为复杂化、多元化。第三，信俗自身、保护工作与外界环境所集合而成的社会系统。虽然作为非遗项目的民间信俗本身相对独立、稳定，但往往也会随时间的流逝和外部空间的变化而发生传播和变迁。在这个过程中，“可能部分要素会产生淡化、消失和更新，或者说是文化基因在遗传中发生的变异”[2]。然而，正是因为信俗与外界环境不断磨合、融入与相互影响，构成了不同地域范围、不同文化背景的民众与族群相互的文化认同行为，从而生发维系中华民族文化共同体更为强大而持久的力量。

（三）民间信俗的功能划分

基于各要素在整体中的作用与产生的效应，可大致将护国随粮王信俗的功能划分为对于个人和对于社会两个层面。“大部分民间的神

1　宋俊华：《可持续发展理念与非物质文化遗产系统性保护》，《文化遗产》2023 年第 3 期，第 1–8 页。

2　福柯：《福柯集》，王简译，上海远东出版社，1998，第 149 页。

出身于人间，和生产、生活直接有关。”[1] 对于个人而言，无论祖先是不是本地居民，又是否与“七老爷”有关，功利性的泛神崇拜导致各地民众纷至沓来，支付片刻的时间甚至金钱而俯首于圣像之下，求得庇佑。在护国随粮王信俗会的会期之中，最为常见的便是人们向“七老爷”求平安、求健康、求财富与求学业的心愿及写愿卡片。尤其对于西塘本地民众而言，护国随粮王作为当地重要的“地方神”，更加显示出过人的声望与影响力。对于社会而言，民间信俗所涵盖的节庆、仪式及风俗活动，往往能够为当地带来文化与经济层面的加持效应。在文化方面，护国随粮王信俗所承载的“忠”“善”文化将随着信俗传说的流传而面向社会传播。“忠”指其忠于朝廷，舍人皇粮，愧而自尽；“善”是其怜爱百姓，倾粮而受，不求回报；“忠”与“善”的推广无疑将为社会带来正向的文化效应。在经济方面，据嘉善文史资料记载，西塘护国随粮王信俗会的会期临近时，会有不少来自外地的小商贩于此处设摊，例如西洋镜、海棠糕、百草梨膏糖、泥塑像、线粉、甘蔗等，场面热闹非凡，每次会讯都使大小店铺生意兴隆，收益倍增[2]。故而民间信俗不仅促进了地方文化的传播与认同，对于商业、旅游业、服务业等民众赖以生存的地方产业皆具有积极功能作用。

二、持续发展的系统：民间信俗的传承、变迁与当代表达

虽然从一般系统论的角度能够大致厘清民间信俗的各要素、要素间相互作用而生成的结构及其对于外界所产生的功能，但从宏观的角度而言，系统通常会随着时间的变化而进行发展和演进，“既是关乎

1 陈志华、李秋香：《中国乡土建筑初探》，清华大学出版社，2012，第 410 页。

2 嘉善县政协文史委员会嘉善文联：《嘉善文史资料（第八辑）》，第 103 页。

事物逻辑分类的共时概念，又是关于事物历时演化的概念”[1]。而一般系统论并没有彻底将“系统”和“整体”这两个概念区分开来，从而在一定程度上忽视了系统从无序到有序、从离散到整合等历时性问题。故而基于对一般系统论发展结果的综合考虑，现代系统论认为“不应该孤立地考察系统的整体性，需要考虑要素层次、结构功能和环境等因素对系统整体发展中的作用以及相互之间的关系”[2]。西塘护国随粮王信俗自其产生至今已有300余年之久，其间其要素、结构及功能历经各时代背景下的传承与变迁过程，最终演进成为当代体系完备、管理科学，适应现代社会发展要求的民间信俗系统。

（一）民间信俗的要素变迁

从要素形态的角度而言，可大致从“有形”与“无形”两方面进行要素变迁的探讨。“无形”要素之中最为典型的就是信俗传说的更迭。据考证，明代以来江南地区的金氏总管信仰与护国随粮王信俗传说具有一定的相似性，并可成为护国随粮王信俗与传说的历史佐证。通过镇志、县志等文本形式的官方记载，以及传统戏剧、曲艺等艺术形式的民间记载考证，金氏总管信仰之中所包含的“金七”人物存在着不断增加、变更身份与职位的情况，例如官职册封（被册封为随粮王、利济侯等职）、血缘攀亲（被纳入不同家族的谱系之中）等[3]，且均能在庙会道具、仪式程序等信俗表达的途径之中进行体现。而这样的变迁也恰恰证明了社会对于该信俗的心理认同及价值需求，从而通过对于信俗传说的改写、求证与转述增加该信俗传说之中“实有其人”的真实性。

在“有形”要素方面，对于信俗影响最为显著的便是西塘护国随

1　林继富、王丹:《解释民俗学》，华中师范大学出版社，2006，第283页。

2　常绍舜:《从经典系统论到现代系统论》,《系统科学学报》2011年第3期，第1–4页。

3　陈姵瑄:《江南总管传说的叙事策略及变迁动因》,《民族艺术》2022年第3期，第56–66页。

粮王庙宇的变迁。其始建时间可追溯至明朝末年，原址位于西栅祈塘坝小桥北堍，称“七老爷庙”，至今已历经三次建庙，其中两次为搬迁（选址重建）：第一次因香火鼎盛，清末选址于王家桥北堍另建，尊称“护国随粮王庙”；第二次为民国十二年（1923年），镇人新建护国随粮王庙于塔湾街雁塔禅院西侧。后随社会变革，庙宇被改建为粮仓、工厂等使用。最终于20世纪末，随庙会恢复而进行了相关整修，庙宇再次恢复了其信俗相关功能，并于2011年5月被列入省级文物保护单位[1]。纵观寺庙的历史演进，其不仅作为建筑文物富有深厚的历史价值，更反映了不同社会的历史状况及民众对于信俗的态度变化。故而信俗系统之中要素的变迁不仅代表其要素本身在形态、功能等方面产生的变化，更是影响了作为整体的民间信俗在外部环境之中的存在状况与社会影响。

（二）民间信俗的结构发展

基于既往非遗保护过程中的碎片化现象，系统性保护理念要求站在整体的角度审视非遗发展过程中各要素之间的结构关联，而此类关联通常直观地表现在非遗的管理过程当中。在针对西塘护国随粮王信俗的田野访谈过程中，可大致了解到其管理模式经历了民众自发、店铺资助、乡贤助力、官民互助等发展过程，最终演进为当下多元治理的民间信俗管理体系。首先，在民国时期至中华人民共和国成立前后，护国随粮王信俗的相关活动均由民间自发举办，庙会出会的一切费用也均由各行业店铺分担[2]。由于民间信俗所具备的一定的社会影响力，民众参与庙会的热情十分高涨，但也造成了诸如规制松散、“耗

1 访谈者：本文作者；访谈对象：钟强；访谈时间：2023年9月14日；访谈地点：浙江省嘉兴市嘉善县西塘镇人民政府。

2 访谈者：本文作者；访谈对象：王世霖；访谈时间：2023年5月7日；访谈地点：浙江省嘉兴市嘉善县西塘古镇王世霖家中。

材买脸”等问题。其次是中华人民共和国成立至20世纪末这一阶段，部分本地乡贤诸如艺术家孔庆宗、江蔚云等人投身西塘的文化遗产的抢救工作，也为1998年护国随粮王信俗会的恢复奠定了基础[1]。在平川书画社、西塘旅游公司等民间或官方组织的助力之下，“民间主导、官方参与、公司协作”的管理模式已现雏形。1998年护国随粮王信俗会复会至今，各民间组织已然与当地政府及旅游公司塑造了良好的互动模式，在民间信俗的管理过程中最为关键的资金、道具、庙宇修缮、庙会安保方面达成了积极的共识，形成既各司其职、又互为补充的“双轨”机制[2]。虽然相对稳定的民间信俗内部系统往往也会随外部环境的变化而发生变迁，但通过在当代非遗语境下积极的管理及干预行动，仍能看到其在社会中形成的良好发展趋势，以及不同身份民众对其所共有的协助行为与文化认同。

（三）民间信俗的功能完备

在个人层面，由于以西塘为代表的水乡或运河沿岸居民素来依赖水运，对于河、湖、海等水源载体有着天然的敬畏，且因航行途中面临不可控因素较多，故而漕运信俗兴盛，对于护国随粮王的历史记载及民间传说也多围绕于此，例如“嘉庆间，南粮渡黄河，夜大风雨，堤且决，见前导巨艑张灯，皆书随粮王，粮艘遂得安渡”[3]。其信俗功能也多围绕祈求平安、完成运役、保证粮艘顺利抵通等个人心愿。随着人民生活水平的提高及交通运输方式的改善，民众所祈求的信俗功能也逐渐向多样化发展，诸如祈愿祛病除疫、学业顺利、财源广进

1 访谈者：本文作者；访谈对象：韩金梅；访谈时间：2023年9月15日；访谈地点：浙江省嘉兴市嘉善县西塘旅游文化发展有限公司。

2 访谈者：本文作者；访谈对象：陈康；访谈时间：2023年9月15日；访谈地点：浙江省嘉兴市嘉善县西塘旅游文化发展有限公司。

3 郑钟祥、张瀛修:《光绪〈常昭合志稿〉》,《中国地方志集成·江苏府县志辑》，卷十五《坛庙》，江苏古籍出版社，1991，第214页。

等，多与民众的日常生活息息相关。

对于社会层面，由于明清时期的生产力较低，难以解释自然灾害是如何发生的。对于江南地区而言，尤以洪涝灾害为多，因此民间信俗也是官方及地方治理运河水患的重要手段。随着祭祀香客及庙会参与者地域及身份的多元化，护国随粮王信俗相关的驳船演戏与祭祀活动也成为沟通各地域联系、促进地域互惠、增进国家团结的重要途径。而在当代，祭祀与庙会活动不仅给予民众畅叙亲谊的机会，也形成了“人神互惠”的经济发展模式，促进了商业的繁荣。在文化方面，信俗庙会为各地居民提供了生活习俗、居住地乡俗的交换渠道，促进了本地文化的传播及文化多样性的发展。概而言之，在对于护国随粮王信俗从“整体”到“系统”的探讨中，可以逐渐厘清其各要素、结构与功能从无序到有序、从单一向多元发展的趋势。同时，也体现了民间信俗传承、变迁与发展过程中的“变”与“不变”之辨，为非遗管理者从历史与现在“对话”的过程中找到民间信俗类非遗保护的优化路径提供借鉴。

三、系统性保护：民间信俗类非遗的保护逻辑

在我国二十年非遗保护探索成果的基础上，如何对于保护工作进行阶段性与整体性升级，进而在崭新的历史阶段全面推进非遗的系统性保护，是对于非遗保护工作提出的崭新命题。近年来，我国学界与非遗保护工作者已经逐渐意识到实施非遗系统性保护的重要性，并从针对具体非遗的保护措施、针对区域非遗的保护路径、针对系统性保护的政策制定、针对系统性保护的学理探讨等方面进行了初步研究。作为系统科学与非遗保护领域的创新结合，系统性保护从“要素构成、关系网络、功能目标”三个维度以及“静态结构表征、动态系统解构”两个视角将非遗保护的多元要素、结构与功能进行了整体、系

统与动态化的认知[1]。对于民间信俗类非遗而言，系统性保护可以具体归纳为基于“民间信俗类非遗自身的系统性”、关注“民间信俗类非遗保护的系统性”和统筹“民间信俗类非遗保护与外界环境的系统性”三类进行规划与实施。

（一）基于民间信俗类非遗自身的系统性

从上述对于护国随粮王信俗本身的要素、结构及功能分析可见，民间信俗类非遗本身就是一个完备的整体；而通过其要素、结构及功能中的传承与变迁，亦可大致以动态发展的视角审视民间信俗类非遗的过去和现在，从而在社会转型的过程中推动其保护与发展进程。具体而言，既往对于民间信俗类非遗的保护重点往往聚焦于“核心问题”，注重于寻找非遗保护的“核心技术”，而忽视其内部的整体性及要素的关联性保护。而在当下，以西塘护国随粮王信俗为例，其涵盖的信俗传说、历史建筑、道具供品、时令风俗等要素本身就是各类不同的子系统，甚至其中诸多文艺表演、仪式节庆及建筑营造技艺自身也被包含在非遗范围之中。因此，在对于民间信俗类非遗的系统性保护实践中，一方面，既需注意保护不同构成要素自身所涵盖的材料、用具及工艺等内容，又需要维持民间信俗整体的系统协调性，防止因为过度关注某一具象因素而忽视了对于整体的把控；另一方面，“从非遗知识论的角度，非遗项目涉及文学、舞蹈、戏曲、体育、美术、音乐、民俗等不同领域的知识”[2]，此类现象在民俗类非遗之中表现尤为突出。故而可借助非遗学、民俗学、建筑学、历史学、艺术学、管

1　Gustafsson C, Ripp M, “Urban: Transformation and Related Conflicts at UNESCO World Heritage Sites”, In 50 *Years World Heritage Convention: Shared Responsibility–Conflict & Reconciliation*, (Springer International Publishing, 2022) ,p85–97.

2　耿涵、孟兆熙、陈天凯:《作为交叉学科的非物质文化遗产学：理念、框架与路径》,《天津大学学报》(社会科学版) 2023 年第 4 期，第 299–305 页。

理学、民族学等多学科介入，从各领域推动民间信俗类非遗的系统性保护，从而建立起要素完整、结构规范、逻辑严密、体系完备的非遗保护机制。

（二）关注民间信俗类非遗保护的系统性

非遗保护的系统性重点需关注非遗本体及孕育、发展非遗的文化空间、自然生态与社会环境的整体性。虽然作为民俗的民间信俗类非遗本身具有一定的现实需求基础，即民众的需求推动信俗的生成，继而在进行信俗和仪式的实践之后，民众又会自发地、持续地建构其合理性，解释“为什么要这样做”以及“这样做了为什么会产生效果”[1]。然而随着社会的发展，人们逐渐获得更加科学化、系统化的知识，转而寻求对于民间信俗的科学解释。因此在保护民间信俗的过程中，仅仅去关注其本体诸如信俗传说、祭拜仪式、道具供品是远远不够的，更需将其与不断变化的社会知识与民众的参与心理进行关联性保护，推动保护主体、关系客体与保护措施的一体化实践，实现民间信俗类非遗保护的科学化与合法化。虽然在此过程中，势必会涉及对于民间信俗类非遗的“选择性传承”，即通过淡化与去除涉及迷信的糟粕部分，去合理化信俗本身。但同时对于非遗保护的实践者，更应看到维持民间信俗稳定的根本动力，即本地民众所世代传习、守护的核心部分，这些内容往往不是最为华丽或夺人眼球的，是“边缘化”的，或隐藏在其筹备仪式的过程中，但其却是维持信俗实践的“初心”与原真的“情感”，需要在不断变迁的社会环境中获得关注与保护。

1　巴战龙、罗吉华:《村寨遇旱求雨的地方叙事——汶川巴夺羌寨的人类学案例研究》,《云南民族大学学报》（哲学社会科学版）2012 年第 1 期，第 47–52 页。

（三）统筹民间信俗类非遗保护与外界环境的系统性

民间信俗类非遗的保护系统不能脱离外界环境系统而进行实践，因为其不仅自成系统，也是更大范围的社会实践系统的一部分。因此在组织层面，需要协调信俗保护与区域经济发展、社会治理、生态保护之间的关系，并将保护工作置于“乡村振兴”“国际社会可持续发展”等宏观战略目标中实施，进而发挥民间信俗类非遗的社会功能。以西塘护国随粮王信俗为例，首先，其信俗传说所蕴含的“忠文化”“善文化”与“廉洁文化”表达，对于本地及区域社会主义核心价值观建设具有良好的推动作用；其次，在护国随粮王信俗会与西塘古镇旅游结合的过程中，庙会也作为各类文化展示的平台，得以让社会各界关注与庙会相关的其他非遗活动与其中所蕴含的乡土文化；最后，“非遗作为一种代际传承的文化实践，从本质上看它的保护是多主体间协同实施的实践”[1]。基于当地“政策引领、民间主导、官方协同、社会参与”的发展模式，实现“官治”“情治”“文治”相结合的多元治理路径。通过民间信俗的内生式发展对于社会产生的积极影响，达成本地区全面而长远的发展。由此得以促成“政府、私营部门与民间社会建立伙伴关系”“实现可持续发展，建设和平和包容的社会”，既是民间信俗类非遗维持长期稳定的关键所在，亦能推动联合国可持续发展目标的具体实践。

结语

在当代快速转型的社会背景中，我国的民间信俗类非遗及其赖以生存的文化生态不断进行变迁、重塑与发展，并始终处于结构复杂和

1　宋俊华、李瑜恒：《非遗治理研究的方向选择——“政策法规与新时代非物质文化遗产保护高端论坛”述评》，《文化遗产》2022 年第 1 期，第 154–158 页。

动态变化的过程之中。因此对于民间信俗类非遗实施系统性保护，探索构建要素协调、结构严密、功能完备的信俗系统，与组织架构清晰、管理模式多元且能够促进社会和谐与可持续发展的保护逻辑，具有重要的时代价值。虽然本研究仅立足于西塘护国随粮王信俗及其相关内容的田野调研，难以全面概括我国民间信俗的生成规律及当代的存续状况，还有更为广泛的问题亟待探讨，但笔者希望能够以此为研究原点，探索与构建更为深入的、切实可行的非遗系统性保护的理论逻辑与实践框架，并以此助力我国非遗保护工作进入更高层次阶段，推动我国文化事业的长远发展与人类文明的多元共生。

日本民间组织参与非遗保护的机制探究

于凤仪（天津大学冯骥才文学艺术研究院非遗学2022级硕士研究生）

摘要 本文通过收集并分析相关数据和资料，对日本民间组织参与非遗保护的机制进行了较为全面的探讨。日本民间组织在非遗保护中之所以能够发挥重要作用，得益于民间组织的自发性、《文化财保护法》的地域自治转向及完备的《特定非营利活动促进法》的保障。此外，在政府对社区赋权的前提下，形成了多类型民间组织协同发展的局面。本文在此基础上，结合中国实际情况提出了几点经验启示，以期为中国民间组织在非遗保护中的作为提供参考。

关键词 非遗保护，日本经验，民间组织，参与机制

日本是世界非物质文化遗产保护运动的先行国。2004 年，日本批准了联合国教科文组织颁布的《保护非物质文化遗产公约》，是世界上第三个加入该公约的国家。日本在国内推广“人间国宝”、综合认证以及传承团体认证制度。同时，呼吁不同社会主体广泛参与非物质文化遗产保护运动。截至 2023 年 12 月，日本共登录包括能乐、阿伊努古代舞蹈、和食等在内的人类非物质文化遗产代表作 22 项。在日本，民间组织在非遗保护工作中发挥着重要作用，累积了大量的成

于凤仪

功经验，其中不乏值得借鉴之处。

20 世纪末，联合国教科文组织正式确定了“非物质文化遗产”概念。但由于日本的文化遗产保护体系建立较早且较为完善，至今仍保留自己的称谓，只在涉及国际交流时，才使用“非物质文化遗产”一词[1]。根据 1950 年日本颁布的《文化财保护法》最新修正版[2]第一章第二条第二项规定，中国所称的“非物质文化遗产”一般对应日本的无形文化财产、无形民俗文化财产。无形文化财产指对日本具有较高历史或艺术价值的戏剧、音乐、工艺技术、工艺品和其他非物质的文化产物；无形民俗文化财产主要指日本传统生活方式，包括与衣食住行、民生、信仰、节日等有关的习俗、民俗表演艺术、民俗技艺，以及了解日本民众生活转变所不可或缺的服装、器皿、房屋和其他物品。此外，日本的非物质文化遗产还应包括文化财保存技术，

1 曹德明主编《国外非物质文化遗产保护的经验与启示（亚洲其他地区与大洋洲卷）》，社会科学文献出版社，2014，第 930 页。

2 文中指令和四年（2022 年）法律第六十八号修订，令和四年六月十七日（2022 年 6 月 17 日）实行的版本。

即与其他文化财产有关的基础传统工艺。《文化财保护法》第十章第一百四十七条规定：文部科学大臣可以将需要采取保存措施的技术选定为“文化财选定保存技术”，选定方式可以是个体也可以是团体。为便于概括，本文统一采用“非物质文化遗产”的表述。

一、民间组织：多种团体类型的构成

日本民间组织包含多种形态，在非遗保护领域中的主要活动团体包括 NPO、保存会、振兴会、町内会・自治会等。

NPO 是“Non Profit Organization”或“Not-for-Profit Organization”的缩写，一般是指代表民间社会进行先驱活动的民间非营利组织[1]。在日本 NPO 与 NGO（Non Governmental Organization）的概念具有相似之处，但在适用范围上差异明显。NPO 指“非营利组织”，强调的是不以营利为目标，日本 NPO 中心将其定义为医疗、福利、环境、文化、艺术、体育、社区发展、国际合作、交流、人权、和平等各个领域的民间活动团体，只要以民间立场运作，无论是否具有法人资格，无论是什么类型，都可以被称为 NPO；而 NGO 指“非政府组织”，强调政府以外的民间部门的立场，且该术语已开始用于指代非联合国会议正式参与者以外的国家，因此它通常用于跨境运营的组织。因此，在多数情况下，可以认为 NPO 是指在国内活动的团体，NGO 是指在海外活动的团体。综上可知，日本民间组织更加贴近“NPO”的概念。

目前，关于 NPO 还没有统一的定义。在日本，山内直人将非营利组织定义为“从事各种非营利活动的非政府和民间组织，以及在

1　胡笳：《日本 NPO 发展过程研究》，早稻田大学大学院，2018，第 4 页。

制度上禁止向利益相关者分配利益的组织”[1]。此外，考虑到日本《特别非营利活动促进法》（简称NPO法）的法人资格，岛田恒将非营利组织定义为“不以利润为目的，从事公益活动的民间法人组织”[2]。参考这些定义，引入了非政府、非营利和公共利益三个关键词。本研究中的NPO是指为不特定多数人的利益而活动的非营利民间组织。

虽然在一定意义上，不以营利为目的的保存会、振兴会、町内会・自治会也能够被称为NPO，然而无形文化财领域中仍可细分为不同组织。2021年在日本文化厅发布的《根据〈文化财保护法〉制定的文化遗产保存利用大纲、文化遗产保存利用区域规划、保存利用计划等的指导方针》(《文化財保護法に基づく文化財保存活用大綱・文化財保存活用地域計画・保存活用計画の策定等に関する指針》）中将文化遗产保存会、NPO、自治会・町内会等志愿团体并列叙述。保存会指为了将逐渐消失的文化、传统艺术、风俗等传承给后世而组织起来的团体。保存会数量很多，根据保存对象的不同，有不同类型，包括财团法人、个人组织，也有受政府机关委托进行活动的。振兴会是居住在一定区域内的人通过地缘形成的自发性组织，在该区域拥有住所的所有家庭都可以成为振兴会的成员。町内会・自治会指，在日本的“町”（聚落或都市的一部分，类似于中国行政区划中“街道”的概念）中，为了该区域的和睦、促进共同利益、区域自治等，由居民基于地缘自发构成进行集会活动的团体。町内会・自治会属于民间组织，其中也包括法人化（取得法人资格）的组织，更多地具有居民利益集团的性质。

1 山内直人：《NPO的时代》，大阪大学出版会，2022，第1也。

2 岛田恒：《非营利组织研究的本质与管理》，文真堂，2003，第45页。

二、地域自治:《文化财保护法》的转向

(一)《文化财保护法》的修订背景

2019年日本文化厅发布《关于修订文化财保护制度》的文件，体现了日本文化遗产保护由“政府主导”向“地域自治”的转向。此次修订的背景基于两方面。一是日本人口稀少化、少子化、老龄化的社会现象。其中，少子化和老龄化现象非常严重，个体业主平均年龄达到73岁以上，而出生率为负增长，出现人口稀少化趋势。目前在日本传统村落中上述情况最为严重，村落人口中老年人占比（即65岁以上人口占比）在50%以上的村落达15568个，未来十年可能无人居住的村落达570个，被认为迟早有可能无居住化的村落达3044个。国土交通省对人口稀少地区的1028个市町村进行的问卷调查显示，目前传统村落的住宅荒废率及老旧房屋的增长率达62.3%，传统祭祀活动的衰退率达43.2%，地区传统生活文化的衰退率达32.8%，传统艺术的衰退率达35.4%，村落的集体认同率下降32.7%。上述数据揭示了日本人口稀少地区传统村落面临的问题，包括房屋状况恶化、文化传统消失、生活方式变化、艺术传统消失、集体认同感减弱、老龄化程度高以及人口流失严重等。这些社会问题也对非遗保护产生很大的影响。根据地方公共团体的调查，人才不足是文化遗产保存和活用的最大难题，具体而言表现在技术保持者的接班人未定，传统表演形式的演员减少等[1]。《文化财保护法》此次修订的第二个背景是，以地域为主体的文化遗产挖掘和城市建设的活用趋势高涨。具体体现在居民和民间组织协作认定市民遗产，企业和NPO组织等通过历史建筑及非遗的活化使用来振兴地区，活用日本遗产认定的故事传说进行观光城市建设等。

1　文化厅:《文化财》，https://www.bunka.go.jp/seisaku/bunkazai/。

（二）《文化财保护法》的修订转向

《文化财保护法》的修订转向主要体现在两方面：一是地方名录登记的合法化，二是地方组织参与遗产保护的合法化。

将地方名录登记体制合法化的提案早在1954年提出，然而到2018年创设后，才在2021年正式施行，这中间经历了一个漫长的过程。根据该法律规定：地方政府需依法将其区域内除重要文化遗产以外急需保护或利用的文化遗产登记于该地方政府的文化遗产登记簿上，也可以将符合要求的文化遗产项目向政府提名登记在国家名录之中。日本政府将地方名录登记体制合法化，将名册体制登记权力下放地区，能够极大地促进民间组织的参与。

早在2017年6月1日，日本文化审议会文化遗产分科会企划调查会就对法律的修订方案开始审议，截至2017年11月共进行了14次审议。2018年3月6日，内阁会议决定了《文化财保护法以及地方教育行政的组织和运营相关法律的一部分修正的法律案》，并提交至国会，于6月8日正式公布。2019年4月1日修正法正式施行[1]。

为实现地方文化遗产的全面保护和发展，充分调动地方群体的力量，法律主要对以下内容进行了修订：首先是实现地方公共团体和民间团体等对文化遗产的保存和活用的职责分工的可视化，在制度层面制定可供综合性和计划性地推进文化遗产的保存和活用的框架；其次是通过对文化遗产的保存和活用的各种手续的弹性化，促进地区对应该保护的文化遗产进行挖掘；最后是为了推进文化遗产保护与管理方面政府职能的有效发挥，并与城市规划等进行协调，可以将地方政府的文化遗产事务移交给教育委员会行政首长部门或让其辅助执行[2]。此外，民间团体可以通过加入协议会、成为文化财保存活用支援

1　文化厅：《文化财》，https://www.bunka.go.jp/seisaku/bunkazai/。

2　目前，日本地方政府将与文化遗产保护有关的事务交由教育委员会管理和执行（《地方教育行政部门组织与管理法》第21条）。

团体的形式展开对文化遗产的价值定位、维修管理、指导设施完善、推广启迪。

由此可知，日本《文化财保护法》的地域自治转向特征主要体现在民主参与、重视地方文化遗产的保护和发展、职责分工的可视化、手续的弹性化、合作与行政移交以及鼓励民间团体参与几个方面。《文化财保护法》修订的地域自治转向，为民间组织参与提供了明确的路径与地位，明确了民间组织的职责与任务，便于民间组织依法参与非遗的保护、传承和推广活动。此外，地域自治转向拓宽了民间组织与地方政府和相关部门建立关系的渠道，能够促进合作，共同推动非遗保护工作。通过参与地方公共团体和民间团体的职责分工，民间组织能够获得更多的合作机会，共同发掘、保护和传承非遗资源。最后，地域自治的转向还能够为民间组织的参与“正名”，使民间组织参与非遗保护得到社会的广泛认可和支持。这为民间组织提供了良好的社会氛围，使其能够更好地发挥作用，推动非遗的保护和传承。

三、民间自发："自下而上"的互动机制

在《特定非营利活动促进法》颁布之前，日本就开展了一系列志愿活动并形成了相应的民间组织。日本 NPO 活动的原点是 1960 年代受害者对公害的抗议运动[1]。例如成立于 1891 年的今津人形芝居保存会，为了挽救衰退的木偶戏，今津的村长、住持们说服地区的民众接受了新旧两座木偶道具，并成立了新的今津木偶戏“惠比须座”，即保存会的前身；成立于 1961 年的奈良大文字保存会，其宗旨是在每年 8 月 15 日举行大文字送火，同时为奈良观光的发展做出贡献；成立于 1971 年的长滨曳山祭囃子保存会是以保存、传承自古流传下来

1　胡笳:《日本 NPO 发展过程研究》，早稻田大学大学院，2018，第 11 页。

的囃子（伴奏）为目的而成立的。囃子是长滨曳山祭上举行的表演艺术之一，主要使用篠笛、太鼓、缔太鼓、磨锣进行演奏。囃子口传心授的方式使这项非遗面临传承困境，为了继承传统及培养后继者，志愿者们成立了该保存会。上述都是在日本民间组织法人制度颁布之前，以保护非遗为目标自发成立且一直延续活动至今的保存会。除此之外，日本全国各地都设立了性质相同的非遗保存会。

1980年，日本国际志愿者中心（JVC）成立，标志着非营利组织活动的正式开始。以此为契机，1998年日本颁布了第一部支持市民活动的法律《特定非营利活动促进法》。不仅提供了民间非营利团体获得法人身份的法律依据，更重要的是，它推动了公益法人制度全面深化改革，从而确保了相关法律的有效实施。此外，该法还引入了现代管理制度。2011年日本在《特定非营利活动促进法》的修订中确立了税制支援措施和NPO法人制度。成为支援团体的民间组织可以继承税收减免政策，在从事保护活动方面也享受税收优惠。此外，在许多日本民间组织中，会长是最高负责人，负责领导日常运营，由成员选举产生并有连任机会。规模较大的民间组织还设理事会，负责制定战略和监督运营。同时，组织会按需求设立专业委员会，负责实施具体任务。决策方面，注重协作和共识，鼓励成员参与。大型组织还可能委托专业机构管理部分工作，以提高效率和质量。通过现代管理制度，民间组织能够更加高效地组织和协调资源，确保非遗资源的有效保护和传承。通过专业化管理，能够增加决策准确度，发挥“民间文化精英”的作用，同时还能够激发普通民众的参与激情，为非遗注入新的活力和创意，促进非遗的可持续发展。在此基础上，日本成立了一批致力于非遗保护的NPO法人机构。例如于2001年成立的特别非营利活动法人——文化财保护支援机构；2007年成立的特别非营利活动法人——文化财梦工坊等。

美国社会学家萨拉蒙认为民间组织具有组织性、非政府性、非营利性、自治性和志愿性五个特征。日本参与非遗保护的民间组织类型多样，具有灵活度高、自主意识强、响应速度快的优点，这些民间组织在非遗保护方面极大地发挥了社区动员作用，有助于增强全体国民的非遗保护意识，形成民间主导，行政支持，国民参与的非遗保护格局。但是，民间组织在日本持续开展运营活动绝非易事。在 NPO 法人设立之初，即使开展了积极的活动，但只要没有会费和会员，资金收入就断绝了，很多情况下无法继续支持非遗保护活动的开展。或者也有因领导人个人原因而无法开展活动的情况。所以日本民间组织虽然有极高的自主性，在性质上也属于非营利组织，但大部分日本的民间组织仍然依赖政府的支持，包括财政补助、项目合作、政策支持等。尤其是 1950 年《文化财保护法》颁布以后，政府便开始对从事遗产保护的民间组织进行资助，并开启相关的协作项目，极大地促进了非遗事业的发展和推广。

四、协同合作：政府、社区与国际援助

（一）政府协同非遗保护

为了实现对无形文化财的有效保护，日本民间组织积极动员全体国民参与，并与政府合作推动相关法律法规的制定和实施。相对健全的法制体系、较高的国民教育水平与自觉的文化遗产保护意识，促成了以民间社团组织为主导的日本传统文化保护传承的基本格局[1]。

在与政府协同方面，以下伊那地区的人形净琉璃为例。人形净琉璃指的是集三弦演奏、大夫讲述、木偶表演于一体的日本的木偶戏。黑田和今田两个木偶戏项目除社区自主性外还得益于政府的支持。

1　沈思涵：《社会治理视域下日本民俗文化财的民间保护传承》，《科技智囊》2021 年第 9 期，第 22–29 页。

“下伊那木偶戏振兴事业”（1984年至今）是由国家和省联合发行的以下伊那地区的四个木偶戏为对象的补助项目，该项目以保存和继承地区资产为目的，补助资金大部分用于聘请讲师以及交付传承人在中小学授课的酬金。“传统木偶戏的补助事业”（2005年至今）是饭田市对黑田和今田木偶戏的支援补助金，没有限定资金用途，政府也并不过多干涉非遗保护活动。两个项目对应的民间组织一般将资金用于奖励表演者的公演费用，一部分用于净琉璃的保护及组织建设。饭田市还负担了2021年今田人偶海外公演事业一般的费用。除了补助项目之外，政府还出资建立黑田人形净琉璃传承馆和今田人偶馆，在建馆过程中大量采纳了保存会的意向，比如除了舞台之外，还建设了保管场便于存放道具和服装。此外，政府还为两个木偶戏项目提供热场公演机会和海外交流机会等细致的支援[1]。

（二）社区赋能非遗保护

在保护和传承非遗方面，日本民间组织的一个重要特点是强调“人人都是传承者”的基本思想，并期望提升广大民众的参与度和弱势群体的地位。在当代日本，社会经济高速发展和生产生活方式巨变导致传统节日等民俗文化面临保护与传承的危机。为了应对这一挑战，日本各地设立了保护与传承传统节日文化的民间社团组织，如“花祭保存会”“长崎传统艺能振兴会”“丰桥鬼祭保存会”等。这些组织不仅在大都市中发挥作用，也在偏远乡村中扮演着重要角色[2]。

在社区民间组织协同方面，以日本壬生花田植（壬生の花田植）为例，这是广岛县北广岛市壬生町与河东町流传的农事仪式，用于

---

1 濑田史彦：《作为无形文化财的传统艺能的保存继承和地区支援方法的研究——以下伊那地区人形净琉璃为例》，《计划行政》，2013，第36–42页。

2 沈思涵：《社会治理视域下日本民俗文化财的民间保护传承》，《科技智囊》，2021年第9期，第22–29页。

向稻神祈求丰收。每年6月播种完成后的第一个星期日举行，再现播种和插秧的过程。“壬生花田植的运营涵盖了各种团体、组织和个人，构建了专业、大规模的运营组织，但这种运营体制并不是在短期内建立起来的。实际上，这是从第二次世界大战后到现在的约70年间，地区民众一点一点完善运营体制的结果。”[1]在参加壬生花田植执行委员会的团体中，壬生花田植保存会发挥着最重要的作用，该会的前身是工商会壬生支部，在执行委员会建立之前就一直承担着举办壬生花田植的民间团体。保存会的人员构成呈现多样性的特点，人员涉及工商会、田乐会、壬生小学、壬生地区振兴协会、壬生地区妇女会的相关代表，除此之外还有壬生地区的区长、町议会的议员等。而整个壬生花田活动也是由众多团体、组织协力进行的。例如政府负责会场设置、道路申请、班车运营，保存会负责协调艺能团体、向导与广播等，除此之外还有负责宣传的壬生观光协会、负责餐食的妇女会、负责安保的保安公司和消防团队的参与。还积极召集民众参与，每个区召集5名“花田植协助者”，提高民间组织与民众之间的黏性[2]。

（三）国际援助非遗保护

日本民间组织还积极参与无形文化财保护的国际援助。1988年5月，时任首相竹下登访问英国时在伦敦发表的演说中首次提出了“国际合作构想”，强调了文化交流的重要性。日本首相竹下登于1988年5月在英国伦敦发表演讲时，首次明确了“国际合作构想”的概念，特别对“加强国际文化交流”提出了具体建议。该计划的内容包括要开展在保护文化遗产和其他世界文化方面的合作，自文件发表后，日本积极支援国际文化遗产保护。次年，日本外务省就设立了“联合国

---

1 高野宏:《无形文化财“壬生花田植”的运营组织及其构建过程》,《人文地理学会大会研究》,2019，第55–56页。

2 同上。

教科文组织文化遗产保存日本信托基金”开展实际工作。日本国际文化遗产保护援助的范围广泛，不仅包括亚洲，还涉及许多非洲和美洲国家。主要的援助方式是资金援助、以技术转让为目的的人才派遣援助和研究机构的调查研究援助。日本国际文化遗产援助项目在了解世界各地区历史文化的基础上，还进行了知识传播，并培养了对其他地区和国家文化的尊重，为保护世界灿烂的文化遗产做出了贡献，维护了世界文化多样性[1]。

通过以上案例，可以看出日本民间组织在保护和传承非遗方面发挥了重要作用。他们通过组织相关活动、传承仪式的知识和技艺、国际援助和派遣等方式，促进了非遗的传承与发展，同时也推动了民众的凝聚力的提升和国内外非遗的保护与发展，并为民间组织运营模式建构、与其他社会部门协同保护非遗、实行文化遗产国际援助提供了范本。

五、经验借鉴：对中国非遗保护工作的启示

（一）完善民间组织参与非遗保护的相关法律制度

2011 年 2 月 25 日，第十一届全国人民代表大会常务委员会第十九次会议通过了《中华人民共和国非物质文化遗产法》（以下简称《非遗法》)，该法的颁布具有里程碑式的意义。然而在颁布后尚未进行过法律修订。在民间组织参与方面，《非遗法》第一章第九条规定国家鼓励和支持公民、法人和其他组织参与非物质文化遗产保护工作。第二章第十四条规定公民、法人和其他组织可以依法进行非物质文化遗产调查。第四章第三十三条规定国家鼓励开展与非物质文化遗

1　国竹真由美:《关于日本文化财保护支援亚洲的现状及未来加入 NGO 的可能性——基于日本教科文组织协会联盟的活动》,《世界遗产学研究》，2018 年第 5 期，第 1–21 页。

产有关的科学技术研究和非物质文化遗产保护、保存方法研究，鼓励开展非物质文化遗产的记录和非物质文化遗产代表性项目的整理、出版等活动。第三十六条规定国家鼓励和支持公民、法人和其他组织依法设立非物质文化遗产展示场所和传承场所，展示和传承非物质文化遗产代表性项目。第三十七条规定国家鼓励和支持发挥非物质文化遗产资源的特殊优势，在有效保护的基础上，合理利用非物质文化遗产代表性项目开发具有地方、民族特色和市场潜力的文化产品和文化服务[1]。《非遗法》在宏观上鼓励民间组织的参与并赋予其调查及科研的权利，但尚未对民间组织参与非遗保护的认定、权责、义务、监督等方面进行细化。此外，与日本相比，在《非遗法》颁布实施后，我国各地结合自身实际情况，积极推进配套法律法规的制定，为保护和弘扬非物质文化遗产提供了地方法律保障。截至 2023 年 6 月，全国共颁布 149 部非物质文化遗产的地方性法规。

日本的《文化财保护法》自 1950 年颁布至今，依据非遗保护工作中的现实问题进行了 44 次修订，并在 2021 年实现地域自治转向，为民间组织的参与提供了国家层面的法律保护[2]。明确为民间组织参与非遗保护提供可视化案例，制定民间组织参与非遗保护的各种手续的弹性化规定。《文化财保护法》规定能够正确、可靠地开展文化遗产保护工作的其他组织经认定可以成为支援团体，并在第十二章第四节对文化财保存活用支援团体的范围、认定、权利、义务、监督、调查以及制定《文化财保存活用地域计划》进行了详细的规定。在权利义务方面，日本《文化财保护法》更加详细，支援团体需要保存并活用

1 中国人大网:《保护“中国元素”将有法可依》，http://www.npc.gov.cn/zgrdw/huiyi/avh/1119/2011-02/28/content-1627351.htm，2011 年 2 月 28 日发表。

2 日本法令索引:《文化财保护法》，https://hourei.ndl.go.jp/#/detail?lawId=0000042652，1950 年 5 月 30 日发表。

市町村[1]区域内的文化遗产；对该市町村区域内从事文化遗产保护的相关人员提供信息、咨询和其他援助；应文化遗产所有者的要求，接受委托对该文化遗产进行管理、修理或者修复，以及采取保存和利用必要的措施；开展文化遗产保存和利用方面的调查研究；从事相关市町村区域内文化遗产的保存及活用所需的业务。《文化财保护法》赋予支援团体更多权利以便更好地参与文化遗产保护。此外《文化财保护法》还鼓励地方根据相应的标准制定并更新《文化财保存活用大纲》《文化财保存活用地域计划》《保存活用计划策定》等相关方针，但上述方针的颁布和改动需经文化厅的批准，便于在宏观上把控文化遗产保护的主要方向。其中，大部分地区都对民间组织的参与做出了详细规定，为民间组织的参与提供了法律保障及切实可行的参考。

（二）充分发挥基层民间组织在非遗保护中的作用

中国目前较为活跃的非遗保护民间组织为中国民间文艺家协会、中国非物质文化遗产保护协会，以及相应的协会组织，例如中国珠算心算协会、中华妈祖文化交流协会、中国中药协会、中国文学艺术界联合会书法家协会等，这些协会汇集从事非物质文化遗产保护工作的企业、事业单位、社会组织和个人，并通过开展专题会议、研讨会、培训班等形式为成员提供交流与互动的平台，促进非遗保护经验分享和合作，有效推动行业发展和进步。此外，非遗中很大一部分事象受到民间滋养，生发于传统村落，在长期发展的过程中自发形成了基于“民事管理系统”或“村落神事管理系统”[2]的民间组织，例如早在元代就成立的，为纪念屈原而形成的群众性地方业余诗歌组织秭归骚坛诗社。

1　可理解为中国行政区划中的地级市。

2　苑利、顾军:《非物质文化遗产学》，高等教育出版社，2009，第 61 页。

当前城市化进程加快，传统的以“村落”为单位的聚落模式在很大程度上被社区替代，因此还应该重视发挥基层民间组织的作用，例如街道、社区、居委会以及传承人群体自发形成的活动单位等。但要注意的是需要保留社区中原有传承人或传承群体的话语权。由日本壬生花田植的案例可知，基层民间组织是非遗保护工作的“毛细血管”，它们深入社区和民众的日常生活，对于非遗的传承、保护和发展起着不可或缺的作用。在整个壬生花田植仪式中，壬生花田植保存会起主导作用，该会是在实行委员会成立以前就主办壬生花田植仪式的民间组织，其成员是文化持有者，亦是文化践行者。在政府及其他组织的协同下，现在的壬生花田植项目拥有以壬生为中心扩展到整个地区的组织体系，各团体之间分工运营。

基层民间组织更加贴近非遗事象的本质及其传承人，基于地理位置和社区关系的优势，能够及时关注非遗事象的动态，并为非遗传承人提供必要的支持和帮助。它们还可以作为非遗传承人和政府、专家、公众之间的桥梁，促进各方的沟通和合作。此外，基层民间组织还可以通过组织各种形式的社区活动，如展览、演出、讲座、工作坊等，让更多的人了解和加入非遗保护的行列中来。“接地气”的传承方式有助于以地缘为单位凝聚文化认同，提升参与感，激发对非遗事象的热爱。基层民间组织在非遗保护工作中的作用不可替代，应大力发展并培育民间基层组织，提高其参与非遗保护工作的积极性与创造性，共同推动非遗的传承和发展。

（三）实现多元协同发展的非遗保护模式

日本 NPO 中心网站将协作定义为：不同类型和性质的组织为了实现共同的社会目标，将各自的资源（包括资金、人力等）汇集起来，在平等的基础上进行合作的方式。

结合前文实例，本文中的多元协同主要有三种模式，一是非营利组织、内町会、市民团体等不同类型的民间组织开展的“民民协作”；二是政府与民间组织、社区、市民开展的“官民协作”；三是国际社会之间开展的“国际协作”。在非遗保护领域，第二种模式较为常见。日本的多元协同模式早在1999年3月就在横滨被引入政策并付诸实践[1]，在后续发展过程中不断成熟并向全国推广，为非遗保护领域的“官民合作”提供了较为成熟的运营范本。

但在非遗保护中的实行过程中应注意平衡政府干预与社区赋权。在非遗保护工作中政府干预和社区赋权是相辅相成的。应该明确政府和社区的角色和职责。政府在非遗保护中应该扮演监管者、推动者和协调者的角色，为非遗保护提供政策和资金支持，制定相关法规和标准，并监督执行。而社区则应该扮演参与者和实施者的角色，积极参与非遗保护工作，为非遗保护提供基层力量。然而，政府也需要保持适度的干预和监管，确保民间组织从事文化工作坚持正确的文化观，破除落后的封建迷信；同时尊重民间组织的独立性和自主权，“让专业人做专业事”。此外，政府和社区之间还应该建立有效的反馈机制，及时了解彼此的需求和问题，及时调整工作策略和方法。例如日本伊那地区的人形净琉璃，地方政府为该项目提供资金、政策支持，还更加细化地提供各种演出机会和海外交流活动，但在具体的资金使用和传承活动方面不加干涉，在出资建立展览馆时也充分与该项目涉及的民间组织进行沟通，尊重民间组织意愿。

各方主体应积极参与形成政府主导、社会参与、国际援助的多元协同机制。政府可以制定相关政策和法规，为非遗保护提供法律保障和政策支持。社区是传承和弘扬非遗的重要场所，可以通过积极举办非遗活动，增强社区居民对非遗的认同感和自豪感。非遗是全人类的

1 胡澎：《日本“多元协作”的构建与展开——以地方自治体与非营利组织的关系为中心》，载《社会组织蓝皮书：中国社会组织报告（2018）》，社会科学文献出版社，2018，第288-306页。

共同财富，民间组织还可以积极参与国际的非遗保护合作与交流，通过参加国际非遗大会、开展国际非遗项目合作等方式，加强与其他国家和地区的交流与合作，共同推动全球非遗保护事业的发展。

结语

本文依据日本民间组织背景、法律转向、互动机制以及协同合作几个方面展开对日本民间组织参与非遗保护工作的机制探究，并总结出一些可供借鉴的经验。然而，目前参与非遗保护工作的民间组织仍面临着一定的挑战。在《文化财保护法》的修订过程中，日本政府关注到遗产保护领域中民间组织的作用。日本文化厅根据历史文化基本构想对所涉及地区中的 195 个自治体[1]进行了问卷调查。问题围绕“在进一步推进文化遗产的保存和活用以及由此带动的地区振兴时，您认为还面临哪些问题”展开。由统计可知，与其他部门及民间组织的协作问题占比 16%。此外，日本民间组织还呈现非均质化的特征，即组织并不是“整齐划一”的，在数量、规模、资金来源方式、运营机制、目标愿景方面都各有不同。非均质性增加了民间组织内部管理与政府协作的难度，但是尚未见足够的案例对本议题进行探讨。

尽管日本民间组织在非遗事业中的作为有待进一步探索和完善，但其现有经验和案例颇值得世界各国借鉴和参考。在多元主体参与非遗保护的机制中，民间组织与非遗持有者更具有内在利益的一致性，因此政府以及其他主体应充分协调民间组织的参与机制，提倡民间事民间办，实现非遗自主保护与传承。

1　日本称地方政府为“自治体”。

瑞安木活字谱师的角色转型探析

迟静（天津大学冯骥才文学艺术研究院非遗学2022级硕士研究生）

摘要 谱师，是中国传统工匠中的杰出代表，他们不仅是印刷技艺的实践者，更是相关仪式的构建者。瑞安木活字印刷技艺由印刷技术本身与其背后复杂的信仰习俗组合而成，其传衍贯穿在谱师知识体系实践过程中，并通过宗谱这一物质载体，将中国谱牒文化与民间尊祖敬宗的习俗紧密联系在一起。考察谱师在历时性发展中的角色定位，有助于认识社会变迁背景下乡村工匠群体的角色转型，探讨传统技艺活态传承与可持续发展的路径。

关键词 木活字印刷技艺，谱师，非物质文化遗产，角色转型

谱师，亦称修谱先生，明清时期在福建、安徽、浙江、江西、江苏、安徽、湖南等编修宗谱之风盛行之地十分活跃。随着文化生态的剧烈变迁，谱师的生存状况变得不容乐观，除瑞安东源村的谱师仍以一定规模传承以外，其余仅在福建省宁化县翠江镇、淮土镇一带，安徽黄山祁门县的文堂村等地还在零星传承。方晓阳等通过考察祁门县陈文堂活字印刷者对仓颉、梓潼神、铁笔先师刊刷郎君、宗族祖先等

迟静

神位的尊崇与供奉，归纳了修谱行业鲜明的地域特征[1]。中国知识产权报的车兴明，分析谱师在宗族出版活动中所承担的角色与权利，创造性地提出设立第三方服务平台保护谱师的知识产权，以适应现代社会秩序的思路[2]。刘云则系统性地记录了浙江新昌石氏的谱师谱匠在宁波地区持续性的修谱活动，诠释了谱师对中国的家谱文化和活字印刷术的传承意义[3]。

木活字印刷技艺是中国古代伟大发明的活的见证，因其重要的历史文化价值而一直备受关注，瑞安木活字印刷技艺的活态传承在一定程度上弥补了工匠主体性缺失的遗憾，并验证了谱师群体在活字印刷术发展过程中的重要地位。地方学者丁红、吴小淮、杨菁等人较早展开了探讨，提出温州地区木活字印刷技艺绵延不绝的生命力主要与瑞

1 方晓阳、吴丹彤:《祁门县文堂村木活字印刷技艺调查研究》,《北京印刷学院学报》2013 年第 6 期，第 1–10 页。

2 车兴明:《试析谱师在传统宗族出版活动中的角色与权利》,《中国发明与专利》2019 年第 6 期，第 38–41 页。

3 刘云:《新昌石氏与宁波地区的家谱修纂和活字印刷》,《印刷文化》2022 年第 2 期，第 84–96 页。

安、平阳、苍南一带谱师主导的社会化服务有关。2008 年瑞安木活字印刷技艺被列入第二批国家级非物质文化遗产代表性项目后，谱师王超辉、林初寅被正式认定为国家级传承人。2010 年，以瑞安木活字印刷技艺为主体的“中国活字印刷术”成功列入联合国教科文组织急需保护的非物质文化遗产名录，隐藏在这一古老技艺背后的工匠群体变得为人熟知。近年来，在由政府、学者、媒介、传承人共同搭建的互惠与博弈的“非遗生产场域”，瑞安木活字印刷术已经建立了相对全面的传承保护体系，谱师群体拥有了主体性的自我追求，貌似缓解了瑞安木活字印刷技艺“人亡艺绝”的危机。然而事实上，谱师的规模并未得到突破性的恢复和扩展，技艺本身“急需保护”的传承现状并没有改变。随着老一辈谱师的相继离去，独属于谱师个人的关键技艺和文化记忆也逐渐消失。综观以往的研究，更多聚焦谱师在历时性发展中所表现出来的积极行为状态，但对社会转型后谱师所表现出来的主观能动性关注较少，尤其是对社会巨大变迁中所面临的角色转型鲜有研究。基于此，本文从角色理论视角出发，厘清瑞安木活字谱师在传统乡土社会中所充当的重要角色，在此基础上，尝试探讨谱师在社会变迁过程中角色转换出现的偏差行为，以期推动瑞安木活字印刷技艺的活态传承与可持续发展。

一、瑞安木活字谱师的角色定位

明确自身在文化传承中所承担的角色是分析谱师角色转换的重要前提，在一定的文化空间下他们通过满足社会或他人对角色的期望不断调整自身行为规范与行为模式，使得自身的身份、地位、能力与其所承担的角色定位一致。瑞安木活字印刷技艺作为一项集体创造并世代传承的文化事项，其中涉及谱师与宗族的交易、行业之间的竞争，以及谱师群体之间复杂的关系互动。具体分析，瑞安木活字谱师的角色定位具有两重性，他们既是技艺的实践者，又是文化的承担者。

（一）编撰谱牒：印刷技艺的实践者

谱牒是瑞安木活字印刷技艺的物质载体，拥有严谨的行文制式和排版规则，因而对印刷工匠的要求非常严格，对富有能力的工匠的依赖性也很强。清朝末期到民国，浙江南部的一些地区宗族传统观念较强，家庭聚居程度高，受到外来的影响与干扰较少，极易出现大规模的修谱活动，例如金华、丽水、温州、台州等地的宗族每隔 10 至 20 年都要郑重其事地编修族谱。这使家谱的编修开始出现专业化、职业化的倾向，养活了一群以做谱为生的工匠，其中尤以东源村王氏家族的谱匠最负盛名，他们辗转于温州的乐清、永嘉、文成、苍南、平阳等地，即使在社会动荡时期依然梓辑了《严氏宗谱》《魏氏宗谱》《颜氏宗谱》等多本珍贵宗谱[1]。然而并非所有参与宗谱编撰和活字印刷的工匠都可称作谱师，他们当中大多数只承担活字印刷工作的一部分，分别负责开丁、排版、印刷、装订、打杂等工作。其中只有极少数技艺精湛的优秀匠人才可以称为谱师，不仅熟练掌握捡字、印刷、装订族谱等所有显性化操作，还逐渐掌握了转化历法，撰写谱序，以及接续谱系等谱牒编著的知识。以宗谱纪年方式为例，现在的宗谱中多以“生于一九八八年共和戊辰十一月十八巳时”的干支纪年和公元纪年共存的形式记录族人的生卒时辰，谱师需要熟练掌握公元纪年与干支纪年的转换方法，以防外出开丁采访临时翻书遭同行耻笑。从背诵到熟练应用，是一个慢慢积累最终内化成本能的过程。老谱师林初寅感慨道：“这 60 个干支组合已经像木活字一样刻在我心里了，想都不

1　吴小淮:《木活字印刷技术》，浙江摄影出版社，2012。

用想就能说出来。”[1]也正因为如此，他们的名字被记录在宗谱上，使得后世得以窥见谱师在过往历史中的蛛丝马迹。现存宗谱可考的谱师堂号并不多，较为著名的有王鲁的“就正堂”，王宝琪的“为政堂”，王铨椒的“茹古斋”，王志宧的“绍槐堂”，林时生的“林问礼堂”等等。

总的来说，木活字印刷技艺是一种具身性的技术实践，在传续过程中形成一套固定又复杂的程序化知识。尽管有“师傅”领进门，但是学徒只有通过不断地观察、领悟、试错等方式，才能掌握技艺的核心之处，在举一反三中反复实践，才能达到熟练上手的状态。

（二）主持圆谱：传统仪式的构建者

中国南方以姓氏为宗的家族聚居现象相当普遍，温州当地至今仍然存留着浓厚的宗土信仰，乡土观念是促进该区域内部信仰趋同与区域之间分异的重要因素之一[2]。当地百姓通过举行修谱活动来表达内心情感，彰显宗族的经济实力，以此构建和谐稳定的乡村秩序。每次修谱对于宗族来说都是重中之重的大事，需要经历开局祠庭、择定吉日、聘请谱师、启谱 、开丁、祭祖、开印、牵红线、圆谱等一系列程序。其中尤以圆谱仪式最为隆重，纸扎、米塑、纸马等丰富的文化内容共同构成了温州地区特有的习俗，是当地多元化民间信仰的表达。涂尔干（Émile Durkheim）将仪式视作社会群体定期巩固自身的手段，当人们感到他们团结了起来，他们就会集合在一起，并逐渐认识到他们是道德统一体[3]。

---

1 本内容来源于林初寅采访录音。访问者：王晓岩；口述者：林初寅，男；访谈地点：浙江省瑞安市；访谈时间：2023 年 4 月。

2 朱海滨：《祭祀政策与民间信仰变迁：近世浙江民间信仰研究》，复旦大学出版社，2008。

3 爱弥尔·涂尔干：《宗教生活的基本形式》，渠东、汲喆译，上海人民出版社，2006，第 507 页。

通过调查可以发现，温州地区的圆谱仪式虽然有“十里不同俗”的特点，但仪式中涉及的法事一般按照道教和佛教的相关科仪规范进行，时间三到七天不等，最长为七天。道教法事主要以摆道场、设坛做醮等繁复的仪式告慰先祖、福佑子孙；佛教法事则聘请高僧做功德、请水、诵经、游十殿、放焰口、斋天、呈供等，为早夭、屈死或意外亡故者超度[1]。在圆谱过程中，修谱先生主要承担牵下红线，宣唱赞礼，主持祭祀，点谱颂文，拜谱以祚等传统仪式，充分展现出工匠的社会性、职业性与宗教性的三重特性，并以此为中介呈现出一种“某种确定而虔诚的工匠文化”[2]。圆谱仪式不仅是谱师展示才能和技艺的文化空间，更是宗族追求家庭延续和血脉认同的精神场域，体现着温州民众最核心、最稳定的观念——亦神亦祖的血缘崇拜。值得一提的是，温州乐清等地的圆谱典礼至今还保留观看“圆谱戏”的习俗，连唱七天，尤为热闹，族人与乡里坊间共襄圆谱盛事，已发展成为当地独特的文化景观。特定的信仰民俗影响了传统手工艺活态传承的内在动因、地域特征与文化形态。谱师作为宗族文化的见证者与地方习俗的参与者，承担着重要的文化功能，为木活字印刷技艺的发展提供生存的文化空间，两者相互依存，缺一不可。

二、瑞安木活字谱师的角色转型

生活在一定社会环境中的传统工匠，其角色行为无法一直按照既定的模式和轨迹保持不变，其所处的文化系统中任何细微的变化都会对个体行为以及相应的群体行为造成影响，使行为产生的结果偏离原

1 杨思好、韩当权：《苍南民间族谱编修习俗的主要特征》，《东方博物》2014 年第 4 期，第 94–103 页。

2 刘自团、李齐、尤伟：《“工匠精神”的要素谱系、生成逻辑与培育路径》，《东南学术》2020 年第 4 期，第 80–87 页。

有的目标。宏观政策的变革引起社会经济制度、生产方式、技术水平等一系列因素的变化，使得瑞安谱师的自我身份或角色认知不断发生偏差，趋向传统工匠的现代转型。基于此，本文重点从角色地位、角色意识、角色养成这三个维度来辨析当下瑞安谱师角色的转型特征。

（一）身份地位的转变：从修谱先生到传承人

中国传统工匠长期以来处于“重文教轻技艺”的语境中，谱师社会地位低下，历史上很难引起社会主流的关注。直到清朝传统工匠世袭制的打破，解除了地域之间的约束，传统技艺才变得更加开放融合。罗树宝在《中国古代印刷史》中也提到这一现象，清朝南方谱匠虽为专业，但一般只在农闲时挑着字担去外村或外县工作，并将其类比于15世纪中叶欧洲早期的流动印工[1]。据记载，清末民初谱师的数量达到鼎盛，他们的身份多是贡生、邑庠生、廪生等不入仕的读书人。民间还普遍认为“食四方饭 ”的谱师比较懂规矩，见多识广，所以称其为“修谱先生”，这反映出谱师在其所嵌套的社会关系网络中特殊的乡贤身份。每年的正月到清明节这一段时间，是修谱业务最为集中的时期，宗族提前派人到谱师家下帖，把木活字字盘挑走，然后再邀请谱师前往祠堂以示尊重。一谱修完，下一宗族往往抢至上家祠堂将字盘担子挑走。名声在外的谱师无须外出寻求业务，而是靠宗族之间积累的口碑效应扩大行业影响力。中华人民共和国成立后，家谱被视为封建之物，谱师身份地位急转直下。直到改革开放后，社会环境的宽舒促使民间修谱之风盛行，激增的修谱业务使得谱师拥有发家致富的先决条件，经济地位得到大幅度提高。

据《浙江家谱总目提要》统计，存世的1122种温州家谱中，中华人民共和国成立后纂修的木活字本家谱有488种之多，其中78%

1　罗树宝编著《中国古代印刷史》，印刷工业出版社，1993。

为改革开放后印制[1]。在改革浪潮中谱师的处境并不相同，并分化出两种个体发展的策略：一是相对年轻的谱师群体向外闯荡，放弃祖传的手艺，选择经商“下海”等生存道路，将自身融入市场经济下的新社会秩序中；二是技艺高超的老谱师在有稳定的业务来源的前提下选择继续坚守木活字印刷技术，成功转型为非遗传承人，得到社会的认可。谱师群体被划分成非遗圈层与普通工匠圈层，甚至社会身份开始出现多元化的趋势，如现代企业家、民间工艺美术大师、非遗讲师、本土文化代言人[2]。身份地位的不对等容易引发谱师产生焦虑、不满、抵触等一系列负面情绪，造成社会转型与个体适应之间的失衡状态。

（二）角色认同的转变：从文化本能到文化自觉

皮特·伯格认为，个体身份的认同与社会过程是相互关联的，并表现为对自我价值的追求，并逐渐迁移到社会的角色认同与更高层级价值观的转变，发展到如今认同不仅仅是简单的个人心理过程，它反映了个人与社会、个体与集体的关系，是不断变化而非一成不变的过程[3]。从修谱先生到传承人，不仅意味着谱师身份地位的转变，更反映了谱师角色认同的重大转变。作为瑞安木活字印刷技艺实践的工匠群体，谱师原本凭借着一种文化本能，在维持个人营生的同时，自发地进行木活字印刷技艺的传承。此时的认同更多来源于他们与外界社会所建立的紧密联系，并贯穿在谱师们的集体记忆和情感意识中。而非物质文化代表性传承人等评价体系的出现与介入，使谱师的“身份”从“既定的角色”转变为“社会责任”，并对其产生的后果负责。这

1 程小澜主编《家谱与中国文化——浙江家谱研讨会论文集》，浙江人民出版社，2005。

2 陈龙：《“遗产化”过程中的工匠圈层更迭与意义生产——以“湘南木雕”为例》，《民族艺术》2023 年第 1 期，第 72–81 页。

3 王莹：《身份认同与身份建构研究评析》，《河南师范大学学报》（哲学社会科学版）2008 年第 1 期，第 50–53 页。

种改变有一定的积极意义，地方政府的支持、专家学者的认可以及媒体的关注为传承人搭建起更高的平台，谱师从社会各界对传承人的角色期望中构建角色行为并得到反馈。以省级传承人王志仁为例，他不仅在东源木活字展示馆负责技艺的体验等活动，还在瑞安市平阳坑镇学校等学校开展常态化的传承教学工作。传承人的身份给予他新的职业身份与社会使命感，进而实现了角色的再定位，成为具有自主行动能力的文化主体。

然而值得注意的是，在这一过程中谱师为了实现经济利益的转化，有意识地将各种类型的文化资本转变为社会身份“优势积累”，传承人的社会身份在认同的基础上又进一步异化这种身份带来的附加利益[1]。相较于过去经受道德与伦理的约束，现在的谱师更多地出于谋生与个人发展的角度进行技艺实践，例如倾向于使用电脑编撰宗谱、在宗谱扉页上署明传承人称号与联系方式，满足宗族对族谱内容与格式的各种“出格”要求等等。根据某谱师所说，目前木活字家谱一丁为 50 元左右，铅活字家谱一丁在 20~30 元之间，而使用电脑编谱一丁只需要 10~15 元。为了适应现代社会的技术发展，谱师不得不适应社会变迁带来的工具、生产方式、组织形式等方面的变化，宗族也倾向于寻找“懂得变通”和性价比更高的谱师，如此损害了原本依靠一门技艺生存的木活字谱师的切身利益，加剧了行业的恶性竞争。

（三）角色养成的转变：从血缘传承到现代传承

传统工匠角色转换的一个重要标志就是角色养成的转换，从以血缘传承为基础的传统模式转换到以教育培训为基础的现代传承制度[2]。

1　荣树云：《“非遗”语境中民间艺人社会身份的构建与认同——以山东潍坊年画艺人为例》，《民族艺术》2018 年第 1 期，第 91–100 页。

2　余同元：《传统工匠现代转型及其历史意义》，《鲁东大学学报》（哲学社会科学版）2010 年第 5 期，第 79–84 页。

诚如王智慧所言，传统的传承机制在血缘和模拟血缘关系的基础上建立。谱师的传承亦是如此，在中国传统社会背景下，编修家谱并非易事，成为谱师需要家族资源的支持与培养。瑞安木活字印刷技艺作为王氏家族赖以生存的核心技术，在八百余年的代际传承中完整地保留下来。身怀技能的长辈们，通过言传身教，发扬家族传统文化，而年轻一辈，在耳濡目染中学习掌握木活字印刷技艺，将老一辈的知识与资源在各支派之间广泛传承，并通过亲缘关系不断辐射给具有地缘关系的亲戚或乡邻。

随着近代社会性别观念的转变，王氏家族的技艺传承不再局限于男性，夫妻搭档的外出工作方式屡见不鲜，在瑞安当地甚至有魏仙珠等女谱师独挑大梁的情况出现。进入信息化时代，瑞安木活字印刷技艺的传承出现后继乏人的现实困境，掌握该技艺的谱师年龄大都集中在 40~60 岁。为改变这一现状，政府鼓励传承人在社会群体中招收徒弟，从 2011 年开始施行这一新型传承模式，与第一批 11 位瑞安市级代表性传承人签订了带徒授艺协议。协议规定每位传承人必须带 1 名以上学徒，并在规定时间内传授全套木活字印刷技艺。由于木活字印刷技艺的技术门槛较高，学徒付出的成本与收入不成正比，导致愿意继承发扬这项传统手艺的人并不多，工匠流失问题严重。瑞安木活字印刷协会的人员数量从最初的 150 人逐渐缩减到现在的 100 人左右，且从业人员多为二代和三代木活字艺人。这是因为木活字印刷技艺的核心功能仍然是为宗族提供修谱服务，该技艺的实践与发展需要扎根于以熟人为中心的社会关系网络，因而有机会学习宗谱编撰的多为同族或同村的亲戚好友。

由此可知，当前木活字印刷技艺的社会传承存在着片面性、局限性和不稳定性等问题，省级传承人吴奎兆对此感受颇深：“现在社会上更多把木活字印刷作为一个爱好，或者是学习刻木活字，真正静下心来学习修谱的人几乎没有。”[1] 也就是说，目前木活字印刷技艺的现代传承体系尚未成熟，角色养成的改变，使得工匠精神在现代化生产机制下遭受更为严重的挑战。

三、瑞安木活字谱师角色转型的实践路径

木活字印刷术近千年的流传史并不意味着其在现代及未来的必然存续，面对工业化对技术发展的深远影响，以及文化资本的介入对谱师自我角色定位的巨大偏差。如何在社会的快速转型中保持传统手工艺的生命力，突破制约当前发展的行业竞争失序、代际传承断裂，生态空间侵占等底层困境，亟需非遗多元保护主体共同探索谱师角色转型的实践路径。

（一）通过匠艺创新提高角色适应能力

2017 年 3 月，国务院发布《中国传统工艺振兴计划》，其中着力强调要弘扬精益求精的工匠精神，提高传统手工艺的传承和再创造能力。在“非遗新经济”的大环境下，我们不单单要重视关键传承人所掌握的技艺水平与历史记忆，更应该在既有的丰富文化内涵的基础上，鼓励谱师群体做出突破与创新，制造出凸显木活字印刷技艺价值底蕴的匠艺作品[2]。非遗传承保护事业是一场考验智慧与能力的“持久战”，以王钏巧为代表的谱师将木活字印刷技艺融入工艺创造与艺术符号生产，发挥自主创造力，因地制宜地开发了定制木活字、家居装饰、生肖诗文、婚书等一系列文创产品。这满足了社会上一部分群众的消费需求，但上述的文化再生产更多只是停留在“功能性审美”层

1　本内容来源于吴奎兆采访录音。访问者：王晓岩；口述者：吴奎兆，男；访谈地点：浙江省瑞安市；访谈时间：2023 年 8 月 11 日。

2　吴南:《中国传统手工艺术活态传承机制研究》，中国纺织出版社，2020。

次，无法满足多元化的市场机制[1]。

在当前传统与现代互为依存的“非遗保护的3.0层级”，遗产化与市场化是互为铺垫的两条道路，并不冲突。谱师在保留其传统的传承体系之下，仍然需要更多向外探求发展，与当地艺术家、高校组织、流行IP开展多层次、多领域、多维度的深入合作，扩大营销范围，为当地木活字文创衍生品注入新的力量，真正实现传统手工艺的“两创”发展[2]。除此之外，在东源村投入资金打造生产性保护示范基地，带动当地民众共同参与木活字文创衍生品的加工，消费者亦可通过提出个人的要求直接参与生产过程，真正把非遗融入日常生产中，实现社会效益与经济效益双提升[3]。

（二）建立多元评价体系消解角色冲突

目前国内的政策、制度在传统技艺方面的保护主要集中在非遗传承人、工艺美术大师等高水平工匠上，对大部分普通工匠的行业认证仍不完善。数字化时代的到来，现代印刷技术的进步使电脑排版成为现实，新型网络家谱也逐渐在市场上崭露头角，几乎占据了家谱印刷的90%，铅活字只保留一定的份额，木活字更是占据极小的比例。木活字印刷技艺的行业生态并不乐观，如果仍然维持目前引导性的补贴政策和较为宽松的组织关系是不够的，必须有多元而灵活的评价体系作为行业保障。

工匠的价值认同最终需要从政策、制度层面予以保护与认可，以木活字印刷协会为中介的行业组织应该妥善协调处理政府、行业、非

---

1 章莉莉、刁秋宇：《非物质文化遗产活态传承的生态建设》，《民族艺术研究》2021年第3期，第124–129页。

2 方李莉：《非遗保护的3.0层级与中国文化的当代复兴》，《中国木偶皮影》，2016年第2期。

3 迈克尔·欧文·琼斯：《手工艺·历史·文化·行为：我们应该怎样研究民间艺术和技术》，游自荧译，《民间文化论坛》2005年第5期，第78–89页。

遗传承群体三者之间的关系，关注非遗传承过程的问题和不良情绪，与当地的谱师行业保持着最直接、最紧密的联系，并开展一系列更有针对性的工作：加强对谱牒编撰的监督与管理，规范和明确谱师的培训、竞技与表彰，提高行业从业人员的能力与素质，通过对谱师技能进行一定的职业资格认证，保障其合法权益，提高艺人们的社会声誉和地位，防止制作的宗谱质量参差不齐，扰乱市场环境。最关键的是不以单一的评价体系衡量谱师的技术水平，要以当地受众群体的评价体系作为补充，通过制度化的行业规范，有助于缓解工匠角色冲突，让工匠技艺与信仰知识体系的公共价值得到充分彰显。

（三）加强传承传播能力增强主体意识

非遗知识传承与传播的范围和效果，取决于政府、地方精英、民间社会、公益组织等多元主体的协同共建，有助于推动传统文化整体化、多样化、活态化传承。一方面，增强传承人的传承传播能力。首先，瑞安木活字印刷技艺作为具有地域性、共享性的文化传统，需要借助传承人的传播实现更广泛的非遗传承和传播普及。谱师作为享有非遗知识产权并承担义务的“权利主体”，应该自觉履行加强文化传播的能力，积极参与瑞安木活字印刷技艺的文化实践中，增强个人公信力与文化知名度。其次，解决传统技艺传承的核心问题——收徒。设法造势、想方设法为青年谱师提供就业机会，通过组织教育培训、提供展示平台、对接市场渠道等方式，为年轻传承人提供有力支持，以此解决代际传承断裂和后继人才储备不足的传承困境[1]。并在此基础上，利用现代科学技术，促进技术体系中隐性知识的显性化，构建综合平台系统，为谱师提供跨境合作，打破谱师修谱行为的地域限制。

1 林继富、杨文:《制度引擎：非遗传承人能力建设研究》,《贵州师范大学学报》（社会科学版）2023 年第 3 期，第 81–92 页。

另一方面，转变媒体的角色定位，从文化的消费者转变为文化的传播者，营造有利于技艺传承的文化空间，媒体应该积极消除民间对宗族“修谱活动”的刻板印象，不能避而不谈或任由其发展，通过对其积极价值观的弘扬，拉近宗族文化与当地年轻人的距离，提高受众对修谱的情感认同，满足公民的公共文化权利，有利于公众的文化主体意识觉醒和培育[1]。

结论

浙江瑞安的谱师作为掌握木活字印刷技艺的传统工匠，从明清时期酝酿成型，先后历经发展成熟、低迷发展、复苏重构三个阶段，其角色转型是时代剧烈变迁下不可避免的结果，既具有普遍性，又具有代表性。在近二十年的发展过程中，传统手工艺的再定位、工匠身份的建构与认同、传统手工艺品的多元发展，已成为一种“社会实在”，瑞安谱师也在努力与工业化带来的现代社会制度进行“功能耦合”[2]。在传承发扬木活字印刷技艺的基础上，谱师应继续自觉提升匠艺创新水平，建立多元评价体系、加强传承传播能力等路径，使技艺有机会再度嵌入日常生活，加速推进传统工匠的角色转型。

乡村振兴战略实施以来，东源村凭借着悠久的历史文化资源，建立起以中国木活字印刷文化村为中心的整体性传承观，让一部分谱师体会到“传统文化空间”的回归，并以更积极的姿态参与到瑞安木活字印刷技艺的现代化发展中。非遗的活态传承也开始将关注点从“造物”转为“造境”，以更为开阔的“技术－社会”的视野关照到传承

---

1 张媛、柏贵喜:《文化身份合法化与民族文化传承的实践主体建构——以贵州省思南县傩文化传承为例》,《中南民族大学学报》(人文社会科学版)2018 年第 5 期，第 54–58 页。

2 郭丽冰、贾剑方:《匠心匠器：从工匠精神到工匠技艺的哲学意蕴》,《广东技术师范学院学报》2017 年第 6 期，第 26–30 页。

人以外更广泛的社会关系和文化生态[1]。谱师作为瑞安木活字技艺传承的主体，他们始终在乡村建设和文化传承中占据中心地位，扮演着建构社会物质空间与人类精神世界的重要角色。正视谱师所面对的角色冲突，并根据传承语境做出相应的角色调适，加强角色的学习与外界的交往，充分发挥身为文化持有者的主体意识，才能对不同语境中的社会角色进行灵活转换，深刻意识到传统工匠在“构建中国话语和中国叙事体系”中的巨大效用。

1　周计武、吴维忆:《从“造物”到“造境”：手工艺非遗保护的范式转换》,《文化艺术研究》2021 年第 5 期，第 11 页。

传承场与新生代传习人的文化认同研究
——以汉沟镇英武少林会为个案

张予煊（天津大学冯骥才文学艺术研究院非遗学2023级硕士研究生）

摘要 新生代传习人的文化认同对非物质文化遗产的可持续性传承至关重要。作为新生代传习人与非遗黏合剂，传承场具有强大的能动性，可以通过自身的跨媒介叙事为传承主体提供文化土壤。新生代传习人通过在传承场的具身认知，逐步认识和理解传承场提供的文化信息，从而达到对非遗的认同。除了“非遗进校园”等传承途径，新生代传习人以“在场”的方式习得非遗，能够系统性地对非遗生发更为深刻的理解与认同。

关键词 非物质文化遗产保护与传承，传承场，新生代传习人，文化认同

2003 年联合国教科文组织颁布的《保护非物质文化遗产公约》提到：“非物质文化遗产世代相传、并被不断创造，为这些社区和群体提供认同感和持续感，从而增强对文化多样性和人类创造力的尊重。”《中华人民共和国非物质文化遗产法》第四条也强调：保护非物质文化遗产有利于增强文化认同，有利于维护国家统一和民族团结，有利于促进社会和谐和可持续发展。由此可见，文化认同是非遗的突出功能，也是传承的动力。而新生代传习人作为未来社会的重要主体，同时也是文化传承主体，他们对于非遗是否认同，以及认同的程

张予煊

度决定了非遗可持续发展的稳定性。在现阶段研究中，大多数文献从传承与保护、文化自信的角度对新生代传习人非遗认同做出回应。而在具体的传承保护措施中，“学校教育”[1]“让非遗走进校园”[2] 为众多学者所关注。其中，在新生代传习人的非遗认同中，“空间”的因素往往被忽略。因此，笔者借助“传承场理论”，以天津市市级非物质文化遗产项目两翼猿拳为例，分析传承场在新生代传习人文化认同形成过程中的作用。

一、“传承场”理论的源起与流变

“空间理论”的产生最早可追溯到 19 世纪中期。起初，马克思、涂尔干及齐美尔在其论著中都提到过空间于社会的重要性，但并没有

1　田青、黄俭:《把握坚持文化自信的有效载体——兼谈核心素养视阈下的非物质文化遗产校园传承》,《人民音乐》2016 年第 12 期，第 36–39 页。

2　张永广、尚晓梅:《我国新生代传习人群体参与非遗保护传承现状》,《当代青年研究》2017 年第 5 期，第 73–77 页。

认识到空间于社会的能动性作用，还是以客观环境的空间论为主导[1]。20世纪初期，现象学的空间思想为当代社会学的空间转向提供了重要的思想来源，海德格尔、梅洛－庞蒂、巴什拉为这一时期的代表学者。总的来说，现象学的空间思想是主观空间论兴起的基础，其逐渐摆脱过往“空间只是作为一个载体”的客观环境空间论，认为空间是一种充满人类主体性的主观空间。列斐伏尔作为20世纪“空间理论”的集大成者，批判了社会空间的客观环境论和主观空间论，认为空间理论是一种统一体，既不等同于物理空间也不等同于心理空间。20世纪70年代，由于社会的广泛变革及现实时空体验的转型，如数字科技的兴起，社会学界加强了对“空间”概念的重视。以列斐伏尔1974年出版的《空间的生产》为代表，空间成为社会理论的核心主题。之后1985年出版的《社会关系与空间结构》可以视为社会理论家关注空间议题的前期成果[2]。此后有关空间理论的研究方向大致可以分为以布迪厄、吉登斯为代表的运用“空间检视社会结构”方向，以后现代社会理论家为代表的运用“地理学概念研究社会分化”的方向。

对于国内学者而言，赵世林敏锐地察觉到了国际社会理论的空间转向。其将空间的视角运用至国内民族学，论述文化传承中空间的作用，并以“场”的特殊含义区别于“空间”，提出了“传承场”的概念。“场”与“空间”的共同点都是物质存在的某种处所，具有地理学的含义。不同点是，“场”更侧重于表明物质相互作用的范围，如磁场、生意场；“空间”侧重于表明物质存在的客体形式。因此，将“场”与“传承”相结合，意在说明文化传承过程中传者与承者及其他相关要素在传承过程中互相作用的过程，而这一过程可以通过空间来显现。

1　郑震：《空间：一个社会学的概念》，《社会学研究》2010年第5期，第167–191页。

2　何雪松：《社会理论的空间转向》，《社会》2006年第2期，第34–48页。

赵世林于《民族文化的传承场》[1]一文中正式提出“传承场”的概念，认为文化的传承是基于传承场与传承方式的结合而实现的，并对“传承场”提出自己的观点：就广泛的意义来说，因为传承是指人习得文化和传递文化的总体过程，所以一切人与人、人与社会接触的空间组合都可以是传承场。由此可知，赵世林提出的“传承场”主要由人与人、人与社会的空间组合而成。张福三基于社会转型的语境，意识到了一些民间文化因现代化的冲击正不断消失，认为需从文化传承的角度探讨民间文化的存留之道，于是提出了“民间文化传承场”的概念。从“民族”至“民间”的演变可以看出“传承场”从一开始特指的族群共同体泛化为非官方的群众，国家话语阶层从中撤离，“传承场”理论更加具体了。此外，张福三基于“场”的字面意思将“传承场”分为物理层面与非物理层面。物理层面的传承场是实体的、有形的，非物理层面传承场是无形的，是由各种社会关系及民间文化的创造主体思维的各种要素构成[2]。也就是说，张福三将传承场的构成分为人与物、人与人、人与思维三个要素。而非物理层面与物理层面的传承场相互交融、互相配合发生文化传承、传播的作用，并非总是各自独立运行。基于以上思考，张福三将“民间文化传承场”定义为：传承场是民间文化传承的中介实体，是民间文化传承和发展的空间、平台和通道，是自然场、社会场和思维场整合的结果。和晓蓉等学者提出了“民族非物质文化传承场”[3]的概念。可见，传承场理论的发展与非物质文化遗产学的兴起有着很大的联系，可以说后者促成了传承场理论的语境由“民间”至“非物质”的转向。和晓蓉认为“民族非

1 赵世林：《民族文化的传承场》，《云南民族学院学报》（哲学社会科学版）1994 年第 1 期，第 63–69 页。

2 张福三：《论民间文化传承场》，《民族艺术研究》2004 年第 2 期，第 27–34 页。

3 和晓蓉、和继全、顾霞：《民族非物质文化传承场及其维护与再造》，《思想战线》2009 年第 1 期，第 6–11 页。

物质文化传承场”是由“文化精神背景”叠加“特定时空间”和“特定活动群体”而形成的、保障传承有序进行的中介实体。其将传承场定位在了以时间、空间为 X 轴、Y 轴的时空坐标中，而“特定活动群体”是促成传承场运转的动力因素。因此，和晓蓉提出的“民族非物质文化传承场”是活态的、具有深厚变迁性与历史感的。

综上，传承场概念的发展与学术思想的演变紧密相连，其意涵经历了“文化传承”“文化保护”“文化建构”的变化过程，其理论经历了由简单到丰富、由单维度向多维度的深化过程。传承场的构成要素由一开始的“人”变为后来“人、物、时空”相结合的产物。此外，传承场的功能也随着理论的发展而发展。赵世林认为传承场是文化传承的载体、空间；张福三认为传承场是各种文化机制作用的结晶；和晓蓉认为传承场是保障传承有序进行的中介实体。可见，传承场不仅具有“载体”的功能，还是保障传承和可持续发展的空间。因此，文化的传承离不开传承场。“特定活动群体”因在传承场中进行特定文化的传续，产生了属于这类群体的集体意识与文化认同，这也有效支撑着传承场的延续。相反，传承场的存在也说明了传承群体、传承意识及群体文化认同的存在。

二、两翼猿拳传承场及新生代传习人

（一）两翼猿拳传承场的形成

两翼猿拳是通背拳与劈挂拳的结合体，流传于天津市北辰区双街镇汉沟村，清末年间由来自山东的张少祥创立，自创立至今已拥有200余年的历史。两翼猿拳作为汉沟村青少年强身健体的独特技艺，兼具历史价值与健身价值。据《北辰区志》[1]所记载，汉沟村位于北运

1　天津市北辰区地方志编修委员会编著《北辰区志》，天津古籍出版社，2000，第294页。

河左岸，属冲积海积平原区，夏季炎热，冬季寒冷，天气多晴朗而干燥。水灾、旱灾、风灾、雹灾、虫灾时有发生，这也导致汉沟村各家各户都想让自己的孩子身体强健，抵抗恶劣的自然环境。此外，汉沟村由于地处水陆交通要道，且距离市区较远，缺乏良好的社会治安环境，导致村内许多家庭出于自我防卫的需求，练习武术。据汉沟镇英武少林会第五代传承人董余洋口述，“清末时做买卖的多、强盗多、抢劫的多……前面卖东西的小铺，他们家儿子、爸爸、爷爷、老太爷都练武术”[1]。

由于汉沟村多天灾、人患，遂村内建有土地庙、药王庙、观音堂。于1997年北辰区户口统计中，北辰区的回族人口占总人口的5.02%[2]，因此汉沟村内也建有一座清真寺。这些庙宇寺观多带有保平安、保健康等寓意，可见汉沟村的村民拥有朴实的生活信仰。汉沟村区域流行的许多歌谣也侧面体现了汉沟村民正直、公平、仗义、爱国的价值观。如《义和团，红灯照》[3]中的“没有枪来没有炮，手拿大铡刀，学会十几套”“师兄每日把武教，买卖交易要公平”，等等。

多灾多害的自然环境及社会治安的不稳定促成了两翼猿拳的传承动力。两翼猿拳传承场也于汉沟村的历史土壤中建立，汉沟武术馆作为汉沟村历史文化的表征，成为汉沟村历史的时空记忆，为之后作为传承场起到跨媒介叙事功能提供了基本的叙事文本。

最初，两翼猿拳并没有固定及公共的传承场，大多于各个师父家中传承。由于学习两翼猿拳的人数持续增多，2009年，第四代传承人周虹与汉沟村村委会联合创建了汉沟武术馆，两翼猿拳从此拥有固定的传承场。汉沟武术馆的成立将两翼猿拳的传承从私人的场合搬至公共的空间，这也代表了两翼猿拳这项传统体育为公众所认可，也能

1 访谈人：张予煊，受访人：董余洋，2023年10月8日，汉沟武术馆内。

2 天津市北辰区地方志编修委员会编著《北辰区志》，天津古籍出版社，2000，第192页。

3 同上书，第248页。

让更多汉沟村以外的人了解两翼猿拳并前来学习。

汉沟武术馆作为两翼猿拳传承的公共场所，几乎所有学员都在武术馆内获得传统武术的相关知识，并通过系统性的学习，具身认知着两翼猿拳。新生代传习人对尚武精神的领悟、传统武术技艺的习得都在武术馆内完成。可以说，武术馆的存在是新生代传习人产生文化认同的必要条件，没有汉沟武术馆，两翼猿拳的传承就失去了固定性、稳固性，新生代传习人文化认同的建构也就失去了根基。

（二）两翼猿拳的新生代传习人

十多年中，汉沟武术馆承担着两翼猿拳的文化载体，许多孩童在武术馆内通过学习传统武术，形成对武术文化的认知与认同。如今学习两翼猿拳的新生代学员小至6岁，大至19岁，表1为部分学员信息。

表1　两翼猿拳部分新生代传习人的基本信息

序号	姓名	性别	民族	出生年份	住址
1	肖×硕	男	汉	2006年	天津市武清区
2	闫×昊	男	满	2005年	天津市北辰区
3	韩×蕊	女	汉	2007年	天津市北辰区
4	孙×涵	女	汉	2017年	天津市北辰区
5	王×宁	男	汉	2010年	天津市北辰区
6	许×玥	女	汉	2014年	天津市武清区
7	王×珩	男	汉	2014年	天津市北辰区
8	姜×宸	男	汉	2014年	天津市武清区
9	殷×轩	男	汉	2013年	天津市北辰区
10	饭×熙	男	汉	2013年	天津市北辰区

这些学员每周都会前往汉沟武术馆进行1~2次集训，笔者将他们定义为“新生代传习人”。传习人是指通过传承人的传授，习得、接受、掌握某项非遗技艺，并有可能成为下一代传承人的人[1]。两翼猿拳的传习人主要集中在小学、初中、高中阶段，由于近二十多年来的社会变革，两翼猿拳传习人的特质也由此发生了变化，笔者将拥有新特质的传习人称为“新生代传习人”。

对比两翼猿拳传统的传习人，新生代传习人有如下三个方面的变化。第一，新生代传习人大多来自非汉沟村地区，他们对汉沟村地域文化了解不多。第二，新生代传习人课业压力较传统传习人繁重，由于忙于各种补习班，经常缺席两翼猿拳课程的学习，这使得传习周期变长。以往只需要一年时间就可以习得的技艺，现在需要两年甚至多年才可以掌握。第三，新生代传习人娱乐活动较传统传习人丰富，兴趣选择自由度变高。以往互联网普及度不高之时，汉沟村的青少年只知道武术这一项活动，而现在，青少年通过互联网可以享受更多的娱乐项目，武术从“唯一”变成了“之一”。综上可见，两翼猿拳的新生代传习人有着传习稳定性低的特质。

这一特质形成的原因之一便是两翼猿拳文化生态的变异。两翼猿拳早期的传承基于不稳定的社会秩序及灾害频发的自然环境。现在由于科技的进步、法律制度的完善，汉沟村不再需要民间个人承担自我保护的主要角色。此外，由于交通条件的改善，许多村民搬至周围的高楼居住，平房居住率大幅降低，导致汉沟村内居民锐减。因此，传承场在重构两翼猿拳文化语境的同时，也搭建着新生代传习人与两翼猿拳本生态之间的桥梁。这不仅可以提高新生代传习人的传习稳定性，还能增强他们对两翼猿拳的文化认同。

---

1 祁庆富:《论非物质文化遗产保护中的传承及传承人》,《西北民族研究》2006年第3期，第114–123页。

三、两翼猿拳传承场的具身认知与跨媒介叙事

传承场的稳固存在是新生代传习人（图 1、图 2）建构文化认同的首要条件。在获得文化认同的途径方面，主要通过口传身授的传承方式和由各种武术器械、会旗及武德标语组成的跨媒介叙事方式，后者的跨媒介叙事策略为新生代传习人建构了一套属于两翼猿拳的武术故事。通过在传承场进行系统性、周期性的集体训练，新生代传习人以具身认知的方式不断加深对武术内涵的理解，为进入传承场建构的武术世界打下意识基础。在被建构的武术故事中，新生代传习人通过不断地对载有武术信息的媒介产生新的解释与理解，完成对武术文化价值的认同，生发最终的文化认同。

（一）口传身授与具身认知

两翼猿拳作为一种集体传承非遗项目，主要通过带徒授艺、口传身授的模式传承武术技艺。具身认知理论认为[1]，在具体的某一环境下，身体的体验通过思维的内化作用可以塑造个体对于世界的认知。这些认知由身体的运动方式及身体的感知体验组成，被思维内化后形成对某事物的抽象概念，如情感的体验或是身体感知体验。两翼猿拳的新生代传习人在汉沟武术馆内进行每周一至两次的训练，他们对武术的认知便基于武术馆的内部环境信息，并通过具体的体能训练、技艺训练获得。

汉沟武术馆坐落于汉沟村的中心地带，坐西朝东，外观简约、方正，用钢板搭建而成。内部场地空旷，地上铺了一道道便于练武的红地毯。在场馆的南侧，摆放着两翼猿拳的三面会旗，会旗两侧分别八字式摆放着四面竖幅标语，气势宏伟。此外还有一面锣鼓，一面国旗

1　叶浩生：《具身认知：认知心理学的新取向》，《心理科学进展》2010 年第 5 期，第 705–710 页。

图 1　汉沟镇英武少林会出会 1

图 2　汉沟镇英武少林会出会 2

及各类武术器械。场馆北侧的墙壁上贴了一个巨大的行楷“武”字，前面摆放着十余种武术器械，如枪、镗及木棍之类。在“武”字的上方贴着一幅“勤学苦练，为国争光”的标语。

汉沟武术馆这些传达武术文化信息的媒介也是新生代传习人具身认知的一部分，为新生代传习人认知武术提供潜在知识背景。可以说，新生代传习人对武术的认知离不开武术馆内载有武术文化信息的媒介，他们一同构成了新生代传习人对武术的记忆与认知。此外，武术馆内不设空调，冬冷夏热，原生态的环境迫使传习人依靠调节自己的身体来适应大自然的温度。这无形中增强了传习人对身体的能动性掌控，在与环境的不断对抗中完成自我体认。

一堂完整的武术课，大致包括体能训练、对打训练、拳套等技艺方面的训练。这几项训练层层递进，形成一套系统性的身体记忆。在体能训练方面，小初高学员训练内容大部分相似，有折返跑、马步出拳、勾脚、勾肘、兔子跳、鸭子步、蛙跳、抗人、提足等。在对打训练方面，分为双人对打、三人对打，形式分别有空手对空手、空手对器械、器械对器械，训练学员们的反应力、攻击力。在拳套训练中，小学阶段的学员练习基本的中国传统武术拳套，如“五步拳”“一路拳”“少林拳”等；初中阶段学员进阶学习更具有难度的象形拳，如“螳螂拳”“黑虎拳”“查拳”“通背拳”，为之后学习两翼猿拳打基础。此外，还会增加器械类的拳套，如“月霞剑”“六合单刀”“双刀”“春秋大刀”等。在整套系统性的武术训练中，通过“体能－反应力－招式”三个核心元素构建新生代传习人的武术认知图式，通过对不同种类拳套的训练及武术器械类的训练，更能让新生代传习人对武术知识有全面且系统的了解。通过对“体能－反应力－招式”这三个核心元素的重复训练，新生代传习人对武术的认知由具身体验内化至思想观念，对武术形成自己的理解。此外，武术师父在教授的过程中也会辅以语言指导，据韩泽蕊[1]回忆说：“师父在教学的时候会指点我们哪些地方该发力，哪些地方该柔的时候柔、该硬的时候硬、该刚的时候刚。”肖兴硕[2]说师父常将“做人要正、孝顺父母、尊敬师长、要好好训练、好好学习”这句话挂在嘴边。师父以言传身授的方式加固了新生代传习人对于武术技艺及武术伦理方面的认知。

（二）汉沟武术馆的跨媒介叙事

跨媒介叙事是叙事学于21世纪初生发的新的理论分支，由美国学者亨利·詹金斯提出。可以说，跨媒介叙事是一种运用多种媒介，在同一时空下，以互文性理论为基点，构建同一叙事文本的叙事方式，其超越了往常只用一种媒介叙事的框架[3]。我国学者龙迪勇曾将跨媒介叙事学比作空间叙事，认为空间叙事就是一种跨媒介叙事[4]。汉沟

1　访谈人：张予煊，受访人：韩泽蕊，2023年10月19日，线上访谈。

2　访谈人：张予煊，受访人：肖兴硕，2023年10月5日，线上访谈。

3　陈先红、宋发枝：《跨媒介叙事的互文机理研究》，《新闻界》2019年第5期，第35–41页。

4　龙迪勇：《叙事学研究的跨媒介趋势——“跨媒介叙事”学术研讨会综述》，《江西社会科学》2008年第8期，第57–66页。

武术馆内的各类蕴含武术文化信息的媒介共同置于同一时空下，具有跨媒介叙事的能力，由他们共同构筑传统武术的故事世界。两翼猿拳的新生代传习人处于武术馆跨媒介叙事的语境下，通过周期性的武术训练，对叙事文本不断产生新的理解，也是对武术文化不断自我阐释的过程。

汉沟武术馆（图 3）内具体载有武术文化信息的媒介有：汉沟镇英武少林会会旗、武术器械、标语、国旗、锣鼓，整体以红色为主要色调，构建了严肃、活泼的视觉效果。其中，每一个媒介都表达不同的叙事文本，他们相互联系却不冲突，共同构建新的关于武术的叙事文本。

1. 武术器械类

武术器械历史悠久，经过历朝历代的传承，演变至现在人们用于习武的器械。如“枪”被誉为“百兵之王”，是隋唐时军队中的主要武器。枪术也被认为最难以练成，其步法要求轻灵、快速、稳健，有

图 3　汉沟武术馆内陈列的武术器械及横幅标语

“年拳、月棍、久练枪”的俗语。因此，会练枪术的习武者也被人们所敬重。据董余洋口述：“大枪就是百兵之祖，还有就是代表祖师爷，跟拜祖师爷一样。没有牌位拜大枪就行。”[1]“枪”之所以被如此敬重，首先是因为其在作战过程中运用范围广，可以为步骑兵所用、可以用作攻城、可以用作守城。其次“枪”的使用者如南宋抗金名将岳飞、农民起义领袖李全及其妻杨妙大多以骁勇善战、坚忍不拔著名，促使人们对“枪”生发了崇敬之情。因此，武术器械叙述着中华民族刚毅不屈的历史与中华儿女坚韧不拔的品德。

2. 标语、旗帜类

汉沟武术馆内有两条横幅标语，分别为“勤学苦练，为国争光”“增强国民素质，弘扬尚武精神”。在汉沟镇英武少林会会旗两侧分别有四幅竖幅标语（图 4），共八句诗：“林风飞雨任滔滔，少年当担家国事。武动江湖自逍遥，英雄豪气盖九霄。枝传汉沟身正统，繁衍弟子铁肩挑。叶公何须羡丹墨，茂艺盛枝看今朝。”五星红旗正位于这八句诗句中央的正上方。这些文字信息辅以国旗，共同传达着习武人应该持有的家国情怀与担当精神，充满凛然正气。同时，三幅汉沟镇英武少林会会旗以撇、捺的造型昂然屹立于武术馆内，是两翼猿拳传承集体身份的象征。

上述三类媒介相互联系却又面向不同的叙事文本。将武术器械、标语、旗帜三类媒介的叙事文本互文，则会产生一个新的、属于汉沟武术馆的叙事文本：习武是一种悠久的中华传统，它是刚毅不屈及锲而不舍精神品质的代表。身为中国新生代武术传习人，应怀有家国情怀与担当，弘扬与传承武术文化。这一叙事文本一直嵌入在两翼猿拳新生代传习人的习武过程中，成为一种隐性的认知内容。新生代传习人只有通过对武术不断地具身认知，才能深入了解汉沟武术馆叙事文

1　访谈人：张予煊，受访人：董余洋，2023 年 10 月 8 日，汉沟武术馆内。

图 4　汉沟武术馆陈列的会旗

本的深刻内涵，甚至有更加深刻的自我理解。在这一过程中，新生代传习人的文化认知逐渐与中国传统武术文化内涵接近，从而形成对中国武术文化的价值认同。与 6~12 岁的两翼猿拳新生代传习人不同，16~18 岁的新生代传习人在十余年的武术训练中，对武术的理解为“中国人刻在骨子里的东西”“是一种需被传承的传统文化”。很明显，相较于小学阶段传习人“强身健体”的武术认知来说，已有了质的飞跃。

结语

传承人是非遗保护的核心，传习人是非遗传承中不可或缺的要素。过去传承人与传习人大多在同一文化圈内生长，传承场只起到提供场地的作用，并没有传递更为丰富的意义。现在，传承人与传习人处在多元文化的时代背景下，即使生长在同一地区，其所接受的文化讯息也可能大相径庭。而当下的非物质文化遗产大多基于某一固定的文化土壤而传承，在多元文化背景下，非遗传习群体的稳固性多有降低。当今传习人文化选择的自主性与非物质文化遗产的地域性产生冲突，导致传习人与非物质文化遗产的黏合力有所欠缺，出现非遗传承青黄不接等难题，而传承场于新时代的功用也在此凸显。

作为新生代传习人与非遗的黏合剂，传承场具有显在的能动性。通过上述案例，传承场通过自身的跨媒介叙事为传承主体提供了文化土壤。新生代传习人通过在传承场的具身认知中，逐步理解传承场所提供的文化信息。根据具身认知理论，这些文化信息又将成为新生代传习人认知内容的必要成分。也就是说，传承场具备塑造与传达文化的作用，这一作用在传习人置身于传承场中时得以发挥。借鉴“栖居视角”[1] 理论，人与环境不是两条平行线，人作为环境中的能动者，像是一块海绵，不断吸收着环境中的要素，并在时间的沉淀中被环境塑形。也就是说，栖居视角可以作为人类认知世界的一种途径，新生代传习人通过在传承场内的具身实践，不仅可以习得非遗技艺，还可以通过传承场认知非遗、理解非遗。

因此，传承场如何建构与在何处建构影响着传习人对非遗的认知。通过上述案例笔者认为，首先，传承场应该建立在非遗传承境域内。其次，传承场的建构可以选择具有代表性的工具、实物和作品等，构成体现这一非遗特质的跨媒介叙事文本。最后，传习人的学习须于传承场内进行，最好是周期长、频度高的学习，才能“栖居”在传承场内，真正认知与认同非遗。

1　白美妃:《超越自然与人文的一种努力——论英格尔德的“栖居视角”》,《青海民族大学学报》（社会科学版）2017 年第 4 期，第 54–59 页。

具身视角下温州拼字龙灯的源起、传承与展演

李辛夷（天津大学冯骥才文学艺术研究院非遗学2023级硕士研究生）

摘要 传统舞蹈类非遗本质上是具身展演的文化过程，身体是其得以成功传承和顺利展演的重要前提，在多主体和多层次的复杂时空网络中占据着核心地位。通过对非物质文化遗产温州拼字龙灯的研究，围绕“身体实践与地方互证”“身体技艺与惯习特点”“身体图式与仪式展演”三个方面探讨具身视角下非遗的活态性与亲在性，进一步促进非遗实践回归身体、回归人、回归地方，为其传承与保护研究提供新视角。

关键词 身体性，拼字龙灯，具身展演，非物质文化遗产

非物质文化遗产是靠口传心授得以世代相传的，具有活态性、生命性、亲在性的哲学特性，其与物质文化遗产最大的区别在于前者以身体为物质基础，后者是脱离了身体性的纯粹物质存在。人类学家马塞尔·毛斯讨论“身体技术”的概念时指出：“身体是人首要的与最自然的工具。或者更准确地说，不用说工具，人首要的与最自然的技术对象与技术手段就是他的身体。”[1] 人作为非遗的媒介，身体作为非

1　马塞尔·毛斯：《社会学与人类学》，余碧平译，上海译文出版社，2003，第301–307页。

李辛夷

遗的感受主体、认知主体和行动主体，承载着特殊的集成作用、展演作用、传承作用。

向云驹认为非遗本质上就是一种身体遗产，“身体是非物质文化遗产的学术元点及其元科学的逻辑起点，是通向身体哲学的身体遗产”。他根据为人的和人为的哲学角度将其分为四类，而温州拼字龙灯舞属于最后一种——“以身体演唱、表演、创作并成为被欣赏乃至自我欣赏的身体的非物质文化遗产”[1]。温州地区人民独创的民间舞蹈“拼字龙灯”由龙舞演变而来，距今已有三百多年历史，2007 年被列入省级非物质文化遗产代表性项目名录。拼字龙灯的表演需要舞者具备高度的身体协调和团队默契，通过复杂的动作走位和队列变换组织出特定的字样，将祈求福祉、消除灾祸的美好愿景具象化，借助展演仪式构建区域性民俗文化。身体作为拼字龙灯舞表演的基础和依托，对其维度的审视评判也为非遗研究打开了全新视角。

1 向云驹:《论非物质文化遗产的身体性——关于非物质文化遗产的若干哲学问题之三》,《中央民族大学学报》(哲学社会科学版) 2010 年，第 63–72 页。

一、身体实践与地方互证：非遗主体的共同信仰源起

非遗具有主体性和地方性的普遍特征。非遗实践与区域社会的风俗习惯互印互证、关联互鉴，身体与地方是其意义生成的重要标尺。在展演的过程中，传承人的仪式性叙事表演与地方的时空情境互释联动，通过长年累月的身体实践塑造文化记忆、建构地方认同，同时以固定的程序规则、稳定的身体惯习来保存和延续当地的文化[1]；地方基于民众的生产生活塑造表演者情感记忆，通过形式化的身体性实践将群体记忆汇入具身展演中，同时地方的族群文化不断规训身体，以文化人，成风化俗，使得身体实践具有强烈的“融入性”与“参与性”，成为维持该项习俗活态发展的动力源泉。

身体展演艺术形式的生发往往是为了满足区域社会内民众对理想生活的追求，也是一定时期内民众群体愿景的体现，蕴蓄着人地关系的缩影。温州市沙城街道七甲项氏族长项守经口述：祖上传说七甲太阴宫始建于明朝崇祯年间，有了太阴宫就有了拼字龙灯，一直到今天。拼字龙灯的起源众说纷纭，一说明朝时期温州有“浦门张”和“高原张”两大族，彼此往来密切，情谊深厚。“拼字龙”是“浦门张”族人、文渊阁大学士张璁告老还乡做寿时，“高原张”晚辈张乾别出心裁准备的祝寿礼。一说是在康熙廿二年朝廷废除“迁界令”、温州人重建家园后兴起，拼字龙灯正是饱尝离乱之苦的人们趋吉避凶、消灾祈福、渴望天下太平的心情反映。

无论哪种起源说法，都源自人们对中华传统图腾“龙”的认同与崇拜。《说文解字》载：“龙，……春分而登天，秋分而潜渊。”郦道元注《水经》曰：“如深水有异鱼。按正光元年五月五日，天气清爽，

1 李星星、赵书峰：《显著性舞蹈身体动态在社会记忆中的承续与演变——基于湖南汨罗“打猖”民间信仰仪式的考察》，《南京艺术学院学报（音乐与表演）》2023 年第 3 期，第 67–74 页。

闻池中枪枪，若钲鼓声，池水惊而沸，须臾雷电晦冥，有五色蛇自池上属于天，久之乃灭。波上水定，惟见一鱼在，其一变为龙。”龙是中华民族的象征，早在殷商时期，就有了祭龙、祈龙、悦龙、舞龙以引祥云降雨的经历。汉代时还出现了龙舞，董仲舒的《春秋繁露》上就有舞龙求雨的记载。到了魏晋时期，“鱼龙曼延”已“累日继夜”，有了由灯火连缀而成的“龙灯”。日本著名民俗学家柳田国男认为群体相信是“传说的本性”[1]，龙被赋予升天潜地、兴云布雨、变幻莫测的万能之神力而受到顶礼膜拜，且政治集团不断赋予上层逻辑的中心指向性——“龙能升天”的传说使其披上了君王权威的神圣外衣，龙崇拜的个体心理统摄受政治教化的推动，自此民众开始敬畏龙、供奉龙，对龙的形象加以心灵认同和审美认可，并逐渐演变为迎瑞纳祥的舞龙活动。

舞龙在温州市龙湾区宁村也经历了在地化和本土化，并逐渐由求雨驱虫的祭祀活动发展为消灾驱邪、迎福降祥的贺年庆典和娱乐心身的游艺活动。清朝时，舞龙的习俗就在温州民间广泛流传，《光绪永嘉县志·岁时》第三十八卷载：“上元，自十三至十八日皆为灯市，各庙竞制龙灯沿街旋绕，又有抬阁秋千诸戏，锣鼓喧闹达日，始已惟南塘大龙灯以元宵三日，为期士女游观者众。”[2] 通过舞龙的身体行为来表达风调雨顺、国泰民安的美好愿景是拼字龙灯延续的思想基础。舞龙作为群体展演性非遗，需多人配合、协作进行，除了表演艺术价值，也逐渐实现了教化人民团结进取、同仇敌忾的社会政治功能，成为民族内部特殊的身体认识，在文化生产再造中扮演着重要角色。

丹纳在《艺术哲学》中曾言：“一个民族的生长环境对那个民族

1　柳田国男：《传说论》，连湘译，中国民间文艺出版社，1985，第 30 页。

2　张宝琳修，孙诒让纂：《光绪永嘉县志》，上海书店出版社，1993。

的性格形成具有绝大的作用，同样，这样的自然环境对那个民族的文学也产生着绝大的影响。”[1] 自古以来，文化一直与所处环境和其提供的物产资源有着密不可分的关系。“自然的联系似乎是一种外在的东西；但是我们不得不把它看作是‘精神’所从而表演的场地，它也就是一种主要的，而且必要的基础。”[2] 身体生于地方、长于地方，承载于身体之上的文化事象与原境正是以其独特的地缘因素为基础得以生成与演进的。所谓“靠山吃山，靠水吃水”，地理环境和社会基础以涵化的方式潜移默化地规训着民众，前者承担了物质基础，后者提供了思想反哺，“身体感”塑造了“地方感”，实现了对地方文化的解构，从而使得地方不再是预先存在的、有清晰和固定边界的符号性存在，而是被持续建构的过程[3]。拼字龙灯正是这些要素作用下自然平实的显现方式，是温州人民消灾祈福、期盼合家平安朴实意愿的外化表现，现已经演变为人们在春节、二月二龙抬头等节日必历的符号性程序，更多地起着建立和维护生活秩序的作用。

二、身体技艺与惯习特点：非遗传承的社会记忆基础

“身体”是非遗传承中架构“人”与“物”互动的核心媒介。非遗是传人传承的文化遗产，人作为传者是传承主体；同时它以身体为载体，人作为承者也是传承客体。身体传承的艺术形式往往遵从统一的社会认同和规则，这也使得民众的感情、感性、感觉代代相传，共同构成了富有地域特色的民族性格和民族精神。而随着多元文化的碰撞与融合，其复杂而庞大的文化象征系统也呈圈层式交叉扩散，出现以

1　丹纳:《艺术哲学》，安徽文艺出版社，1991，第 22 页。

2　黑格尔:《历史哲学》，王造时译，商务印书馆，1963，第 123 页。

3　蔡少燕:《“具身展演”视角下非物质文化遗产的传承与地方认同》，《中国非物质文化遗产》2021 年第 6 期，第 72–78 页。

显著性身体动态为继承核心，身体边缘记忆分解、消退、离散、再组的特征[1]。

非物质文化遗产凝聚着丰富的群体记忆、经验、智慧与气质，需由身体来外化表达，这种具身性特征使得代际传承离不开身体间的直接交流。所谓“具身”，即“产生于身体与世界的互动”，它的知识“依赖于人的身体经验，充满着个体化的体验、志趣与品味，交织着微妙的技巧、秘诀、感受与心理”[2]。这些技艺和惯习的特点是难以用文字描述、用符号提炼的，亦不能简单地通过典籍、图像、电子幕屏等进行呈现。可以说，身体性决定着非遗口传心授的传承方式。这些难以被留存和规整的知识正是非遗延续的关键所在，内化在拼字龙灯上，就成了具体动作、走位及器具形制。随着朝代变更和技艺传承，每一位传承人都在上一辈的身体示范中有了新的思考创造，拼字龙灯舞的内容形式也有了许多变化：舞龙的数量从一条增至五条——五龙同舞使得以往一字一拼变成了四字同拼。龙灯由单一的男性掌龙发展为男女共同参与，队伍的颜色也由最初的红黄两队发展到红、蓝、黄、黑、绿五色的龙灯团队。遇上重大场合五龙会同时出动表演，如果是商店开业拼“开业大吉”“开元大吉”的小规模活动，只需出动红黄两龙，红龙为女表演者、黄龙为男表演者，二龙分开表演，讲究阴阳调和；若有特殊要求需男女共舞，则两龙共同在场地里翻滚，拼字时再分开，每条龙各负责拼两字。

此外，表演器具的形态也在不断变更，即龙灯从整龙演化为首、身、尾分离的三段，突破了寻常龙舞中“一条龙”拖头带尾的赘累，在力度、速度、幅度上为拼字龙灯舞表演提供了与众不同的优势。分离的龙头、龙尾在拼字时可以不受龙身牵制，拼成任意一点，龙身间

1　李星星、赵书峰：《显著性舞蹈身体动态在社会记忆中的承续与演变——基于湖南汨罗“打猖”民间信仰仪式的考察》，《南京艺术学院学报（音乐与表演）》2023 年第 3 期，第 67–74 页。

2　季中扬：《亲在性与主体性：非遗的身体美学》，《民族艺术》2022 年第 3 期，第 67–76 页。

距长短的设置也使得穿插拼字时彼此能不牵扯、不打架，更具美观性和安全性。拼字龙灯常有九节、十二节等多种规格形制，龙湾宁村所用的九节龙（龙头、龙尾和七节龙身）首饰龙珠、身绘龙鳞、尾呈龙形，节与节之间内装烛灯，以竹篾为骨、绸缎为筋，欲断不断。龙身一节约为 0.9 米，算上相连的龙皮有 29 米。有些龙队的红色球形龙珠上还会镶铃铛、送宝柜、旗幡、高灯等，跳跃时在龙头前舞动，演出者为抢龙珠翻涌起舞，在跳跃中拼出代表吉祥的文字。静置时，龙身的摆放也有讲究：要将龙身各档架起来一层一层堆叠好，龙身托起最上层的龙头，方便大家表演时按顺序拿起自己的器具。

舞者的妆容无过多变更，只为显得更有精神气。她们往往身着与龙灯相同色系的服饰，上系同色头巾，下着手编草鞋（现多穿与服饰颜色相近的运动鞋）。随着时代发展和审美提升，舞龙的服饰、器具也与时俱进：衣服镶嵌了许多圆珠亮片，装饰更为华美精致；龙身本来只是在彩布上绘鳞甲，现在用上了珠光漆，还内装了烛灯，晚上起舞时更显夺目亮眼。

虽然实践主体的代际传承使得拼字龙灯的形制发生了许多变更，但作为身体遗产，身体会演动作作为记忆的具身基础仍然是非遗传承的维系物，表演者身体技术的习得和技艺脉络的传承依旧是靠上一代传承人的记忆延续，同时传承的还有知识、经验、技艺、审美、智慧等。

沙城街道七一村的项公书说："龙灯拼字从前就有，1947 年村中划龙灯时，我舞龙头，拼的字有'天下太平''人口太平''元正大吉''光天化日''为民大吉'等，（我的）祖父以前就有拼字龙灯了。"拼字龙灯的代表性传承人徐玉锦的舞龙技艺传自其父亲徐水昌，其父亲的技艺又从祖父徐定银处传承而来，徐家祖祖辈辈都住在龙湾区宁城村。徐玉锦和郑祥福一人担任龙头的，一人充当龙尾，如今两位老人年纪渐大，已不再参与演出，为使拼字龙灯身体行为的规范信息得以流传，他将拼字龙灯传授给了弟子倪彩华（表 1）。倪彩华学习时先打了一年腰鼓，1994 年才开始练习拼字龙灯，她和丈夫分别担任女龙龙头和男龙龙头，其父亲也是舞龙头的好手（图 1）。

表 1　拼字龙灯的传承谱系

出生年份	传承人	传承人级别	传承方式
1886—1951 年	徐定银	—	家族传承
1909—1973 年	徐水昌	—	家族传承（父子）
1945 年至今	徐玉锦	省级传承人	家族传承（父子）
1970 年至今	倪彩华	市级传承人	师徒传承

舞龙灯需要扛着沉重的龙头龙身在场地里绕圈，因此对表演者的体力有极高要求。刚开始练习时，表演人员需要花费三四个月才能上手，随着练习时间的加长，成员们对舞龙的走位动作逐渐“入脑”，表演前不再需要过多练习。倪彩华（图 2）认为龙灯舞的传承人选择

图 1　传承人郑祥福、倪彩华、徐玉锦（从左到右）

图 2　传承人倪彩华身穿舞龙服饰持龙头

有四个条件：对拼字龙灯有兴趣；有足够的时间能排练、演出；体力好，能跟上各种动作；是温州本地人。如今社会成员流动性很强，外地学徒往往学成不久就因各种原因返乡了，舞龙队中的道具制作人员、音乐伴奏人员、表演人员日渐流失，民间自发组织舞龙学习和活动的传承方式变得举步维艰。目前拼字龙灯的主力队员年龄大多集中在40~50岁之间，传承人倪彩华也在积极寻找学习拼字龙灯的年轻成员，希望通过非遗进校园的方式找到对拼字龙灯怀有热情与天赋的新鲜血液，扩充队伍的后备力量。

三、身体图式与仪式展演：非遗亲在的意象物质载体

法国人类学家埃米尔·杜尔干曾言："仪式首先是社会群体定期重新巩固自身的手段。"[1]仪式不仅具有非凡的叙事能力，更是人们构建社会生活空间的重要手段。会演就是常用的仪式演绎方式，精神信仰上的人神交汇、民俗功利上的趋利避害和艺术追求上的纳吉迎祥，都借助仪式展演在礼俗仪轨中得以表达。而身体是仪式建构的基础。如果对身体在社会中的各种实践活动进行解构，探索身体创造文化的过程，在某种程度上也是对文化产生和发展过程的探索[2]，舞龙表演即承载着人类历史记忆的情感仪式系统，通过舞者的身体语言用可视、可感、可知的方式记录着远古的历史生发、文化延续，进而营造人神沟通交流的转换图式。

地域社会空间是内部社会关系再生产的支撑，也是民众的生存基础和身体延续，人们在居住中往往会对空间产生强烈的寄托性情感。身体

1 E. 杜尔干:《宗教生活的初级形式》，林宗锦、彭守义译，中央民族大学出版社，1999，第530页。

2 吴珊珊:《"圣王巡安"场域中的身体符号研究——以云霄县"圣王巡安"仪式为例》，载《第九届陈元光文化论坛论文集》，闽南师范大学新闻传播学院，2022，第1–10页。

图式则是这个空间中身体无意识自我运动的姿态模式，其基点是亲在的肉身之体，是身体的体认、身体的接触，视觉、听觉、触觉、味觉等感官成为该空间的外化体，它们共同影响着非遗传承的动态过程。

身体是主体意向性活动的对象和内容，“即以各种方式使知觉成为可能并约束着意向性活动”[1]。而身体意象则是一种精神构建和符号表征，是主体对于身体的知觉经验、一般理解和精神态度。英国伯明翰大学教授约翰·卡门曾提出：遗产与其说是一系列对象的集合，不如说是一个观念的领域，人们通过创造性行为将个人的认知、记忆等非物质性的内容铭刻于物质性的实体上[2]。“物质实体”在拼字龙灯中内化成身体概念，作为具有集体性、共享性特征的群体性非遗项目，除去后勤人员，一支舞龙队由 15 名表演者组成，其中 4 名为乐器演奏者，分别演奏鼓、锣、小锣、钹。这些表演者的身体图式作为具身物质载体是该拼字龙灯的表征形式与意象主体，使龙灯发挥出世俗空间向神圣空间转换的媒介功能，沟通着“神性”“俗性”与“体性”的互融，在会演形塑中起着根基性作用，其雄劲奋发的舞蹈身段和刚柔相济的舞蹈动作富有自然昂扬的审美情趣，将轻捷又刚健的非遗身体美学发挥得淋漓尽致。

龙灯的展演地点不定，经常沿街游舞，在场地宽敞处队伍往往更能施展拳脚，在狭小的巷子里动作复杂程度会大打折扣，一般也会略去拼字流程。配合曲一（图 3）的锣鼓节奏，在一地赶往另一地表演的过程中，若遇到受拜谒的神庙和受访的女儿家摆放的香案处则必须舞，表演完拼字的整套舞蹈，主家还会向表演者献上红包，即“讨个

1　徐献军：《具身认知论——现象学在认知科学研究范式转型中的作用》，浙江大学，博士论文，2007，第 90 页。

2　Charlotte Andrews, Dacia Viejo-Rose, Britt Baillie & Benjamin Morris, “Conference Report: Tangible-Intangible Cultural Heritage: A Sustainable Dichotomy? the 7th Annual Cambridge Heritage Seminar” , *International Journal of Intangible Heritage*,2007,Vol.2, p126.

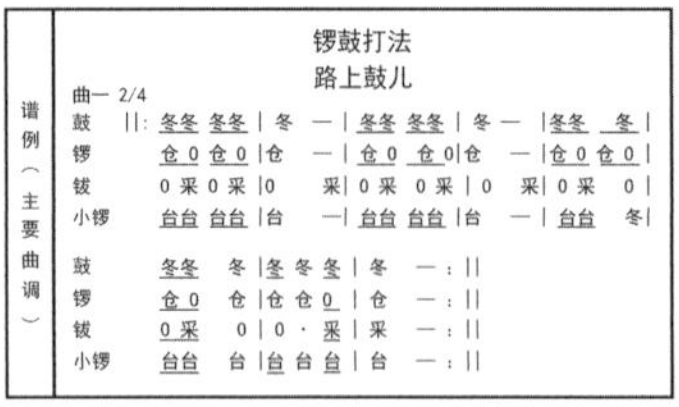

图 3　曲一

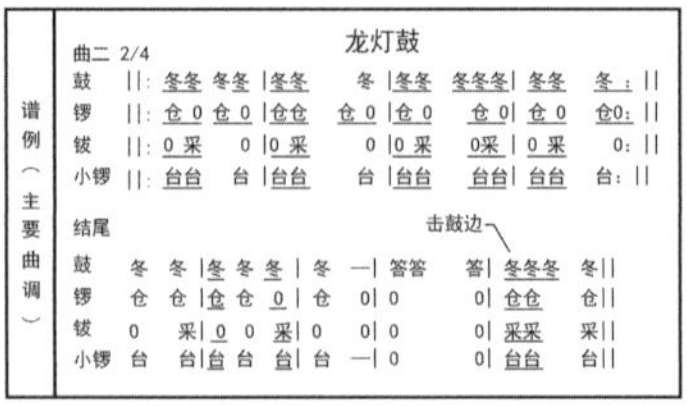

图 4　曲二

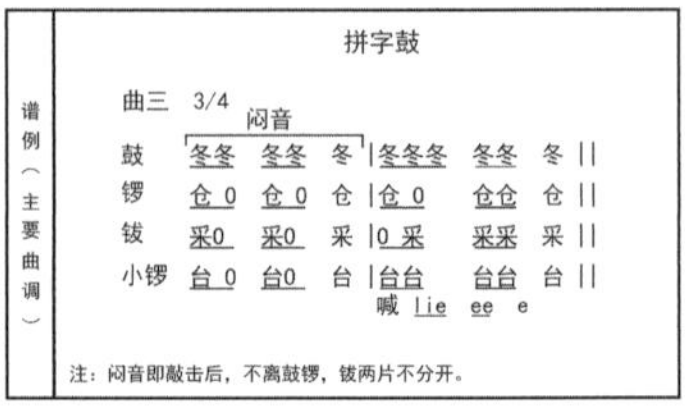

图 5　曲三

好彩头”。在进场或出场时锣鼓配曲二（图 4），龙头、龙身、龙尾各节右手执档、碎步小跑，左右摆动游龙，鱼贯而入，绕场一周逆时针走圆队，鼓声节拍为“咚咚 咚 | 咚咚 咚 | 咚咚 咚咚咚 | 咚咚 咚”，此过程在展演中称为“场地圆队”（图 6（1））。在快要开始拼字时，鼓声也不一样，这时节拍变为“咚咚 咚咚 咚 | 咚咚咚 咚咚 咚”，对表演者的动作变换起引导作用。队伍的行进路线和拼字时间由击鼓者和龙头共同引导，如果表演完成但时间未到，击鼓者还会随机应变更换鼓声，鼓点不停、表演不止。

圆队绕场数圈后，龙头找到一点，据此点转入圆心，再前进至圆周上南点，随后整条龙排布在直径上，这就是“直径静队”的表演路径（图 6（2）），此过程锣鼓配曲二。龙头表演者立马步，右手在上、左手在下，将龙头向前回左略后摆动，随后切换成左手在上右手在下，将龙头向前回右后摆动。整个过程龙头舞成横“8”字形，一档动作比龙头滞后半个“8”字，即左右舞动方向和龙头相反。二、四、六档的动作和龙头同步，三、五、七档的动作和一档同步（图 7）。

在直径静队完成后，龙头配着曲二的锣鼓带领一、二、三档向左转，随之表演者右手执档，逆时针至东点。同时，龙尾向后转再向右转，顺时针至东点和龙头汇合。龙头和龙尾相遇后各向后转，此时四、五两档的表演者高举龙门档，拉紧龙皮，让龙头、龙尾同时钻进龙门，一、二档随龙头，七、六、五档随龙尾，等二档和五档过龙门后，三、四档演员自己也过龙门，并将档跳身。这样的运行规律使龙

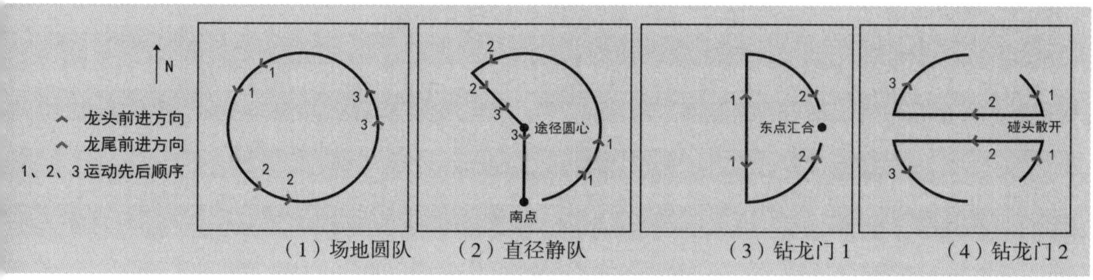

图 6　龙舞运行轨迹（俯视图）

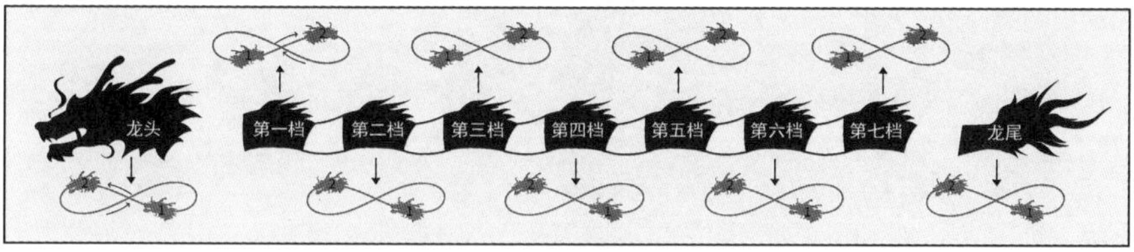

图 7　各档舞“8”字形演示图（平视图）

皮不会交缠，这便是“钻龙门”的舞法（图 6（3）（4）），而后即可开始拼字。舞龙过程中，演员不时用温州话齐喊“龙”（音同“列”），以增强气势，整条龙在表演者的操控下起伏游动，具有很强的具身美感，审美与信俗的统一也在情境化的具身实践与互动空间中建构。

拼字龙灯最精妙的表演即在拼字，通过“钻龙门”“龙盘山”“单龙出”“双龙出”等各种阵形，拼出“天下太平”“人口太平”“五谷丰登”等字。“钻龙门”表现了一条蜷伏着的龙昂首摇尾、蜿蜒盘旋、腾飞而起的雄姿，配合着曲三（图 5）的拼字鼓呼啸升空后的龙翻了个身，倏忽间龙身抖擞，瞬间拼成一个端端正正的“天”字：五档龙身拼凑成两横一竖的“工”，另两档在下面搭成“人”，龙头龙尾附在一撇一捺的位置。转眼“天”字又还原为一条左盘右旋的蛟龙，重新表演卧龙起飞，化为“下”字，接着表演“太”字“平”字。遇上寺庙活动或特别隆重的场合，还要加演“光天化日”和“代天行化”等，字字形象逼真。拼一个字只需 6 拍，但这短短几步，却需要展演者对队列变换极为熟悉，同时也需反复练习以达到团队间的默契配合（表 2）。

表 2　拼字时各档龙身所在位置

字	各档位置	字	各档位置	字	各档位置
天	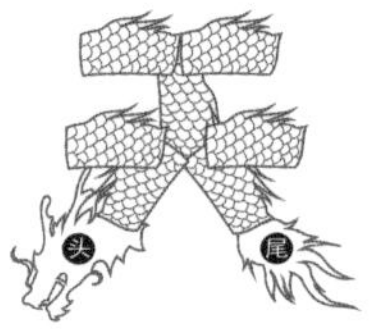	下	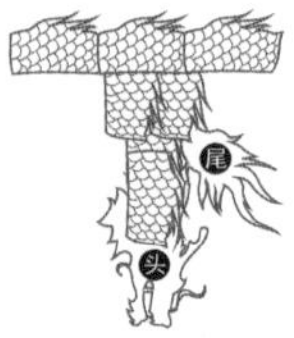	太	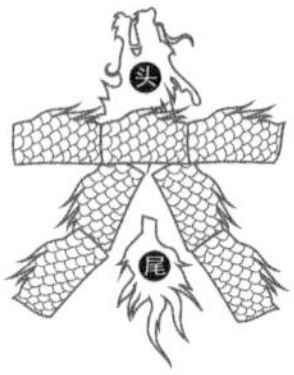
平		和		合	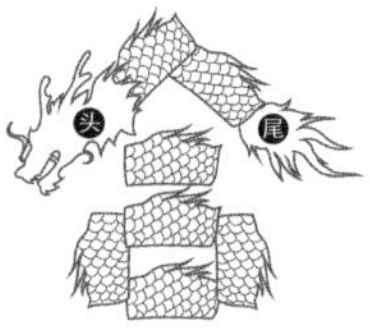
上	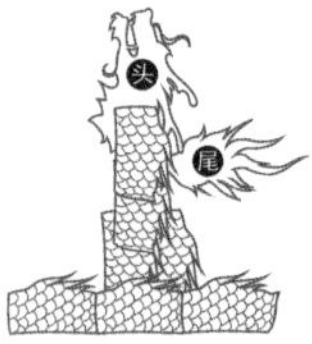	大		口	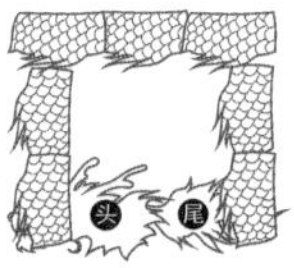
元		吉		人	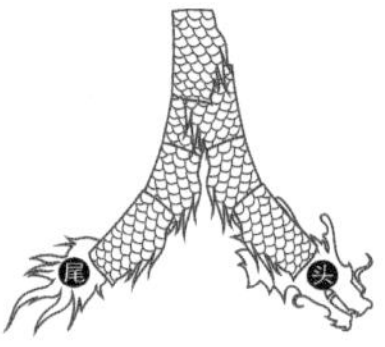

2024 年 2 月在龙湾和合文化园表演时，为切合演出主题，倪彩华老师带领舞龙队加班三个晚上排练“天下和合”四字（图 8），其中因“和”字笔画烦琐，她更是开创性地引入龙珠作为笔画“点”，通过让举龙珠的表演者在拼字时从场后方“混”入其中的方式，解决了笔画不够、拼字种类固定化的弊端。

在整个舞龙仪式的展演空间内，身体必须亲在每一次具体实践，其与感官和情绪相互交织，共同塑造了非遗文化的传承和发展。舞者通过亲身感知特定的展演环境，基于“凝视”与“被凝视”的视觉关

图 8　龙队拼“合”字展演图

系，辅以声音的节奏韵律，与观者建立起了有效的情感交流途径，达到了主体和客体间的有效互动。除了舞者，观者作为非直接参与的“他者”虽没有具身的身体表演，但视觉、听觉乃至理性、意识皆被调动起来，成为非遗身体美学中活态性、当场性、即时性的重要部分，礼俗空间序列的内容和意义得以在娱神性和娱人性共存的拼字龙展演间被搭建起来。

结语

21 世纪以来，国内遗产学界对于遗产的认知发生了重大改变——从“以物为本”转向“以人为本”。舞蹈类非物质文化遗产是人的自我意识投射到身体、呈现复杂动作的表现过程，身体构成了界定非遗、认知非遗、欣赏非遗的共同哲学根基，也成为社会文化象征的聚集载体。

身体性是温州拼字龙灯最重要的特征，其与地方互证、沿袭的惯习特点和开展的仪式会演无不依托非遗传承人的身体主体性、传承性、亲在性展开。可以说，身体提供了个体与社会的汇合节点，联结着自然与社会、过去与现在、物质与非物质。承载着龙灯技艺的非遗传承人本身就是非遗的“主体性场所”[1]，因此，保护非物质文化遗产不能忽视传承人在其中发挥的重要作用，并应最大限度地保护相关礼俗的生存环境和文化语境。

1　季中扬:《亲在性与主体性：非遗的身体美学》,《民族艺术》2022 年第 3 期，第 67–76 页。

第三编

文献与图说

会议致辞

Congratulations on the opening of the International Forum on Intangible Cultural Heritage

Prof. Shahbaz Khan

Distinguished guests, respected Mr. Feng Jicai,

It is my pleasure to be invited to participate in the "New Era, New Disciplines, New Mission" International Academic Forum on Intangible Cultural Heritage, which is hosted by Tianjin University Feng Jicai Institute of Literature and Art. On behalf of UNESCO, I'd like to congratulate on the opening of the Forum.

This year marks the 20th anniversary of the UNESCO Convention for the Safeguarding of the Intangible Cultural Heritage. In such a memorable year, the establishment of China's Intangible Cultural Heritage Principle is of great significance to the work of Intangible Cultural Heritage safeguarding, which opens a field of academic research and promotes the development of intangible cultural heritage safeguarding to enter a new stage. It is undoubtedly conducive to better understanding the value and significance of intangible cultural heritage, and more conducive to discovering, dealing with and resolving the problems in the safeguarding of intangible cultural heritage.

In June this year, Feng Jicai Institute of Literature and Art creatively established an intangible cultural heritage field teaching base for conducting observational participate research. Today, an anticipated international forum focusing on intangible cultural heritage principle will be held. I very much hope that through this forum, some new perspectives and new thinking on intangible cultural heritage will be born, and the sustainable development of the cause of intangible cultural heritage safeguarding will be promoted.

I also look forward to the achievements of the construction of intangible cultural heritage principle in the Feng Jicai Institute of Literature and Art of Tianjin University. I wish this forum a complete success!

祝贺非遗学国际学术论坛的召开

夏泽翰（联合国教科文组织东亚多部门地区办事处主任）

尊敬的各位嘉宾，尊敬的冯骥才先生：

很高兴得到邀请，参加天津大学冯骥才文学艺术研究院主办的“新时代·新学科·新使命”非物质文化遗产学国际学术论坛。首先我谨代表联合国教科文组织对论坛的召开表示祝贺。

今年是联合国教科文组织《保护非物质文化遗产公约》颁布 20 周年。在这样一个具有纪念意义的年份中，中国非物质文化遗产学的建立对于非遗保护工作有着莫大的意义，它打开一个学术研究领域，并促使非遗保护事业进入了一个新的阶段。它无疑有助于更好地理解非遗的价值与意义，并更利于发现、处理和解决非遗保护工作中存在的问题。

2023 年 6 月份，天津大学冯骥才文学艺术研究院创造性地成立了用于开展研究的非遗田野教学基地。而今天，一场令人期待的聚焦非遗学术的国际论坛又得以召开。我非常期待通过这次论坛，诞生出关于非遗学的新视角和新思考，促进非遗保护事业的可持续发展。

我同样期待天津大学冯骥才文学艺术研究院的非遗学学科建设取得硕果，预祝本次论坛圆满成功！

保护传统村落对非遗的存续发展具有不可替代的意义

董红梅（住房和城乡建设部村镇建设司一级巡视员）

尊敬的冯骥才先生、各位领导嘉宾、专家学者们：

大家上午好！

非常荣幸受邀参加“新时代·新学科·新使命”非物质文化遗产学国际学术论坛开幕式，在此，我谨代表住房与城乡建设部村镇司对论坛的召开表示衷心的祝贺！

中华文明根植于农耕文明。传统村落作为农耕文明的重要载体，承载着中华文明生生不息的基因密码，彰显着中华民族的思想智慧，寄托着中华各族儿女的乡愁。党中央、国务院高度重视传统村落保护发展工作，党的十八大以来，习近平总书记视察了河北省骆驼湾村、陕西省杨家沟村等 8 个中国传统村落，并对传统村落保护有一系列重要指示和重要要求。作为非物质文化遗产的摇篮，传统村落保护是当前文化遗产保护和传承工作中非常重要的组成部分。最近，由中宣部牵头完成的《关于习近平总书记文化遗产保护和传承重要论述的摘编》中，已将传统村落和历史文化名城街区放在了同样重要的位置，习近平总书记关于文化遗产保护和传承的重要论述也成为习近平文化思想极为重要的组成部分。近日，习近平总书记对宣传思想文化工作做出重要指示，明确提出“七个着力”，蔡奇书记在对习近平总书记文化思想 11 个方面的阐释中，专门谈到了文化遗产保护，并将传统村落保护作为将来工作的重点之一。

21 世纪以来，冯骥才先生及其团队持续关注、指导和支持传统村落保护发展工作，在传统村落立档调查、清单编制、档案建设等方面做出了卓有成效的贡献。如今，我国已建立起国家、省、市、县四级保护体系，8155 个有重要保护价值的村落被列入国家级保护名录，并实施挂牌保护。近年来，住建部在 10 个市州、75 个县区开展传统村落集中连片保护利用示范，保护了 53.9 万栋历史建筑和传统民居，传承发展了 4789 项省级及以上非物质文化遗产，形成了世界上规模最大、内容和价值最丰富、保护最完整、活态传承的农耕文明遗产保护群，守住了中华农耕文明的“根”与“魂”。

2020 年，冯骥才先生在习近平总书记主持召开的“教育文化卫生体育领域专家座谈会”上阐述了在当下非物质文化遗产保护事业中“科学保护是根本、人才培养是关键”的观点，得到了党中央、国务院的高度重视。2021 年 10 月，经国务院学位委员会批准，非物质文化遗产学作为独立学科正式纳入天津大学招生体系，全国首批非遗学硕士研究生在此完成招生。2023 年 6 月，冯骥才文学艺术研究院在全国成立了五大田野基地，其中西塘传统村落非遗田野教学基地的成立，不但是对习近平总书记关于非遗系统性保护的重要指示精神的落实，也是将“非遗学作为一门田野科学”教学理念的有力践行，同时更是突出传统村落作为非物质文化遗产重要承载空间的意义与价值。

时至今日，传统村落与非物质文化遗产保护已形成一种新型的共促关系。从中国特色的农事节气，到大道自然、天人合一的生态伦理；从各具特色的宅院村落，到巧夺天工的农业景观；从乡土气息的节庆活动，到丰富多彩的民间艺术；从耕读传家、父慈子孝的祖传家训，到邻里守望、诚信重礼的乡风民俗，都在传统村落里有形传递、活态延绵。当下，传统村落保护发展工作已逐步列入地方各级党委政府的重要工作议程。社会的保护意识和关注度越来越高，保护传统村落已成为一种新风尚。在此过程中，社会各界对传统村落作为复合型文化遗产的认知也更为深刻：传统村落作为兼具物质与非物质的文化空间，除了包括各类“非遗”，还有大量独特的历史记忆、乡约乡规、方言俚语等精神类遗产，使村落传统厚重鲜活。作为中华优秀文化不能脱离的“生命土壤”，传统村落（寨）还是少数民族原始的聚居地。因此，保护传统村落，对非遗的存续发展，文化多样性的维护，及人类文明创造的守护，皆具有不可替代的意义。

今天，我们站在新的历史起点上，冯先生团队及在座的诸位专家学者已踏上新的征程，担负起新的文化使命。相信在不远的未来，非遗学学科建设及人才培养不仅能在服务社会、服务国家重大战略方面发挥举足轻重的作用，还能在国际舞台上，讲述好中华文明统一、包容、和平的故事。

最后，预祝“新时代·新学科·新使命”非物质文化遗产学国际学术论坛取得圆满成功，祝学科建设蒸蒸日上。

"非遗学"推动非遗系统性保护不断走向深入

李晓松（文化和旅游部非物质文化遗产司副司长）

尊敬的冯骥才先生，潘鲁生主席，董红梅司长，王立文副部长，雷鸣副书记，各位国内外的专家学者：

大家上午好！很高兴今天与大家相聚在美丽的天津大学，共同参加"新时代·新学科·新使命"非物质文化遗产学国际学术论坛。

天津大学作为全国重点大学，长期支持参与我国非遗保护工作。冯骥才先生从非遗保护工作之初就积极参与，为我国非遗保护事业发展做出了重要贡献。一大批专家学者，紧紧围绕非遗保护的重大理论和实践问题进行研究，奉献了一大批优秀研究成果，受到各方的广泛赞许。很多专家学者在非遗政策制定、人员培训等诸多方面贡献了重要力量，提出了很多具有理论厚度和实践价值的可行性建议，是我们的思想库和智囊团，既为非遗保护工作提供智力支撑，也提供实践支持。在此，我谨代表文化和旅游部非物质文化遗产司，对论坛的举办表示热烈的祝贺，向论坛的主办单位，以及长期以来关心、支持、参与非遗保护工作的各位专家学者表示衷心的感谢！

非物质文化遗产是中华优秀传统文化的重要组成部分，是中华文明绵延传承的生动见证，是联结民族情感、维系国家统一的重要基础。中国政府历来高度重视非物质文化遗产保护工作。20世纪50年代起，我国对珍贵、濒危并具有历史、文化和科学价值的民族民间传统文化进行了系统调查、挖掘、搜集、整理和抢救，其工作成果和经验方法为非遗保护工作打下了坚实基础。2004年加入《保护非物质文化遗产公约》（下文简称《非遗公约》）以来，我国在《非遗公约》框架下，结合中国具体实际，采取了一系列创造性的措施举措。实践证明，中国是《非遗公约》的成功实践者、积极推动者，也是重要贡献者。

党的十八大以来，以习近平同志为核心的党中央高度重视非遗保护传承。习近平总书记在各地考察时多次调研非遗项目，做出一系列重要指示。强调要扎实做好非物质文化遗产的系统性保护，更好地满足人民日益增长的精神文化需求，推进文化自信自强。要推动中华优秀传统文化创造性转化、创新性发展，不断增强中华民族凝聚力和中华文化影响力，深化文明交流互鉴，讲好中华优秀传统文化故事，推动中华文化更好地走向世界。

在以习近平同志为核心的党中央的坚强领导下，全国非遗系统不断坚定文化自信，奋发有为、积极进取，我国的非遗保护工作取得了长足的发展，中国特色的非遗保护制度基本建立，非遗保护在弘扬中华优秀传统文化、促进经济社会高质量发展、振奋民族精神等方面发挥了越来越重要的作用。

当前，我国非遗保护工作处于重要机遇期。党中央、国务院对弘扬中华优秀传统文化高度重视，多年积累形成了良好的工作基础，公众对传统文化和非物质文化遗产的认识日益深化，社会各界对非物质文化遗产保护的参与热情日益增长，为今后一段时期非遗保护事业的持续发展奠定了良好基础，提供了有力保障。

在看到成绩的同时，我们也要看到，当前非遗保护工作呈现出新的阶段性特征：社会环境变化对非遗文化生态环境造成一定冲击，虽然取得显著进展，但保护任务依然十分艰巨；各地对非遗保护工作更加重视，但发展不平衡不充分问题仍然相对突出；非遗保护理论相对实践还比较滞后；非遗高层次人才培养任重道远。

文化是软实力，但是要下硬功夫。在这一重要的历史发展时期，应切实增强非遗保护工作的紧迫感和责任感，保持清醒头脑，把握机遇，坚定信心，迎接挑战，不断提高非遗系统性保护水平，努力开创新时代非遗保护工作新局面。

非遗学科体系和理论体系建设是非遗系统性保护的重要内容。2021 年 8 月，中共中央办公厅、国务院办公厅《关于进一步加强非物质文化遗产保护工作的意见》中明确提出，“加强高校非物质文化遗产学科体系和专业建设”。同年，教育部将“非物质文化遗产保护”纳入普通高等学校本科专业目录；国务院学位委员会启动研究生阶段非遗学科建设试点，并于次年将“非遗保护”纳入急需建设学科专业目录清单，涉及社会学、中国语言文学、考古学、中国史、文物、博物馆、艺术学等。文化和旅游部、教育部高度重视，通过开展专项调研、举办全国高校非遗政策与实务培训班等方式，对非遗学科专业建设予以跟踪支持。目前，全国 20 余所院校开设了非遗保护的学科和专业，近 50 余所院校开设了非遗研究方向，200 余所高校开设了常态化的非遗课程。其中，天津大学设立我国首个“非物质文化遗产学”交叉学科，这是目前我国首个非遗学一级学科，是在冯骥才先生大力推动下，基于长期学术实践取得的重要成果，也是非遗学科专业建设方面取得的重大突破。“向大美而行，与非遗为伴。”多届非遗学交叉学科硕士研究生正在天津大学学习。

高校是人才培养的摇篮、科技创新的阵地、文化传承的高地。当前，正在全面加强新文科建设，鼓励全面推进文科专业优化、课程提质、模式创新。可以说，非遗研究是在建设中华民族现代文明大背景下出现的新的学科增长点。教育界和学术界应当积极回应这一社会需求，提高学科服务社会、服务国家重大战略的能力。应当以国家需求为牵引，开展全方位、多层次、立体性的非遗人才培养工作，固本培元筑牢根基。

今天，天津大学以“新时代·新学科·新使命”为题，召集国内外非遗保护研究领域的专家学者，共商共议非遗学术体系和学科体系建设，将对构建中国特色非遗学术体系、学科体系和话语体系，培养造就高素质、专业化非遗人才做出积极探索，对深化中国非遗系统性保护实践发挥重要作用。

保护好非物质文化遗产，是我们这一代人的历史使命，也是我们对未来的承诺。我们愿意与包括天津大学在内的相关高校一起，与各位专家学者一道，不断深化非遗理论研究、加强学科专业建设、培养专业人才队伍，推动非遗系统性保护不断走向深入！期待在本次论坛上，各位专家学者围绕主题深入讨论，碰撞出思想火花，提出真知灼见。

最后，再次感谢天津大学对非遗保护学科专业建设的大力支持！感谢冯骥才先生长期以来对非遗保护事业的付出与贡献！感谢各位专家学者对非遗保护工作的关心和参与！

祝愿本次论坛取得圆满成功。

谢谢大家！

把非遗学的研究放在文明传承、时代进步和世界发展的大视野中

王立文（天津市委宣传部副部长、天津市社会科学界联合会党组书记）

尊敬的冯骥才先生，尊敬的各位领导、专家、老师们、同学们，媒体朋友们：

大家上午好！两个星期前，全国宣传思想文化工作会议在北京召开，会议的最大成果就是首次提出习近平文化思想，在文化建设史上具有里程碑的意义。今天天津市社会科学界联合会与天津市教育委员会、天津大学、天津大学冯骥才文化艺术研究院，共同举办“新时代·新学科·新使命”非物质文化遗产学国际学术论坛，就是深入学习贯彻习近平文化思想的务实之举。在此我谨代表天津市委宣传部、代表沈蕾部长，代表天津市社科联，代表天津市社科界，向与会嘉宾，特别是专程来京的国内外领导、专家、学者表示诚挚的欢迎和衷心的感谢。

“新时代·新学科·新使命”，本次论坛的三新主题对于正在奋进新征程、建功新时代的当下，对于习近平总书记在2023年6月文化传承发展座谈会上提出的新时代新的文化使命，这个崭新的时代课题，可谓适逢其时，恰如其分，三新交汇，新兴辉映。这样一个国际化的高端论坛，在天津叫做“古今交融、中西合璧、文脉强劲、书香满城”、在正在加快建设文化强市、建设现代化国际大都市的历史文化名城举办同样是高度契合。置于冯先生，置于天津，置于非遗学，置于天津大学，一切都是最美的相遇，一切都是最好的安排。

习近平总书记高度重视文化传承保护工作。21世纪以来，习近平总书记先后就文物考古非遗做出了170余次重要的指示和批示，亲自调研100多个历史文化遗产，包括天津的梁启超纪念馆饮冰室，考察文化地标，探索文明根脉，文化注记遍布全国。习近平总书记强调，文化历史遗产承载着中华民族的基因和血脉，要像爱惜自己的生命一样，保护好自己的历史文化遗产，推动中华优秀传统文化创造性转化、创新性发展。习近平总书记还强调，只有立足波澜壮阔的中国5000多年的历史，才能够真正理解中国道路的历史必然、文化内涵的独特优势。我们只有保护好老祖宗留下来的宝贵文化财富，才能让中华文脉赓续，绵延文化薪火，代代相传。习近平文化思想为我们开展非遗学研究提供了强大的动力和科学指南。我们社科联愿意积极搭建平台，聚合资源，做好服务，积极支持广大社会工作者按照立足中国、借鉴国外、发掘挖掘历史、把握当代、关心关怀人类、面向未来的思路，把非遗学的研究放在文明传承时代进步和世界发展的大视野中，加强对中华优秀传统文化的发掘和阐发，学习和借鉴人类社会一切优秀文明成果，着力构建中国特色的非遗学。在指导思想、学科体系、学术体系、话语体系等方面，充分体现中国特色、中国风格、中国气派，形成兼容并蓄、博采众长的理论大格局、大气象。在解读中国世界，阐释中国道路，构建中国理论上，展现非遗学研究的新成果、新作为，更好地促进文化遗产系统性保护和可持续发展。

文化兴则国运兴，文化强则民族强，我们乘着时代之风，思想之风，立足中华文明丰厚的沃土，涵养文化自信，以历史之精华助推理论之创新，以文明之命脉激发精神之动力，让生生不息的中华文明不断绽放新的光彩。为担负起新时代新的文化使命，建设中华民族现代文明，汇聚思想之光，为推动构建人类命运共同体注入深厚、持久的文化力量。最后预祝论坛取得圆满成功，谢谢大家。

凝聚共识 多方合作 构筑非遗保护共同体

雷鸣（天津大学党委副书记）

尊敬的冯先生、各位领导、专家，老师们、同学们：

大家上午好！

金秋十月，来自五湖四海的非遗学专家，相聚中国天津，以“新时代·新学科·新使命”为主题，以非遗学学术体系和学科体系为论域，会同天津大学冯研院携手打造这场盛大的国际学术论坛。在此，我谨代表天津大学，对远道而来的各位领导、专家和学者，表示最热烈的欢迎和最衷心的感谢。

我们党和政府高度重视非物质文化遗产保护工作，2022年12月，中共中央总书记、国家主席、中央军委主席习近平对非物质文化遗产保护工作做出重要指示强调，要扎实做好非物质文化遗产的系统性保护，推动中华文化更好地走向世界。天津大学作为中国第一所现代大学，坚持秉承“兴学强国”的使命、“实事求是”的校训、“严谨治学”的校风、“爱国奉献”的传统和“矢志创新”的追求，时刻紧跟党的号召和国家战略的发展需要，倡议并率先获批建设中国首个非物质文化遗产学一级交叉学科。两年来，在冯骥才先生的带领下，天津大学冯研院非遗学团队深耕理论创新和实践探索。截至当前，已连续培养两届15位非遗学硕士研究生，获批建设亚洲非物质文化遗产理论研究中心，揭牌成立“瑞安木活字印刷”“杨柳青年画”等5个田野教学基地。今年3月，《光明日报》分两期刊发了冯骥才先生《非遗学原理》一文，极具学理性和思辨性地揭示了非遗学之所以成为一门独立学科的缘起、立场、使命与特征、核心工作及关注点。在我国政府以及国内外专家学者的关心和支持下，天津大学冯研院非遗学团队，不忘初心、凝心聚力、奋勇前行，开拓并探索走出了一条中国特色、天大品格的非遗学发展新路径。

今天，我们联合天津市社会科学界联合会、天津市教育委员会共同举办“新时代·新学科·新使命”非物质文化遗产学国际学术论坛，广邀国内外非遗保护领域和理论研究领域的领军学者，各抒崇论、集思广益，旨在为非遗学创新发展和非遗科学保护贡献智慧。此刻，我由衷地希望借由此次论坛达成以下两方面的效果。一是通过深层次的学术研讨，凝聚形成广泛的国际共识，加快推动非遗学这一新兴交叉学科理论的原始创新和蓬勃发展。二是通过开诚布公的学术交流，建立起长期稳定的多方对话与交流合作机制，携手构筑科学保护非物质文化遗产的国际共同体，加快推进非遗保护这一伟大事业。

最后，再次感谢各位领导、各位专家和学者百忙之中出席本次活动，衷心预祝非物质文化遗产学国际学术论坛取得圆满成功，谢谢大家！

中国非遗学两个新向度问题的思考

向云驹（中国文艺评论家协会副主席、天津大学特聘教授）

尊敬的各位领导、各位嘉宾，女士们、先生们：

大家好！

很荣幸有机会在这里代表与会国内外专家做一个简单的发言。

今天这个会可以说是群贤毕至、盛况一时。这个非物质文化遗产学国际学术论坛与以往的和同类的学术会议最大的不同，就是这是天津大学获得全国首个非物质文化遗产学一级学科硕士学位授权点以后，召开的首次国际性非物质文化遗产学研讨会。在此之前，国际国内召开过无数的关于非物质文化遗产的种种研讨会，但以“非物质文化遗产学”作为会标的大型国际学术会议这还是第一次。所以本次会议还有一个主题叫“新时代·新学科·新使命”。我个人认为，这是中国创建“非物质文化遗产学”的学术创新重大历史进步的一次国际性的展示和出场。所以，本次会议具有载入学术史册和里程碑性的意义。

借这个机会，我也提出我对中国非物质文化遗产学的正在思考的两个新向度问题。一个是对外的向度，即非物质文化遗产学的世界问题、世界对象、世界材料和学术触角伸向世界的问题。这里不仅仅指对接联合国教科文组织的公约、条例、举措、行动、理念、方法，更重要的是指对世界非物质文化遗产的调查、研究、保护、经验、传承的深度合作与学术交流。总之，要切实地确认非物质文化遗产学不是一门国别的学问，而是一门国际性的学问。另一个是对内的向度，即非物质文化遗产知识学问题。在学术界的非物质文化遗产学深入推进和非遗传承大众越来越广泛的非遗常识之间，有必要同步推进非物质文化遗产知识学。知识学是一门古老的学问。从亚里士多德开始，知识学的理论研究就对人类知识发展与进步起到了极大的推动作用。追问知识学问题，是一切知性活动的基础。继古典知识学之后，近现代以来的知识报告、知识生产、知识考古、地方知识等知识现象学，也无不与时俱进地产生了巨大的知识学理论功能。1979 年，法国哲学家让－弗朗索瓦·利奥塔应邀提交一份关于最发达社会中的知识的报告，于是他撰著出版了一部《后现代状况：关于知识的报告》，这本著作确立了他在英语国家中的知名度，对后现代理论产生了巨大影响。1969 年，法国哲学家米歇尔·福柯出版了他的《知识考古学》，通过对话语进行考古学分析奠定了他的历史观的雏形。“知识考古学”是话语分析的一种方法，并以此对传统历史观加以解构。1983 年，美国人类学家克利福德·格尔茨出版了他继《文化的解释》之后的又一部影响广泛的著作《地方知识》，其理论的出发点就是通过对地方知识的“深描”来处理抽象知识与具体知识之间的关系，进而破解人类学面临的普遍性与特殊性的关系。这是西方知识学理论创新对哲学社会科学产生重大影响的几个案例。非物质文化遗产就其整体性而言，是一个庞大的文化体系和文化对象。非物质文化遗产集合和整合了人类文化的众多形式、门类、样式、范畴，也集合和整合了人类文化科学的众多知识门类，这两者构成了非物质文化遗产知识体系的特殊性和综合性。保护和传承非物质文化遗产是一项急迫而又艰巨的任务，没有充分的非物质文化遗产知识体系的建构和运用，就不能实现保护和传承的自觉性、科学性、有效性。非物质文化遗产知识学是非物质文化遗产学学术成果、理论成果、知识成果的普及化的桥梁和媒介，是非遗学通向大众非遗实践的常识化途径。对于方兴未艾的非遗保护实践而言，建构非遗知识学是一项具有重要意义的学术使命。

今天这个重要的国际学术会议为我们打开了建构非物质文化遗产学国际合作与交流的学术大门，我们完全可以期待这门新兴学科对人类非物质文化遗产保护发挥重要作用。

预祝会议取得圆满成功！

会议照片

论坛开幕式

冯骥才先生、雷鸣副书记共同开启“非遗学”网站之门

论坛演讲现场

与会专家聆听论坛发言

"中国民俗学学科建设及人才培养"
2001 年 11 月 23 日，由钟敬文先生筹备的"中国民俗学学科建设及人才培养"专题研讨会在北京师范大学召开，启功、季羡林、于光远等与会，冯骥才在会上发出抢救民间文化的呼吁，并公开中国民协主席团决定要组织全国民间文艺家对民间文化遗产进行抢救的规划。
Tianjin Federation of Social Science
Tianjin Municipal Education Commission
Tianjin University Feng Jicai Institute of Literature and Art
天津市社会科学界联合会
天津市教育委员会
天津大学冯骥才文学艺术研究院
INTERNATIONAL ACADEMIC FORUM ON
非物质文化遗产学
国际学术论坛

论坛演讲现场

Tianjin Federation of Social Science
Tianjin Municipal Education Commission
天津市社会科学界联合会
天津市教育委员会

Tianjin Federation of Social Science

与会专家研讨现场

论坛首日研讨环节大合影

论坛闭幕式大合影

论坛开幕式合影

冯骥才先生为“非遗学”网亲笔题字

非遗学
INTANGIBLE CULTURAL HERITAGE
2024-5-7 星期二 農曆三月廿九
首页
关于非遗学
机构团体
学术资讯
学术成果
学术资源
非遗教育
联系我们
OVERVIEW
非遗学概述
非遗学原理
冯骥才
非遗学的缘起
非遗学是一个新学科，一个独立的学科。
科文组织将这类文化遗产确
定为"非物质
文化遗产"，通过了《保护
非物质文化遗
产公约》。我国是公约最早
的缔约国之一。
早在非遗概念出现之前，人
们将这一类型
和范畴的文化称为"民间文
化"，并建立起
相应的科学而完整的知识体
系与理论体系
譬如民俗学、民艺学、民间
文化学等。在
漫长的农耕社会中，民间文
化的生长非常
原文刊于《光明日报》
2023年03月19日12版、3月26日12版

非遗学
INTANGIBLE CULTURAL HERITAGE
2024-5-7 星期二 農曆三月廿九
首页
关于非遗学
机构团体
学术资讯
学术成果
学术资源
非遗教育
联系我们
Important
瑞安木活字田野调研
研究特点 The characteristics of
2023 年 6 月，天津大学冯骥才文学艺术研究院宣布成立瑞安木活字印刷、西塘传统村落非遗、杨柳青年画、南通蓝印花布和天津皇会五个非遗学田野教学基地。
Welcome To 非遗学
通过交流，我们可以更深入地认识和理解各个社区的非物质文化遗产，从而增进对它们的尊重和保护。

“非遗学”网页

论坛邀请函

会议手册

论坛主视觉形象系列

The Session of Cultural Inheritance and Development, Annual Meeting
(2023) of Tianjin Intelligentsia of Social Sciences
天津市社会科学界学术年会（2023）文化传承发展专场
INTERNATIONAL ACADEMIC FORUM ON
INTANGIBLE CULTURAL HERITAGE
非物质文化遗产学
国际学术论坛
天津市社会科学界学术年会(2023)
文化传承发展专场
非物质文化遗产学
国际学术论坛
新 时 代　新 学 科　新 使 命
The Session of Cultural inheritance and development, Annual Meeting (2023)
of Tianjin Intelligentsia of Social Sciences
INTERNATIONAL ACADEMIC FORUM ON
INTANGIBLE CULTURAL
HERITAGE
New Era / New Discipline / New Mission

论坛主视觉形象系列

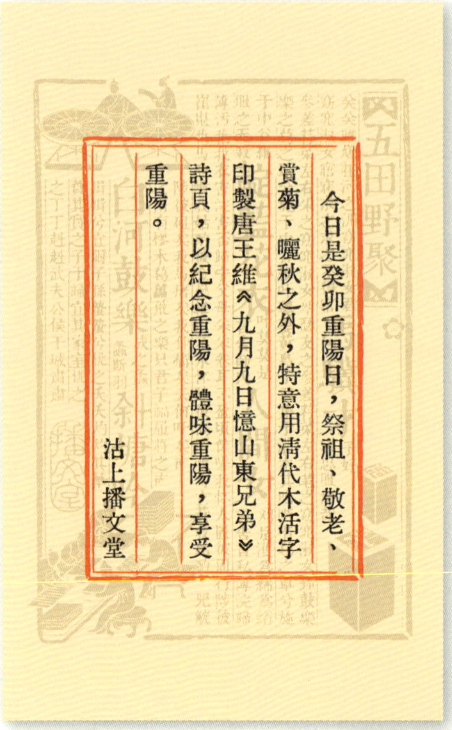
今日是癸卯重陽日，祭祖、敬老、賞菊、曬秋之外，特意用清代木活字印製唐王維《九月九日憶山東兄弟》詩頁，以紀念重陽，體味重陽，享受重陽。

沽上播文堂

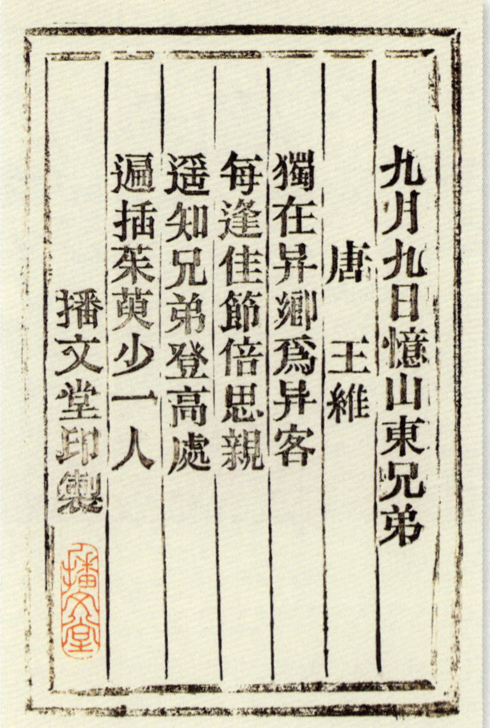
九月九日憶山東兄弟

唐 王維

獨在异鄉爲异客
每逢佳節倍思親
遥知兄弟登高處
遍插茱萸少一人

播文堂印製

论坛纪念品：明刻版活字印刷《九月九日忆山东兄弟》

论坛证件设计

论坛纪念铅笔

媒体报道

2023/10/31 下午4:26　　非物质文化遗产学国际学术论坛举行

人民网 people.cn

人民网 >> 文旅·体育

非物质文化遗产学国际学术论坛举行 首个非遗学主题学术网站开通

2023年10月26日14:00 | 来源：人民网

人民网北京10月26日电 （记者刘微）日前，“新时代·新学科·新使命——非物质文化遗产学国际学术论坛”在天津开幕。开幕式上，由天津大学冯骥才文学艺术研究院主办、运营的公益性学术资讯网站“非遗学网”正式开通，致力于为从事非遗保护与研究的团体、个人搭建学科交流与资源共享平台，推动非遗学科体系建设，进而为非遗的长效保护和人才培养提供支撑。这也是国内第一个以非遗学为主题的学术网站。

据悉，早在本世纪初联合国教科文组织《保护非物质文化遗产公约》刚刚确立时，我国学界就开始了非遗理论研究，并最早出现非遗学的学科构想。作为一门国际性的学问，非遗学的建设需要海内外学界的密切交流和共同努力。因此，成立一个非遗学专门的资讯发布、资源共享、合作交流平台，对于凝聚全球非遗学者共建非遗学科有着深远意义。

在非遗学网上，“关于非遗学”版块全方位地梳理、呈现非遗学学科的形成与发展历程，厘清非遗学的学科定位与学科使命；“机构团体”版块介绍对非遗学建设与非遗保护具有突出贡献的学者、机构与团体，加

2023/11/1 下午3:28　　首个非遗学主题学术网站“非遗学网”开通

人民日报　有品质的新闻　　打开

首个非遗学主题学术网站“非遗学网”开通

人民日报客户端天津频道　武少民　2023-10-27 21:01　浏览量1.6万

10月23日，由天津大学冯骥才文学艺术研究院主办、运营的公益性学术资讯网站“非遗学网”（英文名“Intangible Cultural Heritage”，网址http://ich.tju.edu.cn/）开通。这是国内第一个以非遗学为主题的学术网站。

早在本世纪初联合国教科文组织《保护非物质文化遗产公约》刚刚确立时，我国学界就开始了非遗理论研究，并最早出现非遗学的学科构想。作为一门国际性的学问，非遗学的建设需要海内外学界的密切交流和共同努力。为此，成立一个非遗学专门的资讯发布、资源共享、合作交流平台，对于凝聚全球非遗学者共建非遗学科有着深远意义。天津大学冯骥才文学艺术研究院响应国家对于非遗保护事业和非遗学科建设的号召，主动承担起这项责任。这也是落实非遗系统性保护的切实举措。“非遗学网”于10月23日在天津大学冯骥才文学艺术研究院召开的“新时代·新学科·新使命——非物质文化遗产学国际学术论坛”开幕式上正式开通。

刚刚开通的“非遗学网”已经有了丰富的内容。“关于非遗学”版块全方位地梳理、呈现非遗学学科的形成与发展历程，厘清非遗学的学科定位与学科使命。“机构团体”版块介绍对非遗学建设与非遗保护具有突出贡献的学者、机构与团体，加强非遗学术共同体的凝聚力。“学术资讯”版块实时更新国内外非遗学科建设工作的最新进展，以及非遗主题相关的学术会议与讲座资讯。“学术成果”版块全面系统地展示国内外非遗领域具有前沿性、创新性、学理性的学术成果与重要课题，帮助非遗学者聚焦学术前沿。“学术资源”版块展示非遗相关政策法规和学术期刊。“非遗教育”版块整合本、硕、博招生院校及专业设置情况，方便考生能够直观、全面地了解非遗相关的专业设置、人才培养模式及就业前景。

网站致力于为从事非遗保护与研究的团体、个人搭建学科交流与资源共享平台，推动非遗学科体系建设，进而为非遗的长效保护和人才培养提供支撑。

责任编辑：武少民

2023/10/31 下午5:13 非遗学国际学术论坛 - 冯骥才：共同建设非遗学-今日头条

今日头条 关注 推荐 天津 视频 财经 科技 热点 国际 更多

非遗学国际学术论坛 | 冯骥才：共同建设非遗学

2023-10-26 15:27 · 中原网

▸ 新时代·新学科·新使命

▸ 非物质文化遗产学国际学术论坛

冯骥才先生开幕式致辞

中原网
中原网官方账号
关注

TA的热门作品

明天起，这些新规将影响你的生活

山东淄博，80岁母亲每天陪51岁脑溢血儿子学走路

全网寻找！浙江宁波一家三口悄悄为消防员买单

2023年冬天会"迟到"？10月以来我国平均气温仅次于

60秒看神舟十六号载人飞船返回舱成功着陆

查看更多 >

头条热榜

扎扎实实把金融工作做好

1 李克强同志遗体11月2日火化

2 神十六飞行任务取得圆满成功

3 神十六载人飞船返回舱成功着陆

4 主持人王静去世

5 杨利伟到场迎接神十六航天员出舱

6 官方回应广东一6岁女孩脑死亡

7 美军宣布将研发新型核弹

8 福建中学生被逼吃粪便 多方回应

9 菲舰非法闯入中国黄岩岛海域

10 人贩子广场迷晕小孩？警方辟谣

精彩视频

2023/10/31 下午5:28 首个非遗学主题学术网站"非遗学网"开通-今日头条

首个非遗学主题学术网站"非遗学网"开通

2023-10-26 15:28 · 中原网

10月23日，由天津大学冯骥才文学艺术研究院主办、运营的公益性学术资讯网站"非遗学网"（英文名"Intangible Cultural Heritage"，网址http://ich.tju.edu.cn/）开通。这是国内第一个以非遗学为主题的学术网站。

早在本世纪初联合国教科文组织《保护非物质文化遗产公约》刚刚确立时，我国学界就开始了非遗理论研究，并最早出现非遗学的学科构想。作为一门国际性的学问，非遗学的建设需要海内外学界的密切交流和共同努力。为此，成立一个非遗学专门的资讯发布、资源共享、合作交流平台，对于凝聚全球非遗学者共建非遗学科有着深远意义。天津大学冯骥才文学艺术研究院响应国家对于非遗保护事业和非遗学科建设的号召，主动承担起这项责任。这也是落实习近平总书记关于非遗系统性保护的切实举措。"非遗学网"于10月23日在天津大学冯骥才文学艺术研究院召开的"新时代·新学科·新使命——非物质文化遗产学国际学术论坛"开幕式上正式开通。

非遗学网页面，网站名称由冯骥才先生题写

刚刚开通的"非遗学网"已经有了丰富的内容。"关于非遗学"版块全方位地梳理、呈现非遗学学科的形成与发展历程，厘清非遗学的学科定位与学科使命。"机构团体"版块介绍对非遗学建设与非遗保护具有突出贡献的学者、机构与团体，加强非遗学术共同体的凝聚力。"学术资讯"版块实时更新国内外非遗学科建设工作的最新进展，以及非遗主题相关的学术会议与讲座资讯。"学术成果"版块全面系统地展示国内外非遗领域具有前沿性、创新性、学理性的学术成果与重要课题，帮助非遗学者聚焦学术前沿。"学术资源"版块展示非遗相关政策法规和学术期刊。"非遗教育"版块整合本、硕、博招生院校及专业设置情况，方便考生能够直观、全面地了解非遗相关的专业设置、人才培养模式及就业前景。

网站致力于为从事非遗保护与研究的团体、个人搭建学科交流与资源共享平台，推动非遗学科体系建设，进而为非遗的长效保护和人才培养提供支撑。

来源：天津大学冯骥才文学艺术研究院

评论 0

中原网
中原网官方账号
关注

TA的热门作品

明天起，这些新规将影响你的生活

山东淄博，80岁母亲每天陪51岁脑溢血儿子学走路：8...

全网寻找！浙江宁波一家三口悄悄为消防员买单

2023年冬天会"迟到"？10月以来我国平均气温仅次于...

60秒看神舟十六号载人飞船返回舱成功着陆

查看更多 >

头条热榜 换一换

扎扎实实把金融工作做好

1 李克强同志遗体11月2日火化

2 神十六飞行任务取得圆满成功

3 神十六载人飞船返回舱成功着陆

4 主持人王静去世

5 杨利伟到场迎接神十六航天员出舱

6 美军宣布将研发新型核弹

7 菲舰非法闯入中国黄岩岛海域

8 福建中学生被逼吃粪便 多方回应

9 大学生合力将玩具熊发射上平流层

10 河南将按"工龄退休"？官方辟谣

https://www.toutiao.com/article/7294165595099267623/?app=news_article&timestamp=1698306414&use_new_style=1&req_id=2023102615465... 2/2

首页 > 新闻频道 > 央广网国内 > 国内滚动

首个非遗学主题学术网站"非遗学网"开通

2023-11-03 20:07:16　来源：央视网

10月23日，由天津大学冯骥才文学艺术研究院主办、运营的公益性学术资讯网站"非遗学网"（英文名"Intangible Cultural Heritage"，网址http://ich.tju.edu.cn/）开通。这是国内第一个以非遗学为主题的学术网站。

早在本世纪初联合国教科文组织《保护非物质文化遗产公约》刚刚确立时，我国学界就开始了非遗理论研究，并最早出现非遗学的学科构想。作为一门国际性的学问，非遗学的建设需要海内外学界的密切交流和共同努力。为此，成立一个非遗学专门的资讯发布、资源共享、合作交流平台，对于凝聚全球非遗学者共建非遗学科有着深远意义。天津大学冯骥才文学艺术研究院响应国家对于非遗保护事业和非遗学科建设的号召，主动承担起这项责任。这也是落实习近平总书记关于非遗系统性保护的切实举措。"非遗学网"于10月23日在天津大学冯骥才文学艺术研究院召开的"新时代·新学科·新使命——非物质文化遗产学国际学术论坛"开幕式上正式开通。

中国日报中文网　天津 > 本网专稿

非物质文化遗产学首次举办国际学术论坛，"非遗学网"同时开通 "非遗学"打开国际学术交流大门

来源：中国日报网 2023-10-26 16:41

由天津市社会科学界联合会、天津市教育委员会、天津大学冯骥才文学艺术研究院（下称"冯研院"）主办的"新时代·新学科·新使命——非物质文化遗产学国际学术论坛"，10月23日-24日在天津大学冯研院召开。这是全国乃至世界范围内首个以"非遗学"为主旨的学术论坛。论坛开幕之际，首个以非遗学为主题的学术网站"非遗学网"也随之开通。

论坛开幕式上，冯骥才先生表示，"非遗学"是本世纪世界人文领域新崛起的一个充满学术活力的新学科。但这个学科还不具有完备而成熟的知识体系与理论体系，从本体、认识、价值、伦理等学理层面，到非遗的保护策略、方法、技术等工具层面，再到非遗人才培养的教育层面，以及非遗的传承传播等一系列问题，都有待学界去穷究学理、层层深入。冯骥才先生认为，非遗学要对现实负责，而这个责任需要学界共同承担。

"构建起一个新学科，不可能一蹴而就，甚至不是一两代人就能干成的事。需要长期和持久的科研，需要学术力量的大量投入，需要各种真知灼见和立言立说，需要积极的思辨、讨论与交流，需要相关的机制建设。"冯骥才先生如此解释召开非遗学国际学术论坛并开通"非遗学网"的目的。他表示，一次论坛远远不够，今后还要一届届办下去，不断研讨一个个非遗学至关重要的问题，还要把刚刚开启的非遗学网，作为国际间相互交流的平台，以推动非遗学的建设。

专题
中国妇女第十三次代表大会
2023中秋节
世界看亚运
国家网络安全宣传周

最热新闻
印度前驻华大使阿肖克·康特：中国是无法被遏制的
波兰前副总理格热戈日·科沃德科：各国应该同中国一道推动全球化进程
【C财经】1-9月全国城镇新增就业1022万人 就业形势保持总体稳定
【透视】美国枪声再起，22人丧命，美国网友震怒：还要死多少人，政客们才会猛醒控

每日新报
回到首页　标题导航
2023年10月25日 星期三
上一篇　下一篇　放大　缩小　默认

"非物质文化遗产学国际学术论坛"在本市举行

冯骥才：这个新崛起的学科充满活力

王轶斐

由市社科联、市教委、天津大学冯骥才文学艺术研究院（以下简称"冯研院"）主办的"新时代·新学科·新使命——非物质文化遗产学国际学术论坛"于昨日结束。作为国内非遗领域的第一个"非遗学"论坛，冯骥才表示，一次论坛远远不够，非遗学国际论坛将一届届办下去，以不断推动非遗学科的建设。在本次论坛开幕之际，以非遗学为主题的学术网站"非遗学网"同时亮相。

冯骥才在开幕式上说："经过学者们的探索与努力，'非遗学'这个新崛起的学科充满学术的活力，非遗著作日益增多，非遗刊物层出不穷，愈来愈多的学者和年轻学人投入其中。前年，非遗学教育已经名正言顺地进入我国的高等学府。"但他也表示，作为一门新生的交叉学科，非遗学还不具有完备而成熟的知识体系与理论体系，所涉及的本体、认识、价值、伦理等学理层面，非遗的保护策略、方法、技术等工具层面，非遗人才培养的教育层面，非遗的传承传播等一系列问题，都有待学界去穷究探索、层层深入，方有可能聚合出中国非遗学的完整体系。

此次论坛为期两天，也是天津市社会科学界学术年会（2023）文化传承发展专场，其以非遗学的学术体系和学科体系为论域，邀请了40多位来自中国、马来西亚、日本、韩国、法国的非遗保护领域和理论研究领域的领军学者，以线下线上相结合的方式，围绕非遗学知识论、非遗学技术与方法、非遗保护与学术实践个案、非遗保护史与学术史、非遗学学科建设与教育研究等议题展开研讨，一起为非遗学夯实学科基础，共同构建起新时代中国非遗学多元共进、江海同归的学科格局，为中国非遗的系

搜狐教育
10-26 14:10

首个非遗学主题学术网站"非遗学网"开通

10月23日，由天津大学冯骥才文学艺术研究院主办、运营的公益性学术资讯网站"非遗学网"（英文名"Intangible Cultural Heritage"，网址http://ich.tju.edu.cn/）开通。这是国内第一个以非遗学为主题的学术网站。

天津大学冯骥才文学艺术研究院响应国家对于非遗保护事业和非遗学科建设的号召，主动承担起这项责任。这也是落实习近平总书记关于非遗系统性保护的切实举措。

刚刚开通的"非遗学网"已经有了丰富的内容。"关于非遗学"版块全方位地梳理、呈现非遗学学科的形成与发展历程，厘清非遗学的学科定位与学科使命。"机构团体"版块介绍对非遗学建设与非遗保护具有突出贡献的学者、机构与团体，加强非遗学术共同体的凝聚力。"学术资讯"版块实时更新国内外非遗学科建设工作的最新进展，以及非遗主题相关的学术会议与讲座资讯。"学术成果"版块全面系统地展示国内外非遗领域具有前沿性、创新性、学理性的学术成果与重要课题。"学术资源"版块展示非遗相关政策法规和学术期刊。"非遗教育"版块整合本、硕、博招生院校及专业设置情况。

评论

快来搜狐新闻客户端参与评论吧!

首个非遗学主题学术网站"非遗学网"开通

天津大学冯骥才文学艺术研究院　2023年11月03日 19:47

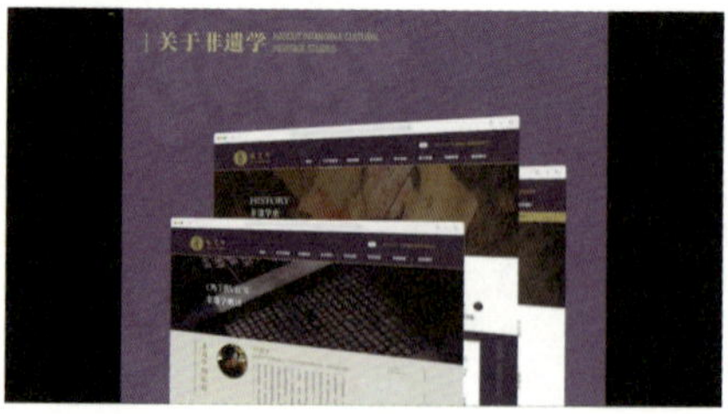

10月23日，由天津大学冯骥才文学艺术研究院主办、运营的公益性学术资讯网站"非遗学网"（英文名"Intangible Cultural Heritage"，网址http://ich.tju.edu.cn/）开通。这是国内第一个以非遗学为主题的学术网站。

早在本世纪初联合国教科文组织《保护非物质文化遗产公约》刚刚确立时，我国学界就开始了非遗理论研究，并最早出现非遗学的学科构想。作为一门国际性的学问，非遗学的建设需要海内外学界的密切交流和共同努力。为此，成立一个非遗学专门的资讯发布、资源共享、合作交流平台，对于凝聚全球非遗学者共建非遗学科有着深远意义。天津大学冯骥才文学艺术研究院响应国家对于非遗保护事业和非遗学科建设的号召，主动承担起这项责任。这也是落实习近平总书记关于非遗系统性保护的切实举措。"非遗学网"于10月23日在天津大学冯骥才文学艺术研究院召开的"新时代·新学科·新使命——非物质文化遗产学国际学术论坛"开幕式上正式开通。

天津日报

2023年10月24日 星期二　　上一期 下一期

3 上一篇 下一篇 4　　朗读 放大 缩小 默认

非物质文化遗产学国际学术论坛在天大开幕

仇宇浩

本报讯（记者 仇宇浩）昨日，由市社科联、市教委、天津大学冯骥才文学艺术研究院主办的"新时代·新学科·新使命——非物质文化遗产学国际学术论坛"开幕。以非遗学为主题的学术网站"非遗学网"同时亮相。

开幕式上，冯骥才与天津大学负责人共同开启了由冯研院主办、运营的公益性学术资讯网站"非遗学网"，该网由冯骥才命名并题字，致力于为从事非遗保护与研究的团体、个人搭建学科交流与资源共享平台，推动非遗学科体系建设，进而为中国非遗的长效保护提供学理支撑。

冯骥才表示，作为一门新生的交叉学科，非遗学还不具有完备而成熟的知识体系与理论体系，所涉及的本体、认识、价值、伦理等学理层面，非遗的保护策略、方法、技术等工具层面，非遗人才培养的教育层面，非遗的传承传播等一系列问题，都有待学界去穷究探索、层层深入，方有可能聚合出中国非遗学的完整体系。他说："一次论坛远远不够，这次只是开始。我们要把非遗学国际论坛一届届办下去。"

今年是联合国教科文组织《保护非物质文化遗产公约》通过20周年。开幕式上，联合国教科文组织东亚多部门地区办事处主任夏泽翰教授通过视频致辞，表示非常期待通过这次论坛，产生出关于非遗学的新视角和新思考，促进非遗保护事业的可持续发展。

中国文艺评论家协会副主席向云驹称，此次论坛是在天大获得全国首个非遗学一级学科硕士学位授权点以后，召开的首次国际性非遗学研讨会，打开了建构非遗学国际合作与交流的学术大门，具有载入学术史册和里程碑性的意义。

此次论坛为期两天，也是天津市社会科学界学术年会（2023）文化传承发展专场，其以非遗学的学术体系和学科体系为论域，邀请40多位来自中国、马来西亚、日本、韩国、法国的非遗保护领域和理论研究领域的领军学者，以线下线上相结合的方式，围绕非遗学知识论、非遗学技术与方法、非遗保护与学术实践个案、非遗保护史与学术史、非遗

3 上一篇 下一篇 4　　朗读 放大 缩小 默认

文化　　2023年10月24日 星期二 今晚报 13
责任编辑：房智琦　文化新闻和特稿部电话：23601379

我国非遗领域首个非遗学论坛在津召开

非遗学领军学者各抒崇论

首届北京国际非遗周大幕揭开

本市15个非遗项目受邀亮相

遇见叔同 遇见美好

高校学子重温老一辈革命家读书感悟

读好书立大志 筑牢信仰之基

天图暖心书香 弘扬敬老之风

2023/11/1 下午4:46　　"新时代·新学科·新使命" 非遗学国际学术论坛启幕

"新时代·新学科·新使命" 非遗学国际学术论坛启幕

2023-10-23 19:09　津云

津云新闻讯： 10月23日，由天津市社会科学界联合会、天津市教育委员会、天津大学冯骥才文学艺术研究院主办的"新时代·新学科·新使命"非物质文化遗产学国际学术论坛，在天津大学冯骥才文学艺术研究院北洋书院启幕。论坛将就非遗学知识论，非遗学技术与方法，非遗保护与学术实践个案，非遗保护史与学术史，非遗学学科建设与教育研究和其他非遗学相关议题，展开为期2天的讨论。与此同时，"非遗学"网站也同期发布。

一直以来，党和国家都高度重视我国非物质文化遗产保护事业。2022 年 12 月 12 日习近平总书记再次强调"要扎实做好非物质文化遗产的系统性保护，更好满足人民日益增长的精神文化需求，推进文化自信自强。"在非遗的系统性保护体系中，非物质文化遗产学(简称"非遗学")占据了显著位置。非遗学既是非

https://www.app2020.tjyun.com/jyapp/cms_template/100/000/208/index.shtml?appId=1b8b3255-58d4-4ba7-b0f7-9d136547eb38&jsonUrl=https://...　1/4

2023/10/30 下午5:42　　非物质文化遗产学国际学术论坛在天津大学冯研院举行 - 新华社客户端

天津·频道　　立即体验

非物质文化遗产学国际学术论坛在天津大学冯研院举行

2023-10-26 09:53:50　　浏览量：51.0万
天津频道　　来源：新华社

新华社客户端天津10月26日电（记者周润健）近日，由天津市社会科学界联合会、天津市教育委员会、天津大学冯骥才文学艺术研究院主办的"新时代·新学科·新使命——非物质文化遗产学国际学术论坛"在天津大学冯骥才文学艺术研究院举行。

论坛开幕式上，冯骥才文学艺术研究院院长冯骥才说，非遗学是本世纪世界人文领域新崛起的一个充满学术活力的新学科，但这个学科还不具有完备而成熟的知识体系和

1/5

图书在版编目（CIP）数据

新时代·新学科·新使命：非物质文化遗产学国际学术论坛论文集／冯骥才主编．-- 天津：天津大学出版社，2024．10．-- ISBN 978-7-5618-7846-0

Ⅰ．G112-53

中国国家版本馆 CIP 数据核字第 2024HL1173 号

XIN SHIDAI · XIN XUEKE · XIN SHIMING　FEI WUZHI WENHUA YICHAN XUE GUOJI XUESHU LUNTAN LUNWEN JI

策划编辑　徐　阳
责任编辑　马鸿岱
装帧设计　张亚静

出版发行　天津大学出版社
地　　址　天津市卫津路 92 号天津大学内（邮编：300072）
电　　话　发行部：022-27403647
网　　址　www.tjupress.com.cn
印　　刷　北京雅昌艺术印刷有限公司
经　　销　全国各地新华书店
开　　本　787mm × 1092mm　1/16
印　　张　37.25
字　　数　496 千
版　　次　2024 年 10 月第 1 版
印　　次　2024 年 10 月第 1 次
定　　价　106.00 元